Christoph Antweiler

Ethnologie

Ein Führer zu populären Medien

Mit einem Beitrag von Michael Schönhuth

Dietrich Reimer Verlag

Bibliografische Information Der Deutschen Bibliothek
Die Deutsche Bibliothek verzeichnet diese Publikation in der
Deutschen Nationalbibliografie; detaillierte bibliografische Daten
sind im Internet über http://dnb.ddb.de abrufbar.

©   2005 by Dietrich Reimer Verlag GmbH
       www.dietrichreimerverlag.de

Umschlaggestaltung: Nicola Willam, Berlin
unter Verwendung der Abbildung einer Indianerstatue zu Werbezwecken,
Bremer Innenstadt (Photo: Matthias Uhl, 2005)

ISBN 3-496-02782-7

Inhalt

Authentizität und Inszenierung
Eine Reise durch populäre deutschsprachige
Ethnoliteratur 65

Von Michael Schönhuth

Medienführer 101

Der Kultur-Kult und die Exotik zu Hause
Ein Vorwort

Kultur ist heute überall. Als Schlagwort wird „Kultur" in der Werbung, im Marketing, im Tourismus und in den Medien benutzt: Kultursponsoring, Kulturreise, Leitkultur, Streitkultur. Viele Menschen interessieren sich vor allem für fremde Lebensformen, die gern als „ethnisch" bezeichnet werden. Weltweit wird *Ethno-Pop* als Musik gehört, *ethnic food* konsumiert und ethnische Mode getragen. Die *Ethno-Comedy* hat Einzug ins deutsche TV gehalten. Aber nicht nur in der Konsumwelt spielt Kultur, besonders fremde und vermeintlich ganz andere Kultur, eine eminente Rolle. Auch in der Schule werden zum Beispiel Schwierigkeiten türkischer Kinder gern mit ihrer gegenüber der deutschen Lebensweise „ganz anderen" Herkunftskultur erklärt. Kultur steht dann für scharfe Gegensätze, für Unterscheidung des Eigenen vom Fremden. In der Mediengesellschaft wird Kultur und Ethnisches heute mehr denn je auch als politische Waffe genutzt. Das ist eine alte Praxis, die seit der iranischen Revolution und der Rushdie-Affäre weltweit verstärkt zu beobachten ist. Im Gefolge der Ereignisse in New York am 11. September 2001 nahm die Gleichsetzung von Kultur mit Differenz noch einmal zu und sie ist ein heute unübersehbares globales Denkschema.

Ich möchte ein aktuelles Beispiel zum gegenwärtigen Umgang mit Kultur und Fremde geben. Gerade als ich dieses Vorwort schreibe, bekomme ich einen Werbeprospekt für populäre Medien in die Hände, der diese Strömungen, vor allem die Gleichsetzung von Kultur mit Fremdem, sehr schön zeigt (Weltbild, Katalog 1/2005; Augsburg: Verlagsgruppe Weltbild). Ich nenne einfach diejenigen Titel der dort angebotenen Medien, die offensichtlich fremde Kultur zum Gegenstand haben:

- „Amazonaskind. Aus dem Regenwald nach Europa – Geschichte einer Selbstbefreiung" (Buch, Autobiographie)
- „Räucher-Set" (Indianerfigur mit Räucherkegeln)
- „Horse, Follow Closely. Indianisches Pferdetraining – Gedanken und Übungen" (Buch, Übungsbuch)
- „Die Kelten" (CD-ROM, Multimedia-Paket)
- „500 Nations. Die Geschichte der Indianer" (Film-DVD, präsentiert von Kevin Costner)
- „Nirgendwo in Afrika" (Buch, Romanbiographie)
- „Das weiße Land der Seele" (Buch, Roman)
- „Afrikanische Küche. Die landestypischen Rezepte" (Buch, Kochbuch)

- „Hinter goldenen Gittern" (Buch, Erfahrungsbericht)
- „Nach Afghanistan kommt man nur noch zum Weinen" (Buch, Erfahrungsbericht)
- „Die Götter müssen verrückt sein", I + II (Film-DVD)
- „Der Schleier des Schweigens. Von der eigenen Familie zum Tode verurteilt" (Buch, Erfahrungsbericht)
- „Rote Sonne, schwarzes Land" (Buch, Roman, Familien-Saga)
- „Am Ende der Welt. Eine Reise durch Feuerland und Patagonien" (Buch, Reisebericht)
- „Feuerherz" (Buch, Biographie einer Kindersoldatin)

Fremd gehen: das öffentliche Interesse am „Ethnischen"

Ethnisches, Fremdes und Fremde sind allgegenwärtig. In öffentlichen Debatten werden heutzutage zunehmend „ethnische Interessen" reklamiert. Journalisten sprechen von ethnischen Konflikten, manche Politiker sehen immerzu Probleme durch fremde Kulturen. Dazu kommt, dass Ethnizität von Sprechern indigener Gruppen und anderer Minderheiten in multikulturellen Ländern – heute weltweit der Normalfall – als symbolische Ressource im Kampf um Anerkennung eingesetzt wird. „Culture is out on the streets – the world goes ethnic."

Kultur, fremde Kultur oder „Ethnisches" kann man also auch ohne Bücher erleben. Viele Menschen wollen aber zu diesen Themen auch etwas lesen, sehen oder hören. Die breite Öffentlichkeit interessiert sich im deutschen Sprachraum zwar kaum für Ethnologie als Fach, sehr wohl aber für „andere" bzw. „fremde" Kulturen. Viele Menschen suchen dazu Literatur und andere Medien. Gefragt sind Sachinformationen, Tipps zur Reisevorbereitung oder die Arbeit im Ausland und Hinweise zur Lebensorientierung. Mancher will sich auch einfach unterhalten oder animieren lassen. Ich gebe in diesem Buch vor allem diejenigen Informationen und Einschätzungen zu populären Medien, die man im Internet vergeblich sucht, da dort kommerzielle und ideologische Interessen überwiegen.

Dieses Buch soll dem öffentlichen Interesse an Medien zu Kultur und Ethnischem nachkommen, zu fremden und eigenen Lebensweisen und Perspektiven. Außerdem möchte ich Kolleginnen und Kollegen animieren, Ethnologie als wichtiges Fach stärker in die Öffentlichkeit zu bringen. Im Mittelpunkt steht die Interaktion von Kulturen, sei es im Austausch und gegenseitiger Befruchtung, oder in Dominanz und Marginalisierung, Konkurrenz und Konflikt.

Dieses Buch: von popularisierter Ethnologie über Tribal Tattoos bis zum Exotik-Roman

Dieser Führer kombiniert eine systematische Einführung in das Thema öffentlicher Ethnologie mit einem kommentierten Verzeichnis zu populären Formen von Ethnologie. Damit bietet das Buch eine Ergänzung zu meinem gegenwärtig in dritter Auflage vorliegenden Führer zur Fachliteratur („Ethnologie lesen. Ein Führer durch den Bücher-Dschungel", Münster [3]2003), in dem nur wissenschaftliche Titel und ausschließlich Printmedien berücksichtigt wurden.

Der einführende Aufsatz gibt einen Überblick zum gesamten Feld öffentlicher Ethnologie. Er bietet eine Orientierung in der Vielfalt der Themen, analysiert die unterschiedlichen Interessen an Ethnischem und schlägt Kriterien zur Einordnung populärer Medien vor.

Der daran anschließende Beitrag von Michael Schönhuth bahandelt inhaltliche Tendenzen des öffentlichen Umgangs mit ethnologienahen Themen am Beispiel der deutschsprachigen Ethnoliteratur. Schönhuth ergänzt seine Analyse mit aktuellen quantitativen Informationen über den unterschiedlichen Erfolg verschiedener Genres und beleuchtet die gesellschaftlichen Hintergründe.

Der Medienführer ist in drei Teile gegliedert. Die ersten beiden Teile führen Titel an, die für die wissenschaftliche Einordnung populärethnologischer Medien wichtig sind. Teil 1 nennt Titel zur Beziehung zwischen Ethnologie und Öffentlichkeit. In Teil 2 folgen Literaturhinweise zur Medienethnologie als einem derzeit expandierenden Forschungsgebiet. Teil 3 bildet den Kern dieses Medienführers. Er besteht aus einer Bibliographie populärer Medien mit ethnologischem Gehalt oder Inhalten, die als „ethnisch", „fremd" oder „exotisch" apostrophiert werden. Bei den aufgenommenen Titeln handelt es sich zum einen um populäre Darstellungen ethnologischer Inhalte durch Nichtethnologen und zum anderen um Darstellungen für das breite Publikum, die von Ethnologen selbst verfasst wurden. Die meisten der genannten Titel sind mit Kommentaren versehen. Die innere Gliederung dieses Teils ist bewusst nicht rein sachsystematisch, sondern an populären Schlagworten orientiert. Sie geht nach Zielgruppen, Genres und Themen vor. Einige Titel sind mehrmals aufgeführt.

Idealtypisch sehe ich einen populärethnologischen Medienbeitrag als eine für Nichtethnologen zugängliche Darstellung der Daseinsgestaltung bzw. Lebensweise in menschlichen Kollektiven in umfassender Sicht – entweder aufgrund direkter Erlebnisse bzw. erfahrungsnaher empirischer Forschung zu Ausschnitten bzw. Fallbeispielen – oder allgemein-menschlicher Themen und Fragen auf der Basis von Vergleich oder aufgrund von Verallgemeinerung. In dieser Charakterisierung sind neben der allgemeinen Ausrichtung schon Varianten angelegt:

Medien
– breite Palette (Bücher, daneben Zeitschriften, Filme, neue Medien, Spiele)

Adressaten
– für Nichtethnologen zugängliche Darstellungen („populär")

Gegenstände
– Daseinsgestaltung (Kultur, Lebensweise, *way of life*, Lebenswelt, Alltag, kulturspezifisch), insbesondere fremde Lebensweisen oder Fremdes bzw. befremdliches in eigener Lebensweise
– Menschliche Kollektive (Ethnien/„Wir-Gruppen", andere Gruppen, Subgruppen, lokalisiert oder als Netzwerke) und Interaktionen zwischen Mitgliedern verschiedener Kollektive
– allgemeinmenschliche Fragen und Probleme (universal)

Perspektiven
– umfassende bzw. ganzheitliche Sicht (systemisch, holistisch) und
– in Außensicht oder in der Sicht von Kulturmitgliedern (*etic* und *emic*)

Methoden
– Direkte Erlebnisse bzw. empirische Forschung (erfahrungsnah) zu Ausschnitten bzw. Fallbeispielen (Langzeitaufenthalte vor Ort, Feldforschung)
– Vergleich von Gesellschaften, Aspekten, Merkmalen oder Zusammenhängen (komparatistisch)
– Verallgemeinerung (Generalisierung, Theorie)

Dieses Buch soll vor allem eine Orientierung zu populärethnologischen Medien im weitesten Sinn geben. Aber es geht mir mit diesem Medienführer auch darum, dazu beizutragen, dass mehr Kolleginnen und Kollegen den Versuch wagen, ethnologische Inhalte über das Fach hinaus bekannt zu machen. Unser Ziel sollte es sein, nicht nur Wissenschaftler anderer Disziplinen zu erreichen, wobei wir damit recht erfolgreich sind, sondern auch Politiker und andere Vertreter der Gesellschaft, wo wir bislang kaum wahrgenommen werden. Als Wissenschaftler sollten wir versuchen, auch „den Laien" zu erreichen, was wir bislang weitestgehend anderen überlassen. Es ist eine hohe Kunst, Wissenschaft verständlich zu machen. Populärwissenschaft ist immer ein Drahtseilakt. Im Feld zwischen wissenschaftlicher Präzision einerseits und populärer Vermittlung von Wissen andererseits kann er auch mit Abstürzen enden.

Auswahlkriterien und bibliographische Angaben

In diesem Führer wird eine Auswahl von Büchern, Filmen und anderen Medien genannt und kommentiert. Bevorzugt werden neuere Titel und noch erhältliche Medien vorgestellt. Da neu aber nicht immer gleich gut ist, werden auch ältere Titel genannt, die über Bibliotheken erreichbar sind. Das Spektrum ist inhaltlich breit und auch in formaler Hinsicht habe ich versucht, ein vielfältiges Kaleidoskop der Themen und Darstellungsformen vorzustellen. Die Auswahl ist dennoch notwendigerweise sehr persönlich geprägt. Ich habe vorwiegend solche Titel ausgewählt, die ich selbst für gut halte oder immerhin aus ethnologischer Sicht noch für verantwortbar einschätze. Ergänzt wird dies um wenige, zum Teil sehr verbreitete Titel, die ich aus fachethnologischer Sicht für sehr problematisch halte, etwa wegen allzu großer Vereinfachung oder extremer Exotisierung.

In vielen Fällen werden nur einige Beispiele für ein bestimmtes Genre angeführt. Dies gilt insbesondere für die Filme. Kinder- und Jugendbücher zur Dritten Welt wurden nur dann aufgenommen, wenn sie eine deutlich ethnologische Komponente haben. Zu Büchern über arme Länder im Allgemeinen gibt es etliche publizierte Verzeichnisse. Außerdem liegen viele Titel in den großen Taschenbuchverlagen vor und dazu hat sogar jede gute Buchhandlung Titel zur Ansicht vorrätig.

Um das Auffinden der Medien zu erleichtern, habe ich die bibliographischen Angaben so genau wie möglich gemacht. Die Vornamen der Autoren sind voll ausgeschrieben und außer den Erscheinungsorten sind auch Verlage angegeben sowie gegebenenfalls Reihentitel vermerkt. Ich habe die jeweils neuesten und am ehesten verfügbaren Auflagen angegeben. Auch Angaben über frühere Auflagen, und bei Übersetzungen genaue bibliographische Angaben der fremdsprachigen Originalausgaben, sind hinzugefügt. Bei Filmen sind Bezugsquellen genannt. Bei den Erscheinungsorten steht „Frankfurt" als Kurzform für Frankfurt am Main.

Michael Schönhuth danke ich außer für seinen Beitrag für Hinweise und Anregungen. Für Kommentarbeiträge, die durch Kürzel gekennzeichnet sind, danke ich Maria Blechmann-Antweiler (mb), Christian Hieff (ch), Julia Jäger (jj) und Tabea Jerrentrup (tj). Simone Christ (sc) danke ich für Korrekturen. Sie steuerte außerdem vor allem einen Großteil der Kommentare zu visuellen Medien und Spielen bei.

Trier, im Frühsommer 2005   Christoph Antweiler

Populäre Ethnologie
Einführung, Überblick und Systematisierung

Zu den großen Unbekannten der zivilisierten Welt gehört Neuguinea. Zu Fuß erkundete Flannery das grüne Paradies mit seinen fremdartigen Tierarten. Auf abenteuerlichen Streifzügen durch den Dschungel kämpfte er mit Riesenschlangen und traf die letzten Kannibalen.
Tim Flannery: „Dschungelpfade"[1]

Öffentliche Ethnologie
Ethnologie vs. Popularität von „Kultur" und Fremdem

Ich beginne mit drei Annahmen, welche die folgende Argumentation leiten. Erstens sollten wir Ethnologinnen und Ethnologen davon ausgehen, dass seitens der Öffentlichkeit bestimmte, der Ethnologie nahe Sujets Interesse finden, viel weniger dagegen das Fach gefragt ist (vgl. Pressereferat der deutschen Gesellschaft für Völkerkunde 1999). Laien sagen einem oft: „Ach, Völkerkundler sind Sie?! – Wie interessant" und „Ich finde Ethnologie faszinierend." Da jubelt der Akademiker, aber die Freude ist verfrüht. Denn konkret heißt das meist nur: „Mich fasziniert fremdes Leben, andere Kulturen, Exotik." Als eine Wissenschaft (-logie) ist die Ethnologie für Laien in aller Regel höchstens als vermeintlich fröhliches Fach oder exotisches Stimulans anziehend.

Zweitens gehe ich davon aus, dass es in der individualisierten Nischengesellschaft nicht mehr *die* Öffentlichkeit bzw. *das* Publikum gibt. Wir haben vielmehr eine Fülle verschiedener Publika, die auch noch ganz verschiedene Medien nutzen (Dracklé 1999: 271–277, Bertels et al. 2004). In der veröffentlichten Ethnologie zeigt sich die Disziplin als textorientiertes Fach. Unser Hauptprodukt sind immer noch Bücher. Aber selbst populäre Bücher werden nur von einem sehr begrenzten Teil der Bevölkerung gelesen. Wenn wir öffentlich wirken wollen, dürfen wir die Öffentlichkeit, gerne als „breite Masse" aufgefasst, nicht verachten, nicht

---

1 Verlagsprospekt Piper Verlag, 2003.

selbst zum „Anderen" machen. Ich plädiere für eine Haltung, der eigenen Gesellschaft und besonders der Öffentlichkeit den gleichen Respekt entgegenzubringen und sie mit der gleichen Neugier fürs Detail zu studieren, wie eine fremde Ethnie. Das heißt zum Beispiel, nicht alle Journalisten für Sensationsjäger zu halten. Erst dann können wir Produkte abliefern, die wirklich ethnologische Einsichten vermitteln, weil sie von den Vorraussetzungen und Bedürfnissen der Adressaten ausgehen.

Drittens meine ich in strategischer Sicht, dass man die Ethnologie so vertreten sollte, als würde sie gesellschaftlich zählen (Nolan 1998). Man sollte nicht defensiv sein und sich an Diskussionen über das Wesen des Fachs zerreiben, sondern das Fach selbstbewusst vertreten. Erst durch den Lackmustest des Kontakts mit anderen und den Zwang zu verständlicher Vermittlung des Fachs werden die Stärken der Ethnologie deutlich. Wenn die Öffentlichkeit das Fehlen der Ethnologie nicht als Mangel bewertet (Schäuble & Saukel 1999: 131), müssen wir selbst etwas tun. Heute braucht die Ethnologie eine ausdrückliche Öffentlichkeitsarbeit (Dracklé 1999: 278). Sie wird bislang fast nur von den Museen geleistet, deren Erfahrungen an den Universitäten jedoch kaum genutzt werden. Ich erinnere daran, dass es ein Grundziel der Deutschen Gesellschaft für Völkerkunde (DGV) laut Satzung ist, ethnologisches Wissen zu verbreiten.

Wenn man die Ethnologie einbringen will, reicht es allerdings bei weitem nicht mehr, einfach mit dem Wort „Kultur" zu firmieren. Das ist schon lange keine symbolische Ressource des Fachs mehr. Zum Stichwort „Kultur" fischt einem die Suchmaschine Google in 0,14 Sekunden 5,6 Millionen Web-Seiten aus dem Internet. Das ist sogar mehr als zu „Politik" (4,18 Mio.) und „Wirtschaft" (4,15 Mio.) (Der Tagesspiegel, Nr. 17715, 24.3.2002, S.4). Nicht alles, was mit dem Wort „Kultur" zu tun hat, ist ein ethnologisches Thema (gegen Lutz & Suck 1999:75). In Zeiten eines um sich greifenden „Kultur-Kults" wird heute mit „Kultur" einerseits Romantik und Exotik verkauft (Sandall 2001, kritisch dazu Vajda 2004; vgl. Henscheid 2001), andererseits abgrenzende Politik gemacht. Der ethnologische Kulturbegriff sollte gegen die vielen Funktionalisierungen des Wortes „Kultur" verteidigt werden. Das Beispiel Norwegen zeigt, dass man durch Intervention in den Medien solche tiefsitzenden Alltagskonzepte wie das hinter „Kultur" stehende durchaus beeinflussen kann (siehe Wikan 1999 vs. Melhuus am Beispiel rassisierender Kulturkonzepte). Es reicht auch nicht zu sagen, dass wir „Feldforschung" betreiben, ohne zu erläutern, was das genau ist. Wir müssen das Fach, seine Themen, Theorien, Methoden und seine Stärken erläutern und wir müssen es verständlich tun.

Der 11. September und die Ethnologie

Terror in New York – Krieg im Irak: kann, soll und will die Ethnologie auf solche Ereignisse öffentlich reagieren? Ausgehend von diesem aktuellen Beispiel beleuchtet die Einführung das prekäre Verhältnis zwischen Ethnologie und Öffentlichkeit. Ich gebe einen Überblick zu Beispielen, Möglichkeiten und Problemen und versuche damit, Anregungen für eine verantwortliche Popularisierung vorzuschlagen. Meine Prämisse ist, dass wir der Öffentlichkeit den gleichen Respekt entgegenbringen sollten und sie mit der gleichen Neugier studieren sollten wie „unsere" Kulturen. Berichtet wird über bisherige internationale Erfahrungen und verschiedene Varianten populärer und popularisierter Ethnologie. Diese Einführung macht Vorschläge für eine Ethnologie, die sich in der Mediengesellschaft verständlich macht, als relevant empfunden wird und nützlich ist, ohne dabei unkritisch zu sein. Es geht um öffentlich relevante Themen, um die Bedeutung kurzer und schneller Reaktionen, um spezifisch ethnologische Kompetenzen und um verständliche Wissenschaft. Zur Popularisierung sollte klar unterschieden werden zwischen der Aufbereitung wissenschaftlicher ethnologischer Forschung für Laien – die es hierzulande fast nicht gibt – und der weltweit sehr verbreiteten populären Nutzung ethnologienaher Sujets.

Wie könnte eine öffentliche Reaktion der Ethnologie auf die Ereignisse vom 11. September 2001 aussehen – oder wie hätte eine Stellungnahme jenseits der Akademie[2] aussehen können? Ich werde eine Antwortskizze versuchen, die eine fachethnologische Sicht mit meinen persönlichen Haltungen verbindet. Zunächst würde ich ganz einfach festhalten, dass es sich bei den Attentätern um normale Menschen handelt. Es sind keine Bestien, Tiere oder Geisteskranke. Die Attentäter sind zunächst einmal Menschen wie du und ich. Ich würde von der Annahme ausgehen, dass jeder Mensch unter ganz bestimmten Umständen zu einer solchen Tat hätte gebracht werden können. Als Ethnologe trete ich zunächst und überall für die Betonung der Einheit der Menschheit und gegen jede Spaltung und potentielle Dämonisierung aufgrund von Physis, Herkunft, Kultur, Geschlecht oder eben auch Glaube ein. Ferner würde eine ethnologisch holistische Sicht prinzipiell ein Bündel von Ursachen annehmen und damit die öffentliche monokausale Verhandlung des Anschlags torpedieren.

---

2 Zu wissenschaftlichen Reaktionen aus dem Fach vgl. international zum Beispiel Bowman 2001; American Anthropologist 2002 (sieben Aufsätze), American Ethnologist 2004 (vier Aufsätze), im deutschen Sprachraum Elwert 2002; zu einer ethnologischen, an die breitere Öffentlichkeit gerichteten Position siehe Elwert 2001 und Hauschild 2004 a.

Dann würde ich betonen, dass die Tat – zumindest für einige – vielleicht für viele Menschen „sinnvoll" war. Das ist eine empirische Tatsache. Der Anschlag war ferner das Ergebnis langer Planung. Es wurde nicht irgendein Hochhaus getroffen, sondern das Emblem der globalisierten Wirtschaft. Auch das stützt die Annahme, dass es sich um eine zumindest in bestimmter Hinsicht, rationale Handlung handelt. Ich würde eine kulturrelativistische Haltung verteidigen, die erst einmal hinschaut und dann später zu einer Einschätzung und getrennt davon zu einer persönlichen Wertung kommt. Ich würde für eine zeitweilige Perspektivenübernahme eintreten, ohne schon Partei zu nehmen. Eine solche Perspektivenübernahme müsste die Sichten verschiedener beteiligter Personen und Gruppen heranziehen. Hierzu würde die Sicht der Attentäter und ihrer Unterstützer genauso gehören wie die der Bürger Manhattans und auch von Menschen in anderen Teilen der Welt, denn sie waren alle mehr oder minder betroffen.

Als Leserin oder Leser ist Ihnen vielleicht aufgefallen, dass ich bislang den Islam noch gar nicht erwähnt habe. Tatsächlich würde ich erst nach den obigen Punkten überhaupt fragen, was die Tat spezifisch mit Islam, Islamismus oder mit Fundamentalismus zu tun hat. Auch hier wäre die Perspektivenübernahme wieder wichtig. So ist der Islam in der Sicht vieler Moslems nicht etwa im Vormarsch, sondern vielmehr im Rückzug. In dieser Sicht wurde die islamische Kultur spätestens seit der Kolonialisierung des Nahen Ostens vom Christentum und der Moderne gedemütigt und bedroht. Eine solche Perspektivenübernahme hätte auch viel früher die jetzt endlich verbreitete Einsicht gebracht, dass die meisten Islamgläubigen eine solche Tat trotzdem ablehnen. Als Ethnologe würde ich gegen Orientalisierung des Islams bzw. Arabiens genauso eintreten wie gegen die Essentialisierung des „Westens" (Okzidentalisierung) oder der USA. Letztere ist nicht nur als kämpferische Ideologie bei Fundamentalisten verbreitet. Auch Ethnologen modellieren sich, wenn sie „unsere westliche Kultur" kritisieren, den Gegner gern als Monolith zurecht. Weiterhin könnten Ethnologinnen und Ethnologen auch ganz einfach eine beschreibende kulturvergleichende Sicht einbringen.

Hier könnte man versuchen, unemotional zu fragen, ob eine solche Tat von buddhistischen Menschen genau so wahrscheinlich wäre und, falls nicht, warum.

Zusammengenommen geht es um eine ethnologisch untermauerte Subversion derjenigen öffentlichen Wahrnehmungen und Debatten, die soziale Fakten schaffen. Es geht darum, für eine ganzheitliche Sicht, Kulturverstehen und eine vergleichende Perspektive einzutreten. In der heutigen kulturalisierten Mediengesellschaft könnten wir etwas zur Ent-

Essentialisierung, De-Ethnisierung bzw. De-Kulturalisierung beitragen. Ethnologie sollte also überall dafür einstehen, Kultur ganzheitlich bzw. systemisch zu sehen, statt sie zu einer Addition oder zu einem Appendix zu machen, zum Beispiel in der Redeweise und damit ja auch Denkweise von „kulturellen Faktoren".

Diese Einführung soll einen informativen Überblick des Diskussionsstands geben und bietet dazu eine Systematik des Themas an. Zunächst beleuchte ich (1) das Verhältnis von Ethnologie und Öffentlichkeit und versuche explizit zu sagen, wo die Stärken der Ethnologie im gesellschaftlichen Feld liegen. Daran schließt (2) eine systematische Bestandsaufnahme öffentlicher Ethnologie an: Wie ist das Verhältnis des Fachs zur Öffentlichkeit, welche Ethnologinnen und Ethnologen sind populär, wer popularisiert ethnologische Themen? Darauf aufbauend stelle ich die Vielfalt der Popularisatoren, Medien und Genres dar und gebe eine Systematik dazu. Dann skizziere ich (3) Eingangstore und thematische „Anker" ethnologischer Themen in der Öffentlichkeit, die sich derzeit als wirksam erweisen oder aussichtsreich scheinen. Schließlich stelle ich (4) populäre Inhalte vor und verorte Kontinuitäten zwischen vermeintlich überkommen und ganz modernen öffentlichen Bildern zu Kultur und Ethnischem.

Gesellschaftlicher Bedarf und die Stärken der Ethnologie

Wir leben heute in einer stark von Massenmedien geprägten Gesellschaft. Es ist eine Gesellschaft, in der es nicht nur das Fernsehen, sondern viele Massenmedien gibt, die miteinander konkurrieren und sektoral verschieden genutzt werden. Wenn man in einem solchen Umfeld gehört werden will, muss man schnell und aktuell sein. Und man muss sich mit Fragen befassen, die Menschen tatsächlich angehen. Als Ethnologinnen und Ethnologen müssen wir uns mit Anliegen von Klienten und Problemen der Gesellschaft befassen, statt nur „ethnologische Probleme" zu untersuchen.

Außerhalb der Universität erwartet man von Wissenschaftlern keine langen und akademischen Ausführungen. Vielmehr ist spontan geliefertes Hintergrundwissen zu aktuellen Ereignissen gefragt. Es geht darum, Leser und Zuschauer zu gewinnen und man muss von diesen ausgehen. Die Texte oder Filme müssen tendenziell kurz sein; Reduktion ist angesagt. Es geht darum, Geschichten zu erzählen, statt belehrende Artikel zu schreiben. Im Idealfall sollten diese Geschichten an konkrete Situationen anknüpfen und exemplarisch sein. Wir müssen die Öffentlichkeit kennen und um unsere Konkurrenten wissen. Es ist nötig, aus eigener Initiative Produkte anzubieten, statt auf Nachfragen zu warten. Hierfür muss das Fach mobil werden. Wir brauchen mehr Mut, wir müssen den Mund aufmachen.

Die Ethnologie muss sich selbst in die Gesellschaft einbringen und das Fach darstellen, so die allgemeine Einsicht der letzten Jahre (Presse-referat 1999: 9, Bertels et al. 2004). Das könnte damit beginnen, die Stärken des Fachs offensiv zu vertreten. Statt sich in Haarspaltereien zu verlieren oder persönliche Animositäten zu kultivieren, müssen wir im Fach lernen, unsere besonderen Fähigkeiten und Kenntnisse selbstbewusst zu formulieren. Da Ethnologen meist sehr viel besser in der Betonung ihrer Schwächen und Unsicherheiten sind, versuche ich, die Stärken auf den Punkt zu bringen, genauer gesagt auf mehrere sich ergänzende Punkte (Abb. 1). Die Besonderheit resultiert aus der Kombination von Thema, Theorie, Perspektive, Methodik und dazu dem persönlich geprägten Forschungszugang und Bezug zum Gegenstand: Menschen.

Mein Fazit daraus ist: Die Stärke der Ethnologie ist das systematisch kontrollierte Verstehen und Erklären von Lebensweisen, eigenen und anderen. Der praxisrelevante Beitrag der Ethnologie ist die Untersuchung allgemein für Menschen wichtiger Fragen und global relevanter Themen anhand intensiver Detailstudien oder, wie es Thomas Hylland Eriksen so schön im Titel seines Lehrbuchs formuliert: „Large issues in small places" (Eriksen 2001).

Ethnologie, Öffentlichkeit und Journalismus – Wahlverwandtschaft vs. Meidung

In mancher Hinsicht passen Ethnologie und Journalismus gut zusammen, in anderen Aspekten reiben sie sich. Entgegen ihrem öffentlichen Image fühlen sich Journalisten primär der Wahrheit verpflichtet – wie Wissenschaftler. Gute Journalisten sind seriös, stellen Behauptungen kritisch in Frage und hinterfragen Annahmen. Damit entsprechen sie tendenziell der kritisch-distanzierten Haltung von Ethnologen gegenüber ihrer eigenen Gesellschaft. Journalisten wissen aus ihrer alltäglichen Arbeit, dass es zu den meisten Fragen unterschiedliche Ansichten gibt. Ethnologen und Journalisten beliefern einander des Öfteren mit Ideen, aber sie konkurrieren auch miteinander um die öffentlich akzeptierte Repräsentationen der eigenen Gesellschaft, wie Sherry Ortner am Fall der Debatte um die „Generation X" in den USA zeigt (Ortner 1999).

Themen
- Gesellschaften, Gruppen und Netzwerke auf der ganzen Welt, nicht nur „fremde Völker"
- kulturelle Besonderheiten und weltweite kulturelle Vielfalt innerhalb von Gesellschaften
- Alltagsfragen, die für Menschen weltweit existenziell relevant sind

Theorie
- Kultur umfassend aufgefasst, aber nicht einfach alles, sondern die Daseinsgestaltung und ihre systematischen Verknüpfungen betont, zum Beispiel zwischen Religion und Wirtschaft

Perspektiven
- kulturrelativistisch, das heißt nicht wertend und ausdrücklich nicht ethnozentrisch
- wissenschaftlich distanzierte Außenansicht und Innenansicht(en)

Methoden
- durch Feldforschung lokaler und dabei erfahrungsnaher Zugang
- mittels Kulturvergleich Unterschiewde zwischen Gesellschaften, aber auch Gemeinsamkeiten bis hin zu weltweiten Mustern (Universalien)
- dazu eine Vielfalt qualitativer und auch quantitativer Verfahren

Bezug Forscher(in) – Gegenstand
- eigene interkulturelle Erfahrung über längeren Zeitraum
- intensive Lokalkenntnisse

Abb. 1 Stärken der Ethnologie

Ferner ähneln die Recherchemethoden von Journalisten in vielem den qualitativen Verfahren, die Ethnologinnen und Ethnologen bei der Feldforschung verwenden. Tatsächlich wurden zum Beispiel in der frühen Stadtethnologie Methoden von Journalisten übernommen (Hannerz 1980: 19–58, Lindner 1995, Lindner 2004). Außerdem erzählen viele Ethnologen gern von ihren Erlebnissen und das könnte Journalisten wie Leserinnen fesseln.

Eine Wahlverwandtschaft zwischen Ethnologie und Öffentlichkeit besteht darin, dass öffentliche Kultur das zentrale Thema der jüngeren Ethnologie ist. Das seit längerem von den symbolistischen Ansätzen à la Geertz dominierte Fach widmet sich vorwiegend sozial geteilter öffentlicher Kultur (*shared culture*). Allerdings widmete es sich bis vor kurzem vor allem dem Teil der öffentlichen Kultur, der in konkreten Face-to-face-Beziehungen auftritt und weniger der medienvermittelten öffentlichen Kultur (Dracklé 1999: 262). Auch die derzeit herrschende Theorieperspektive in der Ethnologie geht konform mit einer wichtigen Einsicht der Medienwissenschaft. Die soziale Wirklichkeit insgesamt ist sozial hergestellt („soziale Konstruktion") und Medien schaffen Wirklichkeit. Schließlich haben die Studierenden des beliebten Fachs Ethnologie einen starken Zug zu den Medien: etwa 1/3 wollen nach ihrem Abschluss in den Medien arbeiten.

Dieser Nähe von Ethnologie zu Journalismus und Öffentlichkeit stehen jedoch etliche Gräben gegenüber. Es bestehen Vorbehalte gegen populäre Kultur, gegen Journalisten und besonders gegen Popularisierung. Populärkultur (*popular culture*) ist ein Forschungsfeld, das erst seit kurzem zögernd in der Ethnologie akzeptiert wird. Es wurde international erfolgreich von den *Cultural Studies* besetzt; im deutschen Sprachraum zeichnet sich Ähnliches ab. Traube untersuchte die Gründe der Meidung am Beispiel der USA. Amerikanische Ethnologen finden das Thema zu unexotisch, zu wenig „anders" etwa im Vergleich zur *folk culture* im eigenen Land. Dazu halten sie Populärkultur für oberflächlich und sehen sie als Instrument der ideologischen Manipulation und Hegemonie der Mächtigen gegenüber der breiten Masse (Traube 1996: 128 f., 132 f.).

Eine Meidung populärer Aufbereitung beruht darauf, dass verständliche Wissenschaft bei vielen Geistes-, Sozial- und Kulturwissenschaftlern als oberflächlich gilt. „Populärwissenschaft" hat besonders hierzulande immer noch einen schlechten Namen. Popularisierung gilt schnell als unmoralisch (Dracklé 1999: 263). Die meisten Ethnologen meiden die Öffentlichkeit auch noch aus spezielleren Gründen und das gilt nicht nur hierzulande. Jede populäre Aufbereitung vereinfacht nicht nur, sondern fördert damit insbesondere Stereotype (James 1996). Populäre Repräsentation von Kultur macht sich leicht zum Komplizen der Schaffung von „Anderen" (Dominguez 1994, Welz 1994 am Beispiel von *public folklorists* in New York). Ich wurde in den letzten Jahren von Seiten der Medien zum Beispiel gebeten, zu Männerohrringen, Hexerei, „ethnischen Konflikten" im Kosovo und „Erotik bei primitiven Völkern" Stellung zu nehmen.

Ein Grundproblem ist das Vokabular, das in der Bevölkerung und in den Massenmedien gängig ist. Wenn Ethnologie öffentlich werden soll, muss sie jedoch an etablierte Schlüsselwörter und dahinter stehende Ideen anknüpfen. Wer beim Wort „Naturvölker" sofort rot sieht, kann in den Medien gar nichts bewirken. Statt eine solche aus ethnologischer Sicht problematische Wortwahl pauschal zurückzuweisen, sollten wir sie thematisieren, dabei auf manche Wörter korrigierend eingehen, andere zurückweisen und dann auch dazu stehen. In Abb. 2 versuche ich dazu, realistische Vorschläge zu machen, während Abb. 3 einige Klischees zu häufig thematisierten Kulturen nennt.

Eine in öffentlichen Themen und Problemen engagierte Ethnologie

Populäre Vorstellung	*Empfohlene Reaktion*
Klischees zum Gegenstand der Ethnologie, auf die korrigierend eingewirkt werden sollte	
Naturvölker	→ alle Menschengruppen haben Kultur!
	→ es sind keine „Ökoheiligen"
Exotische Völker	→ auch westliche, auch „zu Hause"
Fremde Kulturen	→ Kulturen weltweit, „fremd"ist relativ zu „eigen"
Außereuropäische Völker	→ auch europäische Gruppen
	→ auch westliche untersucht
Nichtwestliche Kulturen, nicht-westliche Völker	→ „westlich" hat historisch unterschiedlichen Umfang
	→ eigene Wissenschaften für große nichtwestliche Völker (Indologie, Japanologie, Sinologie)
Ferne Völker	→ auch nahe Völker; Ferne ist heute entlokalisiert; Migration
Stämme (tribes)	→ oft keine Stämme, auch große Gruppen
Urvölker, „erste Völker", archaische Kulturen	→ Ethnologie ist gegenwartsbezogen; keine Ur- oder Frühgeschichte, Archäologie
Steinzeitvölker, Völker ohne Geschichte, traditionelle Völker	→ gibt es nicht; alle Kulturen wandeln sich
Bedrohte Völker, „die letzten X", sterbende Kulturen, verlorene Menschen	→ sind nicht wehrlos, meist ziemlich widerstandsfähig
Ureinwohner, indigene Völker *(indigenous people[s])*	→ auch spätere Immigranten; was ist „indigen"?
Völker	→ Fach untersucht keine großen Völker (Nationen), eher kleine Gruppen, Netze oder Ausschnitte
Abzulehnende Stereotype	
Primitive Völker	→ Nein! Wird als abwertend empfunden
Unzivilisierte Völker, Wilde *(savages)*	→ Nein! Alle Menschen sind zivilisiert
Kulturlose Völker	→ Nein! Gibt es nicht
Eingeborene	→ Nein! Zum Teil abwertend
„Ganz andere" Völker bzw. „ganz andere Kulturen"	→ Nein! Alle Gruppen haben auch viele Ähnlichkeiten mit „uns"! Allzu leicht idealisierend oder rassistisch genutzt

Abb. 2 Öffentliche Klischees und Stereotype zu Ethnologie und Völkern: Ablehnen vs. Eingehen

	Attribute, Symbole	ausgeblendete Aspekte
Indianer	Federschmuck, Tipi, Tomahawk, Krieg, nackte Körper, Prärie	heute lebende Indianer, Indianer in Städten
Eskimo, Inuit	Arktis, Iglus, Fischfang	Inuit in Städten Kanadas; über 80 % der Inuit haben nie im Leben ein Iglu gesehen und essen Fischkonserven
Islam-Anhänger	Schleier, Harem, Moschee, Massen von Gläubigen, Wüsten	Männer, unverschleierte Frauen, Nichtbesucher von Moscheen, Individuum, Islam in feuchten Tropen (z. B. Indonesien, dem größten islamischen Land)
Schamanen	Trommel	Moderne Schamanen mit Handy
Juden	Schläfenlocken, Bart, Hut, Käppchen	Die Mehrheit: an Kleidung nicht erkennbar

Abb. 3 Völker und Religionsgruppen: Beispiele für häufige Klischees

hätte auch die Aufgabe, Theorien anderer Fächer, die in der Öffentlichkeit und unter Entscheidungsträgern verbreitet sind, kulturvergleichend zu testen und außerdem verbreitete Alltagstheorien zu korrigieren, zum Beispiel das Bild von „Stämmen". Ein weiteres Feld ist die Verwendung ethnologischer Konzepte durch Nichtethnologen zum Beispiel durch Dritte-Welt-Gruppen oder Unterstützer von Minderheiten. Sie ist oft nicht weniger problematisch. In der Öffentlichkeit dominiert zum Beispiel ein „ethnologischer Blick", der die Grenzen von Kulturen überbetont und Fremdes schnell zu „Allzufremdem" macht (Radtke 1996). Hier müssen wir Ethnologen besonders Obacht geben. In unserem Fach wird meines Erachtens viel zu häufig das „ganz Andere" beschworen. Auch diese Verwendungen sollten aktiv mitgestaltet und gegebenenfalls korrigiert werden. Hier ist auch das Fachliche gefragt, weil es sich oft darum dreht, dass überkommene Vorstellungen der Ethnologie selbst benutzt werden, zum Beispiel die der isolierten Völker.

Angesichts der Schwierigkeiten, mangelnder Schreibfähigkeiten und aus einer gewissen Bequemlichkeit heraus wollen viele Kolleginnen und Kollegen besonders hierzulande mit der breiteren Öffentlichkeit lieber nichts zu tun haben. Nur in den Museen befasst man sich explizit mit dem Verhältnis von Ethnologie und Öffentlichkeit. Dort hat man aber angesichts der Veranstaltungsfülle wenig Zeit für systematische Arbeiten zum Thema. Eine der wenigen deutschen Veröffentlichungen zur Öffent-

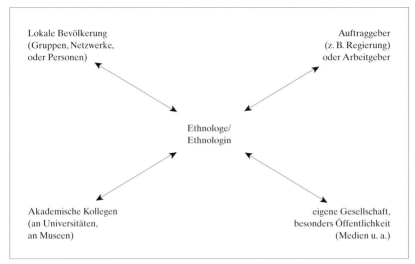

```
Lokale Bevölkerung                                    Auftraggeber
(Gruppen, Netzwerke,                                  (z. B. Regierung)
oder Personen)                                        oder Arbeitgeber


                         Ethnologe/
                         Ethnologin


Akademische Kollegen                                  eigene Gesellschaft,
(an Universitäten,                                    besonders Öffentlichkeit
an Museen)                                            (Medien u. a.)
```

Abb. 4 Ethnolog(inn)en im Spannungsfeld verschiedener Interessen, Partner und Verantwortlichkeiten

lichen Ethnologie zeigt die Bedeutung der Öffentlichen Meinung für die Völkerkundemuseen und ihre Rolle bei der Herausbildung der Ethnologie als Fach (Hog 1990). Die prekäre öffentliche Rolle der Ethnologie wäre ein Thema, wo Universitäts- und Museumsethnologen produktiv zusammenarbeiten könnten. Das ist ein wissenschaftlich ergiebiges Thema und es könnte existenzrelevant werden. Als bedrohte Spezies an den deutschen Universitäten könnten die Institutsethnologen hier viel von den Museumsvertretern lernen.

Einer der Gründe der Meidung von Öffentlichkeit und Popularisierung ist die Furcht vor den Kollegen, die das für Prostituierung halten. Erschwerend kommt in Deutschland, weniger dagegen in der Schweiz, eine allgemeine Skepsis bis Ablehnung problembezogener bzw. Angewandter Ethnologie hinzu. Wenn schon Angewandte Ethnologie als problematisch empfunden wird, ist Popularisierung per se ein Sündenfall. Im Gegensatz zu den USA, wo mittlerweile schon mehr als zwei Drittel aller Promovierten in der angewandten Anthropologie bzw. in nichtakademischen Berufen unterkommen (Shankman & Ehlers 2000: 471), wird hierzulande im Zweifelsfall die Loyalität zur Disziplin und zu den Untersuchten betont, kaum dagegen die zur eigenen Gesellschaft insgesamt oder gar zur Öffentlichkeit. Dies zeigt auch die deutschsprachige Ethikdebatte im Unterschied zur angloamerikanischen deutlich (Antweiler 2002). De facto stehen Ethnologinnen und Ethnologen jedoch immer im

27

Spannungsfeld von Fach, untersuchten Menschen, heimischer Öffentlichkeit und Auftraggebern bzw. Arbeitgebern (Abb. 4). Dies wird besonders in der Angewandten Ethnologie, vor allem in der Entwicklungsethnologie, deutlich, gilt aber auch bei „reiner" akademischer Ethnologie.

Popularisierung der Ethnologie: eine Bestandsaufnahme

Öffentlichkeit und Popularisierung

International wird die Popularisierung der Ethnologie seit einigen Jahren im allgemeineren Rahmen der Rolle der Ethnologie in der eigenen Gesellschaft diskutiert (zum Beispiel Ahmed & Shore 1995: 27–33, Fox 1996). Vorläufer dazu waren Aufsätze von Spradley und anderen unter dem Motto einer *Public Interest Ethnography* (vgl. Beispiele in Sanday 1976 und Benthall 1985). Eine dafür relevante Richtung, die es schon länger gibt, ist Ethnologie im Heimatland (*anthropology at home, domestic anthropology*; vgl. Messerschmidt 1981). Leider gab es darunter kaum Arbeiten über populäre Kultur (Traube 1996: 128 f.) und diese Arbeiten waren nicht per se anwendungsorientiert (vgl. aber Ortner 1999). Einige ihrer Vertreter bearbeiten jedoch bewusst praxisrelevante Themen (sog. *engaged domestic research* bzw. *public engagement*; zum Beispiel Beiträge in Forman 1995).

Die international erste Buchveröffentlichung explizit zu popularisierter Ethnologie war ein Sammelband, der erst vor wenigen Jahren erschien („Popularizing Anthropology", MacClancy & McDonaugh 1996). Dieses Buch untersuchte populäre Vertreter und war ein wichtiger Anfang, aber es fehlte auch viel. Es wurde kaum zwischen verschiedenen Adressaten und Genres der Popularisierung unterschieden und unter den Beiträgern war kein Popularisator vertreten (Lewis 1998). Einige Bereiche der Popularisierung, zum Beispiel im Feld der Angewandten Ethnologie, fehlten ganz. So wird Ethnologie etwa im entwicklungsethnologischen Bereich viel popularisiert (dazu Kottak 1998: 754–760). Der Band „Popularizing Anthropology" blieb zunächst ohne große Resonanz, aber immerhin brachte *Current Anthropology* in den letzten Jahren Sonderhefte und Foren zu „Engagement" und „Anthropology in Public" (Fox 1996, Current Anthropology 1996, 2000). Sie bieten Beispiele zur Rolle der Ethnologie in der Zivilgesellschaft, nur am Rande aber ging es um Popularisierung und ihre Probleme (zum Beispiel in einem Konflikt, in dem sich Kollegen über die Medien öffentlich attackierten, Friedman 1999).

Einige Ethnologinnen und Ethnologen vertreten eine bewusst öffentliche und relevante Ethnologie. Sie streben eine Relevanz des Faches vor allem für die öffentliche Debatte in Industrieländern an (Nielsen 1994, Ahmed 1995, Antweiler 1998, Current Anthropology 2000: 151–268). Innerhalb dieser Debatten wurde auch vorgeschlagen, die Popularisierung der Ethnologie aus dem Fach heraus bewusst zu steuern bzw. sogar selbst zu übernehmen und die Studenten dafür auszubilden (Allen 1994: 5, Ahmed & Shore 1995: 22–25). Schon seit 1985 widmet sich eine englische Zeitschrift namens „Anthropology Today" diesem Ziel (Benthall 1996).

Auch im deutschen Sprachraum tat sich in den letzten zehn Jahren einiges. Fachvertreter luden Politiker, Journalisten und andere zum Austausch über konstruktive Beiträge des Fachs zur Gesellschaft allgemein und besonders zu ihrem Verhältnis zur Öffentlichkeit ein. Schon 1992 fand eine erste Konferenz „Visuelle Anthropologie und Medien" in Hamburg statt, die deutlich machte, dass Filmemacher und Ethnologen sich viel zu sagen hätten, jedoch oft auf Kriegsfuß miteinander stehen (Schnabel 1992). Den intensivsten Austausch gab es auf dem „Medientag" in Heidelberg 1998, wo sich Journalisten und Ethnologen begegneten und über eine „Media-Morphose der Ethnologie" stritten (Pressereferat der Deutschen Gesellschaft für Völkerkunde 1999). Während der Kontakt zum Wissenschaftsjournalismus also in Ansätzen besteht, kümmern sich Ethnologen noch kaum um das Thema Reisejournalismus (vgl. Kleinsteuber 1997). Ebenfalls 1998 fand in Tübingen eine Tagung unter dem Titel „Sehnsucht nach Kultur. Ethnologie und Öffentlichkeit" statt, die Vertreter aus Politik, Printmedien, Fernsehen und Tourismus mit Ethnologen zusammenbrachte (Schäuble & Saukel 1999). Schließlich fand im Jahr 2002 in Münster eine Tagung „Ethnologie und Öffentlichkeit" statt (Bertels et al. 2004).

International populäre Ethnologinnen und Ethnologen

Anders als im deutschen Sprachraum ist das Fach in vielen anderen Ländern unter Laien bekannt. Dies gilt etwa für Frankreich, England, die Vereinigten Staaten, Indonesien und Brasilien. Aber auch international gab es bislang nur wenige Ethnologinnen und Ethnologen, die durch ihre

Bücher oder Artikel populär geworden sind. Einige wenige dieser populären Fachvertreter nenne ich in chronologischer Zeitabfolge. Franz Boas (1858–1942) machte in den USA durch sein vehementes Eintreten gegen den Sozialevolutionismus und gegen Rassismus von sich reden. Bronislaw Kaspar Malinowski (1884–1942) wurde durch seine Bücher über Tobriand („Argonauts of the Western Pacific", 1922) und besonders über Sexualität bekannt (1979, dazu Hutnyk 1988, Sprenger 1995). Später wurde sein postum veröffentlichtes, sehr persönliches Feldtagebuch (1986) weltberühmt. Die Bücher von Ruth Fulton Benedict (1887–1948) wurden von vielen Laien wegen ihrer ästhetischen literarischen Schreibweise sowie kulturkritischen Bemerkungen gelesen und auch, weil sie zum Teil von Japan als Kriegsgegner der USA handelten (Benedict 1974). Ihr „Patterns of Culture" (Benedict 1955, dazu Hendry 1996) wurde als antibiologistisches Werk weit über die Ethnologie hinaus bekannt.

Die wohl berühmteste unter den Ethnologen ist Margaret Mead (1901–1978). Sie widmete sich Themen, die in ihrer eigenen US-amerikanischen Gesellschaft relevant waren, zum Beispiel Krieg und Adoleszenzkrisen und profitierte im Zweiten Weltkrieg von ihrer Rolle bei Information und ihrem Einsatz in der Propaganda an der „Heimatfront" (Bräunlein 1995). Sie schrieb außerdem extrem viel, so wie auch Edward Evan Evans-Pritchard. Sie veröffentlichte mehr Bücher und Aufsätze als jede andere Ethnologin oder Ethnologe und darunter sehr viele mit gegenwartsbezogenen Themen. Dazu hatte sie einen verständlichen und lebendigen Schreibstil. Sie trat zudem bei vielen Veranstaltungen vor breiter Öffentlichkeit auf und war eine begnadete Rednerin (Mitchell 1996, Mark 2001). Margaret Mead ist auch die einzige Ethnologin, die das Schreiben ihrer Biographie selbst in die Hand nahm (Mead 1978). Posthum wurde sie noch einmal bekannt durch eine scharfe theoretische und empirische Kritik an einigen ihrer Arbeiten zu Samoa. Ein australischer Ethnologe versuchte eine Widerlegung ihrer extremen kulturrelativistischen Folgerungen. Das Buch wurde mit erheblichem publizistischem Aufwand veröffentlicht und löste die sog. „Samoa-Kontroverse" aus (Freeman 1983). Dies war eine der ganz wenigen Fachdebatten, die auch in der Öffentlichkeit erhebliche Aufmerksamkeit erregten.

Claude Lévi-Strauss (*1908) wurde durch sein Buch „Traurige Tropen" (2003, orig. 1955) berühmt. Dieses Buch war einer der wenigen Texte nach dem Zweiten Weltkrieg, die weit über die Fachgrenzen bekannt wurden. Lévi-Strauss ist in Frankreich trotz seiner schwer verdaulichen Texte auch bei Laien bekannt. Er ist Mitglied der Académie Française und wurde auch dadurch in weiten Kreisen bekannt, dass er im Rahmen der UNO gegen Rassismus eintrat. In Frankreich sind daneben auch Louis Dumont (1911–1998) und Michel Leiris (1901–1990) über Ethnologenkreise hinaus bekannt (Leiris 1950, dazu Casajus 1996). Erstaunlicherweise veröffentlichen in Frankreich sogar Publikumsverlage seit Jahren Reihen mit ethnologischen Monographien!

Carlos Castañeda ist der Ethnologe, dessen Bücher neben Margaret Mead wohl am meisten verkauft wurden (vor allem Castañeda 1972). Seine Bücher trafen den Zeitgeist der Studentengeneration der 1970er und frühen 1980er Jahre. Da Mystik, Esoterik und Schamanismus weite Teile der Bevölkerung interessieren, waren seine Bücher nicht nur Bestseller, sondern sind bis heute Longseller. Es gibt hier regelrechte Fangemeinschaften. Napoleon Alphonseau Chagnon (*1938) wurde durch seine populären Werke und Fernsehfilme zu den Yanomamö und ihre Aggressivität bekannt (Chagnon 1992, 1994, 1996). Auch die Bücher von Colin Turnbull über afrikanische Menschen fanden eine breite Leserschaft, besonders das über die Auflösung sozialer Bande bei den Ik in Uganda (Turnbull 1973). Clifford Geertz (*1926) ist dagegen in der breiten Leserschaft kaum bekannt, wohl aber unter Intellektuellen, Journalisten und nichtethnologischen Wissenschaftlern. Dies liegt neben inhaltlichen Gründen auch an seinem geschliffenen und intellektuellen Stil. Marvin Harris (*1927) dagegen, so umstritten er im Fach ist, ist unter Laien sehr populär. Er behandelt Themen, die jeden interessieren, wie Nahrung und Irrtümer (Harris 1990, 1995, 1997 a, 1997 b) und er macht klare inhaltliche Aussagen. Dabei schreibt er kurze Kapitel, sehr lebendig und ist äußerst meinungsfreudig bis provokant. Schließlich ist Nigel Barley zu nennen, dessen Bücher in Europa und Amerika und auch in Deutschland sehr populär sind (zum Beispiel Barley 1993, dazu Heinrichs 1987, MacClancy 1996 b). Der Grund liegt wohl darin, dass seine Travelogues eine einmalige Mischung aus Sarkasmus, Selbstbespiegelung und Humor bringen.

Unter den lebenden deutschsprachigen Ethnologinnen und Ethnologen ist meines Erachtens keiner in der weiteren Öffentlichkeit bekannt oder gar populär. Dies war früher anders. Vor allem Hugo Adolf Bernatzik war unter Laien sehr bekannt. In vielen deutschen Haushalten und Antiquariaten stehen Exemplare von „Der Geist der gelben Blätter" und seiner „Großen Völkerkunde". Das Werk erschien in vielen Auflagen, zunächst dreibändig (Bernatzik 1939, 1968), später auch in einem Band und hat keinen Nachfolger gefunden. Bekannt war auch Richard Thurnwald (1869–1954) durch einige Schriften zum Kulturwandel mit anwendungsorientierten Aspekten.

Unter Nichtethnologen ist von den heutigen deutschsprachigen Vertretern Hans Peter Duerr am bekanntesten, wenn auch nicht in der breiten Masse, sondern bei Gebildeten. Dies liegt wohl daran, dass er Themen wie Rationalität, Wissenschaft und ihre Kritik und das Unbehagen an der Moderne bearbeitete, die seit der Studentenbewegung Leserinnen und Leser interessierten. Auch wenn er in der universitären Ethnologie etwas marginalisiert wird, taucht er immer wieder im „Spiegel" auf. Wegen seiner Originalität ist er auch der deutschsprachige Ethnologe, der das international bei weitem erfolgreichste Buch schrieb („Traumzeit", Duerr 1985). Der „Spiegel" schrieb: „Zur Zeit ist Duerr der einzige Ethnologe [...], der im deutschsprachigen Raum mehr als die in seiner Branche sonst üblichen 247 Leser erreicht" (Holl 1985: 135). Unter Akademikern und einigen Nichtakademikern mögen daneben noch weitere Ethnologen bekannt sein, die in Zeitungen und Zeitschriften öfters auftreten. Zu nennen sind Karl-Heinz Kohl („Psychologie heute", regelmäßig Rezensionen in „Frankfurter Allgemeine Zeitung"), Johann Möller („Frankfurter Allgemeine Zeitung", Seite „Geisteswissenschaften"), Georg Elwert (verschiedene Zeitungen), Klaus Müller (Sachbücher zu Frauen, Schamanismus u. a.), Thomas Hauschild (immer wieder Beiträge in „Süddeutschen Zeitung", „Frankfurter Allgemeine Zeitung", „Die Zeit"; vgl. Hauschild 2000, 2004 a, 2004 b, 2004 c), Ludmilla Tüting zu Tourismus (zum Beispiel Tüting 2004), Florence Weiss (Sachbücher zu Frauen; Weiss 1986, 1991) und Rita Schäfer (zu Gender-Themen und Südafrika; zum Beispiel Schäfer 2000 a, 2000 b). Dies sind jedoch wenige einzelne Kollegen und ein solches Engagement wird in der deutschen Ethnologie vom Fach kaum getragen oder gar gefördert.

Die Boa Deconstructor bleibt harmlos: Repräsentationsdebatte ohne Publikum

Ein Beispiel soll die auch international zu findende ethnologische Meidung von Populärem verdeutlichen. Es handelt sich um die intensivste Kontroverse der Ethnologie des 20. Jahrhunderts, die *Writing-Culture-Debatte* (Bräunlein & Lauser 1992, James et al. 1999, Brumann 1999). Hier wurden Formen der Repräsentation von Kultur und weitergehend auch der Erkenntnisgewinnung in Frage gestellt. Kritikpunkte sind vor allem die implizite „Autorität" und die orientalisierende „Wir/sie"-Trennung. Die Debatte wurde innerhalb des Fachs und von anderen geistes- und kulturwissenschaftlichen Disziplinen geführt, kaum aber für das breite Publikum aufbereitet. Die Arbeiten firmierten oft als kritische

Ethnologie (*Anthropology as Cultural Critique, Critical Anthropology,* Marcus & Fischer 1986, Clifford & Marcus 1986). Die Kritik innerhalb der Repräsentationsdebatte war aber kaum eine Kritik der Gesellschaft, sondern Wissenschafts- und Erkenntniskritik. Die „Boa Deconstructor" (Adams 1994; vgl. Thiel 1994) hatte vor allem das Fach selbst fest im Griff. Kein Wunder, denn die meisten Vertreter dieser Richtung waren explizit nicht auf Handeln ausgerichtet und wollten in Bezug auf Werte ausdrücklich neutral bleiben (Marcus & Fischer 1986: 167). Eine seltene und frühe Ausnahme im deutschen Schrifttum ist Ina-Maria Greverus mit ihrer Kritik an der Esoterik (Greverus 1990). Erst einige jüngere Arbeiten der *Critical Anthropology* widmen sich handlungsrelevanten gesellschaftlichen Themen (Gupta & Ferguson 1997, Marcus 1998, 1999 und Fisher 1999).

Auch die Wahl der untersuchten Texte offenbart publikumsmeidende Haltungen. Statt populäre Darstellungen von Kultur oder Fremdheit, wie in Schulbüchern und Reiseprospekten, auf Plakaten, bei Kulturshows, in Zirkussen, Zoos oder Themenparks zu untersuchen, widmete man sich vorwiegend ethnologischen Texten. Und hier untersuchte man kanonische Fachmonographien statt populärethnologische Arbeiten, wie sie oben angeführt wurden (dazu kritisch MacClancy 1996 a: 3). Hier kritisierte man die Form der Repräsentation des Fremden und die beanspruchte Authentizität. Als Gegenmittel wurden Neuinterpretation, alternative Schreibstile („experimentelle Ethnographien"), Verfremdung und Entgegensetzung (*juxtaposition*) propagiert. Nicht problematisiert wurden dagegen die Bücher, welche die Ethnologie über die Fachgrenzen hinaus bekannt machten, etwa die enorm wirkungsvollen Bücher von Margaret Mead. Innerhalb dieser Debatte wurde kaum versucht, populäre Texte konstruktiv zu kritisieren oder gar verständliche Bücher zu schreiben. Im Zentrum stand die Frage, was in eine ethnologische Darstellung gehört. Das *Wie* des Schreibens wurde kaum behandelt (Johansen 1999: 220). Konsequenterweise sucht man Bezüge zum *Creative Writing* in diesen Schriften vergebens. Im Fach hat die *Writing-Culture-Debatte* viel bewirkt. Die Adressaten blieben aber Intellektuelle, Akademiker, Vertreter anderer Fächer und die Avantgarde in Kunst und Literatur. Unstudierte Laien, Lehrer, Kindergärtnerinnen oder Journalisten erreichte man nicht.

Eine Chance: Praxisorientierte Medienethnologie

Ähnliches gilt meines Erachtens bis heute für die Filmethnologie. Erst einige Medienethnologen beschäftigen sich mit Videos, Filmen oder Serien für die breite Kundschaft (siehe Hinweise bei Dracklé 1999). Dies machen bislang eher Medienwissenschaftler, wie ein guter Überblick des Pioniers James Lull zeigt (Lull 2000). Faszinierende Beispiele sind zum Beispiel die Arbeiten der Ethnologin Veena Das über eine indische *Soap Opera* (Das 1995) und des Medienwissenschaftlers Tufte über brasilianische *Telenovelas* (Tufte 2000). Ein ergiebiges Feld wären die populären Reisevideos oder *Ethno-Comedies* im Fernsehen (Kaiser 2001). Ein aktuelles Thema wäre die Repräsentation von und durch Minderheiten in den Medien, die von Medienwissenschaftlern durchaus untersucht werden (Beispiele in Cottle 2000). Viele Filmethnologen widmen sich Dokumentarfilmen von der Art, wie sie selbst in den Dritten Programmen nur selten laufen, statt Filme für breites Publikum zu untersuchen, obwohl das Thema Massenmedien schon länger im Fach wahrgenommen oder zumindest genannt (Spitulnik 1993) wird. Über Serien wie „Länder, Menschen, Abenteuer" sagt Rolf Husmann: „[…] wirklich ‚ethnologische' Filme sind in diesen Serien, und im Fernsehen allgemein, kaum zu sehen. Sitzt die Wissenschaft ‚Ethnologie' zu sehr im Elfenbeinturm?" (Husmann 2002: Vortrag). Medien funktionieren nach dramaturgischen Regeln, die als solche interessant sind und die wir kennen müssen, wenn wir dort etwas Interessantes anbieten wollen. Dazu könnten Ethnologen detaillierte Untersuchungen zur Darstellung von fremden Kulturen im deutschen Fernsehen nutzen, die von Kommunikations- und Medienwissenschaftlern durchgeführt wurden (Kretzschmar 2002, Bayer et al. 2004).

Ethnologen sollten sich viel mehr mit den gängigen TV-Programmen zu fernen Ländern befassen. Die Gesprächspartner von Filmethnologen sind nach wie vor zumeist Dokumentaristen und Avantgardefilmer, nicht aber Auslandskorrespondenten und Filmemacher, die im Tagesgeschäft der Medien stehen. Das zeigen die Beispiele in den Sammelbänden von Ballhaus & Engelbrecht (1995), Barbash & Taylor (1997), trotz anderslautenden Titels tendenziell auch die in Rollwagen (1988) und die Analyse großer Ethnofilmer von Grimshaw (2001). Selbst die Themenabende von Arte wurden bislang meines Wissens nicht ethnologisch untersucht und kaum je beliefert. Hauschild (2000; vgl 2004 c) zeigte, dass Familienserien ethnologisch interessante Fragen aufwerfen können. In den letzten Jahren gibt es glücklicherweise einige Ethnologen, die das Internet oder Cyberculture untersuchen (Escobar 1995, Hakken 1999, Turkle

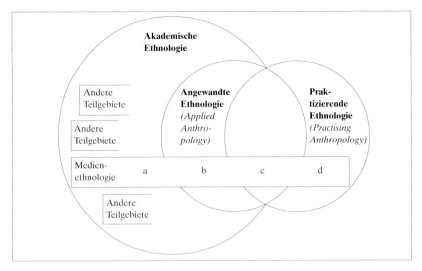

Abb. 5 Medienethnologie und ihre möglichen Schwerpunkte. (a) Forschungsorientierte Medienethnologie, (b) anwendungsorientierte Medienethnologie, (c) Übergangsfeld, (d) praktizierende Medienethnologie (nach Antweiler 2001, angeregt durch Baba)

1999, Miller & Slater 2000, Zurawski 2000). Hierzu ist zu hoffen, dass die Präsenz von Ethnothemen und von ethnologischen Inhalten im Internet stärker zum Thema gemacht werden. Aktuell wären hier besonders die in Deutschland derzeit stark zunehmenden Ethno-Portale interessant (Jordanova-Duda 2002).

Die naheliegende Heimat einer praxisorientierten Medienethnologie ist die Angewandte Ethnologie, wo sie in den USA auch zu Hause ist (Moran 1996, Dracklé 1999: 277). Für den Praxisanteil der Medienethnologie wäre es jedoch eventuell noch besser, sie in der *Practising Anthropology* statt der *Applied Anthropology* zu verorten (Abb. 5). Bei Angewandter Anthropologie geht es im Kern um solche Forschungen im Fach, die ihre Heimat in der Disziplin haben, aber einen potentiellen Beitrag zur Lösung spezifischer Probleme erwarten lassen. Angewandte Ethnolog(inn)en (*Applied Anthropologists*) arbeiten fast immer nur teilweise und zeitweise außerhalb akademischer Institutionen.

Practising Anthropologists sind Anthropologen, die von außerakademischen Vollzeittätigkeiten leben. *Practising Anthropology* ist die Nutzung anthropologischer Kenntnisse und Fähigkeiten für die Lösung von Problemen von und mit Menschen. In den USA wird sie seit Jahren als Arbeitsbereich diskutiert, der alle vier traditionellen Felder der Anthropologie (Physische, Archäologische, Linguistische und Kulturanthropologie) durchgreift. Betont wird, dass es nicht nur um eine angewandte Rolle von Ethnolog(inn)en geht, sondern um einen echten Beruf; der Unterschied zwischen Disziplin und Profession ist hier entscheidend (Nolan 1998: 41). Universitätsethnolog(inn)en, die nur zeitweise praktisch tätig sind, können ins akademische Leben zurückkehren. Diese Sicherheit des Rückzuges haben *Practising Anthropologists* nicht. Akademische Unabhängigkeit und unvermeidliche Abhängigkeit von Arbeitgebern sind schwer vereinbar – ein grundsätzliches Dilemma ohne einfache Lösungen. Man kämpft sich durch und verfängt sich dabei notwendigerweise in einem Gewebe von Kompromissen. In der *Practising Anthropology* geht es im Kern um

– effizienten Transfer und Nutzung von Wissen
– Zusammenarbeit auf unterschiedlichsten Ebenen
– ethnologische Beiträge zu Prozessen der gesellschaftlichen Entscheidungsfindung.

Als Erfolgskriterien der Arbeit im Rahmen der *Practising Anthropology* gelten Effizienz in der Formulierung von Leitlinien der Politik (*policies*), in der Planung, in der Verwaltung und enge Zusammenarbeit mit anderen Professionen in der Forschung. Eine wichtige theoretische Annahme ist, dass es keine direkte Verbindung zwischen Wissen und Nutzen gibt. Die praktische Bedeutung der Forschung hängt von der Bewertung der Ressourcen und der Handlung durch Partner/Klienten ab. Ein zweites Postulat ist, dass Konflikte immer wichtig sind. Hinsichtlich des Wissens sind weniger die Erkenntnisse selbst als deren Transfer wichtig. Im Unterschied zur *Applied Anthropology* verlagert sich der Schwerpunkt von der Wissenssammlung zur Wissensverwendung und zur Präsentation und Weitergabe der Ergebnisse.

Es gibt jedoch auch viele Probleme, die ich hier nur kurz anführe (Details hierzu Antweiler 1998 b, 2001). So bestehen keine klaren Qualitätsstandards. *Practising Anthropology* hat bei vielen Kollegen ein geringes Image. Es ergeben sich Wertekonflikte und ethische Dilemmata zwischen der Rolle als Arbeitnehmer und der Identität als Ethnologe. Schließlich ist die Beziehung der *Practising Anthropology* zur Angewandten Ethnologie und zur allgemeinen Ethnologie unklar. Der Bezug zum wissenschaftlich-akademischen Kern des Fachs geht leicht verloren. All das bringt viele praktizierende Ethnolog(inn)en in den USA dazu, sich an anderen Disziplinen als der Ethnologie zu orientieren. Auch hierzulande werden praxisorientierte Ethnologen von ihren nichtakademischen Partnern vom Fachfokus weggezogen. Zusätzlich drängt das sich rein akademisch verstehende Fach praxisorientierte Kollegen heraus.

Daraus kann leicht eine völlige Abkopplung praktizierender Ethnologen vom Hauptstrom der Forschung und Lehre entstehen. Nichtsdestotrotz könnte die *Practising Anthropology* auch im wesentlich kleineren Kontext Deutschlands ein sinnvoller Rahmen der Medienethnologie sein, die Popularisierung nicht nur erforscht, sondern selbst übernimmt.

Popularisatoren, Medien und Genres

Wer popularisiert die Ethno-Themen?

Die meisten Publikationen populärer Ethnologie stammen nicht von Ethnologinnen oder Ethnologen, sondern von Leuten außerhalb des Fachs. Darunter sind Wissenschaftler aus anderen Fächern, Reiseschriftsteller, Abenteurer und Journalisten. Viele Produkte, die ethnologienahe Themen, wie fremde Lebensformen, Kulturkontakt und Fremdheitserfahrungen zum Thema haben, stammen aus der Feder freier Schriftsteller und Romanciers. Zur Alltagskultur in Indien beispielsweise wissen mehr Leser etwas aus den Büchern von Salman Rushdie, Vidiadhar Suraiprasad Naipaul, John Irving, Arundhati Roy oder Rohinton Mistry als aus irgendeinem ethnologischen Buch. Außerdem gibt es Reiseschriftsteller und Reporter, die besonders exotische Regionen beschreiben, wie Bruce Chatwin (Australien, Südamerika), Paul Theroux (Südsee, Südamerika), Pico Iyer (Indien), Michel Peissel (Tibet) und Ryszard Kapucinski (Afrika).

Zu den bekannten Schreibern ethnologienaher Themen aus anderen Fächern gehören Soziologen (zum Beispiel Erving Goffman), Islamwissenschaftler bzw. Orientalisten (Edward Said, Annemarie Schimmel), Ur- und Frühgeschichtler (Brian Fagan, Wilfried Westphal als einer der aktivsten Autoren in Sachen Kulturgeschichte in Deutschland), Historiker (Stephen Greenblatt, Eric Wolf), Biologen (Jared Diamond), Philosophen (Roland Barthes), Sprachwissenschaftler (Florian Coulmas), Volkskundler (Hermann Bausinger, Wilhelm Brednich, Wolfgang Kaschuba), Psychologen (Hans Eysenck), Psychoanalytiker (Sudhir Khakar) und Verhaltensforscher (Desmond Morris). In Deutschland hat zum Beispiel allein der Humanethnologe Irenäus Eibl-Eibesfeldt mehr über ferne Völker geschrieben und im Fernsehen präsentiert, was tatsächlich beim breiten Publikum ankam, als viele – vielleicht alle – Ethnologen zusammen. Ähnliches lässt sich über das Medienecho einiger deutscher Archäologen bzw. Ur- und Frühgeschichtler sagen, die immer wieder etwa in „Focus", „Spiegel" oder „Geo" auftauchen. Ein Beispiel ist der Paläoanthropologe Friedemann Schrenk, der an vorderster Front forscht, interessante Inhalte bringt, gut schreiben kann (vgl. Schrenk 2003), bei Publikationen mit internationalen Kollegen kooperiert und dazu auch noch Schreibhilfen engagiert (Schrenk & Bromage 2002).

Auch die derzeit erfolgreichen Sachbücher zur Alltagskultur im eigenen Land, in Deutschland, stammen nicht aus der Feder von Ethnologen, sondern anderer Sozial- oder Kulturwissenschaftler. Während Ethnologen sich durchaus mit Deutschland befassen (vgl. Schnabel 1999, Hauschild & Warnecken 2002), sind es – mit Ausnahme des ethnologisch ausgebildeten Sprachwissenschaftlers Florian Coulmas und weniger anderer – doch andere, die dann die Sachbücher schreiben, die ethnologische Empirie und Theorie publikumswirksam verwenden. Wolf Wagner etwa, ein journalistisch erfahrener Soziologe, vergleicht die psychische Situation und die Sozialstruktur in Ost- und Westdeutschland. Er bringt ethnologische Modelle zu Kulturschock mit eigenen Erfahrungen als Hochschullehrer in Thüringen, Beobachtungen und publizierten Daten zusammen. Es ist ein gut recherchiertes Sachbuch, das eine pointierte Schreibweise hat. Ein Folgeband ergänzt aktuelle und statistische Daten (Wagner 1992, 1997, 2003). Der Volkskundler Hermann Bausinger bietet kulturgeschichtliche Hintergründe zu vermeintlichen und tatsächlichen nationalen Charakteristika der Deutschen. Sein Buch ist eine kurze und verständlich geschriebene, zum Teil assoziative, aber inhaltlich genaue Abhandlung, die Vorurteile kritisch unter die Lupe nimmt und sich der Problematik von Typisierungen stellt, statt sie zu leugnen (Bausinger 2000). Noch erfolgreicher sind die Bücher von Richard B. W. McCormack (zum Beispiel 1996, 1999, 2000). McCormack bietet unterhaltsame ethnographische Miniaturen. In sehr geschickter Weise kombiniert er Informatives mit Satire, Sarkasmus und dem humorvollen Einsatz von Stereotype. Diese Bücher wirken auf Laien sicher noch ethnologischer und der Autor firmiert bewusst als „Kulturanthropologe". McCormack schuf ein eigenständiges faszinierendes Genre, aber aus ethnologischer Sicht sind seine Bücher auch besonders problematisch. Lohnend wäre eine Rezipientenstudie, die fragt, ob die Leser ihre Stereotype stärker reflektieren oder zementieren.

Viele „ethnologische" Veröffentlichungen stammen von Journalisten. Die Erfahrung zeigt, dass Journalisten die Ethnologie als Fach umso positiver sehen, je mehr eigene Erfahrungen sie damit gemacht haben (vgl. Pressereferat 1999). Im deutschsprachigen Raum gibt es ohnehin wenig auf Kulturwissenschaften spezialisierte Wissenschaftsjournalisten, die vergleichbar wären mit Journalisten, die auf Astronomie, Paläontologie oder Frühgeschichte spezialisiert sind. Ein seltenes Beispiel eines deutschen Journalisten, der früher regelmäßig ethnologische Themen aufgriff, ist Rolf Seelmann-Eggebert. Weltweit gibt es kaum Wissenschaftsjournalisten, die auf Ethnologie spezialisiert sind. Seltene Beispiele wissenschaftsjournalistisch tätiger Fachvertreter sind der Ethnizitätsforscher David Maybury-Lewis mit Büchern zu bedrohten indigenen Völkern (zum Beispiel Maybury-Lewis 1992) und der Ethnobotaniker Wade Davis, der laufend Populäres an prominenter Stelle veröffentlicht („National Geographic", Sachbücher und Bildbände, zum Beispiel National Geographic 2002, Nachwort; vgl. Lutz & Collins 1993 und Hervik 1999). Auffallend ist, dass Davis schwerpunktmäßig über esoteriknahe Themen (Heilpflanzen, Drogen, Grenzerfahrungen, Voodoo, Fasttod) schreibt (Davis 1988, 1999, 2000, 2001).

Ethnologienahe Themen („Völkermord", „Tribalismus", „ethnische Kriege") kommen durchaus auf die Titelseiten und in die TV-Features. Sie füllen die Politik- und Wirtschaftsseiten, Talkshows und Filme in den dritten Programmen sowie bei 3Sat und Arte. Als Wissenschaft ressortiert die Ethnologie dagegen fast nur im Feuilleton mancher Zeitungen. Dort wird sie der Sphäre der Bildung und den Geisteswissenschaften zugeordnet, dagegen weit weniger dem Feld des Wissens (als Ausnahme vgl. Kattner 1999). Deutlich wird dies bei der Verortung der ethnologischen Beiträge besonders in der „Frankfurter Allgemeinen Zeitung" (vor allem mittwochs), aber tendenziell auch in der „Frankfurter Rundschau", der „Süddeutschen Zeitung" und der „Tageszeitung". Dies gilt auch für Rezensionen. Ethnologische Bücher haben nur dann eine Chance, in nichtethnologischen Zeitschriften besprochen zu werden, wenn sie ganz klar außerethnologische Relevanz haben oder exotisch sind. Zusammengenommen ist die Folge, dass ethnologische Beiträge, zum Beispiel in populärwissenschaftlichen Zeitschriften wie „Kosmos & Natur", „Bild der Wissenschaft" und „Spektrum der Wissenschaft", fast nie besprochen werden. Bei Titeln aus der Klassischen Archäologie und der Ur- und Frühgeschichte ist das ganz anders! Auch in den Fernsehprogrammen werden ethnologische Themen fast ausschließlich zu Bildungssendungen gezählt. Nur ganz selten tauchen ethnologische Themen in Wissenschaftssendungen (etwa in „Galileo", „Welt der Wunder", „Knoff Hoff-Show") auf.

In einer Gesellschaft, die nicht nur eine Mediengesellschaft ist, sondern sich selbst in den letzten Jahren zunehmend als „Wissensgesellschaft" auffasst, darstellt und verkauft, fällt die Ethnologie unter den Tisch. Sie wird nicht zum Kanon der mit dem magischen Wort „Wissen" markierten Sphäre des Wichtigen und des Pflichtprogramms gerechnet, das eine zukunftsfähige Gesellschaft braucht. Ethnologie gilt als „Kür“, „Bildungsluxus“ oder faszinierende Bereicherung nach Dienstschluss, eben doch als Orchideenfach.

Medien- und Nutzervielfalt

Ethnologinnen und Ethnologen müssen sich klar machen, dass es eine Vielzahl von Medien gibt und darüber hinaus mehrere Ebenen der Öffentlichkeit, in denen ethnologische Themen auftreten (Abb. 6). Das erschöpft sich nicht in Büchern, Fernsehen und Museen – die Medien, auf die das Fach hauptsächlich blickt. Gerade innerhalb der Printmedien existiert eine große Vielfalt. In der Fixierung auf „Die Zeit“, „Frankfurter Allgemeine Zeitung“ und „Spiegel“ übersieht man zum Beispiel leicht die lokalen und regionalen Zeitungen. Das Radio, immerhin auch ein Massenmedium, wird von Ethnologen bislang fast gar nicht beachtet!

Jedoch sind nicht alle Medien auch Massenmedien und innerhalb der Medienarten finden sich noch sehr verschiedene Genres! In den Druckmedien herrschen oft deutlich andere Voraussetzungen als im TV-Bereich. Das betrifft etwa Kontaktnahme, Umgangsformen, Autorenbetreuung, Vertragstypen, Honorare, Festanstellung und freie Mitarbeit und vor allem den Platz bzw. die Zeit, die man für einen Beitrag zugestanden bekommt. Neben den Medien im engeren Sinn gibt es eine Unzahl an Kulturprodukten, in denen ethnologienahe Themen, Bilder von Fremdheit und Metaphern von Kultur eine große Rolle spielen. Essen, Mode, Kinderspielzeug und Zoologische Gärten (dazu unten mehr) sind wichtige Beispiele. Hier können Produzenten und Produktionsumstände (Mahon 2000) und der Konsum untersucht und auch in Grenzen beeinflusst werden (vgl. Chin 1999 zu ethnisch korrekten Puppen). Ähnliches gilt für Sportveranstaltungen, ein von Ethnologen wenig beachtetes Feld (vgl. Blanchard 1999). Hier lassen sich Fragen kollektiver Identität und Fremdbilder wunderbar untersuchen (Armstrong & Guilianotti 1999, 2000, Finn & Guilianotti 1999 zu Fußball sowie Archetti 1999 zu Fußball und Tango).

- Bücher (sehrt verschiedene Genres: Sachbücher, Romane, Reisebeschreibungen, Reiseführer, Kultur-Knigges, Kinderbücher, Jugendbücher, Schulbücher, Ausstellungskataloge)
- Zeitschriften (Publikumszeitschriften, Reisezeitschriften, populärwissenschaftliche Zeitschriften, *Special-interest*-Zeitschriften)
- Zeitungen (bundesweite, regionale, lokale; Tages-, Wochenzeitungen)
- Radio (zum Beispiel Hörspiele, Features)
- TV (sehr verschiedene Formate, zum Beispiel Dokumentarfilme, Reisemagazine, Talkshows, Features, *Ethno-Comedy*)
- Videos (Länder-, Reisevideos)
- Museen: ethnologische, andere (Kunstmuseen, Heimatmuseen, Landesmuseen, Werksmuseen)
- Zoologische Gärten
- Themenparks *(Cultural Parks, Heritage Parks, Cultural Villages)*
- Sportveranstaltungen
- Karneval (Indianer, Mongolentruppen, kölsche „Negerköpp")
- Publikationen und Veranstaltungen von Dritte-/Eine-Welt-Gruppen, Minderheitenorganisationen
- Schriften von Nichtregierungsorganisationen (NRO, NGO)
- Werbung (Produktwerbung, *social marketing*)
- Mode
- Kunst (Primitivismus, Expressionismus, Neue Wilde, Fluxus, Beuys als Schamane)
- Musik (Weltmusik, Ethno-Musik, *Cult-Music*)
- Computerspiele
- Kinderspiele, Spielfiguren („Pokemon", „Shani")
- Gesellschaftsspiele (zum Beispiel „Eschnapur", „Völker", „Tikal")

Abb. 6: Spektrum der Medien und Kulturprodukte mit ethnologienahen Themen (mit Beispielen)

Gegenwärtige Formen der Popularisierung

Die vorhandene populärethnologische Literatur und die Vielfalt der visuellen Beiträge zeigen deutlich, dass es mehrere Publika und verschiedene Genres gibt. Ich gebe jetzt kurz Beispiele für Popularisierung aus dem Bereich der Bücher und nenne exemplarisch Werke von Autoren, die zum Teil schon genannt wurden. Ich versuche hier keine ausgefeilte Typologie, sondern gebe nur eine grobe Gruppierung (die leider in Mac-Clancy & McDonaugh 1996 fehlt). Zur Unterscheidung der wichtigsten Varianten können wir zwei Fragen stellen:

- Werden ausdrücklich wissenschaftliche ethnologische Inhalte (Resultate, Theorien, Methoden) popularisiert oder werden Themen, die der Ethnologie in irgendeiner Weise nah sind, populär dargestellt?
- Wendet sich die Publikation an eine breite Leserschaft oder an bestimmte Kategorien unter den Laien, zum Beispiel Gebildete? Hans Fischer fragt: „Sind uns die Gymnasiasten aus der Abiturklasse genauso wichtig wie die Lehrer aus diesem Gymnasium? Sind es die Hafenarbeiter, die die Morgenpost lesen, sind uns die wichtig? Oder sind es nur diejenigen mit Abitur?" (nach Geyer 1999: 27).

Popularisierte Ethnologie und Populärethnologie

Verständliche Ethnologie für ein breites Publikum

Beispiele für die Darstellung ethnologischer Inhalte für ein breites nicht-ethnologisches Publikum aus den USA sind Schriften der genannten Margaret Mead, Marvin Harris, Napoleon Chagnon und Colin Turnbull. Unter jüngeren Ethnologen wäre David Gilmore über Gender-Themen (Gilmore 1990, 1984) und Liza Crihfield Dalby zu Geishas in Japan (Dalby 2004) zu nennen. In Großbritannien schreiben David Pocock und Nigel Barley für Laien, in Frankreich trat der Indienforscher Louis Dumont öfter im Fernsehen auf. In der ehemaligen DDR und einigen Ostblockländern gab es eine ausgereifte Sachbuchkultur, die leider kaum mehr existiert. Hier gab es auch popularisierte Ethnologie, zum Beispiel vom Kollektiv um Dietrich Treide (Liedtke et al. 1966) und vom ethnologisch interessierten Kulturgeschichtler Burchard Brentjes oder Miloslav Stingl (zum Beispiel Stingl 1996). In Deutschland sind hier besonders Museumsethnologen zu nennen, besonders Gisela Völger mit ihren Kinderbüchern (zum Beispiel Völger 1987). Zusätzlich zu einigen oben genannten wären hier unter den älteren Andreas Lommel zu australischen Aborigines und ihren Problemen (Lommel 1981, 1968) sowie Peter Fuchs zu Nomaden- und Oasenkulturen in der Sahara (Fuchs 1991) zu nennen.

Was sehr selten ist, ist die Popularisierung von Ethnologie im ganz engen Sinn. Das wäre eine bewusste Aufbereitung schon anderweitig publizierter wissenschaftlicher ethnologischer Erkenntnisse von Fachvertretern oder Wissenschaftsjournalisten für Laien. Besonders gelungene Beispiele hierfür sind meines Erachtens international Peter Farb (1976) zu Indianern, Marjorie Shostak (1990, 2001) zu den Kung, David D. Gilmore (1990) zu Gender, Morrison & Germain (1996) zu den Inuit, Anne Fedigan (2000) zu Krankheit und Gesundheit als interkulturelles Problem, Liza C. Dalby (2004) zu Geishas und Piers Vitebsky (2001) zu Schamanismus. Den Spagat zwischen Wissenschaftlichkeit und Vereinfachung schaffen – auf sehr verschiedene Weise – unter deutschsprachigen Titeln meines Erachtens etwa Florence Weiss (1986) zu Frauen in Indonesien, Breidenbach & Zukrigl (2000) zu Globalisierung, Christoph et al. (1999) zu Afrika, Corinna Erckenbrecht (1998) zu Aborigines (ein Bestseller; mehr dazu im Kap. zu Erziehung von Schönhuth und Renner 2001). Einige dieser Titel bieten dazu auch noch einen guten Schreibstil.

Ethnologie für spezielle Kategorien von Laien

Beispiele für die Darstellung ethnologischer Inhalte für spezielle Kategorien von Laien sind Bücher, die sich an Gebildete, zum Beispiel Leser von Feuilletons, wenden. Aus den Vereinigten Staaten gehören dazu Bücher von Clifford Geertz (1990, 1997), Paul Rabinow, Marshall David Sahlins (*1930; Sahlins 1986, vgl. Kohl 2001), aus Frankreich einige Werke von Michel Leiris und Victor Segalen (1994), aus England Werke von Adam Kuper (1999) und aus Deutschland Arbeiten von Karl-Heinz Kohl (Kohl 1979, 1986, 1987) und Klaus E. Müller (zum Beispiel Müller 2003, zuerst 1997). Hierin sind auch die gelegentlichen Beiträge von Ethnologen und Volkskundlern und anderen in den Feuilletonseiten deutscher Zeitungen zu nennen, zum Beispiel auf der Seite „Forum Humanwissenschaften" der „Frankfurter Rundschau". Selten sind bislang Darstellungen ethnologischer Erkenntnisse und Perspektiven aus der Feder von Ethnologen für Lehrer an Schulen oder Volkshochschulen. Während zum Thema Entwicklungsländer eine Menge an Publikationen für die Erwachsenenbildung existieren, fehlt es weitgehend an spezifisch ethnologischem Material dazu und allgemein am Thema interkulturellen Umgangs. Hier haben einige wenige deutsche ethnopädagogisch interessierte Ethnologinnen, besonders der Verein „Ethnologie in Schule und Erwachsenenbildung" (ESE) in Münster, in den letzten Jahren Pionierarbeit geleistet, wie zum Beispiel in den Bänden der „Gegenbilder" (zum Beispiel Lütkes & Klüter 1995, Bertels et al. 1997, Eylert et al. 2000 und Huse 2004).

Populäre Darstellungen des Fachs: „Völkerkunde"

Es gibt nur ganz wenige Bücher, welche die Ethnologie als Fach der breiten Öffentlichkeit darstellen. Zu den seltenen deutschen Versuchen gehören ein Buch aus der DDR (Liedke et al. 1966) sowie Walter Konrad (1969), Horst Nachtigall (1972) und Gisela Maler-Sieber (1978). Eine deutsche Übersetzung eines hervorragenden englischen Buchs ist leider schon lang vergriffen (Brown 1968). Ein amerikanisches Beispiel ist die „Overture" von Robert Murphy (Murphy 1986), ein hervorragendes englisches ist „Understanding Social Anthropology" von David Pocock (1999). Der Autor stellt immer wieder Bezüge zu Lebensweisen und Werten der Leser her und macht so Unterschiede wie Gleichheiten der Lebensweisen bewusst und er betont die Relevanz der Ethnologie für Gegenwartsprobleme (ähnlich van der Elst 1999). Ein weiterer interessanter neuerer Versuch ist ein Bändchen zur Ethnologie in einer Reihe, in der es Einführungen in viele Wissenschaften gibt (Monaghan & Just 2000). Dies ist eine extrem knappe Einführung im Westentaschenformat und der besondere Reiz des Buchs liegt darin, dass die Autoren viele Beispiele aus ihren eigenen Feldforschungen benutzen, die in zwei sehr verschiedenen Regionen liegen, Mexiko in Zentralamerika und Sumbawa in Indonesien.

Pop-Ethnologie: Ethnothemen für die breite Leserschaft

Die zweite Kategorie bilden Publikationen, die ethnologienahe Themen, also nichtethnologische Wissenschaft, für Laien darstellen. Einige wenden sich ausdrücklich an ein breites Publikum, andere tun das nicht, werden aber trotzdem von breiter Kundschaft konsumiert. Hier gibt es sehr verschiedene Genres, die ich nicht systematisch unterscheide, sondern nur an Beispielen anreiße.

Ein bekanntes Beispiel aus den USA ist der internationale Bestseller der Journalistin Jean Liedloff (1979, dazu Renner 1989, Okely 1996: 198–201). Die Autorin entwickelt anhand der Kindererziehung bei den Yequana am Orinoko die These einer angeborenen Disposition des Menschen zu Ausgeglichenheit, Gefühlskontrolle, Selbstdisziplin und Glück. Im Zentrum steht die kontinuierliche Verknüpfung von genetischen Vorgaben mit Umweltdispositionen. Das Buch propagiert das Tragen von Säuglingen, hat sehr viele junge Eltern in westlichen Ländern angesprochen und wurde so nicht nur ein Best-, sondern auch ein Longseller, von dem der Verlag C. H. Beck jedes Jahr unbesehen 25 000 Exemplare nachdrucken kann!

Hierher gehören aber auch Bücher von Paul Theroux. Er ist nicht nur ein bekannter Schreiber von Romanen, die an exotischen Lokalitäten spielen, sondern einer der großen Reiseschriftsteller unserer Zeit. In einem bekannten Buch erzählt er über eine Tour mit einem Paddelboot durch Ozeanien, in der Südsee-Stereotype der „glücklichen Inseln" mit zum Teil harten Erfahrungen kontrastiert werden (Theroux 1993). Weiter ist hier Bruce Chatwin zu nennen, der eine ganze Fangemeinde hat (vgl. Shakespeare 2000, Clapp 2001). Chatwins Bücher (zum Beispiel Chatwin 1999) sind eine Mischung aus Reisebericht und Selbstdarstellung, die, wie die Auflagenzahl zeigt, sehr populär sind, ganz besonders auf der gegenwärtigen Australienwelle (dazu Morphy 1996). Auch zu nennen sind Romane von Juri Rytcheu (zum Beispiel Rytcheu 1995) und die des Australiers Christopher Koch. In einem seiner Romane (Koch 1988), den ich hier anführe, weil es eines meiner Lieblingsbücher ist, beschreibt er die Ereignisse des letzten Regierungsjahrs Sukarnos 1965 in der politisierten Atmosphäre Jakartas. Er veranschaulicht indonesisches Leben auf faszinierende Weise in einer Romanstruktur, die einem javanischen Schattenspiel ähnelt. Das Buch wurde von Peter Weir mit Mel Gibson und Sigourney Weaver in den Hauptrollen verfilmt („Ein Jahr in der Hölle").

Ein besonders interessanter Fall dieser populären Verwendung ethnischer Stoffe ist der international agierende Inder Amitav Ghosh. Er ist primär Schriftsteller und schreibt Romane und Sachbücher. Aber er hat auch Ethnologie studiert. In einem seiner Bücher (Ghosh 1995) verknüpft er eine Beschreibung der Geschichte interkultureller Begegnungen in frühen Zeiten mit seinen eigenen Erfahrungen bei einer Reise nach Ägypten und stellt gleichzeitig den Prozess der Erforschung von Sozialgeschichte dar. Hier würde ich auch die nicht klar einzuordnenden Bücher von Marlo Morgan (1998, 2000) sehen. Unter deutschen Autorinnen und Autoren, die ethnische Themen verwenden, sind Rolf-Wilhelm Brednich als Volkskundler mit enorm erfolgreichen humorvollen Titeln (zum Beispiel Brednich 1999, Auflage bis 2004: 460.000 Exemplare!) und Heide Göttner-Abendroth (früher Wissenschaftstheoretikerin, jetzt freie Schriftstellerin) mit ihren verbreiteten Titeln zum Matriarchat (Göttner-Abendroth 1988) zu nennen.

Die Vielfalt der populären Ethnoliteratur muss erst noch untersucht werden. Besonders breit ist das Spektrum der mehr oder minder literarischen Versuche der Darstellung fremder Kulturen. Wichtige Vorarbeiten hierzu hat Hans-Jürgen Heinrichs in Essays mit subtilen vergleichenden

Interpretationen geleistet. Stark vereinfacht lassen sich einige Grundformen unterscheiden (Heinrichs 1996: 249 f., 262 f., 267 f., 274 f.). Sie bilden ein Kontinuum zwischen den zwei Polen der klassischen ethnologischen Monographie, die eine Lebensform umfassend darstellen will, einerseits und der Reportage, die aktuell sein muss, Vertrautes interessant machen will und dabei eventuell radikalisiert, andererseits.

Die Exotismus-Reportage (a) stellt „wilde" Völker sensationalistisch und exotisierend dar und ist ein verbreitetes TV- und Buchgenre (zum Beispiel Linklater 1996). Eine Ethnoreportage (b) will, anders als ein ethnologischer Text, nicht die Ganzheit der Kultur darstellen, sondern stellt ein Ereignis oder einen Lebenslauf in den Mittelpunkt. Daran wird Exemplarisches herausgearbeitet und in Beziehung zu dem Vertrauten gestellt. Der Autor will andere Kulturen in ihrer Eigengesetzlichkeit zeigen; er oder sie setzt sich der anderen Kultur aus und hält sich selbst zurück, zum Beispiel Wassili Peskow (1994). Nigels Barleys genannte Bücher sind Beispiele für Ethnoliteratur (c) einer seltenen Form. Man kann sie auch „literarische Ethnographie" nennen. Hier werden eigenartige und verwirrende Ereignisse dargestellt. Dabei ist das ethnologische Forscher-Ich als Spiegel und Rückzugsraum immer implizit dabei. In der Ethnopoesie (d) wird eine ethnologische Perspektive eingenommen, aber versucht, sich trotzdem voll einzulassen und sogar, wie bei Hubert Fichte, „das Unmögliche [zu] sagen" (Heinrichs 1996: 274–280).

Welche Inhalte sind gefragt? Exotik, Extreme, Existenzfragen

Aktuelle „Anker" und Eingangstore

Wenn wir in der Öffentlichkeit gehört werden wollen, müssen wir uns für sie interessieren. Wir müssen die Stichworte kennen, die bei Laien auf Interesse stoßen. Also müssen wir die Öffentlichkeit daraufhin untersuchen. Die populären Themen ändern sich, aber es gibt auch deutliche Kontinuitäten, zum Teil seit der Mitte Ende des 19. Jahrhunderts. Ich beginne mit Themen nach dem Zweiten Weltkrieg. Hierzu gibt es bislang keine systematischen Untersuchungen. Eine Durchsicht populärer Publikationen (vgl. auch die Presseauswertung von Lutz & Suck 1999) gibt aber zumindest einige Hinweise dazu, welche Stichworte als „Anker" und Eingangstore für ethnologische Beiträge dienen.

„Dauerbrenner": Themen

- Traditionen, Gemeinschaft
- Fremdes, Andersartiges, Exotisches
- fremde Kultur
- Riten, Rituale, Kulte, Animismus, Tänze
- Inseln, isolierte Kulturen, „neu entdeckte" Kulturen („die letzten XY")
- Tabus
- Mythen, Mysterien
- Kannibalismus („Menschenfresser"), Menschenopfer, Kindestötung, Kopfjagd
- Orient, Harem, Frauen im Islam, Schleier
- Matriarchat, Geschlechterrollen, Sex
- Nahrung, Essen, „heilige Kühe"
- „Rassen"
- Exotik, Ekel, Abscheu
- zeitlose Aspekte von Kultur, Universalien

„Dauerbrenner": Ethnien und Regionen

Ethnische Gruppen oder ethnische Kategorien
- Indianer Nordamerikas (besonders Prärieindianer)
- Amazonas-Indianer (besonders Yanomami)
- Tuareg
- Minangkabau
- Eskimo/Inuit
- Sherpa
- Aborigines
- Amish, Hutterer

Regionen
- Neuguinea
- Afrika südlich der Sahara
- Südamerika
- Tibet, Nepal
- Indien

Abb. 7 Populärethnologische „Dauerbrenner"

Es zeigt sich, dass einige Themen „Dauerbrenner" sind und einige Ethnien bzw. Kulturregionen oder Länder immer wieder thematisiert werden (Abb. 7). Diese „Dauerbrenner" kreisen um Exotik, Erotik und mehr oder minder deutlich um Rasse. Kultur interessiert als das ganz Andere bzw. das Fremde, sei es abstoßend oder anziehend. Daneben geht es implizit um universale Fragen, darum, was den Menschen ausmacht. Andere Themen sind erst seit einiger Zeit aktuell (Abb. 8). Kultur bzw. Ethnizität wird auch hier als das gesehen, was Menschen unterscheidet. Kultur ist gleich Differenz. Statt Netzwerke zu sehen, werden zum Beispiel im Bild des „Mosaiks der Kulturen" Grenzen betont. Solche Bilder hängen mit politischen Großwetterlagen zusammen und werden bei bestimmten Ereignissen wie dem Anschlag auf die Twin Towers in New York am 11. September 2001 aktualisiert. Im vereinten Europa sind derzeit die Schlagworte „kulturelle Vielfalt" *(cultural diversity)*, das meist als Mosaik der Nationalkulturen gesehen wird, und „kulturelles Erbe" *(cultural heritage*; vgl. zum Beispiel Europäische Gemeinschaften 2002) besonders gängig. Schließlich gibt es neuere Themen, von denen einige auch schon seit mehreren Jahren auf breites Interesse stoßen. Hier stehen esoterische Themen und Fragen der Gesundheit im Zentrum.

Wenn man sich die gesamte Palette vergegenwärtigt, wird klar, dass Laien sich zwar besonders für kulturell Fremdes, für kulturelle Besonderheiten, für Exotik interessieren, aber auch für allgemein anthropologische Fragen der menschlichen Existenz. Das beißt sich allerdings besonders hierzulande damit, dass sich die meisten Ethnologen nur mit einzelnen Gruppen und sehr lokalen Themen befassen und die kulturanthropologische Dimension des Fachs vernachlässigen.

Kontinuitäten: Völkerschauen, Themenparks etc.

Es gibt deutliche Kontinuitäten im öffentlichen Umgang mit Kultur und Fremdem, die über die genannten „Dauerbrenner"-Themen hinausgehen. Kontinuitäten bestehen (a) bei den popularisierten Ethnien („Kulturen", „Völker"), (b) in falschen oder überzogenen Behauptungen, (c) bei den Formen der Darstellung und (d) hinsichtlich der zugrundeliegenden versteckten Annahmen, pseudowissenschaftlichen Theorien und Alltagstheorien. Unter den Kulturen tauchen immer wieder dieselben auf: australische Aborigines, Amazonaskulturen, besonders die Yanomami, Tibeter, Eskimo, Irokesen und Ethnien in Neuguinea, besonders die Asmat. Weiterhin gibt es Behauptungen, die immer wieder repetiert werden, obwohl sie längst widerlegt sind. Dazu zählen die von dutzenden von Wörtern der Inuit für Schnee (behauptet wurden bis zu 80!, vgl. Pullum 1991), von völlig nichtlinearen Zeitkonzepten und nichträumlichen Zeitwörtern in anderen Sprachen, von der Existenz von Kannibalen und überzogene Aussagen zu heiligen Kühen in Indien.

Trotz vieler neuer Versuche ähneln auch die Formen der öffentlichen Präsentation von Kultur früheren Formen. Früher wurde fremde Kultur in Kuriositätenkabinetten und Museen dargestellt und fremde Men-

Catchwords und Bilder im Rahmen globaler Politik und Wirtschaft

– „Mosaik der Kulturen"
– „Multikulti"
– „Ethnozentrismus"
– „Eurozentrismus"
– „ethnischer Konflikt"
– „Kampf der Kulturen", „Aufeinanderprallen der Kulturen" *(clash of cultures)*
– „Kampf der Religionen"
– „interkulturelle" Probleme / Missverständnisse
– „Kulturschock"
– „Kulturkreise"
– „kulturelles Erbe" *(cultural heritage)*
– „Vielfalt", „kulturelle Vielfalt" *(diversity, cultural diversity)*

„Heiße Themen" der 1990er und bis heute (2005)

– Hexerei
– Frauenbeschneidung
– Mystik, fremde Religion, Okkultes
– Drogen
– Magie, Zauber, Tarot und ähnliches
– Weisheit, esoterisches Wissen
– Umwelt: hegende Nutzung, lokales Wissen
– Zeit: nichtlineare/zyklische Zeitvorstellungen
– Körper, Gesundheit, Medizin, Heiler(innen), Geistheiler
– Sex: mystischer, magischer, betörender und befreiender Sex
– jegliche Extreme

Abb. 8 Aktuelle „Anker" ethnologienaher Themen in der Öffentlichkeit

schen in Zirkussen, auf Weltausstellungen und bei Völkerschauen, zum Teil in Zoos, gezeigt. Dies war eine frühe Form populärer Ethnologie (Schneider 1977, Antweiler 2004). Das lehnen Ethnologen heute zu Recht ab. Aus dieser ablehnenden Haltung übersehen sie aber leicht, dass zum Beispiel Zoos niemals nur Tierschauen waren. In ihrem Selbstverständnis haben heutige Zoos die Funktion, Tiere zu zeigen, sie zu erhalten und das Publikum zu bilden. Zoos sind aber auch Orte, an denen sich Menschen-, Fremd- und Selbstbilder entwickeln. In ihnen zeigen sich Selbstbilder einer Gesellschaft. Das wurde von der Ethnologie bislang kaum aufgegriffen (siehe aber Mullan & Marvin 1999). Sie sind sehr wirksam, denn Zoos sind in vielen Ländern, zum Beispiel in Deutschland, populärer als sämtliche Museen, von Völkerkundemuseen ganz zu schweigen (Baratay & Hardoiun-Fugier 2000: 7).

Heute wird fremde Kultur in vielen neuen Formen dargestellt und aufgeführt: in „kulturellen Events", Erlebnisparks, Abenteuerparks, *theme parcs* und *cultural parks*. In mancher Hinsicht werden ethnologische Museen, Kunstmuseen, Kulturfestivals, Kulturparks und Ethnotourismus, ja sogar Zoos, immer ähnlicher (Beispiele bei Stanley 1998, Kirshenblatt-Gimblett 1998). Heutige Zoos zeigen keine fremden Menschen mehr, jedenfalls nicht als Personen. Aber moderne Zoos beziehen die Menschen, die in den Lebensräumen der Tiere leben, mit ein, zum Beispiel der Zoologische Garten Köln im Tropenwaldhaus mit Bildern und Artefakten aus Papua-Neuguinea. In Themenparks werden auch heute Menschen gezeigt, zum Beispiel Deutsche, die als Köche und Handwerker in japanischen Parks deutsche Kultur demonstrieren. Das zeigt Joy Hendry (2000) in einer faszinierenden Untersuchung von Freizeitparks in süd- und ostasiatischen Ländern im Vergleich mit Beispielen aus den USA, Europa und Australien. Sie untersucht dabei die besonderen Themen, Aktivitäten und Symboliken und wirft die Frage auf, ob Themenparks primär kommerzielle Unternehmen sind oder Formen politischer Repräsentation. Man kann fragen, ob sich hier ein neuer Typ des ethnographischen Museums herausbildet.

Auch in den leitenden Weltbildern zeigen sich einige Kontinuitäten. Früher wie heute steht der Dualismus, das dichotome bzw. binäre Bild des „Wir" vs. „sie"/„Andere". Der andere ist entweder der „unzivilisierte Barbar" oder aber der „gute Wilde". In einer „verkehrten Welt" werden ihm Unschuld und utopische Ideale zugeordnet. Das Fremde wird abgewehrt oder aber man verlangt nach ihm, oft beides zusammen (Kohl 1986). Fremdes wird als Vorbild oder zur Abschreckung bzw. zur Bestätigung des Eigenen oder einfach zur Unterhaltung genutzt. Ein weiterer „Dauerbrenner" sind Ideen aus dem Diffusionismus und der Kulturkreislehre. Das Wort „Kulturkreis" ist unter Laien in Deutschland erstaunlich verbreitet und verträgt sich gut mit der Denkweise in Makrokulturen und der Rede vom „Kampf der Kulturen", die nach dem 11. September 2001 verbreiteter denn je ist.

Die Idee, die aber unter Laien wohl am stärksten verankert ist, ist das Konzept der Entwicklung als Höherentwicklung (Anagenese). Es ist die Idee einer gerichteten Entwicklung von Gesellschaften, die stufenweise erfolgt, gesetzmäßig bzw. notwendig ist und zu höher bewerteten Zielen strebt. Diese Idee gibt es mindestens seit der griechischen Antike und sie ist seit dem 18. Jahrhundert zu einer die Wissenschaften und die Alltagstheorien prägenden Idee geworden. Sie ist in besonderem Maße mit der Ethnologie verknüpft, weil der Sozialevolutionismus einer der wenigen genuinen Theoriebeiträge der Ethnologie war. Bis heute prägt sie die

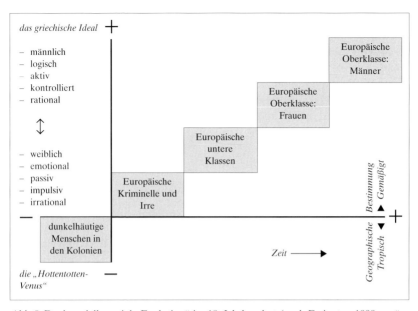

Abb. 9 Denkmodell „soziale Evolution" im 19. Jahrhundert (nach Errington 1998, verändert)

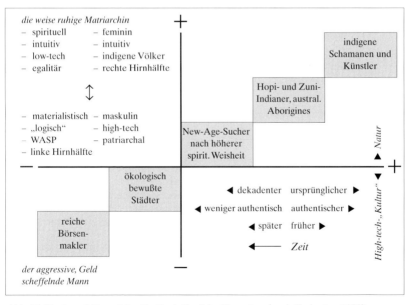

Abb. 10 Denkmodell: „spirituelle Evolution" im New-Age (nach Errington 1998)

Entwicklungspolitik in Form der Annahme einer „nachholenden Entwicklung". Um deutlich zu machen, dass diese Ideen zum Grundbestand des Alltagsdenkens gehören, zeige ich zunächst eine ältere Variante des Fortschrittsmodells, wie es im 19. Jahrhundert bestand (Abb. 9). Darauf folgt die Darstellung des Evolutionsdenkens, wie wir es derzeit in westlichen Gesellschaften finden. Mancher wird sie von Freunden, Bekannten oder sich selbst kennen (Abb. 10). Es ist aufschlussreich, wie zwei ansonsten jeder Ähnlichkeit unverdächtige Weltbilder – hier evolutionistisches, imperialistisches und patriarchales Denken und dort ökologisch-feministisch-esoterisches New Age – sich strukturell so ähnlich sein können.

Dieses Beispiel zeigt noch einmal, dass wir Ethnologinnen und Ethnologinnen nicht hochnäsig gegenüber Vorstellungen in der Öffentlichkeit sein dürfen, aber auch nicht tatenlos im Elfenbeinturm verharren sollten. Ich persönlich unterstütze weniger eine Ethnologie als einen Einsatz für bestimmte Werte und Ziele. Eher sehe ich die Ethnologie als humanwissenschaftliche Gegenstimme zu den dominanten Diskursen, die von Politikern, Journalisten, Esoterikern und Wissenschaftlern nicht-anthropologischer Disziplinen bestimmt werden. Es geht um die Ethnologisierung und Anthropologisierung gesellschaftlicher Debatten (dazu ausführlich Antweiler 1998 b). Bei der Ethnologisierung bzw. Anthropologisierung ist eine ethnologisch untermauerte Stellungnahme zu gesellschaftlich relevanten Fragen gemeint. Nicht gemeint ist Kulturalisierung bzw. Ethnisierung, die verbreitete Haltung, hinter allem und jedem kulturelle bzw. „ethnische" Ursachen zu sehen (dazu in populärer Form Kaschuba 2001).

Zitierte Literatur

Adams, Marco Montani 1994: Ethnopop. Das Feld der Feldforscher (Glosse). In: *Frankfurter Allgemeine Zeitung*, Nr. 196 vom 24. 8. 1994, S. N5

Ahmed, Akbar S. & Chris Shore (eds.) 1995: *The Future of Anthropology. Its Relevance to the Contemporary World*. London, Atlantic Highlands, N.J.: Athlone Press

Ahmed, Akbar S. & Chris Shore 1995: Introduction: Is Anthropology Relevant to the Contemporary World? In: Ahmed & Shore (eds.): 12–45

Allen, Susan 1994: *Media Anthropology. Informing Global Citizens*. Westport, Conn. etc.: Bergin & Garvey

American Anthropologist 2002: In Focus: September 11, 2001 (Themenschwerpunkt). In: *American Anthropologist* 104 (3): 715–782

American Ethnologist 2004: AE Forum: Grounding September 11 (Themenschwerpunkt). In: *American Ethnologist* 31 (3): 293–348

Antweiler, Christoph 1994: Für ein praxisorientiertes Ethnologiestudium in Deutschland ... aber gegen eine ‚lean education'. In: *Entwicklungsethnologie* 3 (1): 90–103

Antweiler, Christoph 1998 a: Kleines Korn – ganz groß. Praxisorientiertes Ethnologiestudium am Beispiel einer Ausstellung zu Reis. In: *Entwicklungsethnologie* 7 (2): 74–91

Antweiler, Christoph 1998 b: Ethnologie als gesellschaftlich relevante Humanwissenschaft. Systematisierung praxisorientierter Richtungen und eine Position. In: *Zeitschrift für Ethnologie* 123(2): 215–255

Antweiler, Christoph 2001: Ethnologie jenseits der Akademie, aber nicht ohne sie. Praxisrelevante Ethnologie und mögliche Wege der Ethnopädagogik. In: Helga Unger-Heitsch (Hrsg.): *Das Fremde verstehen. Ethnopädagogik als konkrete Hilfe in Schule und Gesellschaft. Grundlagen und Beispiele*: 1–27. Münster etc.: Lit Verlag (Interethnische Beziehungen und Kulturwandel, 48)

Antweiler, Christoph 2002: Ethnologie und Ethik. Praxisrelevante Grundlagendebatten. In: Frank Bliss, Michael Schönhuth und Petra Zucker (Hrsg.): *Ethik in der Entwicklungszusammenarbeit*: 25–50. Bonn: Politischer Arbeitskreis Schulen (Beiträge zur Kulturkunde, 22)

Antweiler, Christoph [3]2003: *Ethnologie lesen. Ein Führer durch den Bücher-Dschungel.* Münster etc.: Lit Verlag (Arbeitsbücher Kulturwissenschaft, 1, mit CD-ROM) ([1]2002, [2]2002)

Antweiler, Christoph 2004: Weltausstellungen – Edutainment permanente? In: *Education Permanente* 38 (3): 56–58

Archetti, Eduardo P. 1999: *Masculinities. Football, Polo and the Tango in Argentina.* Oxford: Berg Publishers (Global Issues)

Armstrong, Gary & Richard Guilianotti (eds.) 1997: *Entering the Field. New Perspectives on World Football.* Oxford: Berg Publishers (Explorations in Anthropology)

Armstrong, Gary & Richard Guilianotti (eds.) 1999: *Football Cultures and Identities.* Basingstoke: Pelgrave, Macmillan

Ballhaus, Edmund & Beate Engelbrecht (Hrsg.) 1995: *Der ethnographische Film: Einführung in Methoden und Praxis.* Berlin: Dietrich Reimer Verlag (Ethnologische Paperbacks)

Baratay, Eric & Elisabeth Hardouiun-Fugier 2000: *Zoo. Von der Menagerie zum Tierpark.* Berlin: Klaus Wagenbach Verlag

Barbash, Ilisa & Lucien Taylor 1997: *Cross-Cultural Filmmaking. A Handbook For Making Documentary and Ethnographic Films and Videos.* Berkeley etc.: University of California Press

Barley, Nigel [6]1993: *Traumatische Tropen. Notizen aus meiner Lehmhütte.* Stuttgart: Klett-Cotta Verlag

Barley, Nigel 1998: *Die Raupenplage. Von einem, der auszog, Ethnologie zu betreiben.* München: Deutscher Taschenbuch Verlag (zuerst Stuttgart: Klett-Cotta Verlag, 1989)

Barley, Nigel 1999: *Traurige Insulaner.* München: Deutscher Taschenbuch Verlag

Bausinger, Hermann 2000: *Typisch deutsch. Wie deutsch sind die Deutschen?* München: C. H. Beck (Beck'sche Reihe 1348)

Bayer, Julia, Andrea Engl & Melanie Liebheit (Hrsg.) 2004: *Strategien der Annäherung. Darstellungen des Fremden im deutschen Fernsehen.* Unkel/Bad Honneff: Horlemann Verlag

Beidelman, Thomas O. 1992: Millennium (Rezension zu Maybury-Lewis 1992). In: *Cultural Anthropology* 7(4): 508–515

Benedict, Ruth Fulton 1955: *Urformen der Kultur.* Reinbek bei Hamburg: Rowohlt Verlag (Rowohlts Deutsche Enzyklopädie, 7) (dt. zuerst als „Kulturen primitiver Völker".

Stuttgart, 1949, orig. „Patterns of Culture". Boston: Houghton Mifflin Co., 1934, wieder aufgelegt 1959)

Benedict, Ruth Fulton 1974: *The Chrysanthemum and the Sword. Patterns of Japanese Culture.* New York (zuerst 1946)

Benthall, Jonathan 1985: The Utility of Anthropology. An Exchange with Norman Tebbit. In: *Anthropology Today* 1 (2): 18–20

Benthall, Jonathan 1996: Enlarging the Context of Anthropology: The Case of Anthropology Today. In: MacClancy & McDonough (eds.): 135–141

Bernatzik, Hugo Adolph (Hrsg.) 1939: *Die Große Völkerkunde. Sitten, Gebräuche und Wesen fremder Völker.* 3 Bände. Leipzig: Bibliographisches Institut AG (zuletzt als „Neue große Völkerkunde. Völker und Kulturen der Erde in Wort und Bild", Köln: Buch und Zeit Verlagsgesellschaft, 1968)

Bertels, Ursula, Birgit Baumann, Silke Dinkel & Irmgard Hellmann (Hrsg.) 2004: *Aus der Ferne in die Nähe. Neue Wege der Ethnologie in die Öffentlichkeit.* Münster etc.: Waxmann Verlag (Praxis Ethnologie, 2)

Bertels, Ursula, Sabine Eylert & Christiana Lütkes (Hrsg.) 1997: *Mutterbruder und Kreuzcousine. Einblicke in das Familienleben fremder Kulturen.* Münster etc.: Waxmann Verlag (Gegenbilder, 2)

Bertels, Ursula, Sabine Eylert & Sandra de Vries (Hrsg.) 2004: *Ethnologie in der Schule. Eine Studie zur Vermittlung Interkultureller Kompetenz.* Münster etc.: Waxmann Verlag (Praxis Ethnologie, 1)

Blanchard, Kendall 1995: *The Anthropology of Sport. An Introduction (A Revised Edition).* Westport, Conn./London: Bergin & Garvey (Erstauflage von Kendall Blanchard & Alyce Cheska)

Bowen, Elenore Smith (Laura Bohannan) 1987: *Rückkehr zum Lachen: Ein ethnologischer Roman.* Reinbek bei Hamburg: Rowohlt Taschenbuch Verlag (dt. zuerst Berlin: Dietrich Reimer Verlag, 1984; orig. „Return to Laughter. An Anthropological Novel". London: Victor Gollancz und Garden City, New York: Doubleday & Company, Inc.; Harper & Brothers, 1954)

Bowman, Glenn 2001: Thinking the Unthinkable. Meditations on the Events of 11. September 2001. In: *Anthropology Today* 17 (6): 16–19

Bräunlein, Peter J. 1995: Ethnologie an der Heimatfront: zwischen Heilslehre, Kriegswissenschaft und Propaganda. Margaret Mead, die amerikanische Cultural Anthropology und der II. Weltkrieg. In: Peter J. Bräunlein & Andrea Hauser (Hrsg.): *Krieg & Frieden. Ethnologische Perspektiven*: 11–64. Bremen: Kea-Edition (Kea. Zeitschrift für Kulturwissenschaften, Themenheft)

Bräunlein, Peter J. & Andrea Hauser (Hrsg.) 1992: Writing Culture. Bremen: Kea-Edition (Kea. Zeitschrift für Kulturwissenschaften, Themenheft, Nr. 4)

Brednich, Rolf-Wilhelm 1999: *Die Spinne auf der Jucca-Palme. Sagenhafte Geschichten von heute.* München: C. H. Beck (Beck'sche Reihe)

Breidenbach, Joana & Ina Zukrigl 2000: *Tanz der Kulturen. Kulturelle Identität in einer globalisierten Welt.* Reinbek bei Hamburg: Rowohlt Taschenbuch Verlag (zuerst München: Verlag Antje Kunstmann, 1988) (auch ital. „Danza delle culture. L'identita culturale in un mondo globalizzato". Turin: Bollati Boringhieri, 2000, Reihe Saggi, Storia, filosofia e scienze sociali)

Brown, Ina Corinne 1968: *Verstehen fremder Kulturen. Ein Beitrag zur Völkerkunde.* Frankfurt: Umschau Verlag

Brumann, Christoph 1999: „Writing Culture": Why A Successful Concept Shouldn't be Discarded. In: *Current Anthropology* 40, Supplement: 1–27

Casajus, Dominique 1996: Claude Lévi-Strauss and Louis Dumont: Media Portraits. In: MacClancy & McDonaugh (eds.): *Popularising Anthropology*: 142–156. London/New York: Routledge

Castañeda, Carlos 1972: *Die Lehren des Don Juan. Ein Yaqui-Weg des Wissens*. Frankfurt: Fischer Taschenbuch Verlag (orig. „Teachings of Don Juan". Berkeley etc.: University of California Press, 1968)

Chagnon, Napoleon A. [4]1992: *The Yanomamö. The Last Days of Eden*. San Diego etc.: Harcourt, Brace & Company (A Harvest Original)

Chagnon, Napoleon A. 1994: *Yanomamö. Leben und Sterben der Indianer am Orinoko*. Berlin: Byblos

Chagnon, Napoleon A. [5]1996: *Yanomamö. The Fierce People*. Fort Worth: Harcourt Brace, Thomson Learning

Chatwin, Bruce [9]1999: *Traumpfade. The Songlines*. Frankfurt: Fischer Taschenbuch Verlag (orig. „The Songlines". London: Jonathan Cape; London/New York: Viking Penguin, 1987)

Chin, Elizabeth 1999: Ethnically Correct Dolls: Toying with The Race Industry. In: *American Anthropologist* 101(2): 305–321

Christoph, Henning (Fotos), Klaus E. Müller & Ute Ritz-Müller (Text) 1999: *Soul of Africa. Magie eines Kontinents*. Köln: Könemann Verlag

Clapp, Susannah 2001: *Mit Chatwin. Portrait eines Schriftstellers*. Frankfurt: Fischer Taschenbuch Verlag (orig. „With Chatwin. Portrait of A Writer". London, Jonathan Cape, 1997)

Clifford, James & George E. Marcus (eds.) 1986: *Writing Culture. The Poetics and Politics of Anthropology*. Berkeley etc.: University of California Press

Cottle, Simon (ed.) 2000: *Ethnic Minorities and the Media*. Buckingham/Philadelphia, Pa.: Open University Press (Issues in Culture and Media Studies)

Current Anthropology 1996: Anthropology in Public; Special Issue. In: *Current Anthropology*, February

Current Anthropology 1999: Ethnography: Engagement; Special Issue. In: *Current Anthropology* 41(2): 151–268

Dalby, Liza Crihfield 2004: *Geisha*. Reinbek bei Hamburg: Wunderlich Taschenbuch (dt. zuerst Reinbek bei Hamburg: Rowohlt Taschenbuch Verlag, Neue Frau; [1]1985, [2]2000; orig. „Geisha". Berkeley etc.: University of California Press, [1]1983, [2]1998)

Das, Veena 1995: On Soap Opera: What Kind of Anthropological Object is it? In: Daniel Miller (ed.) *Worlds Apart. Modernity Through the Prism of the Local*: 169–189. London/New York: Routledge (ASA Decentennial Conference Series. The Uses of Knowledge: Global and Local Relations)

Davis, Wade E. 1988: *Schlange und Regenbogen. Die Erforschung der Voodoo-Kultur und ihrer geheimen Drogen*. München: Droemer Knaur (dt. zuerst ebendort, 1986 mit dem Haupttitel „Die Toten kommen zurück", orig. „The Serpent and the Rainbow". New York: Simon & Schuster, 1985)

Davis, Wade E. 1999: Vanishing Cultures. In: *National Geographic* 196(2)62-89 (Themenschwerpunkt: „Global Culture")

Davis, Wade E. 2000: *Schatten und Sonnenuhren. Reisen in innere und äußere Welten*. München: Frederking & Thaler (orig. „Shadows in the Sun. Travels to Landscapes of Spirit and Desire". Washington, D. C.: Island Press, 1998)

Davis, Wade E. 2001: *Light at the Edge of the World. A Journey Through the Realm of Vanishing Cultures*. London: Bloomsbury (auch: Vancouver: Douglas & Mc Intyre)

Dominguez, Viginia 1994: A taste for „the other". Intellectual Complicity and Racializing Practices. In: *Current Anthropology* 35(4): 333–348

Dracklé, Dorle 1999: Medienethnologie: Eine Option auf die Zukunft. In: Waltraut Kokot & Dorle Dracklé (Hrsg.): *Wozu Ethnologie? Festschrift für Hans Fischer*: 261–290. Berlin: Dietrich Reimer Verlag (Kulturanalysen, 1)

Duerr, Hans Peter 1985: *Traumzeit. Über die Grenze zwischen Wildnis und Zivilisation*. Frankfurt: Suhrkamp Verlag

Eibl-Eibesfeldt, Irenäus 1976: *Menschenforschung auf neuen Wegen. Die naturwissenschaftliche Betrachtung kultureller Verhaltensweisen*. Wien/München: Molden-Taschenbuch-Verlag

Elwert, Georg 1998: Kein Platz für junge Wilde. In: *Die Zeit*, Nr. 14 vom 26. 03. 1998, S. 51

Elwert, Georg 2001: Rational und lernfähig. Wer die Terroristen des 11. September bekämpfen will, muss zunächst ihre Logik begreifen. In: *Der Überblick* 37 (3): Beilage I–VIII

Elwert, Georg 2002: Weder irrational noch traditionalistisch. Charismatische Mobilisierung und Gewaltmärkte als Basis der Attentäter des 11. September. In: Brigitta Hauser-Schäublin & Ulrich Braukämper (Hrsg.): *Ethnologie der Globalisierung. Perspektiven kultureller Verflechtungen*: 125–151. Berlin: Dietrich Reimer Verlag (Ethnologische Paperbacks)

Erckenbrecht, Corinna 1998: *Traumzeit. Die Religion der Ureinwohner Australiens*. Freiburg etc.: Herder Verlag (Kleine Bibliothek der Religionen, 8)

Eriksen, Thomas Hylland [2]2001: *Small Places, Large Issues. An Introduction to Social and Cultural Anthropology*. London/East Haven, Conn.: Pluto Press (Anthropology, Culture and Society) ([1]1995)

Errington, Shelly 1998: *The Death of Authentic Primitive Art and Other Tales of Progress*. Berkeley etc.: University of California Press

Escobar, Arturo 1995: Anthropology and the Future. New Technologies and the Reinvention of Culture. In: *Futures* 27 (4): 409–421

Europäische Gemeinschaften (Hrsg.) 2002: *Ein Europa der Völker bauen. Die Europäische Union und die Kultur*. Brüssel: Europäische Kommission (24 S.)

Eylert, Sabine, Ursula Bertels & Ursula Tewes (Hrsg.) 2000: *Von Arbeit und Menschen. Überraschende Einblicke in das Arbeitsleben fremder Kulturen*. Münster etc.: Waxmann Verlag (Gegenbilder, 3)

Farb, Peter [2]1976: *Die Indianer. Entwicklung und Vernichtung eines Volks*. Wien/München. Molden-Taschenbuch-Verlag (orig. „Man's Rise to Civilisation", 1968)

Fedigan, Anne 2000: *Der Geist packt dich, und du stürzt zu Boden. Ein Hmong-Kind, seine Ärzte und der Zusammenprall der Kulturen*. Berlin: Berlin Verlag (orig. „The Spirit Catches You and You Fall Down. A Hmong Child, Her American Doctors, and the Collision of Two Cultures". New York: Farrar and Strauss, 1997)

Finn, Gerry P. T. & Richard Guilanotti (eds.) 1999: *Football Culture. Local Conflicts, Global Visions*. London: Frank Cass & Co. (Cass series – Sport in the Global Society)

Fisher, Michael M. J. 1999: Emergent Forms of Life: Anthropologies of Late or Postmodernities. In: *Annual Review of Anthropology* 28: 455–478

Fjellman, Stephen M. 1992: *Vinyl Leaves. Walt Disney World and America*. Boulder, Col.: Westview Press (Institutional Structures of Feeling Series)

Flannery, Tim 2002: *Dschungelpfade. Abenteuerliche Reisen durch Papua-Neuguinea*. Frankfurt: Malik Verlag

Forman, Shepard (ed.) 1994: *Diagnosing America. Anthropology and Public Engagemant*. Ann Arbor: The University of Michigan Press (Linking Levels of Analysis)

Fox, Robin (ed.) 1996: Anthropology in Public. In: *Current Anthropology* 37, Supplement

Freeman, Derek 1983: *Liebe ohne Aggression. Margaret Meads Legende über die Friedfer-*

tigkeit der Naturvölker. München: Kindler (orig. „Margaret Mead and Samoa. The Making and Unmaking of an Anthropological Myth". Cambridge, Mass.: Harvard University Press, 1983)

Friedman, Jonathan 1999: Rhinoceros 2. In: *Current Anthropology* 40(5): 679–694 (CA Forum on Anthropology in Public)

Fuchs, Peter 1991: *Menschen der Wüste*. Braunschweig: Georg Westermann Verlag

Geertz, Clifford 1990: *Die künstlichen Wilden. Der Anthropologe als Schriftsteller*. München Hanser Verlag (orig. „Works and Lives. The Anthropologist as Author". Stanford, Cal.: Stanford University Press, 1988)

Geertz, Clifford 1997: *Spurenlesen. Der Ethnologe und das Entgleiten der Fakten*. München: C. H. Beck (C. H. Beck Kulturwissenschaft) (orig. „After the Fact. Two Countries, Four Decades, One Anthropologist". Cambridge, Mass.: Harvard University Press, 1995)

Geyer, Anja 1999: Ethnologie und Journalismus – eine Nichtbeziehung? In: Pressereferat der Deutschen Gesellschaft für Völkerkunde (Hrsg.): *Die Mediamorphose der Ethnologie*: 17–28

Ghosh, Amitav 1995: *In einem anderen Land. Eine Reise in die Vergangenheit des Orients*. Reinbek bei Hamburg: Rowohlt Verlag (orig. „In An Antique Land". London: Granta Books, 1992)

Gilmore, David D. 1991: *Mythos Mann. Rollen, Rituale. Leitbilder*. München/Zürich: Artemis & Winckler (auch dt. „Mythos Mann. Wie Männer gemacht werden". München: Deutscher Taschenbuch Verlag 1993, orig. 1990: „Manhood in the Making. Cultural Concepts of Masculinity". New Haven, Conn.: Yale University Press)

Gizycki, Renate von 1987: *Begegnung mit Vietnam. Geschichte einer Reise*. Frankfurt: Fischer Taschenbuch Verlag

Gizycki, Renate von 1986: *Nachbarn in der Südsee. Reiseberichte über Inseln im Pazifik*. Frankfurt: Fischer Taschenbuch Verlag

Gizycki, Renate von 1998: *Wo der Tag beginnt, enden die Träume. Begegnungen in der Südsee. Ethnologische und literarische Entdeckungsreisen*. Frankfurt: Fischer Taschenbuch Verlag

Göttner-Abendroth, Heide 1988 ff: *Das Matriarchat. Geschichte seiner Erforschung*. Stuttgart: Kohlhammer (Das Matriarchat, 1) (Bd. 2/1, 1999, Bd. 2/2, 2000)

Greverus, Ina-Maria 1990: *Neues Zeitalter oder verkehrte Welt. Anthropologie als Kritik*. Darmstadt: Wissenschaftliche Buchgesellschaft

Grimshaw, Anna 2001: *The Ethnographer's Eye. Ways of Seeing in Modern Anthropology*. Cambridge etc.: Cambridge University Press

Gupta, Akhil & James Ferguson (eds.) 1997: *Culture, Power, Place. Explorations in Critical Anthropology*. Durham/London: Duke University Press

Hakken, David 1999: *Cyborgs@Cyberspace? An Ethnographer looks to the Future*. London/ New York: Routledge

Hannerz, Ulf 1980: *Exploring The City: Inquiries Toward an Urban Anthropology*. New York: Columbia University Press

Harris, Marvin 1990: *Kannibalen und Könige. Die Wachstumsgrenzen der Hochkulturen*. Stuttgart: Klett-Cotta Verlag (zuerst als „Kannibalen und Könige. Aufstieg und Niedergang der Menschheitskulturen". Frankfurt: Umschau Verlag 1974) (orig. „Cows, Pigs, Wars and Witches. The Riddles of Culture". New York: Random House, 1974)

Harris, Marvin 1995: *Wohlgeschmack und Widerwillen. Die Rätsel der Nahrungstabus*. München: Deutscher Taschenbuch Verlag (dt. zuerst: Stuttgart: Klett-Cotta Verlag, 1988, orig. „Good to Eat. Riddles of Food and Culture". New York: Simon & Schuster, 1985)

Harris, Marvin 1997 a: *Fauler Zauber. Wie der Mensch sich täuschen lässt*. München: Klett-Cotta im Deutschen Taschenbuch Verlag (dt. zuerst als „Fauler Zauber. Unsere Sehnsucht nach der anderen Welt". Stuttgart: Klett-Cotta Verlag, 1993)

Harris, Marvin [2]1997 b: *Menschen. Wie wir wurden, was wir sind*. München: Klett-Cotta im Deutschen Taschenbuch Verlag (dt. zuerst Stuttgart: Klett-Cotta Verlag, 1991; orig. „Our Kind. Who We Are, Where We Come From, Where We Are Going". New York: Harper & Row, 1977, 1989)

Hauschild, Thomas 2000: Lernt von den Sopranos. Wie man eine Serie als ethnologische Studie zukünftiger Verhältnisse begreifen kann. In: *Die Zeit*, Nr. 25. vom 15. 06. 2000, S. 47

Hauschild, Thomas 2004 a: Den Terror erfassen. Auseinandersetzung mit dem Anderen: In der Bekämpfung von Al Qaeda werden geheimdienstliche Operationen und eine Verschärfung der Gesetze nicht ausreichen. In: *Frankfurter Rundschau*, Nr. 68 vom 20. 03. 2004

Hauschild, Thomas 2004 b: Stets fünf Zentimeter über dem Boden schweben. Reale Erfahrungen hinter den Schleiern: Der gemeinsame Ursprung christlicher und muslimischer Körpertrachten wird häufig übersehen. In: *Frankfurter Rundschau*, Nr. 165 vom 06. 07. 2004

Hauschild, Thomas 2004 c: Zurück im Hunsrück. Edgar Reitz' Filmzyklus „Heimat 3" als ethnographischer Versuch. In: *Frankfurter Allgemeine Sonntagszeitung*, Nr. 50 vom 12. 12. 2004, S. 32

Hauschild, Thomas & Bernd Jürgen Warneken (Hrsg.) 2003*: Inspecting Germany. Internationale Deutschland-Ethnographie der Gegenwart*. Münster etc.: Lit Verlag (Forum Europäische Ethnologie, 1)

Heinrichs, Hans-Jürgen 1987: *Die katastrophale Moderne. Endzeitstimmung, Aussteigen, Ethnologie, Alltagsmagie*. Frankfurt: Fischer Taschenbuch Verlag (zuerst: Frankfurt: Qumran Verlag)

Heinrichs, Hans-Jürgen 1996: *Erzählte Welt. Lesarten der Wirklichkeit in Geschichte, Kunst und Wissenschaft*. Reinbek bei Hamburg: Rowohlt Verlag

Hendry, Joy 1996: *The Chrysanthemum Continues to Flower: Ruth Benedict and Some Perils of Popular Anthropology*. In: MacClancy & McDonaugh (eds.): 106–121

Hendry, Joy 2000: *The Orient Strikes Back, A Global View of Cultural Display*. London/New York: Routledge (Materializing Cultures)

Henscheid, Eckard 2001: *Alle 756 Kulturen. Eine Bilanz*. Frankfurt: Zweitausendeins

Hervik, Peter 1999: *Mayan People Within and Beyond Boundaries. Social Categories and Lived Identity in Yucatán*. Amsterdam: Harwood Academic Publishers, Overseas Publishers Assoc. (OPA)

Herzfeld, Michael 2001: *Anthropology. Theoretical Practice in Culture and Society*. Malden, Mass./Oxford: Blackwell Publishers and UNESCO

Hess, Sabine 2002: Bodenpersonal der Globalisierung. In: *Die Zeit*, Nr. 51 vom 12. 12. 2002, S. 13

Hog, Michael 1990: *Ethnologie und Öffentlichkeit. Ein entwicklungsgeschichtlicher Überblick*. Frankfurt etc.: Peter Lang (Europäische Hochschulschriften, Reihe 19, Volkskunde/Ethnologie, 19)

Holl, Adolf 1985: Ein Titelmädchen aus der Eiszeit. (Rezension von „Sedna", 1985). In*: Der Spiegel* 31: 133–135

Hutnyk, John 1988: Castaway Anthropology. Malinowski's Tropical Writings. In: *Antithesis* 2 (1): 43–56

James, Allison, Jenny Hockey & Andrew Dawson (eds.) 1997: *After Writing Culture. Episte-

mology and Praxis in Contemporary Anthropology. New York: Routledge (ASA Monographs, 34)

James, Wendy 1996: Typecasting. Anthropology's Dramatis Personae. In: MacClancy & McDonaugh (eds.): *Popularising Anthropology*: 83–105. London/New York: Routledge

Johansen, Ulla 1999: Wie deutsche Ethnologen schreiben. In: Waltraut Kokot & Dorle Dracklé (Hrsg.): *Wozu Ethnologie? Festschrift für Hans Fischer*: 217–240. Berlin: Dietrich Reimer Verlag (Kulturanalysen, 1)

Jordanova-Duda, Matilda 2002: Vaybee! Zwischen Gemeindetipps, Zuwanderungsgesetz und Eheanbahnung: Ethno-Portale sind Heimatecken im Netz. In: *Der Tagesspiegel*, Nr. 177718 vom 27. 03. 2002, S. 30

Kaschuba, Wolfgang 2001: Die Exotisierung des Migranten. In: *Frankfurter Rundschau*, Nr. 31 vom 06. 02. 2001, S. 20

Kattner, Ellen 1999: Mikrokosmos Kirrlach. In: *Die Zeit*, Nr. 23 vom 02. 06. 1999, S. 45

Kaiser, Andrea 2001: Noch'n Türkenwitz. Vor Kaya Yanar, dem neuen Star der Ethno-Comedy ist keine Randgruppe sicher. In: *Die Zeit*, Nr. 8 vom 15. 02. 2001, S. 36

Klass, Morton 1990: The Closing of „The Bazaar of Cultures". Anthropology as Scapegoat. In: *Education and Urban Society* 22 (4): 356–363

Kleinsteuber, Hans J. 1997: *Reisejournalismus. Eine Einführung*. Wiesbaden: Westdeutscher Verlag; Verlag für Sozialforschung

Koch, Christopher J. 1988: *Ein Jahr in der Hölle*. Stuttgart: Klett-Cotta Verlag (orig. „The Year of Living Dangerously". London etc.: Michel Joseph, 1978)

Kohl, Karl-Heinz 1979: *Exotik als Beruf. Zum Begriff der ethnographischen Erfahrung bei B. Malinowski, E. E. Evans-Pritchard und C. Lévi-Strauss*. Wiesbaden: Heymann

Kohl, Karl-Heinz 1986: *Entzauberter Blick. Das Bild vom Guten Wilden und die Erfahrung der Zivilisation*. Frankfurt: Suhrkamp Verlag (zuerst Berlin: Medusa Verlag, 1981, auch: Frankfurt: Qumran Verlag, 1983)

Kohl, Karl-Heinz 1987: *Abwehr und Verlangen: Zur Geschichte der Ethnologie*. Frankfurt/Paris: Qumran Verlag

Kohl, Karl-Heinz 2001: Er ist gewissermaßen Kolumbus. Marshall Sahlins entdeckt immer noch neue Welten der Ethnologie. In: *FAZ*, Nr. 281 vom 28. 12. 2001

Konrad, Walter 1969: *Völkerkunde. Vom Werden und Wesen einer Wissenschaft*. Berlin etc.: Deutsche Buch-Gemeinschaft, Darmstadt: C. A. Koch's Verlag, Nachf. (Das Wissen der Gegenwart)

Kuper, Adam 1999: *Culture. The Anthropologists' Account*. Cambridge, Mass./London: Harvard University Press

Leiris, Michel 1980: *Phantom Afrika. Tagebuch der Expidition Dakar – Djibouti 1931–1933*. Frankfurt: Syndikat Verlag (orig. «L'Afrique fantôme». Paris, ^{1}1934)

Lévi-Strauss, Claude 2003: *Traurige Tropen*. Frankfurt: Suhrkamp Verlag (auch 2001 und 1978; orig. «Tristes Tropiques». Paris: Plon, 1955, auch 1987 in der «Collection Terre Humaine». Neuausgabe Paris ^{4}1993; dt. (gekürzt) zuerst Berlin/Köln: Kiepenheuer & Witsch, 1960, auch 1974 unter dem Titel „Traurige Tropen. Indianer in Brasilien")

Lewis, Ioan M. 1998: Besprechung von MacClancy & McDonaugh (eds.) 1996. In: *Journal of the Royal Anthropological Institute* 4 (3): 567–568

Liedloff, Jean 1999: *Auf der Suche nach dem verlorenen Glück. Gegen die Zerstörung unserer Glücksfähigkeit in der frühen Kindheit*. München: C. H. Beck (Beck'sche Reihe, 224) (orig. „The Continuum Concept". New York: Alfred A. Knopf, 1977)

Liedtke, Wolfgang, Eva Lips, Willi Stegner & Dietrich Treide (Grundkonzeption) (ca.1966) o. J.: *Völkerkunde für Jedermann*. Gotha/Leipzig: VEB Hermann Haack, Geographisch-kartographische Anstalt

Lindner, Rolf 1990: *Die Entdeckung der Stadtkultur. Soziologie aus der Erfahrung der Reportage*. Frankfurt: Suhrkamp Verlag

Lindner, Rolf 2004: *Walks on the Wild Side. Eine Geschichte der Stadtforschung*. Frankfurt/New York: Campus Verlag

Linklater, Andro 1996: *Wild unter Wilden. Bei den Kopfjägern Borneos*. Reinbek bei Hamburg: Rowohlt Taschenbuch Verlag (dt. zuerst München: Hanser Verlag, 1995; orig. „Wild People. Travels with Borneo's Head Hunters". London: John Murray Publishers, 1990)

Lommel, Andreas 1981: *Fortschritt ins Nichts. Die Modernisierung der Primitiven*. Berlin: Ullstein Verlag (Safari bei Ullstein) (zuerst Zürich: Atlantis Verlag, 1969)

Lütkes, Christiana & Monika Klüter 1995: *Der Blick auf fremde Kulturen – Ein Plädoyer für völkerkundliche Themen im Schulunterricht*. Münster etc.: Waxmann Verlag (Gegenbilder, 1)

Lull, James ²2000: *Media, Communication, Culture. A Global Approach*. London: Polity Press (¹1995)

Lull, James (ed.) 2001: *Culture in the Communication Age*. London/New York: Routledge

Lutz, Sabine & Christiane Suck 1999: Der ethnologische Pressespiegel „Die Schere". In: Pressereferat der Deutschen Gesellschaft für Völkerkunde (Hrsg.): *Die Media-Morphose der Ethnologie*. Heidelberg: Deutsche Gesellschaft für Völkerkunde: 74–85

MacClancy, Jeremy 1995: Brief Encounter: The Meeting, in Mass-Observation, of British Surrealism and Popular Anthropology. In: *Journal of the Royal Anthropological Institute* 1 (3): 495–512

MacClancy, Jeremy 1996a: Popularizing Anthropology. In: MacClancy & McDonaugh (eds.): *Popularizing Anthropology*: 1–57. London/New York: Routledge

MacClancy, Jeremy 1996b: Fieldwork Styles. Bohannan, Barley, and Gardner. In: MacClancy & McDonaugh (eds.): *Popularizing Anthropology*: 225–244. London/New York: Routledge

MacClancy, Jeremy & Chris McDonaugh (eds.) 1996: *Populari zing Anthropology*. London/New York: Routledge

McCormack, Richard W. B. 1996: *Unter Deutschen. Porträt eines rätselhaften Volkes*. München: Goldmann Verlag (zuerst Frankfurt: Eichborn Verlag, 1994)

McCormack, Richard W. B 1999: *Travel Overland. Eine anglophone Weltreise*. München: C. H. Beck

McCormack, Richard W. B. ⁵2000: *Tief in Bayern. Eine Ethnographie*. Frankfurt: Eichborn Verlag (¹1991)

Mahon, Maureen 2000: The Visible Evidence of Cultural Producers. In: *Annual Review of Anthropology* 29: 467–492

Maler-Sieber, Gisela 1978: *Völkerkunde, die uns angeht*. Gütersloh: Bertelsmann Lexikon Institut (Aktuelles Wissen)

Malinowski, Bronislaw Kaspar 1979: *Das Geschlechtsleben der Wilden in Nordwestmelanesien*. Frankfurt: Fischer Taschenbuch Verlag

Malinowski, Bronislaw Kaspar 1986: *Ein Tagebuch im strikten Sinn des Wortes Neuguinea 1914–1918*. Frankfurt: Syndikat Verlag (orig. „A Diary in the Strict Sense of the Term". Cambridge etc.: Cambridge University Press; zuerst 1943, ²1989)

Marcus, George E. 1998: *Ethnography through Thick and Thin*. Princeton, N.J.: Princeton University Press

Marcus, George E. & Michael M. J. Fischer (eds.) 1986: *Anthropology as Cultural Critique. An Experimental Moment in the Human Sciences*. Chicago/London: University of Chicago Press

Marcus, George & Michael M. J. Fischer 1996: Critical Anthropology. In: Levinson & Ember (eds.): *Encyclopedia of Cultural Anthropology*. New York: Henry Holt & Company, S. 257–261

Marcus, George (ed.) 1999: *Critical Anthropology Now. Unexpected Contexts, Shifting Constituencies, Changing Agendas*. Santa Fe, New Mexico: School of American Research Press (School of American Research Advanced Seminar Series)

Mark, Joan 2001: *Margaret Mead*. Oxford etc.: Oxford University Press (Oxford Portraits in Science) (zuerst 1999)

Maybury-Lewis, David 1992: *Millennium. Tribal Wisdom and the Modern World*. London/New York: Viking Penguin

Mead, Margaret 1971: *Jugend und Sexualität in primitiven Gesellschaften*. Band 1: *Kindheit und Jugend in Samoa*. München: Deutscher Taschenbuch Verlag (orig. „Coming of Age in Samoa. A Psychological Study of Primitive Youth for Western Civilization". New York: William Morrow & Co., 1928)

Mead, Margaret 1978: *Brombeerblüten im Winter. Ein befreites Leben*. Reinbek bei Hamburg: Rowohlt Verlag (Neue Frau) (orig. „Blackberry Winter". New York: William Morrow, 1972)

Melhuus, Marit 1999: Insisting on Culture? In: *Social Anthropology* 7(1): 65–80

Messerschmidt, Donald A. (ed.) 1981: *Anthropologists at Home in North America. Method and Issues in the Study of One's Own Society*. Cambridge etc.: Cambridge University Press

Miller, Daniel & Don Slater 2000: *The Internet. An Ethnographic Approach*. Oxford/New Providence: Berg Publishers

Mitchell, William E. 1996: Communicating Culture. Margaret Mead and the Practice of Popular Anthropology. In: MacClancy & McDonaugh (eds.): *Popularising Anthropology*: 122–134. London/New York: Routledge

Monaghan, John & Peter Just 2000: *Social and Cultural Anthropology. A Very Short Introduction*. Oxford etc.: Oxford University Press (Very Short Introductions)

Moran, Emilio (ed.) 1996: *Transforming Societies, Transforming Anthropology*. Ann Arbor: University of Michigan Press (Linking Levels of Analysis)

Morgan, Marlo 1998: *Traumfänger. Die Reise einer Frau in die Welt der Aborigines*. München: Goldmann Verlag (orig. „Mutant Message Down Under". New York: Harper Collins, 1991/1994)

Morgan, Marlo 2000: *Traumreisende*. Roman. München: Goldmann Verlag

Morphy, Howard 1996: Proximity and Distance. Representations of Aboriginal Society in the Writings of Bill Harney and Bruce Chatwin. In: MacClancy & McDonaugh (eds*.): Popularising Anthropology*: 157–179. London/New York: Routledge

Morrison, David & Georges-Hébert Germain 1996: *Eskimo. Geschichte, Kultur und Leben in der Arktis*. München: Frederking & Thaler

Müller, Klaus E. 1996: *Der Krüppel. Ethnologia passionis humanae*. München: C. H. Beck

Müller, Klaus E. 2003: *Nektar und Ambrosia. Kleine Ethnologie des Essens und Trinkens*. München: C. H. Beck

Müller, Klaus E. [2]2003: *Schamanismus. Heiler, Geister, Rituale*. München: C. H. Beck (Beck'sche Reihe, C. H. Beck Wissen, [1]1997)

Mullan, Bob & Garry Marvin [2]1999: *Zoo Culture*. Urbana, Ill./Chicago: University of Illinois Press (zuerst London: George Weidenfeld & Nicholson, [1]1989)

Murphy, Robert 1986: *Cultural and Social Anthropology. An Overture*. Upper Saddle River, N. J.: Prentice-Hall

Nachtigall, Horst 1974: *Völkerkunde. Eine Einführung*. Stuttgart: Suhrkamp Verlag (zuerst unter dem Titel „Völkerkunde – von Herodot bis Che Guevara. Naturvölker werden

Entwicklungsvölker". Stuttgart: Deutsche Verlags-Anstalt, 1972) (Öffentliche Wissenschaft)

Nance, John 1979: *Tasaday. Steinzeitmenschen im philippinischen Regenwald*. München: Fischer Taschenbuch Verlag (Fischer Expedition) (dt. zuerst Berlin: List Verlag, orig. „The Gentle Tasaday. A Stone Age People in the Philippine Rainforest". New York: Harcourt Brace Jovanovic; London: Victor Gollancz, [1]1975, [2]1988 mit neuem Vorwort)

Nash, Dennison [3]1999: *A Little Anthropology*. Upper Saddle River, N.J.: Prentice-Hall

National Geographic Society (ed.) 2002: *Atlas der Völker. Kulturen, Traditionen, Alltag*. Hamburg: National Geographic Deutschland (orig. „Peoples of the World". Washington, D. C.: National Geographic Society, 2001)

Nielsen, Heather 1994: Anthropology and Its Relevance to Public Debates: RAI 150th Anniversary Public Seminars. In: *Anthropology in Action* 1 (1): 2–3

Nolan, Riall W. 1998: Teaching Anthropology as if it Mattered. A Curriculum for 21st Century Practitioners. In: *Practising Anthropology* 20 (4): 39–44

Okely, Judith 1996: Women Readers. Other Utopias and Own Bodily Knowledge. In: MacClancy & McDonaugh (eds.): *Popularising Anthropology* 2, 180–207. London/New York: Routledge

Ortner, Sherry B. 1999: Generation X. Anthropology in A Media-Saturated World. In: George Marcus (ed.): *Critical Anthropology Now. Unexpected Contexts, Shifting Constituencies, Changing Agendas*: 55–87. Santa Fe, New Mexico: School of American Research Press

Peskow, Wassili 1996: *Die Vergessenen der Taiga. Das Überleben der Familie Lykow in den Weiten Sibiriens*. München: Goldmann Verlag (zuerst Hamburg: Hoffmann und Campe, 1994)

Pocock, David [2]1999: *Understanding Social Anthropology*. London: Athlone Press ([1]1975, London: Hodder & Stoughton, Teach Yourself Books)

Pressereferat der Deutschen Gesellschaft für Völkerkunde (Hrsg.) 1999: *Die Media-Morphose der Ethnologie*. Heidelberg: Deutsche Gesellschaft für Völkerkunde

Pullum, Geoffrey K. 1991: *The Great Eskimo Vocabulary Hoax and Other Irreverent Essays on the Study of Language*. Chicago/London: University of Chicago Press

Radtke, Frank-Olaf 1996: Fremde und Allzufremde. Zur Ausbreitung des ethnologischen Blicks in der Einwanderungsgesellschaft. In: Hans-Rudolf Wicker, Jean-Luc Alber, Claudio Bolzmann, Rosita Fibbi, Kurt Imhof & Andreas Wimmer (eds.): *Das Fremde in der Gesellschaft: Migration, Ethnizität und Staat. L'alterité dans la société: migration, ethnicité, État*: 333–352. Zürich: Seismo Verlag

Renner, Erich 1989: Yequana oder das verlorene Glück. Untersuchungen zu einem pädagogisch-anthropologischen Bestseller und seiner aktuellen Diskussion. In: *Zeitschrift für Ethnologie* 114: 205–222

Renner, Erich 2001: *Andere Völker – andere Erziehung. Eine pädagogische Weltreise*. Wuppertal: Peter Hammer Verlag (Edition Trickster im Peter Hammer Verlag)

Rollwagen, Jack R. (ed.) 1988: *Anthropological Filmmaking. Anthropological Perspectives on the Production of Film and Video for General Public Audiences*. New York/Chur: Harwood Press (Visual Anthropological Book Series, 1)

Rust, Holger 1984: *Die Zukunft der Mediengesellschaft. Ein ethnologischer Essay über Öffentlichkeit und Kommunikation*. Berlin: Dietrich Reimer Verlag

Rytcheu, Juri [2]1995: *Die Suche nach der letzten Zahl*. Zürich: Unionsverlag (orig. „Magiceskie cisla". Leningrad, Sovetskij Pisatel, 1986)

Sahlins, Marshall David 1986: *Der Tod des Kapitän Cook. Geschichte als Metapher und Mythos als Wirklichkeit in der Frühgeschichte des Königreichs Hawaii*. Berlin: Klaus Wagenbach Verlag (orig. „Historical Metaphors and Mythical Realities: Structure in the Early History of the Sandwich Island Kingdom". Ann Arbor: University of Michigan Press, 1981)

Sandall, Roger 2001: *The Culture Cult. Designer Tribalism and Other Essays*. Boulder, Col.: Westview Press

Sanday, Peggy Reeves (ed.) 1976: *Anthropology and the Public Interest. Fieldwork and Theory*. New York: Academic Press

Schäfer, Rita 2000 a: Rechte als Ressource im Geschlechterkampf. Frauenorganisationen im südlichen Afrika – eine Herausforderung für die Gender-Forschung. In: *Frankfurter Rundschau*, Nr. 38 vom 15. 02. 2000, S. 24 (Forum Humanwissenschaften)

Schäfer, Rita 2000 b: Der lange Schatten der Apartheid. Die Macht der Banden und die Gewalt gegen Frauen in Südafrikas Townships. In: *Frankfurter Rundschau*, Nr. 275 vom 25. 11. 2000, S. 8

Schäuble, Michaela & Christine Saukel 1999: „Sehnsucht nach Kultur" – Ethnologie und Öffentlichkeit. In: *Sociologus*: 131–133

Schensul, Jean J. 1999: *Using Ethnographic Data: Interventions, Public Programming and Public Policy*. Walnut Creek: Altamira Press (Ethnographers Toolkit, Vol. 7)

Schnabel, Ulrich 1992: Wilde Völker im Wohnzimmerformat. In: *Die Zeit*, Nr. 47 vom 13. 11. 1992, S. 51

Schnabel, Ulrich 1999: Das wilde Germanistan. In: *Die Zeit*, Nr. 40 vom 30. 09. 1999, S. 33

Schneider, William 1977: Race and Empire: The Rise of Popular Ethnography in the Late Nineteenth Century. In: *Journal of Popular Culture* 11: 98–109

Schrenk, Friedemann [4]2003: *Die Frühzeit des Menschen*. München: C. H. Beck (Beck'sche Reihe, C. H. Beck Wissen, 2059)

Schrenk, Friedemann & Timothy G. Bromage 2002: *Adams Eltern. Expeditionen in die Welt der Frühmenschen*. München: C. H. Beck

Segalen, Victor 1994: *Die Ästhetik des Diversen. Versuch über den Exotismus, Aufzeichnungen*. Frankfurt: Fischer Taschenbuch Verlag (dt. zuerst Frankfurt/Paris: Qumran Verlag, 1983)

Shakespeare, Nicholas 2000: *Bruce Chatwin. Eine Biographie*. Reinbek bei Hamburg: Kindler Verlag

Shankman, Paul & Tracy Bachrach Ehlers 2000: Erratum. In: *Human Organization* 59 (4): 471

Shostak, Marjorie 1990: *Nisa erzählt. Das Leben einer Nomadenfrau in Afrika*. Reinbek bei Hamburg: Rowohlt Taschenbuch Verlag (Neue Frau) (dt. zuerst 1982; orig. „Nisa. The Life and Words of a Kung Woman". Cambridge, Mass.: Harvard University Press, 1981)

Shostak, Marjorie 2001: *Ich folgte den Trommeln der Kalahari*. Frankfurt: Wunderlich Verlag (orig. „Return to Nisa". Cambridge, Mass./London: The MIT Press, 2000)

Spitulnik, Debra 1993: Anthropology and the Mass Media. In: *Reviews of Anthropology* 22: 293–316

Sprenger, Guido 1997: *Erotik und Kultur in Melanesien. Eine kritische Analyse von Malinowskis „The Sexual Life of Savages"*. Münster etc.: Lit Verlag (Interethnische Beziehungen und Kulturwandel, 27)

Stanley, Nick 1998: *Being Ourselves for You. The Global Display of Cultures*. London: Middlesex University Press (Material Culture Series)

Stanton, Gareth 1997: In Defence of Savage Civilization: Tom Harrison, Cultural Studies and Anthropology. In Stephen Nugent & Cris Shore (eds.): *Anthropology and Cultural Studies*. London/Chicago: Pluto Press: 11–33 (Anthropology, Culture and Society)

Stingl, Miloslav 1996: *Die Götter der Karibik. Die Geschichte der afroamerikanischen Kul-*

tur. Düsseldorf/Wien: Econ Verlag (früher als „Die schwarzen Götter Amerikas". Düsseldorf/Wien: Econ Verlag, 1990)

Theroux, Paul 1998: *Die glücklichen Inseln Ozeaniens.* München: Deutscher Taschenbuch Verlag (dt. zuerst Hamburg: Hoffmann und Campe, 1993, orig. „The Happy Isles of Oceania. Paddling the Pacific". London: Hamish Hamilton, 1992)

Thiel, Josef Franz 1994: Das Begreifen fremder Völker und Kulturen (Leserbrief zu Montani 1994). In: *Frankfurter Allgemeine Zeitung*, Nr. 212 vom 12. 09. 1994, S. 10

Traube, Elizabeth G. 1996: „The Popular" in American Culture. In. *Annual Review of Anthropology* 25: 127–151

Tüting, Ludmilla 2003: Neue Völkerschauen in Europa? Reinhold Messner will „interaktiv" lebende Menschen ausstellen – Proteste gegen „afrikanisches Pygmäendorf" in Belgien. In: *Tourism Watch* (www.tourism-watch.de/dt/28dt/volkerschauen/content.html, 24. 05. 2003)

Tufte, Thomas 2000: *Living with the Rubbish Queen. Telenovelas, Culture and Modernity in Brazil.* Luton: University of Luton Press

Turkle, Sherry 1999: *Leben im Netz. Identitäten im Zeitalter des Internet.* Reinbek bei Hamburg: Rowohlt Taschenbuch Verlag (rororo science) (dt. zuerst Reinbek bei Hamburg: Rowohlt Verlag, 1998, orig. „Life on the Screen". New York: Simon & Schuster, 1995)

Turnbull, Colin M. 1961: *The Forest People. A Study of the Pygmies of the Congo.* New York: Simon & Schuster

Turnbull, Colin M. 1973: *Das Volk ohne Liebe. Der soziale Untergang der Ik.* Reinbek bei Hamburg: Rowohlt Taschenbuch Verlag (orig. 1972)

Vajda, Lásló 2004: Reflexionen zu Roger Sandalls Buch gegen die romantische Anthropologie. In: *Anthropos* 99: 222–230

Vitebsky, Piers 2001: *Schamanismus. Reisen der Seele, magische Kräfte, Ekstase und Heilung.* Köln: Evergreen, Taschen Verlag (Glaube & Rituale) (orig. „The Shaman". Duncan: Baird Publishers, 1995)

Völger, Gisela (Ill. von Gabriele Hafermaas) 1987: *Auf der anderen Seite der Erde. Geschichte und Geschichten der Südsee.* Köln: Rautenstrauch-Joest-Museum für Völkerkunde

Wagner, Wolf [3]1997: *Kulturschock Deutschland.* Hamburg: Rotbuch Verlag (Rotbuch-Sachbuch)

Wagner, Wolf 1999: *Kulturschock Deutschland. Der zweite Blick.* Hamburg: Rotbuch Verlag (Rotbuch Zeitgeschehen)

Wagner, Wolf 2003: *Familienkultur.* Hamburg: Europäische Verlagsanstalt (Wissen 3000)

Weiss, Florence 1986: *Die dreisten Frauen. Eine Begegnung in Papua-Neuguinea.* Frankfurt: Fischer Taschenbuch Verlag (Die Frau in der Gesellschaft) (zuerst Frankfurt/New York: Campus Verlag, 1991)

Weiss, Florence 2001: *Vor dem Vulkanausbruch. Meine Freundinnen in Rabaul.* Frankfurt: Fischer Taschenbuch Verlag (Die Frau in der Gesellschaft)

Welz, Gisela 1994: Putting A Mirror To People's Lives. Cultural Brokerage, Folklore, and Multiculturalism. In: *Ethnologia Europaea* 24 (1): 45–49

Wikan, Unni 1999: Culture: A New Concept for Race. In: *Social Anthropology* 7 (1): 57–64

Zurawski, Nils 2000: *Virtuelle Ethnizität. Studien zu Identität, Kultur und Internet.* Frankfurt etc.: Peter Lang (Soziologie und Anthropologie, 11)

Authentizität und Inszenierung
Eine Reise durch populäre deutschsprachige Ethnoliteratur

von Michael Schönhuth

Kennen Sie Corinna Erckenbrecht? Was ist ein Traumfänger? Wie heißt der Trittenheimer Weinkönig? Wer hat in den letzten Jahren den ethnologisch eindrucksvollsten Beitrag in der deutschen Medienlandschaft geleistet? Auf diese wichtigen Fragen bekommen Sie auf den nächsten Seiten eine Antwort.[1] Sie sind Teil einer Unternehmung, die die Untiefen einer popularisierten Ethnologie für das Massenmedium „Buch" wissenschaftlich und zugleich augenzwinkernd ausloten will.[2]

Ist da wer?

Ich habe ein Bild vor Augen: Ort: Deutscher Akademikerhaushalt. Zeit: Irgendwann zwischen dem 11. September und Weihnachten 2001. Der Ethnologe sitzt am Schreibtisch akademischer Gelehrsamkeit und – schreibt. Weil der Artikel nicht so recht voran gehen will, schweifen seine Gedanken ab. Am Vormittag war er in der Stadt, kam an einer kleinen Demonstration vorbei: Ein Asylant, der im Kirchenasyl lebt, soll jetzt endgültig abgeschoben werden. Aufgrund eines juristisch nicht geregelten Stillhalteabkommens verzichtet die Polizei jedoch darauf, ihn vom Kirchengrund aus zu verhaften. Spannend, dieser Fall von latentem Rechtspluralismus mitten in Deutschland. Müsste mal von einem Ethnologen untersucht werden. Im Ethnokunstladen an der Ecke hängen bunte „Traumfänger", nur 9 Euro das Stück – wäre ein günstiges Weihnachtsgeschenk. Gestern hatte ihm eine Freundin freudestrahlend er-

---

1 Dieser Beitrag basiert auf einer früheren Veröffentlichung (Schönhuth 2004) und wurde für die vorliegende Publikation wesentlich überarbeitet und aktualisiert.
2 Ich danke Christoph Antweiler für wichtige Hinweise und Kommentare und für viele Anregungen aus Gesprächen, die wir seit Jahren zu diesem Thema führen. Weiterer Dank geht an Tabea Jerrentrup, die mich bei der Ranking-Recherche 2004 maßgeblich unterstützte und an Anne-Christin Koschate, die die Rezeption von Marlo Morgans Bestseller „Traumfänger" in Australien vor Ort recherchierte.

zählt, sie wäre von einem ethnologischen Buch so begeistert gewesen, dass sie es gleich fünf Kollegen zu Weihnachten schenken werde. Wie es denn heiße? „Traumfänger" von Marlo Morgan. Oh Gott – wenn die wüsste … Er steht vom Schreibtisch auf, blättert bei einer Tasse Tee die große Tageszeitung durch. Er überfliegt auf Seite 14 eine Dokumentation der Internationalen Aktion gegen Beschneidung von Mädchen und Frauen – und erinnert sich an die (I)ntact-Kampagne vor drei Jahren: Über dem Bild einer überdimensionalen Rasierklinge war zu lesen: „Wer jetzt ans Rasieren denkt, hat noch nie das Schreien einer Vierjährigen gehört, der die Schamlippen weggekratzt werden." Unappetitlich, scheußlich und zutiefst verletzend, die Praktik wie die Kampagne. Abends vor dem Fernsehschirm: Auf dem Zweiten: Bassam Tibi. Der Politikwissenschaftler aus Göttingen erläutert in einer Talkshow die Chancen des Euro-Islam angesichts des neuen Fundamentalismus – war dieser Kopf nicht schon bei der Leitkulturdebatte auf der Mattscheibe zu sehen? Im Ersten in einem Magazin die volkstümliche Ausgabe von Tibi, Peter Scholl-Latour, der diesmal ausnahmsweise nicht über sein Feindbild Islam doziert, sondern über den Ausverkauf Afrikas. Motto: Ein Mann, der schon mit allen legitimen und illegitimen Führern dieser Welt gefrühstückt hat, bereist Afrika und findet überall nur biblisch-apokalyptische Zustände von Mord, Elend, Folter und Unterdrückung. Kein Wunder, dass dabei eine afrikanische Totenklage herauskommt. Mein Afrika war anders: lebendig, bunt und der Zukunft zugewandt, denkt unser Ethnologe. Hab' wohl bei meinen Aufenthalten mit den falschen Leuten an den falschen Plätzen gefrühstückt. Kurz vor 23 Uhr, der Artikel drängt, die Tagesthemen: Ulrich Wickert distanziert sich von einem zwei Tage zuvor zitierten Satz, den er aber irgendwie so gar nicht gemeint hat. Der Ethnologe geht kopfschüttelnd zurück zum Schreibtisch. Der Vortrag über die Auswirkungen des modernen Touristengeschmacks auf die Motive der Gelbgussgießer in Kumasi muss noch in dieser Nacht fertig werden. Der Beitrag soll in einer renommierten Fachzeitschrift abgedruckt werden. Es wird spät. Draußen tanzen Schneeflocken um die Straßenlaterne. „Tanz der Kulturen", denkt unser Ethnologe in einer allegorischen Anwandlung. Hat es an der Tür geklopft? Er schaut nach draußen – ist da wer?

Warum sich so wenige Ethnologen vor die Tür wagen

Seit etwa hundert Jahren betreiben wir Ethnologen Feldforschung. Malinowski war zwar nicht der erste, der die Veranda verließ, um sein Zelt bei den „Wilden" aufzuschlagen, aber immerhin – durch seinen nicht ganz freiwilligen Exilaufenthalt auf den Trobriandinseln verhalf er der teilnehmenden Beobachtung zum Durchbruch und sich selbst zu nicht unerheblichem Ruhm. Die Methode wurde für die nächsten vierzig Jahre zum Königsweg ethnografischer Primärdatenerhebung. Tausende zogen ins Feld und kamen übers Jahr bepackt mit Feldnotizen, Tagebüchern, mit Tonbandmitschnitten, Foto- oder Filmaufnahmen zurück. Die wurden dann im kreativen Prozess des Schreibens zu einer Ethnografie zusammengefügt. Bis weit in die 1960er Jahre wurde nie gefragt, wie und unter welchen Umständen genau die Daten zustande kamen, nach welchen Kriterien sie ausgewählt und noch weniger, wie sie zu hause in ethnografische Texte umgewandelt wurden. Es war der *Writing-Culture-Debatte* der 1980er Jahre vorbehalten, die Fragen nach Legitimität, Reichweite und Authentizität solcher Texte zu stellen. Schreiben über ethnografisches Schreiben hieß das nun. Eine Frage aber ließen die Vertreter einer kulturkritischen und selbstreflexiven Ethnologie unbeantwortet. Für wen schreiben wir eigentlich? Wer liest uns? Wen haben wir im Kopf, wer hört zu, wenn wir schreiben (Sutton 1991: 91, Beer 1999)?

In der Ethnologie werden die meisten Arbeiten nach wie vor dem Wissensfortschritt, den lieben Kollegen oder der Beförderung der Karriere gewidmet *(publish or perish)*. Gelesen werden wir (auf dem deutschen Markt) in erster Linie von einem Kreis von Eingeweihten, bei denen ein Fachbuch selten höhere Auflagen als dreihundert Stück erreicht. Das beeinflusst natürlich in erheblichem Maße, was wir sagen und wie wir es sagen. Allgemeinverständlichkeit und sicherer Sprachstil gehören nicht zum Repertoire wissenschaftlicher Grundausbildung.[3] In die Beherrschung lokaler Sprachen wird eindeutig mehr investiert, als in die der deutschen. Leichte Lesbarkeit macht sich eher verdächtig. „Der Ethnologe ist eben kein Schriftsteller", konstatiert Stellrecht (vgl. Johansen 1999: 236). Und der Versuch, populär zu schreiben endet für manchen in metaphorischer Verstrickung, oder um es mit dem Mainzer Ethnologen

---

3 Johansen hat vor einigen Jahren die Ausdruckweise in Publikationen deutscher Ethnologen vor und nach dem Krieg analysiert und vermisst bei den meisten den Mut zum lesbaren Stil (Johansen 1999).

Karl-Heinz Kohl auf den Punkt zu bringen: „Der gewaltsame Sprung über den Tellerrand kann schnell zwischen den Stühlen enden" (Kohl 1997, nach Johansen 1999: 236). Es gibt heute wenige Ethnologinnen und Ethnologen, die sich auf dem Feld popularisierter Ethnologie tummeln, und noch weniger, die das erfolgreich tun.

Warum ist das so? Warum tragen so wenige Ethnologen nach ihrem Exkurs in die Fremde ihre Ergebnisse hinein in die eigene Gesellschaft, wo ihr Wissen relevant werden könnte (Antweiler 1998)? Hans Fischer, emeritierter Hamburger Ethnologe, macht unter anderem Zeitgründe dafür verantwortlich, aber auch die schamlose Verhunzung seiner frühen populären Texte durch Agenturen und Boulevardblätter. Damals hoffte er noch, in eine breitere Öffentlichkeit wirken zu können. Im Rückblick resümiert er selbstkritisch: „[…] mehr als ein Zur-Verfügung-Stellen von Wissen ist es wohl nicht geworden. Ein Selbstbedienungsladen, aus dem sich einige Leute einige Dinge holen, die sie in ihrem Sinne nutzen. Ich vermute mal, daß weitaus das meiste der riesigen Textproduktion in der Ethnologie […] ungelesen vergessen wird" (in Beer 1999: 15).

Ein Vorbild in dieser Hinsicht war Malinowski. Er brachte nicht nur die Fachwissenschaft voran. Er verstand es auch, seine Erkenntnisse und Ansichten in unzähligen Zeitungs- und Zeitschriftenartikeln in die öffentliche Debatte einzubringen. Nicht immer zum Gefallen der Fachkollegen, die solcherlei Anbiederung an den öffentlichen Diskurs mit Argwohn verfolgten. Die fachwissenschaftliche Wirkung Malinowskis wird heute eher verhalten eingeschätzt (Kohl 1979, Panoff 1972, Seipel 2001). Seine funktionalistische Theorie gilt als überholt und dem Mythos der Feldforschung bereitete er – Ironie des Schicksals – posthum selbst das Grab, als seine zweite Frau 1965, die für ihn wenig schmeichelhaften Feld-Tagebücher veröffentlichen ließ (Malinowski 1986). Vom Fach, vor allem historisch gewürdigt, lässt sich die Wirkung Malinowskis jenseits der Fachgrenzen bis heute erkennen. Seine klassischen Werke werden immer wieder aufgelegt und von Nachbarwissenschaften rezipiert. Erst kürzlich erreichte die Trierer Ethnologie die Anfrage eines Philosophen, der sich mit dem Problem der Existenz von Erotik bei Naturvölkern herumschlug und dafür Malinowski zu seinem Leidwesen als einzigen Gewährsmann zitieren konnte.[4]

Auch die *Grande Dame* der amerikanischen Ethnologie, Margaret Mead, mischte ein Leben lang in öffentlichen Debatten mit. Über tau-

---

4   Zur kritischen Ergänzung von Malinowskis „The Sexual Life of Savages" empfiehlt sich zum Beispiel Guido Sprengers „Erotik und Kultur in Melanesien. Eine kritische Analyse von Malinowskis ‚The Sexual Life of Savages'" von 1997.

send Artikel und 1200 Vorträge zeugen neben fast vierzig Büchern von ihrem Schaffensdrang.[5] Ihr erstes Werk, „Coming of Age in Samoa", in dem sie das Bild einer paradiesischen und freilassenden Südseegesellschaft entwarf, löste in Amerika Ende der 1920er Jahre eine Welle der Begeisterung aus (Beer 2001: 297). Die Botschaft, dass unsere gängigen Vorstellungen von der Entwicklung und Erziehung des Menschen ein Produkt unserer Kultur sind, und dass wir „Zivilisierten" auch etwas von den „Primitiven" lernen können – Margaret Mead machte sie populär, und sie machte sie breitenwirksam.[6] Es war unter anderem ihrem öffentlichen Engagement zu verdanken, dass US-amerikanische Babys in den 1930er Jahren den Weg von der Flasche zurück zur Mutterbrust fanden. Sie schrieb regelmäßig Kolumnen in Magazinen, gab zeitlebens Interviews in den Medien und trat als Expertin (*expert witness*) im US-Kongress auf. Ihr umfangreiches wissenschaftliches und publizistisches Werk blieb jedoch nicht unwidersprochen. Einen Lehrstuhl für Ethnologie hatte sie nie inne, und nach ihrem Tod 1978 brach eine leidenschaftliche Debatte über die bewusste oder unbewusste Manipulation ihrer Feldforschungsdaten aus.[7] „Coming of Age in Samoa" (Mead 1928) ist aber in Wissenschaft und Öffentlichkeit bis heute eines der meistgelesenen und -diskutierten ethnologischen Werke (Beer 2001: 298). Margaret Mead hat, wie kaum eine andere, Ethnologie öffentlich gemacht und sich mit ihrer Wissenschaft gesellschaftlich eingemischt.

Besonders die deutsche Ethnologie tut sich bis heute schwer mit der Einmischung in den öffentlichen Diskurs. Die Last der Nazizeit, in der einige angesehene Fachkollegen offen mit der Rassenpolitik des faschistischen Regimes sympathisierten (Hauschild 1995), andere dagegen für immer emigrierten (Riese 1995), führte nach dem Weltkrieg zu einer kulturhistorischen Rückbesinnung. Bis in die 1980er Jahre blieb die Frage der gesellschaftlichen Rolle der Ethnologie auf einzelne Beiträge beschränkt. Ein weiterer Grund für die relative Praxisferne liegt in einem speziellen Verhältnis vieler akademischer Ethnologen zur „Kultur": Sie darf erforscht, dokumentiert beschrieben und verglichen, aber in keinem Fall beeinflusst werden. Kultur ist unser Forschungsgegenstand, und man verändert nicht den Gegenstand, den man studiert. Die Bereitschaft zur Anwendung ethnologischen Wissens und damit zur gesellschaftlichen

---

5 Für eine Liste ihrer Bücher vgl. http://www.mead2001.org/Bibliography.htm (Aufruf am 30.12.2004).

6 Ein Kunststück, das fünfzig Jahre später Jean Liedloff mit ihrem Plädoyer für das Tragen von Babys am Körper der Mutter wiederholen konnte (Liedloff 1980, Renner 1989 für eine kritische Würdigung).

7 Freeman 1983, Antweiler 2002 b für einen bibliografischen Überblick.

Einflussnahme ist per se unwissenschaftlich und diskreditiert das eigene Ansehen im Fach.

Für Deutschland ist diese Haltung an dem schwierigen Verhältnis abzulesen, das die Arbeitsgemeinschaft Entwicklungsethnologie als erste explizit anwendungsorientierte Arbeitsgruppe mit ihrer Mutterorganisation, der Deutschen Gesellschaft für Völkerkunde (DGV) hatte. Teile der DGV drohten Mitte der 1980er Jahre damit, die Organisation zu verlassen, sollte die AG Entwicklungsethnologie eingerichtet werden (Schönhuth 1998). Bis heute gelingt der Spagat zwischen Wissenschaft und Praxis den wenigsten. Es gibt keine Institutionen, die ein Wechseln oder einen Austausch an den Schnittstellen gewährleisten würden. Es gibt (außer in Trier) keine Professur, die einen Anwendungsbezug in der Widmung hat und es gibt wenige Fachvertreter, die daran auch nur ein Interesse hätten – auch wenn es in letzter Zeit Anzeichen für eine Veränderung gibt.[8]

Wie wirkt sich das auf das Verhältnis des Faches zur Öffentlichkeit aus? Das *Standing* der Ethnologie in Deutschland ist keinesfalls vergleichbar mit dem in den USA oder Frankreich, wo die Popularisierung durch Vertreter wie Mead, Benedict, Geertz, Harris, Lévi-Strauss, Bourdieu eine lange Tradition hat. Es fehlen uns auch Spottdrosseln wie Nigel Barley in Großbritannien – dessen Bücher auch in Deutschland Rekordauflagen verzeichnen. Und der einzige Ethnologe, der über die Jahre eine breitere Leserschaft auf sich ziehen konnte, Hans-Peter Duerr, machte keine normale akademische Karriere innerhalb des eigenen Faches.

Im Mai 1998 brachte ein Symposium in Heidelberg Vertreter der deutschen Massenmedien mit Ethnologen zusammen. Sie diskutierten, was die Öffentlichkeit von der Ethnologie erwartet und was die Ethnologie der Öffentlichkeit zu bieten hat (Pressereferat der DGV 1998). Die Teilnehmer waren sich einig, dass das Verhältnis zwischen Medien und Ethnologie am besten als ein Nicht-Verhältnis beschrieben werden sollte, und dass deren Vertreter in völlig verschiedenen Welten lebten. Für

8 So widmete die Göttinger Völkerkundetagung 2001 mehrere Hauptbeiträge anwendungsbezogenen Themen (zum Beispiel im Beitrag von Schröder, Brasilien) und suchte auch fachwissenschaftliche Antworten auf die Flugzeugattentate vom 11. September (Elwert, Berlin und Schiffauer, Franfurt/O.). Eine spontan einberufene Arbeitsgruppe (Hauschild, Tübingen) diskutierte den gesellschaftlichen Auftrag der Ethnologie. In Wien trat ab WS 2002/03 ein neuer Studienplan in Kraft, der Anwendungsbezug in Bereichen wie Entwicklungs-, Migrations-, Organisations- oder Visuelle Ethnologi schon im Studium zur Pflicht macht. Vgl. für erste Erfahrungen: Filitz 2004, Genser et al. 2004).

die Journalisten liegt das Problem in fehlender Flexibilität und der Unfähigkeit der Ethnologen, kurze und rechtzeitige Statements zu aktuellen gesellschaftlichen Fragen abzugeben. „Ethnologie – und meine Zeitung geht vor die Hunde", war einer der wenig schmeichelhaften Kommentare. Die Ethnologen auf der anderen Seite hatten starke Bedenken, sich in Fünf-Minuten-Featuers von TV-Morgenmagazinen zu prostituieren, in denen sie aufgefordert werden, fremdartige Sexualpraktiken oder kannibalistische Riten zu kommentieren. Einige bezweifelten, dass sie überhaupt die professionelle Kompetenz besäßen, zu medienrelevanten Fragen Stellung zu nehmen (Geyer 1998). Zwei Welten – zwei Kulturen – kein Verständnis an den Schnittstellen.

Ein erster Blick nach draußen: Popularisierte Ethnologie

Kennen Sie Corinna Erckenbrecht? Sie besetzt keinen ethnologischen Lehrstuhl, ist auch nicht mit einem ethnologischen Institut assoziiert[9] und trotzdem hat sie – sieht man von Lexika oder allgemeinen Einführungen ins Fach ab – eines der in den letzten Jahren erfolgreichsten deutschen ethnologischen Bücher geschrieben. Kein Wunder, werden Sie sagen, wenn Sie den Titel des Buches hören: „Traumzeit. Die Religion der Aborigines". Auch wenn das Buch in der klassischen Weise ethnologischer Monografien gegliedert und damit nicht gerade publikumswirksam aufgebaut ist: das Thema an sich erzeugt Leserschaft. Darüber hinaus ist es mit Herder in einem Verlag erschienen, der im Bereich religionswissenschaftlich orientierter Literatur einen Namen und ein gewisses Stammpublikum hat.

Die Medienlandschaft ist differenziert. Neben Büchern stellen auch Zeitschriften, Zeitungen, Radio, Fernsehen, Kinofilme, (Computer-) Spiele, Themenparks, Sportveranstaltungen oder Museen Orte dar, an denen ethnologisch relevante oder ethnologienahe Themen vermittelt werden. Ich werde mich aus Vergleichbarkeitsgründen im Folgenden auf das klassische Medium „Sachbuch" beschränken und dabei mit Antweiler (2004) zwischen Popularisierter Ethnologie (verständliche Ethnologie für ein breites Publikum bzw. ein nichtethnologisches Fachpublikum)

---

9 Corinna Erckenbrecht betreibt ein ethnologisches Büro in Köln: http: //www.ercken brecht.de/corinna/ (Aufruf: 30. 12. 2004).

und Populärethnologie (die populäre Nutzung ethnologischer Sujets durch Nichtethnologen) unterscheiden.[10]

Für einen Blick in die Kategorie „popularisierte" bzw. „wissenschaftliche Ethnologie" habe ich, getrennt nach Einfach- und Mehrfachauflagen, die ersten acht Ranglistenplätze der bei Amazon gelisteten Sachbücher[11] von deutschen Ethnologen zusammengestellt, dem mit mehr als 3 Mio. Kunden größten deutschen Online-Bookshop (Stand 28. Januar 2002).

Die Amazon-Rangliste ist keine objektive Datenbasis.[12] Fast alle Vertriebsabteilungen der befragten Verlage sahen sich aus Wettbewerbsgründen nicht in der Lage, über absolute Verkaufszahlen Auskunft zu geben. Trotzdem lassen sich aus dieser Liste Tendenzaussagen ableiten:

Erckenbrechts Buch hatte eine Gesamtauflage von 3000 Stück, die Anfang 2002, also nach drei Jahren, so gut wie verkauft war. Mit dem gleichen Titelaufhänger lag auch Duerrs Buch „Traumzeit" noch gut, das allerdings seit 1978 mit ganz anderen Stückzahlen aufgelegt wird. Duerrs Bücher sind eher kulturgeschichtlicher Natur und stark an der Zivilisationstheorie des Soziologen Norbert Elias orientiert. Innerhalb der Ethnologie werden sie nur wenig rezipiert, außerhalb umso stärker wahrgenommen. Neben den beiden Einführungen ins Fach (Fischer stand im Frühjahr 2002 immerhin vor der 5. Auflage und hat damit die wohl mit Abstand höchste Gesamtauflage) fällt vor allem die Nachfrage nach dem „Tanz der Kulturen" auf. Zukrigl und Breidenbach haben 1998 einen leicht lesbaren und mit griffigen Fallbeispielen versehenen ethnologischen Überblick über kulturelle Identität in einer globalisierten Welt geschrieben. Sie haben in Anlehnung an Huntingtons „Kampf der Kulturen"[13] einen Titel gefunden und ein aktuelles Thema gewählt, das an-

10 Typische Beispiele für die erste Kategorie sind die Bücher von Marvin Harris oder Margaret Mead. Typische Vertreter der Populärethnologie sind die Journalistin Jean Liedloff mit ihrer Suche nach dem verlorenen Glück bei den Yequana-Indianern oder die Einsichten der traumreisenden Marlo Morgan ins heilige Leben der Aborigines.

11 Romane oder belletristische Titel sind darin nicht enthalten.

12 Die Amazon-Rangliste setzt sich aus den Verkaufszahlen der letzten 24 Stunden und einem langfristigen Verkaufstrend zusammen. Buchkunden, die das Internet meiden, tauchen als Käufergruppe nicht auf. Direktvertrieb wie zum Beispiel beim Verlag Zweitausendeins, Frankfurt wird ebenso wenig abgebildet wie die kumulativen Verkaufszahlen von mehrmals aufgelegten Büchern. Durch zweimaliges Herausziehen der Platzierungen 2004 im Abstand von 4 Wochen konnten Abweichungen verfolgt werden. Diese bewegten sich in der Regel im Bereich von wenigen hundert Plätzen. Nur bei einer Position gab es, eventuell bedingt durch das Weihnachtsgeschäft und ein Sonderangebot, einen Ausreißer um über 3000 Plätze (vgl. Anm. 17).

13 Huntingtons Buch war das wohl weltweit politikrelevanteste und öffentlichkeitswirk-

	Autor	Titel	Preis Euro	Jahr	Verlag/ Auflage	Rang
1	Erckenbrecht, Corinna	Traumzeit. Die Religion der Aborigines	13,90	1998	Herder-TB (=Taschenbuch)	24 414
2	Duerr, Hans-Peter	Der Mythos vom Zivilisationsprozess Bd. 1: Nacktheit	13,50	1994	Suhrkamp-TB	44 026
4	Breidenbach, Joana, und Ina Zukrigl	Tanz der Kulturen. Kulturelle Identität in einer globalisierten Welt	8,50	2000	Rowohlt-TB	46 271
6	Duerr, Hans-Peter	Der Mythos vom Zivilisationsprozess Bd. 2: Intimität	14,00	1994	Suhrkamp-TB	58 623
8	Breidenbach, Joana, und Ina Zukrigl	Tanz der Kulturen. Kulturelle Identität in einer globalisierten Welt	18,00	1998	Kunstmann	78 082

Longseller (mehrere Auflagen)

	Autor	Titel	Preis Euro	Jahr	Verlag/ Auflage	Rang
2 L	Duerr, Hans-Peter	Traumzeit. Über die Grenze zwischen Wildnis und Zivilkisation	16,50	1985	Suhrkamp 1. Aufl. 1978	34 208
5 L	Fischer, Hans	Ethnologie. Eine Einführung (4., überarb. Auflage	24,90	1998	Reimer 1. Aufl. 1983	51 340
7 L	Kohl, Karl-Heinz	Ethnologie. Die Wissenschaft vom kulturell Fremden (2., erw. Aufl.)	17,90	2000	C. H. Beck 1. Aufl. 1993	66 093

Abb. 11 Amazon-Rangliste der bestverkauften Sachbücher von deutschen Ethnolog(inn)en (Stand 28. 01. 2002). Plätze und Ränge sind Momentaufnahmen und nur als Richtwerte zu verstehen (vgl. Anmerkung 12). L = Longseller

scheinend auch breitere Publikumsschichten anspricht. Der Titel wird seit 2000 auch bei Rowohlt als Taschenbuch vertrieben, die Rechte wurden außerdem nach Italien und Südkorea verkauft.

samste Werk eines Gesellschaftswissenschaftlers in den letzten zehn Jahren (Huntington 1996). Breidenbach/Zukrigl beziehen ihren Buchtitel nicht explizit auf Huntington, diskutieren aber seine These zur Ablösung von Ideologien und Nationalstaaten als Konfliktpartner durch Zivilisationen und Mentalitäten an mehreren Stellen (Breidenbach/Zukrigl 1998: 19, 21, 51, 109).

	Autor	Titel	Preis Euro	Jahr	Verlag/ Auflage	Rang
1	Breidenbach, Joana, und Ina Zukrigl	Tanz der Kulturen. Kulturelle Identität in einer globalisierten Welt	8,50	2000	Rowohlt	53 748
2 L	Kohl, Karl-Heinz	Ethnologie. Die Wissenschaft vom kulturell Fremden (2., erw. Aufl.)	17,90	2000	C. H. Beck (1. Aufl. 1993)	56 420
3 L	Fischer, Hans, Bettina Beer	Ethnologie. Einführung und Überblick (5. Aufl., Neufassung im Okt. 2003)	24,90	2003	Reimer (1. Aufl. 1983)	67 594
4	Feest, Christian, und Karl-Heinz Kohl	Hauptwerke der Ethnologie	24,60	2001	Kröner	67 727
5 L	Hirschberg, Walter, und Wolfgang Müller	Wörterbuch der Völkerkunde (Neufassung)	39,90	1999	Reimer	90 960
6 L	Antweiler, Christoph	Ethnologie lesen	17,90	2003	Lit-Verlag (3., überarb. Aufl.)	98 561

Abb. 12: Amazon-Rangliste der bestverkauften Sachbücher von deutschen Ethnolog(inn)en (Stand 30. 12. 2004). Plätze und Ränge sind Momentaufnahmen und nur als Richtwerte zu vewrstehen (vgl. Anmerkung 12). L = Longseller. Platz 3 (Fischer/Beer): wegen Mehrfach- und Neuauflage eigentlich Platz 1.

Drei neue Werke mit lexikalischem Charakter haben den Sprung unter die ersten 100 000 der Amazon-Rangliste geschafft. Erckenbrecht war im Jahr 2002 schon ausverkauft. Duerr wurde nicht mehr neu aufgelegt. Ansonsten zeigt sich das gleiche Bild, wie drei Jahre zuvor. Das einzige Buch, das nicht in erster Linie ethnologisch interessiertes Fachpublikum anspricht, bleibt der „Tanz der Kulturen".

Ein zweiter Blick nach draußen: Populärethnologische Bücher

Wer aber bedient im Sektor Ethnoliteratur die Massen? Auch dazu habe ich mich beim größten Online-Einzelbuchhändler umgesehen. Dabei suchte ich nach Sachbuchtiteln, die dem kulturell Fremden begegnen und es für den Leser in allgemeinverständlicher bzw. unterhaltsamer Form aufbereiten.[14] Antweiler nennt diese Kategorie der populären Nutzung ethnologienaher Sujets „Populärethnologie". Die Recherche wurde Anfang 2002 und Ende 2004 durchgeführt. In der Gegenüberstellung beider Ranglisten lassen sich sowohl absolute Verkaufs- als auch inhaltliche Trends über einen Zeitraum von knapp drei Jahren verfolgen.

	Autor	Titel/Erstauflage	Preis Euro	Jahr	Verlag/ Auflage	Rang
1	Shakib Saba	Nach Afghanistan kommt Gott nur noch zum Weinen	22,00	2001	Bertelsmann	85
2	Latifa	Das verbotene Gesicht. Mein Leben unter den Taliban	18,00	2001	M. v. Schröder (3. Aufl.)	121
3	Dieri, Waris	Wüstenblume (1. Aufl. 1998: Schneekluth)	9,20	1999	Ullstein	137
4	Morgan, Marlo	Traumfänger. Die Reise einer Frau in die Welt der Aborigines (1. Aufl. 1995)	8,00	1998	Goldmann (13. Aufl.)	259
5	Oji, Chima	Unter die Deutschen gefallen. Erfahrungen eines Afrikaners	8,95	2001	Ullstein	643
6	Huntington, Samuel	Kampf der Kulturen (1. Aufl. Hardcover 1996)	13,00	1998	Goldmann-TB (1. Aufl.)	855
7	Scholl-Latour, Peter	Afrikanische Totenklage. Der Ausverkauf des Schwarzen Kontinents	24,00	2001	Bertelsmann	935
8 L	Liedloff, Jean	Auf der Suche nach dem verlorenen Glück (1. Aufl. 1980)	8,90	1999	C. H. Beck (396.–415. Tsd.)	1186

14 Ich habe dabei neben der Rangliste der ersten Tausend gelisteten und der mir selbst bekannten Bücher entlang ethnologienaher Schlagworte und Stichworte gesucht (Völkerkunde, Ethnologie, Ausland, fremde Kulturen, Religion, Mythologie, Weisheit, Religion & Esoterik, Nichtchristliche Religionen, Voodoo, Beschneiden), aber auch nach regionalen Bezeichnungen (Afrika, Australien, Asien, Amerika, Afghanistan) und ethnischen Sammelbezeichnungen (Indianer, Aborigines). Darüber hinaus bin ich jeweils den von Amazon angebotenen weiteren Schlagworten und Kundenprofilen („Kunden, die dieses Buch gekauft haben, haben auch diese Bücher gekauft [...]") gefolgt.

Autor	Titel/Erstauflage	Preis	Jahr	Verlag/ Auflage	Rang
9 Harrer, Heinrich L	Sieben Jahre in Tibet. Mein Leben am Hofe des Dailai Lama (1. Aufl. 1977)	9,45	1997	Ullstein (23. Aufl.)	1719
10 Hoffmann, Corinne	Die weiße Massai. Sonderausgabe (1. Aufl. 1998)	8,00	2001	Droemer Knaur	1982
11 Ben Jelloun, Tahar	Papa, was ist der Islam? Gespräch mit meinen Kindern	12,00	2002	Berlin-Verlag	2028
12 Tibi, Bassam	Kreuzzug und Djihad. Der Islam und die christliche Welt	10,00	2001	Goldmann	2035
13 Hilliges, Ilona Maria	Die weiße Hexe. Meine Abenteuer in Afrika	8,95	2000	Ullstein	2697
14 Nerburn, Kent	Die letzten heiligen Dinge. Auf den Spuren indianischer Weisheit	9,71	1999	Goldmann	2722
15 Kassindja, Fauziya	Niemand sieht dich, wenn du weinst (1. Aufl. 1998, K. Blessing)	10,00	2000	Goldmann	2907
16 Kwalanda, Miriam	Die Farbe meines Gesichts. Lebensreise einer kenianischen Frau (1. Aufl. 1999, Eichborn)	7,90	2000	Droemer Knaur	2965
17 Castañeda, Carlos	Die Lehren des Don Juan. Ein Yaqi-Weg des Wissens (1. Aufl. 1973)	8,90	1996	Fischer-TB 393.–398. Tsd.)	3112

Abb. 13 Amazon-Rangliste der bestverkauften Sachbücher mit ethnologischen Themen (Stand: 28. 01. 2002), L = Longseller

Wenig überraschend wurde die Liste 2002 von zwei Büchern angeführt, die die Situation der Frauen in Afghanistan anhand zweier sehr persönlicher Lebensgeschichten nachzeichnet. Im Fahrwasser aktueller gesellschaftlicher Debatten sind auch die hohen Verkaufszahlen von Büchern zu sehen, die weibliche Genitalbeschneidung thematisieren (Dirie und Kassindja). Gleich dahinter der Blockbuster „Traumfänger" von Marlo Morgan (mit der höchsten Gesamtauflage). Sehr gut verkaufen sich zwei Bücher, in denen ein Afrikaner und eine Afrikanerin ihre Begegnung mit Deutschen beschreiben (Oji und Kwalanda). Sie spiegeln damit die derzeit laufende Einwanderer- und Asyldebatte wider. Ebenfalls im Spannungsfeld zwischen den Kulturen angesiedelt sind die autobiographischen Berichte von Hilliges und Hofmann. Die beiden Autorinnen arbeiten in ihren Büchern im wesentlichen ihre Beziehungen zu afrikanischen Ehemännern auf. Wer darüber hinaus allerdings Einblicke in die Kultur der Gastgeber erwartet, wird enttäuscht. Vor allem Hofmanns Buch ist an Naivität kaum zu überbieten.[15] Ähnlich naiv, aber mit dem Pathos und der Selbstgerechtigkeit einer Koryphäe geschrieben: Islamexperte Peter Scholl-Latours Abgesang auf Afrika, in gebührendem Abstand der zweite Islam-Kronzeuge der Massenmedien: Bassam Tibi. Und Tahar Ben Jelloun gelang nach seinem Erfolgsbuch „Papa, was ist ein Fremder" ein weiterer Bestseller mit dem Thema „Islam".

Schauen wir auf die Longseller, die schon vor 1998 gelistet waren, so fallen die Journalistin Liedloff mit ihrer Suche nach dem verlorenen Glück und der Forschungsreisende Harrer mit seinem Tibetbuch besonders auf. Das Buch von Harrer hat sich weltweit über drei Millionen mal verkauft, und wurde erst vor wenigen Jahren, fünfzig Jahre nach seiner spektakulären Flucht nach Tibet, mit Hollywoodstar Brad Pitt verfilmt. Das erste Indianerbuch findet sich mit Nerburn auf Platz 14. Auch Castañedas Bücher verkaufen sich immer noch erstaunlich gut – obwohl sie erwiesenermaßen keine Ethnographien sind, sondern fiktiven Charakter haben.[16] Werfen wir einen Blick auf die „Hitliste" im Dezember 2004, die um 15 Titel nach hinten aufgefächert wurde, um den Vergleich mit 2002 zu erleichtern.

	Autor	Titel/Erstauflage	Preis Euro	Jahr	Verlag/ Auflage	Rang
1	Hoffmann, Corinne	Zurück aus Afrika	8,90	2004	Droemer Knaur	168
2	Hoffmann, Corinne	Die weiße Massai	9,90	2000	Droemer Knaur	465
3	Engombe, Lucia, und Peter Hilliges	Kind Nr. 95	8,95	2004	Ullstein	477

15 Vier Jahre Ehe in Kenia hätten ausreichen müssen, um zumindest zu merken, was andere schon am Schmuck erkennen: dass es sich bei ihrem „Massaikrieger" eigentlich um einen Samburu handelt. Leider hat sie nach eigenem Bekenntnis bis zum Schluss kein Wort mit ihrem Mann in seiner eigenen Sprache gewechselt.
16 Für einen bibliografischen Überblick über die Debatte um Castañedas Werk und dessen Authentizität vgl. Antweiler 2002 c.

	Autor	Titel/Erstauflage	Preis Euro	Jahr	Verlag/ Auflage	Rang
4 L	Liedloff, Jean	Auf der Suche nach dem verlorenen Glück	8,90	1999	C. H. Beck	682
	Dalai Lama XIV.	Das Buch der Mensch-lichkeit	8,90	2002	Lübbe	766
5 L	Dirie, Waris, Cath-leen Miller und Bernhard Jendricke	Wüstenblume	8,95	2003	Ullstein (Neuauflage)	855
6 L	Tsu, Sun	Die Kunst des Krieges	9,90	2001	Droemer Kmaur	897
7	Shakib, Siba	Samira und Samir	7,95	2004	Goldmann	907
8 L	Morgan, Marlo	Traumfänger	8,00	1998	Goldmann	909
9	Dalai Lama XIV., Howard C. Cutler	Die Regeln des Glücks	8,90	2001	Lübbe	955
10	Küng, Hans	Der Islam	29,90	2004	Piper	992
11	Ludwig, Ralf	Mohammed	2,95	(?)	Pattloch	1229
12	Rinpoche, Soqyal	Das tibetische Buch vom Leben und vom Sterben	15,00	2004	Fischer	1280
13	James, Sabatina	Sabatina – Sterben sollst du für dein Glück	7,90	2004	Droemer Knaur	1691
14 L	Huntington, Samuel P.	Kampf der Kulturen	13,00	2002	Goldmann	1719
15	Dirie, Waris, Jeanne d'Haem, Theda Krohm-Linke	Nomadentochter	8,90	2003	Blanvalet	1756
16	Hübsch, Hadayatullah	Fanatische Krieger im Namen Allahs. Die Wurzeln des islamischen Terrorismus	3,95	(?)	Ariston	1833
17	Tsu, Sun	Wahrhaft siegt, wer nicht kämpft	8,90	2001	Piper	2092
18	Keown, Damien	Der Buddhismus	7,40	2001	Reclam	2211
19	Gyatso, Palden, Tsering Shakya	Ich, Palden Gyatso, Mönch aus Tibet	7,95	(?)	Lübbe	2417

	Autor	Titel/Erstauflage	Preis Euro	Jahr	Verlag/ Auflage	Rang
20	Mathabane, Miriam	Mein Herz blieb in Afrika	8,95	2001	Ullstein	2499
21	Kassindja, Fauziya	Niemand sieht dich, wenn du weinst	10,00	2000	Goldmann	2598
22	Tsu, Sun, und Gitta Peyn	Sun Tzu über die Kunst des Krieges. Die älteste militärische Abhandlung der Welt	5,90	2001	Phänomen-Vlg.	2691
23	Egbeme, Choga R.	Hinter goldenen Gittern	7,95	2001	Ullstein	3015
24	Fatma B.	Hennamond	7,95	2001	Ullstein	3177
25	Paramahansa Yogananda	Autobiographie eines Yogi	12,90	2001	(?)	3505
26	Souad, Marie-Therese, und Anja Lazarowicz Cuny	Bei lebendigem Leib	19,90	2004	Blanvalet	3533
27	Shakib, Siba	Nach Afghanistan kommt Gott nur noch zum Weinen	8,90	2003	Goldmann	3812
28	Glück, Doris	Mundtot	16,00	2004	List	4038
29	Kwalanda, Miriam, und Birgit Th. Koch	Die Farbe meines Gesichts	7,90	2000	Droemer Knaur	4203
30	Shanga, Papa	Praxis der Voodoo-Magie	20,00	1998	Paul Hartmann	4783
31	Morgan, Marlo	Traumreisende	8,95	2000	Goldmann	4859

Abb. 14: Amazon-Rangliste des bestverkauften Sachbücher mit ethnologienahen Themen (Stand 30. 12. 2004), L = Longseller

Am verkaufsträchtigsten sind derzeit Bücher, die Einzelschicksale biographisch oder autobiographisch aufbereiten. Sie lassen sich am besten unter der Rubrik „Frauenschicksale" zusammenfassen. Kommt die Protagonistin auch noch aus unserem eigenen ‚Kulturkreis', was die Identifikationsfähigkeit erhöht, scheint der Erfolg garantiert (vgl. Hofmann, Morgan und Hilliges). Aber auch biographische Schicksale von Frauen aus „fremden" Kulturkreisen, die meist mit Hilfe von professionellen Schreiber(inne)n aufgearbeitet werden, verkaufen sich gut. Neun von zehn zeigen das verschleierte Gesicht einer sichtbar oder vermutbar attraktiven jungen Frau auf dem Umschlagbild. Zwischen den Buchdeckeln changiert die Thematik nur unwesentlich zwischen Schleier, Beschneidung, Harem, archaischen und gewalttätigen islamischen Erziehungsmethoden und moderner Sklaverei. Einige wenige setzen sich auch mit der Zerrissenheit zwischen den Kulturen auseinander. Dazwischen finden sich in der Rangliste Bücher zu den großen Religionen, allen voran Buddhismus/Zen (Dalai Lama, Sun Tsu, Rinpoche, Damien, Palden) und Islam (Küng, Ludwig, Huntington, Hübsch).

Bei den Longsellern hat sich im Vergleich zu 2002 Marlo Morgan ganz vorne behauptet, ebenso Huntingtons „Kampf der Kulturen". Neu hinzugekommen sind Corinne Hofmanns Bestseller „Die weiße Massai" und Dirie Waris „Wüstenblume". Erstaunlich gut halten sich auch trotz der ebenfalls Schleier tragenden Konkurrenz der letzten drei Jahre Kassindjas „Niemand sieht Dich, wenn Du weinst" und Shakibs „Nach Afghanistan kommt Gott nur zum Weinen" oder auch Kwalandas „Die Farbe meines Gesichts".

Ich habe die virtuelle Liste bis Platz 60 weitergeführt: Der erste Ethnologe figurierte bei der ersten Recherche im Jahr 2002 auf Platz 35 (Harris 1993). Obwohl seine Bücher derzeit nicht neu aufgelegt werden, dürfte er – neben Nigel Barleys zwischen Sachbuch und gehobener Unterhaltung angesiedelten Werken – der populärste auf deutsch erhältliche ethnologische Sachautor sein.[17] Warum die Frauen seit 1945 das Heim und die Schwulen ihre Toiletten verlassen haben, warum Juden und Moslems Schweinefleisch hassen, die Kühe in Indien heilig sind und die Atzteken Menschen aßen, auf solche Alltagsfragen findet Harris einleuchtende und kongruente kulturmaterialistische Erklärungen. Seine Überzeugungskraft liegt in der Fähigkeit, anscheinend unzusammenhängende Phänomene in ein komplexes, organisches Ganzes zu bringen (vgl. Sutton 1991: 95). Er macht Unerklärliches erklärbar. Das fördert den Verkauf.

Nigel Barleys Bücher sind derzeit der eigentliche Renner unter den von Ethnologen verfassten Veröffentlichungen. Dieser englische Gentleman nimmt seine Wissenschaft aufs Korn und sich selbst und seine Studienobjekte nicht so recht ernst. Seine mit trockenem englischem Humor vorgetragenen Geschichten treffen offensichtlich den richtigen Ton, nicht nur für ein ethnologisches Publikum. Die Bücher halten sich seit

---

17 Seine Bücher sind derzeit nur antiquarisch erhältlich und deshalb bei Amazon im Moment nicht gelistet.

dem ersten Untersuchungszeitpunkt auf Plätzen zwischen 30 und 40 und damit ebenso gut wie der Uralt-Klassiker der ethnofiktionalen Literatur Carlos Castañeda, dessen „Lehren des Don Juan" sich auch 2004 konstant gut verkaufen (Platz 37).

Etwa im gleichen Bereich finden sich die recht erfolgreichen Kulturschock-Länderreiseführer des Reise-Know-How Verlags. Sie bewegen sich zwischen den Amazon Verkaufs-Ranglistenplätzen 3800 (Kuba), 6880 (Indien) und 17 000 (USA). Sie zählen insofern zum Genre, als sie anders als gewöhnliche Reiseführer explizit kulturelle Eigenheiten und Missverständnisse zu einem Leitthema erheben, wobei Seriosität und Tiefe der Behandlung des Themas mit den einzelnen Autoren stark variieren.[18] Auch diverse „Indianerbücher" finden sich hier (zum Beispiel Noble Red Man: „Hüter der Weisheit", 2001 bei dtv oder Bear Heart: „Der Wind ist meine Mutter", 2000 bei Lübbe).

Hinter ihnen rangiert der angeblich texanische Ethnologe McCormack mit seinen fiktionalen Feldforschungen „Tief in Bayern", „Unter Deutschen", und „Travel Overland" (McCormack 1996, 1999, 2002). Auf Ethnologie-Tagungen ist McCormack ein eher selten gesehener Gast, aber immerhin hat er sein Interesse am ethnologischen Blick einer sehr frühen Begegnung mit Margaret Mead zu verdanken.[19] Der Volkskundler Brednich schließlich schlägt mit seiner modernen Alltagssagensammlung die Brücke vom Vertrauten zur Welt (Brednich 1999). Ein weiteres ernst zu nehmendes ethnologienahes Sachbuch findet sich in diesem Bereich mit Lightfoot-Kleins umfassender Dokumentation zur weiblichen Genitalbeschneidung im Sudan.[20] Marjorie Shostaks ethnographisch kommentierter und ebenfalls vielfach aufgelegter Lebensbericht der Kungfrau Nisa (Shostak 2001) auf Platz 60 (Amazon-Verkaufsrang 15 556) und ein auch schon vor drei Jahren gelistetes Buch zu Voodoo (Bandini 1999) auf Platz 68 komplettieren die von mir zusammengestellte Rangliste. Trotz des reißerischen Untertitels („Von Hexen, Zombies und schwarzer Magie") stellt letzteres eine relativ differenzierte Einführung zum Thema dar (aktueller Amazon-Verkaufsrang 2004: 20 533).

Zwischen popularisierter ethnologischer Literatur und Populärethnologie angesiedelt sind die zum Teil von renommierten Fachwissenschaftlern herausgegebenen Bildbände, die in den letzten Jahren in für

---

18 Vgl. zum Beispiel die Kritik von Schönhuth am Indien-Reiseführer von Rainer Krack: http://www.amazon.de/exec/obidos/tg/stores/detail/-/books/3831710767/customer-reviews/customer-reviews/302-3035179-1067225 .

19 Persönliche Mitteilung von McCormack.

20 Lightfoot-Klein 1993; bei dem Ranking von 2002 noch auf Platz 28. Aktueller Amazon-Verkaufsrang: 12 901.

Bücher mit wissenschaftlichem Anspruch hohen Auflagen (um die 30 000 und mehr) und zu konkurrenzlos günstigen Preisen von darauf spezialisierten Verlagen wie Taschen, Könemann, Bechtermünz oder Weltbild auf den Markt gebracht werden. Dazu zählen zum Beispiel das Schamanismusbuch von Piers Vitebsky (Vitebsky 2001[21]), „Naturvölker heute" (Burenhult et al. 2000[22]), der große Bildatlas der Indianer (Petermann 1995) und unter Beteiligung deutscher Ethnologen: „Soul of Africa" (Christoph/Müller/Ritz-Müller 1999) und „Kulturen nordamerikanischer Indianer" (Feest 2000). Trotz publikumsfreundlicher Machart und Preis halten diese Bücher der weit verkaufsträchtigeren Konkurrenz aus den Altertumswissenschaften (zum Beispiel Breasted 2001: Ägypten; Riese 2000: Die Maya; Demandt 2001: Die Kelten) oder Vor- und Frühgeschichte (zum Beispiel Schrenk 2002: Adams Eltern) nicht Stand. Für „Soul of Africa" ist die Preisbindung inzwischen aufgehoben23 und auch der eher schleppende Verkauf von Feests Buch (derzeit auf Platz 26 271 der Amazon-Verkaufsliste) dürfte den Verlag nicht zu weiteren ethnologischen Abenteuern ermuntern.

Was lernen wir daraus? Der Markt für ethnologische Fachbücher ist verschwindend gering. Auch renommierte internationale Verlage wie die altehrwürdige Cambridge University Press kommen mit ihren ethnologischen Monographien nicht über eine Auflage von 1000 bis 1500 Stück.[24] Aber auch der Markt für populärethnologische Bücher ist im Gegensatz zu den (prä-)historischen Nachbarwissenschaften klein. 3000 verkaufte Exemplare sind ein Erfolg. An diesem Faktum kommen wir nicht vorbei. Gelingt es nicht, ein gesellschaftlich relevantes Thema aufzugreifen (derzeit zum Beispiel Afghanistan, Islam, Fremdsein/Fremdenfeindlichkeit, Beschneidung) oder kulturübergreifende Themen populär aufzubereiten, wie dies zum Beispiel Marvin Harris in seinen Büchern oder Rolf Brednich mit seinen modernen Sagensammlungen tun, dann findet die Popularisierung der Ethnologie auf dem Büchermarkt nicht statt!

Die Begegnung mit dem Fremden scheint für ein größeres Publikum vor allem dann attraktiv zu sein, wenn sie eine Verbindung mit dem Vertrauten herstellt (vorzugsweise mit Protagonisten aus der eigenen Kultur), sei dies auf pädagogische Art wie bei Tahar Ben Jelloun, auf abenteuerliche wie bei Heinrich Harrer oder auf ironische wie bei Nigel Barley. Noch Erfolg versprechender scheint allerdings das Beschwören

---

21 Derzeit auf Platz 180 000 der Amazon-Vekaufsliste (Stand Dez. 2004).
22 2004 nur noch antiquarisch erhältlich.
23 Derzeit auf Platz 127 000 der Amazon-Vekaufsliste (Stand Dez. 2004).
24 Mündliche Mitteilung Veit Hopf, Berlin.

der Fremdheit (wie bei Scholl-Latour), des Mystischen (wie bei Marlo Morgans „Traumfänger") oder das Vermischen von Exotik und Erotik wie bei Corinna Hofmanns Schlüssellochreportage. Die Frage ist, ob wir Ethnolog(inn)en das wollen.

Authentizität und Inszenierung: Der Fall Marlo Morgan[25]

Den Vogel im Feld der populärethnologischen Bücher schießt zweifellos Marlo Morgan ab, deren Bücher mit über 4 Mio. verkauften Exemplaren inzwischen rechnerisch in jedem 15. deutschen Haushalt stehen.[26] Bei ihrem Bestseller „Traumfänger" (orig. „Mutant Message Down Under") handelt es sich um den Erlebnisbericht „[…] einer mutigen Frau, die mit den Aborigines wanderte und die wundervollen Geheimnisse und die Weisheiten eines sehr alten Stammes erfuhr", wie Elisabeth Kübler-Ross, die weltbekannte nahtoderfahrene Bestsellerautorin in einer Amazon-Rezension schreibt; und sie fährt fort: „Es geht dabei um Dinge, die wir alle in unserer modernen Gesellschaft lernen müssen: wieder eine Beziehung zur Natur herzustellen, zu vertrauen und an unser inneres Wissen und unsere eigenen Ziele zu glauben."[27]

Morgan hat die Geschichte ihres angeblichen „Walkabouts" mit dem letzten authentischen Aborigine-Stamm („the real people") aufgrund

25 Marlo Morgans Bestseller wurde auch schon in einem Beitrag von Christian Postert auf der Tagung „Aus der Ferne in die Nähe – Neue Wege der Ethnologie in die Öffentlichkeit" vom 1. bis 2. Februar 2002, Münster analysiert (vgl. Bertels et al. 2004). Auch Erckenbrecht setzt sich in einer Analyse mehrerer populärer Bücher zum Sujet „Aborigines" mit Morgans „Traumfänger" intensiv auseinander (vgl. Erckenbrecht o. J.: Bestseller über die australischen Aborigines – eine kritische Bestandsaufnahme aus ethnologischer Sicht; http://www.erckenbrecht.de/corinna/volltexte/bestseller.htm (Aufruf 02. 01. 2005; vgl auch Erckenbrecht 2003). Für weitere deutsche Beiträge zur Dekonstruktion des Bestsellers vgl. Freszmann/Schönhuth 2002 und Korff 2002.

26 Vom „Traumfänger" (Morgan 1998) wurden 2,8 Mio. Exemplare als Taschenbuch verkauft. Der als „Roman" bezeichnete Nachzieher „Traumreisende" (Morgan 2000) hat insgesamt als Hardcover und Taschenbuch über 1 Mio. verkaufte Exemplare (mündliche Mitteilung des Verlags Bertelsmann/Random House vom 25. 02. 2002). Die weltweite Auflage des „Traumfängers" (orig. „Mutant Message Down Under") liegt bei geschätzten. 25 Mio.

27 http://www.amazon.de/exec/obidos/tg/stores/detail/-/books/3442437407/reviews/302-7769370-6760021 34424374075000. Aufruf am 03. 05. 2002; auch auf der letzten Umschlagseite des Buches (Morgan 1998).

des Desinteresses zahlreicher Verlage 1990 privat, dann 1991/92 in einem Kleinverlag publiziert.[28] Diese Ausgaben enthalten ein als „Authentizitätszertifikat" fungierendes Statement des angeblich eingeweihten Aborigine Burnum Burnum, das auch den ersten deutschen Ausgaben Glaubwürdigkeit verlieh.[29] Das Buch beginnt mit den Worten: „Dieses Buch basiert auf Tatsachen und ist von wahren Erfarungen inspiriert" (Morgan 1998: 11).[30] Bereits 1992 bestanden allerdings erste Zweifel an Morgans eigener Redlichkeit, weshalb der damalige Herausgeber auf eine Wiederauflage verzichtete.[31] Dies hinderte den Massenverlag Harper Collins nicht daran, sich 1994 die Rechte an dem Buch zu sichern und es als authentischen Erlebnisbericht einer Botschafterin der letzten wirklichen Aborigines weltweit zu vermarkten. Schon zu dieser Zeit gab es kritische Stimmen vom Fünften Kontinent.[32] Im Verlauf der anschließenden Debatte kristallisierte sich immer mehr heraus: Marlo Morgan war nie im Outback, ihr angeblicher Gewährsmann Burnum Burnum ist mit den Stammestraditionen nicht vertraut[33], und sie plaudert in ihrem Buch angebliche Stammesgeheimnisse und geheime Zeremonien aus, die sie aus Respekt für ihre Gastgeber nie hätte veröffentlichen dürfen. 1995 formierte sich auf Seiten australischer Aborigines organisierter Widerstand. Seine Chronologie lässt sich in den Aktivitäten der „Dumbartung Organisation" verfolgen.[34] Dabei stand das Recht an der authentischen Darstellung sowie die Verhinderung der kommerziellen

---

28 Vgl. Walkabout Woman: Messenger for a Vanishing Tribe, by Marlo Morgan, Edition: n/a, Pages: 224, Book Format: Paperback, ISBN: 091329991X, Date Published: August 1992, Publisher: Stillpoint Publishing.

29 Das Statement beginnt mit den Worten: „Ich Burnum Burnum, ein Ureinwohner Australiens aus dem Wurundjeri-Stamm, erkläre hiermit, dass ich jedes Wort des Buches Traumfänger [...] von der ersten bis zur letzten Seite verschlungen habe. [...] Unsere Ansichten und esoterischen Erkenntnisse werden [...] in einer Art und Weise dargestellt, die mich sehr stolz auf meine Herkunft machen" (Morgan 1998: 251).

30 In späteren Auflagen wird diese Aussage – wahrscheinlich aus Sorge um mögliche Klagen – durch einen nachgestellten Satz auf einer extra Seite ergänzt. („Dieses Buch ist frei erfunden und von meinen Erfahrungen in Australien inspiriert", Morgan 1998: 15). Der Widerspruch beider Aussagen wird jedoch nicht aufgelöst.

31 Vgl. die Chronologie der Auseinandersetzung um Morgans Buch bei Korff 2002; http://www.creativespirits.de/resources/books/mutantmessage_timeline.html (Aufruf 05. 05. 2005).

32 „Filled ,cover to cover' with ,fantasies, misinformation, and distortion', so der Aboriginal-Aktivist Bobby MacLeod; vgl. Korff 2002.

33 Er verkehrte in anthroposophischen Kreisen – einem der wichtigsten Käuferkreise des Buches – und bezeichnete sich selbst später in einem Widerruf als „non-initiated, non-traditional, urbanised Aboriginal from the East Coast of Australia" (vgl. Korff 2002).

34 Vgl. http://www.dumbartung.org.au/. Leider seit kurzem nicht mehr im Netz.

Ausbeutung der eigenen Kultur[35] im Mittelpunkt der Aufklärungskampagne.

Der Traumfänger, das ist ursprünglich jener hölzerne, in Spinnennetzform verzierte Gegenstand, den die Ojibwa in Kanada (nicht aber die Aborigines in Australien) ihren Kindern vor die Betten hingen, um schlechte Träume abzuwehren. Es ist bezeichnend, dass ausgerechnet dieser Kulturschnitzer für den deutschen Buchtitel herhalten musste. Der eigentliche Traumfänger in Marlo Morgans Buch ist sowieso sie selbst. Sie hat ihren eigenen New-Age-Traum und die Projektionen einer weltweit unkritischen Gemeinde in ihrem Buch eingefangen und zu einer Geschichte versponnen. Um sich die Legitimität zu verschaffen, die jeder Missionar für seine Botschaft braucht, inszeniert sie sich selbst als Sprachrohr der wahren Aborigines. Und die Leserinnen und Leser danken es Morgan mit Umsatzzahlen, die mit dem gesamten Merchandising inzwischen die 100-Mio.-Dollar-Grenze erreicht haben dürften.

Um die Kampagne von Dumbartung ist es in den letzten Jahren stiller geworden. Ihre Initiatoren stoßen mit ihrem Aufklärungs-Anliegen kaum mehr auf Resonanz in der Öffentlichkeit.[36] Es scheint, als ob die meisten Leser des Buches diese Botschaft nicht hören wollen oder ihr gleichgültig gegenüberstehen. Die Leserreaktionen des deutschen Publikums lassen sich nach einer von Korff vorgenommenen exemplarischen Leserrezensionen-Analyse bei Amazon[37] drei Gruppen zuordnen: In den knapp 60 % positiven, „favourable reviews", zeigt sich entweder Unwissen oder Gleichgültigkeit gegenüber der Authentizität des Werkes. Dieser Lesergruppe ist die „Botschaft" des Buches wichtiger als seine Glaubwürdigkeit („This book is not based upon facts? – So what?"; „Fact or fiction – I don't care!"; vgl. Korff 2002). Die Gruppe der moderaten Reviewer beanstandet vor allem stilistische Mängel oder die naive Präsentation. Nur etwa 20 % der Rezensenten gelangen zu einem eindeutig negativen Urteil. Diese Gruppe zeigt sich über die Kontroverse um das Buch teilweise informiert und moniert vor allem seine Nichtfaktizität. Der deutsche, zu Random House gehörende Goldmann Verlag, gibt auf

---

35 Zur Frage der Aneignung und kommerziellen Ausbeutung und der „Copyright-Fähigkeit" kulturellen Wissens ist im Rahmen der Debatte um intellektuelle Eigentumsrechte indigener Gruppen ein heftiger Streit auch unter Ethnologen entbrannt. Für einen Überblick zu dieser Frage vgl. Brown 1998 und die Kommentare dazu (in der selben Ausgabe von „Current Anthropology").

36 Vgl. Koschates Kontakte mit dem Initiator der Kampagne und Direktor von Dumbartung Robert Eggington (Koschate 2004: 7).

37 Dafür hat er alle 148 zwischen Ende 1998 und Ende 2002 bei Amazon eingetragenen deutschsprachigen Leserrezensionen herangezogen.

seinen Internetseiten bis heute weder Hinweise auf die Fiktionalität noch auf die Kontroverse um das Buch, ebenso wenig die Amazon-Redaktion. Allerdings läuft das Buch inzwischen unkommentiert unter der Kategorie „Roman".

Wenn aber Morgans Geschichte weitgehend fiktiv ist, wie reagiert dann die Leserschaft in dem Kontinent, in dem sie spielt? Funktioniert die Inszenierung auch dort? Schon die andere Bewerbung durch den Verlag weckt Zweifel: Im Gegensatz zur amerikanischen Homepage, wo „Mutant Message" als „incredible adventure story" angepriesen wird[38], spricht Harper Collins Australien von einem „gripping *fictional* account of the spiritual odyssey of an americam woman in Australia", betont also explizit den fiktionalen Charakter des Werkes.[39] Die australische Buchhandelskette Dymocks hat das Buch nach Protesten seitens der Aborigines zeitweise aus den Regalen genommen (sie aber nach deren Abflauen wieder zurückgestellt; vgl. Koschate 2004).

Noch deutlicher wird das Bild, wenn man die Leserreaktionen in Australien mit dem der Rest der Welt vergleicht, wie Korff (2002) dies tut (Abb. 15).

Das Verhältnis zwischen positiven und ablehnenden Reaktion kehrt sich, „down under", in Australien dabei genau um. 75 % der Leser reagieren negativ. Viele Australier bringen ihre Verwunderung darüber zum Ausdruck, dass die Ureinwohner ihres Kontinents offenbar derart mysteriös und anziehend auf Amerikaner und Europäer wirken. Was ihnen geläufiger ist, „sind die Bilder von und der Kontakt mit kriminellem, betrunkenen, unruhestiftenden Schwarzen, die auf Staatskosten leben und unfähig sind, eigenständig ein zivilisiertes Leben zu führen".[40] Es scheint, als funktioniere die Botschaft von Morgans Buch eben doch nur so lange, wie die mit ihr verknüpften Projektionen nicht von der erlebten Realität entlarvt werden. Träume verkaufen sich besser als die Entzauberung der Welt. Zu letzterer wären allerdings gerade Ethnologen aufgerufen ange-

---

38 http://www.harpercollins.com/global_scripts/product_catalog/book_xml.asp?isbn= 0060723513&tc=bd (Aufruf 04.01.2005).

39 http://www.harpercollins.com.au/title.cfm?ISBN=1855384841&Author=0000352& txtSearch=Mutant%20Message&SearchBy=Title (Aufruf 04.01.2005). Hervorhebung von mir. Auch verzichtet der Verlag hier, im Gegensatz zum Mutterhaus, auf den Abdruck eines entlarvenden Interviews mit der Autorin, in dem sie ihre wenigen, aber „sehr herzlichen Beziehungen zu einigen australischen Aborigines" heraussstreicht und die Kontroverse mit der Dumbartung Aboriginal Organisation völlig unterschlägt.

40 So resümiert Anne-Christin Koschate 2004 ihre Eindrücke aufgrund einer nichtrepräsentativen Umfrage, die sie im Auftrag unseres Instituts während eines Studienaufenthaltes in Australien 2002 durchführte.

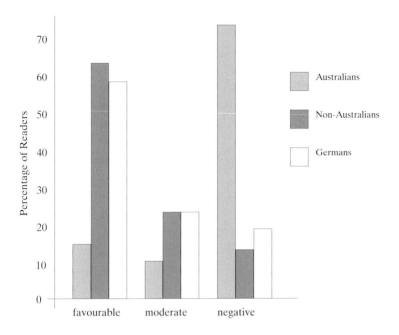

Abb. 15: Tabellarischer Vergleich der Leserreaktionen australischer, nicht-australischer und deutscher Käufer des „Traumfängers" (orig. „Mutant Message Down Under") bei Amazon (aus: Korff 2002; http://www.creativespirits.de/resources/books/mutantmessage_readerreviews.html; Aufuf 04. 01. 2004).

sichts von Morgans Aneignung der angeblich „wahren" Aborigines für ihre ökonomischen und propagandistischen Zwecke. Wenden wir uns also den Ethnologen zu.

Wie reagierte die weltweite Ethnologengemeinde auf diesen Fall? Sie blieb weitgehend stumm! Selbst in Australien beschränkt sich die Debatte auf ganz vereinzelte, kaum zugängliche Beiträge. Es gibt keine Debatte zum „Traumfänger", und es gibt so gut wie keine ethnologischen Veröffentlichungen.[41] Selbst Abteilungen für Aborigine-Studien wie die

41 Wir konnten 2002 gerade einmal zwei ethnologische Stellungnahmen im Netz finden. Zum einen: Jonathan Schwartz: http://www.anatomy.usyd.edu.au/danny/anthropology/ sci.anthropology/archive/december1996/0563.htm (15. 11. 1999); zum anderen John Stanton, der von Dumbartung um eine ethnologische Stellungnahme gebeten wurde: http://dumbartung.org.au/stanton2.htm (nicht mehr im Netz!) (vgl. Schönhuth/Freßmann 2002). Weitere substantielle Kritik zum Beispiel bei Chris Sitka: Morgan's Mutant Fantasy. A critique of Marlo Morgan's book Mutant Message Down Under; http://www. west.com.au/reviews/morgan/ (Aufruf: 04. 01. 2005); vgl. auch die niederländische Inter-

„Faculty of Aborigine and Torres Strait Islanders Studies" der Universität Newcastle haben sich wegen der abzusehenden Regressforderungen des Verlages dazu entschlossen, die um das Buch bestehenden Streitigkeiten zu ignorieren (vgl. Koschate 2004: 7). „It is bad science fiction, not worth talking about." Dieser Satz von Howard Morphy, Autor eines Sammelbandes zur Populären Ethnologie in einem privaten Briefwechsel, trifft die Haltung der meisten Anthropologen innerhalb des Fünften Kontinents, aber auch im europäischen und amerikanischen Sprachraum, mit denen wir in den letzten Jahren über den „Traumfänger" gesprochen haben. Wenn ein Buch grottenschlecht ist, ist dann selbst fundierte öffentliche Kritik und Aufklärung unter der Würde der Ethnologen?

Morgans Ausschließungsstrategie, nur ihre verschwundene Gruppe als wahre Aborigines zu stilisieren, hat Implikationen weit jenseits der Frage um Authentizität oder Inszenierung eines Buches. Sie berührt, so warnt der australische Sozialwissenschaftler Barry Morris,[42] auch die gesellschaftlich nach wie vor umstrittene Wiedergutmachungspolitik (*indigenous policy, native title legislation, stolen generation, self determination*) der australischen Regierung. Deren Rechtmäßigkeit wird in den letzten Jahren von konservativen politischen Kräften zunehmend angezweifelt. Sie begründen dies mit der „Ankunft der Aborigines in der australischen Moderne" und denunzieren die Ansprüche der Aborigine-Organisationen wie Dumbartung als „designer tribalism" bzw. „romantic primitivism" (vgl. zum Beispiel Sandal 2001).

Authentizität und Inszenierung: Das Medienphänomen Bansah

Dieses Foto ging um die Welt. Cephas Bansah, 1948 in Hohwe (Hohoe) Ghana geboren, 1970 als Austauschstudent nach Deutschland gekommen, wird 1999 zum ersten schwarzen Weinkönig in Trittenheim an der Mosel gekürt. Im Alltag leitet er eine Kfz-Werkstatt in Ludwigshafen und seit er 1992 in seinem Bezirk zum Togbui von Hohoe Gbi Traditional Ghana gekrönt wurde, „regiert der König aus Ghana noch zusätzlich sein

---

netseite: Indigenous people, New Age, and cultural appropriation; http://www.stelling.nl/simpos/marlo.htm (Aufruf 04. 01 .2005); ebenso: http: //trackertrail.com/mutantmessage/index.html (Aufruf 04. 01. 2005).
42 E-Mail – Korrespondenz mit Koschate am 24. 04. 2003.

Abb. 16: Der Weinkönig von Trittenheim küsst seine Vorgängerin (Foto: dpa)

Volk mit Fax und Internet", wie die Boulevardpresse frohlockt. Bansah ist ein Medienprofi und hat bis zu 300 öffentliche Auftritte pro Jahr. Die Öffentlichkeitsarbeit, die der wohl bekannteste Afrikaner in Deutschland für sein Land betreibt, wird von der ghanaischen Botschaft und vieler seiner Landsleute mit gemischten Gefühlen aufgenommen. Verständlich, denn er bedient das Klischee eines vorkolonialen afrikanischen Königreiches, von dem der seit 1957 mit einer parlamentarischen Demokratie ausgestattete moderne Staat Ghana gerne wegkommen möchte. Immerhin, mit seinen Auftritten wirbt Bansah Geld ein, das er in seine Entwicklungsprojekte in der Region Gbi in Ghana steckt. Bansah ist kein König, weder der der Ewe noch ganz Ghanas. Er ist auch kein *Chief* im traditionellen Sinne. Bansah hat eine sehr begrenzte Rolle im traditionellen Teil des rechtspluralistischen Ghana übernommen, und diese Rolle nutzt er weidlich. Er ist ein begnadeter Jongleur zwischen den Welten. Als Person ist er der Inbegriff des *global player*, der in jedem kulturellen Setting zu reüssieren weiß. Als Vertreter seines Landes oder als Vermittler zwischen den Kulturen ist er ungeeignet, weil er die Vielschichtigkeit der ghanaischen Moderne opfert zugunsten eines Klischees, das Deutsche von Afrika im Kopf haben.

Das Ausmaß von Bansahs Selbstinszenierung treibt mitunter seltsame Blüten. Auf dem Foto, das seiner „offiziellen" Biographie „Majestät im blauen Anton" (Hermanni 1997) entnommen ist, sehen wir Bansah in seinem „königlichen" Ornat, umgeben von einer Reihe von Gegenständen.

Die Bildunterschrift erklärt: „Mit den Insignien der Königswürde bekennt sich König Céphas Bansah zur jahrhundertealten Tradition seines Volkes. Viele Skulpturen symbolisieren den Ritus der Ahnenverehrung. Von besonderer Bedeutung ist der ‚goldene Stuhl‘ als Zeichen von Würde und Macht."

Schauen wir uns diese Insignien einmal genauer an. Fällt Ihnen etwas auf? Das Tigerfell! In Afrika gibt es keine Tiger. Der versierte Beobachter stolpert noch über weitere Unstimmigkeiten: Die Insignien der Macht, mit denen sich Bansah umgibt, könnten einer Reise von Dakar nach Djibouti entstammen. Die Figuren und Masken weisen vom Stil her in den Senegal, die Elfenbeinküste, die Republik Benin, Nigeria, Kamerun und Zaire. Die Zebras stammen aus der Savanne Ostafrikas. Ein Gutteil der Gegenstände ist Touristenware.[43] Bansah sitzt zwar auf einem Stuhl (engl. *chair*), wie er seit der englischen Kolonialzeit für einheimische Würdenträger typisch war. Es handelt sich dabei aber keineswegs um den Goldenen Stuhl (engl. *stool*) der Aschanti, einer Nachbargruppe der Ewe, von dem schon Thomas E. Bowdich 1817 berichtete und der nach einer wechselvollen Geschichte bis heute die Einheit der gesamten Aschanti-Nation symbolisiert. Kein *Ewe-Chief* würde auf die abwegige Idee kommen, ihn zu beanspruchen. Und niemand, auch nicht der Bewahrer des *stools* und oberster *Chief* der Aschanti-Nation (*Asantehene*), würde wagen, auf diesem „Hocker" (dem in der Form am ehesten der Hocker rechts außen im Bild entspricht) zu sitzen. Dadurch würde er die Seele der ganzen Nation entweihen.[44]

Es scheint, als habe sich Bansah für dieses Foto im Fundus eines Natur- oder Völkerkundemuseums oder auch in einem Ethnoshop eingedeckt und sich das herausgesucht, was ihm für diese Inszenierung gefiel. Die Authentizität, die dem Ethnologen in seiner Arbeit so wichtig ist, geht dabei verloren. Die Symbole verlieren ihre kulturelle Verortung, werden enthistorisiert und austauschbar. So wie die Ewe-Nation und deren Königstum eine „Erfindung" aus der Kolonialzeit ist, an der Missionare und Kolonialbeamte entscheidend mitgebastelt haben (vgl. Lentz 1999: 49), so erfindet und bastelt sich Bansah seine eigene Rolle im transnationalen Geflecht von Teil-Realitäten.[45] Nur ganz selten fällt auf, dass

43 Ich danke Bernhard Gardi vom Basler Museum der Kulturen herzlich für die Unterstützung bei der genauen Zuordnung der Objekte.

44 Ein schöner Überblick über die materielle Kultur der Aschanti findet sich zum Beispiel bei McLeod 1981.

45 Wie sich Bansah in Ghana „inszeniert", wo ja jede nichtauthentische Nutzung von Insignien und Statussymbolen sofort auffallen würde, wäre interessant zu untersuchen. Ausschnitte aus ghanaischen Zeitungen, die in Bansahs „Königbuch" abgedruckt sind

Labels around the image:

- Yoruba-Maske (Rep. Benin)
- Touristenmaske, made in Kamerun
- eventuell Ex-Zaire-Touristenware
- Nigeria, Yoruba (Touristenware)
- Pende, Ex-Zaire? (Imitation)
- Benin/Nigeria (Kopie)
- Djembe, Westafrika
- Ibeji, Nigeria
- Tiger, Asien
- Zebra, Ostafrika

Abb. 17: König Bansah mit den Insignien seiner Königswürde (Hermanni 1997, Umschlagseite 3)

in der interkulturellen Kommunikation etwas verloren gegangen ist, dann zum Beispiel, wenn Bansah Entwicklungshilfsgeschenke annimmt, die im Südosten Ghanas niemand braucht: Pfälzische Kartoffeln oder sündhaft teures Traubenkernöl aus Trittenheim[46] – wo Ghana doch einer der größten Palmölexporteure ist und Bansahs Heimatregion bekanntermaßen die besten Qualitäten liefert.

(Hermanni 1997: 51, 79), präsentieren ihn korrekt in seiner Rolle als „Ngoryifia" (etwa: „Entwicklungsminister ehrenhalber").

46 Auf seiner Hochzeitsfeier in Trittenheim.

Aber: Wen stört das? Bansah fühlt sich offensichtlich wohl in seinen wechselnden Rollen. Er spielt sie mit Bravour. Für die Medien ist er interessant in der Diskrepanz zwischen der Rolle als KFZ-Meister in Deutschland und der Vorstellung des Publikums vom afrikanischen Negerkönig. Insofern ist der Titel seines Buches („Majestät im blauen Anton") Programm. Das deutsche Publikum applaudiert ihm. Die Spenden für die Entwicklungshilfeprojekte fließen. Da wird eine deutsche Unternehmerin mit seiner Hilfe schon mal zur „Königin von Ghana" gekürt („Welt am Sonntag", vom 11.03.2001, Wiese 2000, Siepmann 2001), weil sie ein lokales traditionelles Potenzmittel auf dem deutschen Markt vertreibt und damit in der Hohoee-Region Arbeitsplätze schafft.[47] Empirisch forschende Ethnologen sind heute in aller Regel Spezialisten für das Alltagsleben in der modernen Welt, sagt Carola Lentz in einem Beitrag zum Thema, und sie fährt fort:

„Sie können kaum umhin, auch wenn sie in einem abgelegenen Dorf in der ‚Dritten Welt' arbeiten, sich mit den Folgen der Globalisierung und den lokalen Reaktionen darauf zu beschäftigen, zum Beispiel mit der Dynamik von Arbeitsmigration, den Auswirkungen von Schulbildung und Arbeitslosigkeit, der Veränderung von Konsummustern, mit Landkonflikten, partei- oder lokalpolitischen Querelen, Korruptionsvorwürfen und modernen ‚Hexereibewegungen'. Das ‚ganz Andere', mystische Rituale, zyklische Zeitvorstellungen, esoterische Verwandtschaftsregeln, harmonische Gemeinschaften […] kaum jemand von uns jüngeren EthnologInnen beschreibt es oder sucht danach. […] Viele von uns lehnen heute eine exotisierende, romantisierende, isolierende, […] Betrachtungsweise nicht-europäischer Lebenswelten ab. Just das ist aber für bestimmte Ausrichtungen des Medieninteresses uninteressant. Wenn ich zeigen kann, dass die Lokalpolitik in einem nordghanaischen Dorf nicht grundsätzlich anders funktioniert als in einem hessischen Dorf, ist das noch berichtenswert?" (Lentz 1999: 49 f.).

Die nach wie vor in den Köpfen vorhandenen Bilder vom edlen Wilden oder unzivilisierten Barbaren – die Morgans, Hilliges, Hofmanns und Bansahs dieser Welt bedienen sie viel besser. Ist es da ein Wunder, wenn der Ethnologe, irritiert oder sprachlos vor so viel Kulturrauschen in der Medienwelt, die Tür wieder schließt und sich seinen akademischen Studien widmet?

47 Zwar weiß die nach eigenem Bekunden „einzige ausländische Königin in Ghana", dass Ihr Titel „Ngoyifianyonu" so etwas wie „Königin des Fortschritts" bedeutet, deren genauer Status scheint ihr aber selbst nicht so genau bekannt (vgl. Siepmann 2001).

Öffentliche Ethnologie: Das Wickertphänomen

„Ethnologen haben es bisher vermieden, in der Öffentlichkeit in Erscheinung zu treten und ihre Erkenntnisse nach außen zu vermitteln – hauptsächlich aus Angst, dass für die Popularisierung der Ethnologie die wissenschaftliche Glaubwürdigkeit geopfert werden müsse", stellt Dracklé (1999: 262) in einem Artikel zu den Perspektiven der Medienethnologie fest. Anstatt mit Schweigen und Rückzug in den Elfenbeinturm auf die Herausforderungen der Mediengesellschaft zu reagieren, plädiert sie für die Erweiterung der rein akademischen Ausbildung in Richtung Anwendungsorientierung. Dazu können wir an den Universitäten einen Beitrag leisten: durch Schreibwerkstätten und Seminare zum Umgang mit den Medien und der Öffentlichkeit schon während der Ausbildung und durch einen neuen Themenschwerpunkt Medienethnologie.

Das Erlernen und das Auseinandersetzen mit den Mechanismen der vermittelten und inszenierten Öffentlichkeit – den Medien – ist eine Voraussetzung für eine öffentliche Ethnologie, aber an sich noch kein Ziel. Die Frage ist, warum wir uns in diese Richtung bewegen sollten. Eine verstärkte öffentliche Wahrnehmung kann unter Umständen hilfreich sein beim Wettbewerb mit den Nachbarwissenschaften um schwindende öffentliche Mittel. Auch bietet das Forschungsfeld „Medien" reiseunwilligen Forschern ein neues, virtuelles Feldforschungsterrain. Öffentliche Ethnologie, so wie ich sie verstehe, will mehr: Wir haben eine Aufgabe in der Öffentlichkeit.

Fredrik Barth, der bekannte norwegische Ethnologe, spricht in einem Interview mit der Zeitschrift „Public Anthropology" vom einmaligen Potential unserer Wissenschaft, die westliche Perspektive erweitern zu helfen, indem wir ein Bild von der Verschiedenheit der menschlichen Lebensweisen anbieten. Wir sollten in einer zunehmend kommunikativ vernetzten Welt versuchen, uns einzumischen, gängige Deutungsmuster in Frage zu stellen, wohlfeile Grundannahmen im Westen zu erschüttern, indem wir zeigen, wie ein Problem auch von einem ganz anderen (nicht westlichen) Standpunkt aus Sinn macht (vgl. Barth 2001).[48]

---

48 Eine meines Erachtens besonders gelungene und öffentlichkeitswirksame Form der „Befremdung" war „Inspecting Germany", eine Internationale Tagung zur kultur- und sozialanthropologischen Deutschlandforschung vom 14. bis 18. September 1999 in Tübingen. Der Blick der fremden Forscher auf vertraute Alltagszusammenhänge in Deutschland stieß auf ein erheblich größeres Presseecho als die Inhalte der kurze Zeit später stattfindenden Tagung der deutschen Gesellschaft für Völkerkunde in Heidelberg. Zu den Ergebnissen dieser Tagung vgl. Hauschild/Warneken 2002.

Dabei geht es nicht um eine Fortführung oder Wiederaufnahme der Tradition der häufig elitär, regierungsnah und paternalistisch betriebenen Applied Anthropology aus den 1940er bis 1960er Jahren, wie von einigen Kollegen befürchtet. Als Wissenschaftler sollen und müssen wir unabhängig bleiben. Der springende Punkt ist, dass sich EthnologInnen öffentlich zu Gegenwartsthemen zu Wort melden, sei dies nun zur Soziobiologie,[49] zur Rolle des Islam, zu der Universalität von Menschenrechten oder zu dem von der UN ausgerufenen Dialog der Kulturen.

Um gehört zu werden, so schlägt Barth vor, sollten wir in Diskurse einsteigen, für die es schon eine Hörerschaft gibt.[50] Wir sollten Themen bearbeiten, die wichtig für andere sind, nicht nur für uns selbst. Wir sollten Klischees als Aufhänger nehmen, sie aber nicht bedienen. Wir sollten konkret und spezifisch sein, etwas formulieren, das die Aufmerksamkeit der Leute auf einen ganz bestimmten Aspekt eines Problems lenkt. Konkrete Anlässe boten sich in den letzten Jahren in Deutschland genügend: der Kopftuchstreit in Niedersachsens und der Kruzifixstreit in Bayerns Schulen, der Streit um die Verleihung des Friedenspreises des Deutschen Buchhandels an die Orientalistin Annemarie Schimmel, die Fatwa gegen Salman Rushdie,[51] die Kampagne des Vereins Intact gegen die Beschneidung, das Schächten von Tieren in deutschen Metzgereien, der Ruf des Muezzin in einem Düsseldorfer Vorort, die Leitkulturdebatte, Erfolgsbücher wie der „Traumfänger" oder die Afrikanische Totenklage, die Diskussion um die Rolle der Schleiers in islamischen Gesellschaften am aktuellen Beispiel Afghanistan, aber natürlich auch die öffentlichen Reaktionen auf den 11. September.[52]

Eine solche „öffentliche Ethnologie", wie sie von Barth, Rob Borofsky, Nancy Scheper-Hughes, Paul Farmer, Laura Nader, Pnina Werbner und einigen anderen prominenten amerikanischen Ethnologen vertreten wird, betont die Rolle der Ethnologen als engagierte Intellektuelle, als

---

49 Zum Beispiel zu Debatten über Klassenstruktur und Intelligenz wie „The Bell Curve": Herrnstein/Murray 1994, kritisch dazu diverse Essays in „Current Anthropology" 1996, Fox 1996) oder zum Human Genome Project; kritisch dazu zum Beispiel Segerstrale 2000.

50 Anschauliche Beispiele für solche ethnologischen Beiträge sind zum Beispiel Hauschilds Betrachtungen zur US-amerikanischen Fernseh-Kultserie „Die Sopranos", die bei uns im Jahr 2000 im ZDF lief und 2002 erneut ausgestrahlt wurde (vgl. Hauschild 2000); Georg Elwerts Artikel zu den vernachlässigten kreativen Fähigkeiten der heutigen Jugend (Elwert 1998) oder Ellen Kattners Feldforschungsbericht, wie in einem oberhessischen Dorf aus Fremden Zugehörige werden (Kattner 1999).

51 Dazu eine ethnologische Analyse von Pnina Werbner in „Current Anthropology" 37, 1995, Suppl. (Febr.).

52 Vgl. dazu zum Beispiel Elwert 2001.

ethnographische Zeugen dort, wo wir Staatsbürgerrechte genießen: zu Hause.

Zwar gibt es auch in Deutschland einige wenige Fachvertreter, die gelegentlich in den Medien zu Gegenwartsfragen Stellung nehmen. Aber es gibt (noch) kein Selbstverständnis, keine Kultur, die diese Einzelaktionen unterstützt, koordiniert und sie als Teil unseres fachlichen Auftrages versteht. Es gibt noch zu wenige Individuen innerhalb der akademischen Ethnologie, die ein solches Rollenmodell erfolgreich vorleben und propagieren.[53] Wollen wir die Ferne wirklich in die Nähe bringen, so müssen wir in diese neue Form der *anthropology at home* investieren.

Und damit bin ich am Schluss dieser Unternehmung angelangt. Aber halt, ich schulde Ihnen noch den Namen jenes Menschen, der dem Szenario einer öffentlichen Ethnologie in den letzten Jahren für mich am nächsten gekommen ist in Deutschland – wenn auch nur für zwei Tage. Ulrich Wickert, sonst eher für moderate Töne bekannt, wurde Ende September 2001 in der Zeitschrift „Max" deutlich. Er beklagte damals, dass die europäischen Regierungschefs ihrem italienischen Kollegen Berlusconi für dessen öffentliche Behauptung der weltgeschichtlichen politischen und moralischen Überlegenheit des Westens gegenüber dem Islam nicht die Hammelbeine lang gezogen hätten.

„Wenn aber", so Wickert, „die politischen Vertreter der westlichen Zivilisationen solche Aussagen hinnehmen, dann verstärken sie das Gefühl der Erniedrigung in den islamischen Ländern und bestätigen, was Arundhati Roy, die bekannteste Schriftstellerin Indiens, dieser Tage sagt: ‚Osama bin Laden ist das amerikanische Familiengeheimnis, der dunkle Doppelgänger des amerikanischen Präsidenten.' Bush ist kein Mörder und Terrorist. Aber die Denkstrukturen sind die gleichen. […] Bush ruft zum Feldzug unter dem Motto ‚unendliche Gerechtigkeit' auf, ohne daran zu denken, dass dies jeden Gläubigen zumindest im Islam beleidigen muss. Denn die ‚unendliche Gerechtigkeit' steht nur Allah zu" (Wickert 2001).

Es wäre schön gewesen, wenn ihm in der folgenden Pressekampagne die deutsche Ethnologie den Rücken gestärkt hätte, dafür, dass er den Mut hatte, in einer öffentlichen Position in solcher Zeit den Blick des Fremden auf uns zu richten. So hat er nach zwei Tagen, zermürbt von der fast einhelligen Verurteilung seiner Aussagen, den kleinlauten Rückzug angetreten. Schade – finden Sie nicht?

Zitierte Literatur

Antweiler, Christoph 1998: Ethnologie als gesellschaftlich relevante Humanwissenschaft. Systematisierung praxisorientierter Richtungen und eine Position. In: *Zeitschrift für Ethnologie* 123 (2): 215–255

Antweiler, Christoph 2002 a: *Ethnologie lesen. Ein Führer durch den Bücherdschungel.* Münster etc.: Lit Verlag

Antweiler, Christoph 2002 b: Samoa-Kontroverse: Freeman vs. Mead. In: Antweiler: *Ethnologie lesen. Ein Führer durch den Bücherdschungel*: 57–59. Münster etc.: Lit Verlag

Antweiler, Christoph 2002 c: Kontroverse um Carlos Castañeda. In: Antweiler: *Ethnologie lesen. Ein Führer durch den Bücherdschungel*: 68–71. Münster etc.: Lit Verlag

Bandini, Pietro 1999: *Voodoo. Von Hexen, Zombies und schwarzer Magie.* München: Droemer Knaur

Barley, Nigel 1998: *Die Raupenplage. Von einem, der auszog, Ethnologie zu betreiben.* München: Deutscher Taschenbuch Verlag (zuerst Stuttgart: Klett-Cotta Verlag, 1989)

Barth, Fredrik 2001: Envisioning a More Public Anthropology. An Interview with Fredrik Barth. April 18th 2001. In: *Public Anthropology.* Engaging Ideas (http://www.public anthropology.org /Journals/Engaging-Ideas/barth.htm). Aufruf am 23.01.2002

Beer, Bettina 1999: Wozu schreiben und für wen? Bibliogaphie und Interviews mit Hans Fischer. In: Waltraud Kokot & Dorle Dracklé (Hrsg.): *Wozu Ethnologie? Festschrift für Hans Fischer*: 7–33. Berlin: Dietrich Reimer Verlag

Beer, Bettina 2001: Margaret Mead. In: Christian F. Feest & Karl-Heinz Kohl (Hrsg.): *Hauptwerke der Ethnologie*: 294–298. Stuttgart: Kröner Verlag

Bertels, Ursula, Birgit Baumann, Silke Dinkel & Irmgard Hellmann (Hrsg.) 2004: *Aus der Ferne in die Nähe. Neue Wege der Ethnologie in die Öffentlichkeit.* Münster etc.: Waxmann Verlag (Praxis Ethnologie, 2)

Breasted, James H. 2001: *Geschichte Ägyptens.* Köln: GLP Parkland

Brednich, Wolf J. 1999: *Die Spinne in der Yucca-Palme. Sagenhafte Geschichten von heute.* München: C. H. Beck (Beck'sche Reihe)

Breidenbach, Joana & Ina Zukrigl 1998: *Tanz der Kulturen. Kulturelle Identität in einer globalisierten Welt.* München: Verlag Antje Kunstmann

Brown, Michael F. 1998: Can Culture be Copyrighted? In: *Current Anthropology* 39 (2): 193–222 (incl. Kommentare)

Burenhult, Göran et al. 2000: *Naturvölker heute.* Augsburg: Weltbild-Bechtermünz Verlag (Ilustrierte Geschichte der Menschheit)

Christoph, Henning (Fotos), Klaus E. Müller & Ute Ritz-Müller (Text) 1999: *Soul of Africa. Magie eines Kontinents.* Köln: Könemann Verlag

Demandt, Alexander 2001: *Die Kelten.* München: C. H. Beck

Dracklé, Dorle 1999: Medienethnologie: Eine Option für die Zukunft. In: Waltraud Kokot & Dorle Dracklé (Hrsg.): *Wozu Ethnologie? Festschrift für Hans Fischer*: 261–290. Berlin: Dietrich Reimer Verlag

Elwert, Georg 1998: Kein Platz für junge Wilde. In: *Die Zeit*, Nr. 14 vom 26.03.1998, S. 51

Elwert, Georg 2001: Rational und lernfähig. Wer die Terroristen des 11. September bekämpfen will, muss zunächst ihre Logik begreifen. In: *Der Überblick* 37 (3): I–VIII (Beilage)

Erckenbrecht, Corinna (1998): *Traumzeit. Die Religion der Ureinwohner Australiens.* Freiburg etc.: Herder Verlag (Kleine Bibliothek der Religionen, 8)

Erckenbrecht, Corinna (2003): Dichtung oder Wahrheit? Die Darstellung der australischen

Aborigines. In: Ralph Frieling & Elisabeth Bär (Hrsg.): *Traumspuren – Kunst und Kultur der australischen Aborigines*. Iserlohn: Institut für Kirche und Gesellschaft: 101–131

Feest, Christian F. (Hrsg.) 2000: Kulturen der nordamerikanischen Indianer. Köln: Könemann Verlag

Fillitz, Thomas 2004: Praxismodule im Wiener Ethnologiestudium: Von der Einheit von Forschung und Lehre zur Einheit von Beruf, Lehre und Forschung. In: *Ethnoscripts* 6 (2): 53–59

Fox, Richard G. 1996 Editorial: Going Public with Anthropology. In: *Current Anthropology* 37, Supplement (Febr.)

Freeman, Derek 1983: *Liebe ohne Aggression. Margaret Meads Legende über die Friedfertigkeit der Naturvölker*. München: Kindler (orig. „Margaret Mead and Samoa. The Making and Unmaking of an Anthropological Myth". Cambridge, Mass.: Harvard University Press, 1983)

Genser, Elisabeth, Barbara Peichl & Andrea Wegscheider 2004: Praxismodul „CROCO" (Cross Cultural Organizations) im Studium der Kultur- und Sozialanthropologie an der Universität Wien. Erste Erfahrungen der Studierenden. In: *Ethnoscripts* 6 (2)

Geyer, Anja 1998: Ethnologie und Journalismus – eine Nichtbeziehung? In: Pressereferat der Deutschen Gesellschaft für Völkerkunde (Hrsg.): *Die Media-Morphose der Ethnologie*. Heidelberg: Deutsche Gesellschaft für Völkerkunde: 17–28

Harris, Marvin 1994: *Fauler Zauber*. Stuttgart: Klett-Cotta Verlag

Hauschild, Thomas 1995: Dem lebendigen Geist. Warum die Geschichte der Völkerkunde im Dritten Reich auch für Nichtethnologen von Interesse sein kann. In: Hauschild (Hrsg.): *Lebenslust und Fremdenfurcht. Ethnologie im Dritten Reich*. Frankfurt: Suhrkamp Verlag: 13–61

Hauschild, Thomas 2000: Lernt von den Sopranos. Wie man eine Serie als ethnologische Studie zukünftiger Verhältnisse begreifen kann. In: *Die Zeit*, Nr. 25 vom 15.06.2000, S. 47

Hauschild, Thomas & Bernd Jürgen Warneken (Hrsg.) 2003: *Inspecting Germany. Internationale Deutschland-Ethnographie der Gegenwart*. Münster etc.: Lit Verlag (Forum Europäische Ethnologie, 1)

Hermanni, Horst O. 1997: *Majestät im blauen Anton*. London/Worms am Rhein: The World Books Ltd

Herrnstein, Richard & J. Charles Murray 1994: *The Bell Curve. Intelligence and Class Structure in American Life*. New York etc.: Free Press

Huntington, Samuel P. 1996: *Kampf der Kulturen. Die Neugestaltung der Weltpolitik im 21. Jahrhundert* (orig. „The Clash of Civilizations", 1993). München/Wien: Europa-Verlag

Johansen, Ulla 1999: Wie deutsche Ethnologen schreiben. In: Waltraud Kokot & Dorle Dracklé. (Hrsg.): *Wozu Ethnologie? Festschrift für Hans Fischer*: 217–240. Berlin: Dietrich Reimer Verlag

Kattner, Ellen 1999: Mikrokosmos Kirrlach. In: *Die Zeit*, Nr. 23 vom 02.06.1999, S. 45

Kohl, Karl-Heinz 1979: *Exotik als Beruf: zum Begriff der ethnographischen Erfahrung bei B. Malinowski, E. E. Evans-Pritchard und C. Lévi-Strauss*. Wiesbaden: Heymann

Koschate, Anne-Christin 2004: *Mutant Message Down Under. Rezeption Marlo Morgans fragwürdiger Erfolgsgeschichte in Australien*. Hausarbeit. Universität Trier: Ethnologie. Betreuer: Michael Schönhuth. Trier: Manuskript

Lentz, Carola 1999: Die Lust am Exotischen. In: Pressereferat der Deutschen Gesellschaft für Völkerkunde (Hrsg.): *Die Media-Morphose der Ethnologie*. Heidelberg: Deutsche Gesellschaft für Völkerkunde: 48–52

Liedloff, Jean 1980: *Auf der Suche nach dem verlorenen Glück. Gegen die Zerstörung unse-*

rer Glücksfähigkeit in der frühen Kindheit. München: C. H. Beck. (orig. „The Continuum Concept")

Lightfoot-Klein, Hanny 1993: *Das grausame Ritual. Sexuelle Verstümmelung afrikanischer Frauen.* Frankfurt: Suhrkamp Verlag (11.–13.Tsd.; Erstauflage 1992)

Malinowski, Bronislaw K. 1986: *Ein Tagebuch im strikten Sinn des Wortes: Neuguinea 1914–1918.* Frankfurt: Syndikat Verlag

McCormack, Richard W. B. 1996: *Unter Deutschen. Porträt eines rätselhaften Volkes.* München: Goldmann Verlag

McCormack, Richard W. B. 1999: *Travel Overland. Eine anglophone Weltreise.* München: C. H. Beck

McCormack, Richard W. B. 2002: *Tief in Bayern. Eine Ethnographie.* München: Goldmann Verlag

McLeod, Malcolm D. 1981: *The Asante.* London: The British Museum

Mead, Margaret 1928: *Coming of Age in Samoa. A Psychological Stuy of Primitive Youth for Western Civilization.* New York: William Morrow & Co.

Morgan, Marlo 1998: *Traumfänger. Die Reise einer Frau in die Welt der Aborigines.* München: Goldmann Verlag

Morgan, Marlo 2000: *Traumreisende.* München: Goldmann Verlag

Nolan, Riall W. 1998: Teaching Anthropology as if it Mattered. A Curriculum for 21st Century Practitioners. In: *Practicing Anthropology* 20 (4): 39–44

Panoff, Michel 1972: *Bronislaw Malinowski.* Paris: Payot

Petermann, Werner 1995 [Übers.]: *Der große Bildatlas Indianer die Ureinwohner Nordamerikas. Geschichte, Kulturen, Völker und Stämme.* Sonderausgabe. München: Orbis

Pressereferat der Deutschen Gesellschaft für Völkerkunde 1999 (Hrsg.): *Die Media-Morphose der Ethnologie.* Heidelberg: Deutsche Gesellschaft für Völkerkunde

Renner, Erich 1989: Yequana oder das verlorene Glück. Untersuchungen zu einem pädagogisch-anthropologischen Bestseller und seiner aktuellen Diskussion. In: *Zeitschrift für Ethnologie* 114: 205–222

Riese, Berthold 1995: Während des Dritten Reiches (1933–1945) in Deutschland und Österreich verfolgte und von dort ausgewanderte Ethnologen. In: Thomas Hauschild (Hrsg.): *Lebenslust und Fremdenfurcht. Ethnologie im Dritten Reich*: 210–219. Frankfurt: Suhrkamp Verlag

Riese, Berthold 2000: *Die Maya. Geschichte, Kultur, Religion.* München: C. H. Beck

Sandall, Roger 2001: *The Culture Cult. Designer Tribalism and Other Essays.* Boulder, Col.: Westview Press (vgl. auch Auszüge unter: www.culturecult.com; Aufruf: 04. 01. 2005)

Schönhuth, Michael 1998: Entwicklungsethnologie in Deutschland. Eine Bestandsaufnahme aus Sicht der Arbeitsgemeinschaft Entwicklungsethnologie und ein Vergleich mit internationalen Entwicklungen. In: *Entwicklungsethnologie* 7 (1): 11–39

Schönhuth, Michael & Rebecca Freßmann (2002): *Mutant Message – ein kritischer ethnologischer Bericht zu Marlo Morgan's Bestseller „Traumfänger".* Internetpublikation. http://www.uni-trier.de/uni/fb4/ethno/mutant.pdf; Aufruf: 04. 01. 2005

Schrenk, Friedemann & Timothy G. Bromage 2002: *Adams Eltern. Expeditionen in die Welt der Frühmenschen.* München: C. H. Beck

Segerstrale, Ullica 2000: *Defenders of the Truth. The Battle For Science in the Sociobiology Debate and Beyond.* Oxford etc.: Oxford University Press

Seipel, Jerg 2001: Bronislaw Kaspar Malinowski. In: Christian F. Feest & Karl-Heinz Kohl (Hrsg.): *Hauptwerke der Ethnologie*: 278–282. Stuttgart: Kröner Verlag

Shostak, Marjorie 2001. *Nisa erzählt. Das Leben einer Nomadenfrau.* Reinbek bei Hamburg: Rowohlt Taschenbuch Verlag

Siepmann, Julia 2001: Hamburgerin zeigt Herz und wurde Königin von Ghana. In: *Welt am Sonntag*, vom 11.03.2001

Sprenger, Guido 1997: *Erotik und Kultur in Melanesien. Eine kritische Analyse von Malinowskis "The Sexual Life of Savages"*. Münster etc.: Lit Verlag

Sutton, David E. 1991: Is Anybody Out There? Anthropology and the Question of Audience. In: *Critique of Anthropology* 11 (1): 91–104

Vitebsky, Piers 2001: *Schamanismus. Reisen der Seele, magische Kräfte, Ekstase und Heilung*. Köln: Evergreen, Taschen Verlag

Wickert, Ulrich 2001: Auszüge aus dem Artikel in der Zeitschrift "Max". In: *Spiegel online*: http://www.spiegel.de/kultur/gesellschaft/0,1518,160595,00.html (letzter Aufruf: 30.06.2002)

Wiese, Anna 2000: Wie eine Frau aus Deutschland Königin in Ghana wurde. In: *Neue Post* vom 30.08.2000

Medienführer

Alles sollte so einfach wie möglich gemacht
werden, aber nicht einfacher.
Albert Einstein

1. Popularisierung der Ethnologie

1.1 Öffentlichkeit und Popularisierung des Fachs

Allen, Susan 1994: Media Anthropology. Informing Global Citizens. Westport, Conn.: Bergin & Garvey
> *Ein guter Band zur Einführung in Popularisierungsfragen allgemein; und ein Überblick zur Medienethnologie*

Augé, Marc 1999: The War of Dreams. Exercises in Ethno-Fiction. London/Sterling, Va.: Pluto Press (Anthropology, Culture and Society) (orig. «La Guerre des Rêves: Exercises d'ethno-fiction». Paris: Editions du Seuil, 1997)

Barth, Fredrik 2001: Envisioning a More Public Anthropology. An Interview with Fredrik Barth. April 18th 2001. In: Public Anthropology. Engaging Ideas (http:/ www.public anthropology.org/Journals/Engaging Ideas/barth.htm)

Bendix, Regina & Gisela Welz (eds.) 1999: Public Folklore. Forms of Intellectual Practice in Society. In: Journal of Folklore Research 36 (2–3)
> *Beiträge aus der europäischen Ethnologie (bzw. Volkskunde, empirische Kulturwissenschaften) zu Möglichkeiten der Popularisierung und zu Problemen zwischen verständlicher Wissenschaft einerseits und flachem Populismus andererseits*

Benthall, Jonathan (ed.) 2002: The Best of Anthropology Today. London/New York: Routledge
> *Eine Auswahl von 41 zumeist kurzen Artikeln aus „Anthropology Today", einer der ganz wenigen Zeitschriften, die Ethnologie als öffentliche und gesellschaftlich relevante Wissenschaft fördern und die seit 1985 sechs Mal pro Jahr erscheint*

Bertels, Ursula, Birgit Baumann, Silke Dinkel & Irmgard Hellmann (Hrsg.) 2004: Aus der Ferne in die Nähe. Neue Wege der Ethnologie in die Öffentlichkeit. Münster etc.: Waxmann Verlag (Praxis Ethnologie, 2)
> *Dies ist der erste deutschsprachige Sammelband, der die öffentliche Rolle und die Popularisierung von Ethnologie zum Thema hat; die Herausgeberinnen stellen Ethnologie im eigenen Land ins Zentrum (anthropology at home); neben Grundsatzbeiträgen zur gesellschaftlichen Relevanz des Fachs, über popularisierte Formen von Ethnologie und zur Vermittlung ethnologischen Wissens in Museen finden sich Analysen von Fallbeispielen, so zu Marlo Morgans Bestseller „Traumfänger", zum Medienphänomen Cephas Bansah, dem „schwarzen Weinkönig von Trittenheim", zur öffentlichen Wahrnehmung*

von Rechtspluralismus und zu Ethnologie in der Schule; dazu bietet der Band noch eine kommentierte Bibliographie zum Thema „Ethno-Pop"

Deutsche Gesellschaft für Völkerkunde, Pressereferat (Hrsg.) 1999: Die Media-Morphose der Ethnologie. Heidelberg: Institut für Ethnologie

Kurze Beiträge von Journalisten und Ethnologen über ihre Erfahrungen in und mit den Medien, die den noch immer breiten Graben verdeutlichen; der Titel ist schön, aber vermittelt eher eine Hoffnung als eine Beschreibung der Wirklichkeit; mit Hinweisen auf Kontaktmöglichkeiten

Fox, Robin (ed.) 1996: Anthropology in Public. Current Anthropology; Special Issue 37, Supplement

Ein Sonderheft der Zeitschrift, die immer kommentierte Aufsätze bringt, zu ethnologischem Engagement zu gesellschaftlichen Themen und in öffentlichen Debatten in den Vereinigten Staaten; mit vielen kontroversen Stimmen

Hagmann, Hans-Peter 1995: Ethnologie als Thema der Öffentlichkeit. Analyse der Präsentationsformen in Massenmedien und Diskurs zur zeitgemäßen Vermittlung in der Erwachsenenbildung. Bonn: Holos-Verlag (Mundus Reihe Ethnologie, 84)

Eine kompakte Untersuchung und Analyse anhand des exemplarischen Beispiels der Darstellung der Yanomami des Amazonastieflands und eine Erkundung der Möglichkeiten und Grenzen der Vermittlung ethnologischer Inhalte an erwachsene Laien

Harvey, Penelope 1996: Hybrids of Modernity. Anthropology, the Nation State and the Universal Exhibition. London/New York: Routledge

Eine Untersuchung über moderne Formen der Repräsentation von Kultur, die exemplarisch anhand der Weltausstellung in Sevilla erläutert werden; ein wegen der teilweise mäandernden Schreibweise schwieriges, aber anregendes Buch

Kokot, Waltraud & Dorle Dracklé (Hrsg.) 1999: Wozu Ethnologie? Festschrift für Hans Fischer. Berlin: Dietrich Reimer Verlag (Kulturanalysen, 1)

Kontroverse Beiträge deutschsprachiger Fachvertreter zu Theorie und Methoden, zur Geschichte und zum Selbstverständnis des Fachs, zu Vermittlungsformen sowie zu neueren Themen- und Anwendungsfeldern

Lutkehaus, Nancy C. 2003: Margaret Mead and the Media. Princeton: Princeton University Press

Eine Kennerin der Biographie Margaret Meads ergründet die Ursachen des Erfolgs der weltweit erfolgreichsten Popularisatorin der Ethnologie

MacClancy, Jeremy (ed.) 2002: Exotic No More. Anthropology on the Front Lines. Chicago: University of Chicago Press

Beiträge von 24 Ethnologen sowie außerakademischen Aktivisten zu einer Ethnologie, welche humanistische Ziele verfolgt und dafür die Menschen mit ihren Erfahrungen, Alltagsproblemen und Lösungsformen ernst nimmt („taking people seriously"); die Beiträge sind sehr vielfältig: Analysen besonders verletzlicher Gruppen und ihrer Ausbeutung (lokales Wissen, Organhandel, Drogen), Kritiken von praxisrelevanten und öffentlich benutzten Begriffen (zum Beispiel Ethnizität, Markt, Rasse, Gender, Ideologie, Menschenrechte, Flüchtlinge), Beispiele direkten Eingreifens (Umwelt, Entwicklung, Hunger) und Untersuchungen von kulturpolitisch wichtigen Feldern wie Kunst, Musik, Medien und Tourismus; die Beiträge eruieren die Relevanz der Ethnologie und werfen damit gleichzeitig ein Licht darauf, was die Kriterien für öffentliche Relevanz sind und wer sie bestimmt

MacClancy, Jeremy & Chris McDonough (eds.) 1996: Popularising Anthropology. London/ New York: Routledge

Ein wichtiger Sammelband mit Beiträgen zu klassischen Popularisatoren, zum Beispiel

Margaret Mead und Ruth Benedict, aber auch zu modernen Formen von Popularisierung in Literatur und anderen Medien; leider wird aber kaum zwischen verschiedenen Adressaten und Genres der Popularisierung unterschieden, unter den Autoren der Aufsätze ist keiner selbst Popularisator und es fehlen ganze Felder der Popularisierung, zum Beispiel im entwicklungsethnologischen Bereich; dennoch angesichts weitgehend fehlender Alternativen ein Standardwerk; vgl. auch einige Beiträge in MacClancy 2002

Mark, Joan 2001: Margaret Mead. Oxford etc.: Oxford University Press (Oxford Portraits in Science) (zuerst 1999)

Eine kurze und sehr einfach gehaltene Darstellung von Leben und Werk der mit Abstand wichtigsten Popularisatorin des Fachs, die sowohl durch ihre konkrete Schreibweise als auch durch lebendige Vorträge und Medienbeiträge zu aktuellen Themen stark wirkte; vgl. Lutkehaus 2003

Ortner, Sherry B. 1999: Generation X. Anthropology in A Media-Saturated World. In: George Marcus (ed.): Critical Anthropology Now. Unexpected Contexts, Shifting Constituencies, Changing Agendas: 55–87. Santa Fe, New Mexico: School of American Research Press

Anhand der öffentlichen Debatte um die Charakteristika der in den 1960er und 1970er Jahren geborenen US-Amerikaner („Generation X") und dem Beispiel der Mitglieder ihrer eigenen Abschlussklasse auf der High School und deren Nachkommen diskutiert die Autorin das Verhältnis von Ethnologie und der medialen öffentlichen Kultur (public culture), insoweit diese Bilder und Ansprüche über die Bevölkerung macht; die Autorin arbeitet heraus, wie Journalismus und Ethnologie sich gegenseitig bedienen und doch gegeneinander um öffentlich anerkannte Repräsentationen der amerikanischen Gesellschaft konkurrieren

Rollwagen, Jack R. (ed.) 1988: Anthropological Filmmaking. Anthropological Perspectives on the Production of Film and Video for General Public Audiences. New York/Chur: Harwood Press (Visual Anthropological Book Series, 1)

Schensul, Jean J., Margaret D. LeCompte, G. Alfred Hess, Jr., Bonnie K. Nastasi, Marlene J. Berg, Lynne Williamson, Jeremy Brecher & Ruth Glasser 1999: Using Ethnographic Data. Interventions, Public Programming, and Public Policy. Walnut Creek etc.: Altamira Press (Ethnographer's Toolkit, 7)

Benutzerfreundliche Beiträge zu Themen, Konfliktfeldern und auch zu Methoden der Anwendung der Ethnologie im öffentlichen Bereich

Sutton, David E. 1991: Is Anybody Out There? Anthropology and the Question of Audience. In: Critique of Anthropology 11 (1): 91–104

Ein Aufsatz, der die Frage auf den Punkt bringt, wofür und für wen Ethnologen eigentlich schreiben (wollen) und dazu sowohl inhaltliche und pragmatische als auch ethische Betrachtungen anstellt

1.2 Frühe popularisierte Ethnologie: Völkerschauen, Reisen, Fotos

Bayerdörfer, Hans-Peter & Eckart Hellmuth (Hrsg.) 2003: Exotica. Konsum und Inszenierung des Fremden im 19. Jahrhundert. Münster etc.: Lit Verlag (Kulturgeschichtliche Perspektiven, 1)

Kultur- und sozialhistorische Beiträge zur öffentlichen Darstellung und Nutzung frem-

der Menschen und fremder Kultur in Sammlungen, im Theater, auf Maskenbällen, in der Werbegrafik, bei Weltausstellungen und in ethnologischen Museen

Benedict, Burton 1983: The Anthropology of World's Fairs. San Francisco's Panama-Pacific International Exposition of 1915. Berkeley etc.: University of California Press
Eine Studie zum kulturellen Selbstverständnis der Macher von Weltausstellungen allgemein und eine Detailanalyse der Ausstellung in Chicago; mit sehr guten Illustrationen

Brändle, Rea 1995: Wildfremd, hautnah. Völkerschauen und Schauplätze. Zürich 1880–1960. Zürich: Rotpunktverlag
Eine detaillierte Studie der Wandlungen der Völkerschauen am Beispiel Zürich; in der Schreibweise ein erzählerisch geschriebenes Sachbuch; mit vielen Literaturangaben und vielen historischen Bilddokumenten; vgl. zu Wien Schwartz 2000 und zu Basel Staehelin 1993

Daeninckx, Didier 2001: Reise eines Menschenfressers nach Paris. Berlin: Klaus Wagenbach Verlag (Salto)
Eine Schilderung der Erlebnisse eines „Kanaken" aus Neukaledonien während seines Aufenthalts auf einer Kolonialausstellung in Paris

Debusmann, Robert & János Riesz (Hrsg.) 1995: Kolonialausstellungen. Begegnungen mit Afrika? Frankfurt: Sylvia Buxmann-Verlag
Deutsche und französische Beiträge zu Kolonialausstellungen und zu entsprechenden Teilen von Weltausstellungen zwischen 1850 und 1960

Eißenberger, Gabi 1996: Entführt, verspottet und gestorben. Lateinamerikanische Völkerschauen in deutschen Zoos. Frankfurt: IKO-Verlag für interkulturelle Kommunikation (Kritische und selbstkritische Forschungsberichte zur „Dritten Welt", 11)
Eine kritische und engagiert geschriebene Untersuchung zu Lateinamerika-Stereotypen im 19. Jahrhundert, zu allgemeinen Strukturen der Völkerschau als einer „Inszenierung minderwertiger Andersartigkeit" und eine Detailanalyse zweier Ausstellungen 1879 und 1881/1882

Fischer, Hans 2003: Randfiguren der Ethnologie. Gelehrte und Amateure, Schwindler und Phantasten. Berlin: Dietrich Reimer Verlag (Kulturanalysen, 5)
Biogrcphische Informationen zu schreibenden Nichtethnologen und quellenkritische Erörterung der Texte von Journalisten, Reisenden, Schriftstellern, Seeleuten, Händlern und Anderen, welche die öffentliche Wahrnehmung ethnischer Themen und des Fachs Ethnologie oft maßgeblich beeinflusst haben; das Spektrum reicht von empirisch dichten Texten, die bis heute ethnographisch nützlich sind, über oberflächliche Schilderungen und romantisierende Texte bis hin zu Phantasie, Schwindel und Erfindung

Harbsmeier, Michael 1994: Wilde Völkerkunde. Andere Welten in deutschen Reiseberichten der Frühen Neuzeit. Frankfurt/New York: Campus Verlag
Eine Studie über die Vorstellungen und Stereotype in früher Reiseliteratur, zum Beispiel die dichotome Vorstellung von Primitiven als Edle Wilde einerseits und Bestien andererseits

Heinrichs, Hans-Jürgen 2001: Die fremde Welt, das bin ich. Leo Frobenius: Ethnologe, Forschungsreisender, Abenteurer. Wuppertal: Peter Hammer Verlag
Ein Porträt des schillernden Forschers, der trotz (oder wegen) spekulativer und teils skurriler Theorien einer der in der Öffentlichkeit bekanntesten Ethnologen Deutschlands ist

Hog, Michael 1990: Ethnologie und Öffentlichkeit. Ein entwicklungsgeschichtlicher Überblick. Frankfurt etc.: Peter Lang (Europäische Hochschulschriften, Reihe 19, Volkskunde/Ethnologie, 19)
Zur Herausbildung von Menschen- und Kulturbildern durch Entdeckungs- und Forschungsreisen, „Kunstkammern", Raritätenkabinette, Weltausstellungen und anderen

Formen der Sammlung und Präsentation von Kultur; der untersuchte Zeitraum reicht von der Renaissance bis zum Beginn des 20. Jahrhunderts mit einem Schwerpunkt auf Europa; betont wird der heute nicht mehr bestehende enge Zusammenhang von Ethnologie und physischer Anthropologie; ein kurzer gehaltvoller Text mit ausführlicher Bibliographie und sehr zahlreichen vertiefenden Anmerkungen

Kramer, Fritz 1977: Verkehrte Welten. Zur imaginären Ethnographie des 19. Jahrhunderts. Frankfurt: Athenäum

Kretschmer, Winfried 1999: Geschichte der Weltausstellungen. Frankfurt/New York: Campus Verlag

Ein Überblick über die Vielschichtigkeit von Belehrung, Unterhaltung und nationalistischer Konkurrenz auf den verschiedenen Weltausstellungen, ausgiebig bebildert, wobei die Abbildungen aber leider durchgängig gelblich getönt und zudem oft extrem klein sind

Lindfors, Bernth 1999: Africans on Stage. Studies in Ethnological Show Business. Bloomington: Indiana University Press

Zur Schaustellung von Afrikanern in Europa und den USA zwischen 1810 und 1940, zum Beispiel in Zirkussen, Museen, wissenschaftlichen Ausstellungen; Beiträge zum Zusammenhang von Kolonialismus, Theatergeschichte, Populärkultur und Ethnologie; das „ethnologische Showbusiness", also die Präsentation fremder Menschen zu kommerziellen Zwecken oder zur Erziehung, reicht zurück bis 1504, als in Bristol „lebendige Eskimo" zur Schau gestellt wurden, und hatte einen ersten Höhepunkt in der Präsentation der „Hottentottenvenus" aus dem südlichen Afrika, die zwischen 1810 und 1815 in London und Paris ausgestellt wurde

MacKenzie, John M. 1995: Orientalism. History, Theory and the Arts. Manchester/New York: Manchester University Press

Eine Studie zum Umgang mit dem Orient im Zeitalter des Imperialismus – nicht nur im Feld der bildenden Kunst, sondern auch in den Bereichen Architektur, Musik, Design und Theater; eine Studie, die die klassische Studie von Said (1981) zum Orientalismus in der Literatur nicht nur um weitere Themenfelder und Materialien ergänzt, sondern Said auch kritisiert und so die Orientalismusforschung befruchtet; mit einigen Bildbeispielen

Said, Edward W. 1981: Orientalismus. Berlin: Ullstein (orig. „Orientalism. Western Representations of the Orient". London: Routledge, 1978)

Das klassische Werk zum Orientalismus, vom Autor verstanden als der westlichen Wahrnehmung und Darstellung der Bewohner des muslimischen Ostens, „des Orientalen", als „ganz anders", intellektuell niedrig, antriebsschwach, religiös fanatisch, lebensfeindlich und gleichzeitig den Lüsten folgend, feige und gleichzeitig gewalttätig, faul und angeberisch, rebellisch und gleichzeitig nach Despoten suchend; ein Weltbild, in dem der Orient insgesamt als eine Gegenwelt zum Okzident erscheint; dieses folgenreiche Buch wurde von einem amerikanischen Literaturwissenschaftler palästinensischer Identität verfasst; zur Kritik an Saids Thesen vgl. MacKenzie 1995 und populäre Titel unter „Exotisierung, Orientalisierung" in 3.8

Schneider, William 1977: Race and Empire: The Rise of Popular Ethnography in the Late Nineteenth Century. In: Journal of Popular Culture 11: 98–109

Schwarz, Werner M. 2001: Anthropologische Spektakel. Zur Schaustellung „exotischer Menschen". Wien 1870–1910. Wien: Turia + Kant

Staehelin, Balthasar 1993: Völkerschauen im Zoologischen Garten Basel 1879–1935. Basel: Basler Afrika Bibliographien (Beiträge zur Afrikakunde, 11)

Eine kompakte und dabei genaue Bestandsaufnahme und Analyse der Völkerschauen und ihrem sozialen Umfeld; gut dokumentiert und ausgestattet mit vielen guten Abbildungen

Stahr, Henrick 2004: Fotojournalismus zwischen Exotismus und Rassismus. Darstellungen von Schwarzen und Indianern in Foto-Text-Artikeln deutscher Wochenillustrierter 1919–1939. Hamburg: Verlag Dr. Kovac (Schriften zur Kulturwissenschaft, 57)
Eine detaillierte Analyse einer speziellen Sorte von Zeitschriftenartikeln, nämlich kurzen Artikeln, die auf wenigen Seiten in einer typischen Kombination vieler Fotos mit wenig Text ein Thema behandeln; hier Artikel zu Indianern und Schwarzen aus Zeitungen und Zeitschriften der Zeit zwischen den beiden Weltkriegen („Berliner Illustrierte Zeitung", „Illustrierter Beobachter", „Hackebeils Illustrierte", „Kölnische Illustrierte Zeitung" u. a.); der Autor analysiert, mit welchen ästhetischen Mitteln lebendige und exotisierende Darstellungen fremder Menschen erzeugt wurden und welche Stereotype fremder Kultur und welche sonstige Konzeptionen dabei hereinspielten; mit vielen Abbildungen, darunter auch etliche, vollständig reproduzierte Seiten aus den betreffenden Zeitschriften
Thode-Arora, Hilke 1989: Für fünfzig Pfennig um die Welt. Die Hagenbeckschen Völkerschauen. Frankfurt/New York: Campus Verlag
Eine maßgebliche Untersuchung einer erfahrenen Museumsethnologin; vgl. den unten genannten Film, an dem die Autorin mitwirkte
Wiener, Michael 1990: Ikonographie des Wilden. Menschenbilder in Ethnographie und Photographie zwischen 1850 und 1918. München: Trickster Verlag
Eine in Inhalt wie Ausstattung hervorragende Übersicht zu Abbildungen von Menschen und Menschengruppen und den kulturgeschichtlichen Hintergründen
Wörner, Martin 1999: Vergnügung und Belehrung. Volkskultur auf Weltausstellungen 1851–1900. Münster etc.: Waxmann Verlag
Zur Darstellung der (meist ländlichen) Volkskulturen westlicher Länder auf Weltausstellungen des 19. Jahrhunderts, wo sie neben Beispielen „primitiver" Kultur gezeigt wurden; aus der Feder eines Volkskundlers; gut dokumentiert und sehr reichhaltig illustriert
Wuthenow, Ralph-Rainer 1980: Die erfahrene Fremde. Europäische Reiseliteratur im Zeitalter der Aufklärung. Frankfurt/New York: Campus Verlag
Eine bahnbrechende Studie zur Reiseliteratur im 18. Jahrhundert, einer Phase, in der sich Metaphern über Fremde und Fremdes sowie Schreibformen über Reisen etablierten, die bis heute wirkmächtig sind

Bildbände

Mattie, Erik 1998: Weltausstellungen. Stuttgart: Belser Verlag
Über 300 Bilder zu fast allen Weltausstellungen; dazu statistische Angaben
Wörner, Martin 2000: Die Welt an einem Ort. Illustrierte Geschichte der Weltausstellungen. Berlin: Dietrich Reimer Verlag
Ein Überblick der Ausstellungen von 1851 in London bis 2000 in Hannover: Jahre, Themen, Varianten; ausgestattet mit vielen Abbildungen

Film

Menschenzoos – „Wilde" als Attraktion (Zoos Humains, Eric Deroo & Pascal Blanchard, Frankreich 2002); Cités Télévision – Les Filmes du Villages/Les Bâtisseurs de Mémoire/Arte France; Dauer: 51 min; Farbe/SW; Ausstrahlung auf Arte-Themenabend „Auf den Spuren fremder Völker"
Mitte des 19. bis Anfang des 20. Jahrhunderts zogen wenige Veranstaltungen in Europa und den USA so viele begeisterte Menschenmassen an wie die sogenannten Völkerschauen. Ob auf den Weltausstellungen oder als Wanderausstellungen mit Schaukämpfern, bar-

1. Schaufenster in Trier, 2005 (Foto: M. B.)

2. „Totempfahl" in einem Ethno-Hotel in Malang, Indonesien, 2003 (Foto: C. A.)

busigen Tänzerinnen aus Haiti und afrikanischen Dörfern, in Zoos, Zirkussen oder Va-rieté-Theatern – sie dienten nicht nur der Massenbelustigung und stillten das Bedürfnis der Bevölkerung nach dem Fremden und Exotischen, nach „wilder Grausamkeit und Erotik", sondern auch den Anthropologen zur Erforschung der dargebotenen Rassen; den Veranstaltern als eine Finanzquelle, dienten diese fragwürdigen Menschen-schauen auch als Propagandamaterialien für ideologisch-politische Vorhaben (Kolonia-lismus, Nationalstaatenbildung) sowie religiöse Ziele (Missionierung) und leisteten der Verbreitung des wissenschaftlichen Gedankenguts der Rassenhierarchie und damit des Rassismus in der Bevölkerung Vorschub; an dieser sehr interessanten Dokumentation über ein leider viel zu wenig bekanntes Thema wirkten als Interviewpartner echte Kenner der Materie mit, aus Deutschland Hilde Thode-Arora (jj)

1.3 Präsentation von Kulturen in heutiger Populärkultur

Exotik in Medien

Frölich, Margrit, Astrid Messerschmidt & Jörg Walther (Hrsg.) 2003: Migration als biografi-sche und expressive Ressource. Beiträge zur kulturellen Produktion in der Einwande-rungsgesellschaft. Frankfurt: Brandes & Apsel (Arnoldsheimer Interkulturelle Diskur-se, 3; Wissen & Praxis, 118)
Beispiele der Nutzung der Lebenserfahrungen von Migranten als einer produktiven Fä-higkeit, wie sie in verschiedenen Feldern der öffentlichen Kultur eingesetzt wird, so in der Unterhaltungsliteratur, in Kinderbüchern und bei Fernsehshows, einschließlich der Pro-bleme, wie sie durch Selbstethnisierung entstehen können
Huggan, Graham 2001: The Postcolonial Exotic. Marketing the Margins. London/New York: Routledge
Eine literaturwissenschaftliche Studie über den Reiz des Marginalen und Exotischen so-wie deren Vermarktung in Romanen, ethnischen Autobiographien, Reiseliteratur und im globalem Literaturbetrieb (zum Beispiel Rushdie, Naipaul, Kureishi, Booker Literatur-preis), im Tourismus und in der Werbung
Karpf, Ernst, Doron Kiesel & Karsten Visarius (Hrsg.) 1995: „Getürkte Bilder". Zur Insze-nierung von Fremden im Film. Marburg: Schüren Presseverlag (Arnoldsheimer Film-gespräche, 12)

Sportveranstaltungen

Archetti, Eduardo P. 1999: Masculinities. Football, Polo and the Tango in Argentina. Oxford: Berg Publishers (Global Issues)
Fußball in Zusammenhang mit anderen, primär männlichen Kulturdimensionen
Armstrong, Gary & Richard Guilianotti (eds.) 1997: Entering the Field. New Perspectives on World Football. Oxford: Berg Publishers (Explorations in Anthropology)
Sammelband mit vergleichenden Untersuchungen in mehreren Kulturen mit Schwer-punkt auf afrikanische, amerikanische und britische Fälle
Blanchard, Kendall 1995: The Anthropology of Sport. An Introduction. A Revised Edition. Westport, Conn./London: Bergin & Garvey (Erstauflage von Kendall Blanchard & Alyce Cheska)

Ein faszinierendes Textbook zu Sportarten und sportlichen Spielen quer durch Kulturen und Zeiten, mit einem Schwerpunkt auf der Beziehung von Sport zu Typen von Gesellschaften; daneben werden Theorie und Methodik ethnologischer Sportstudien, die Bedeutung und Geschichte des Sportes und angewandte Fragen behandelt, didaktisch sehr gut gemacht, mit eingestreuten Falldarstellungen und guten Bildbeispielen; zu jedem Kapitel gibt es in amerikanischer Manier Kontrollfragen und Anregungen zu kleinen empirischen Projekten

Cashmore, Ellis [3]2000: Making Sense of Sports. London/New York: Routledge
Ein Überblick über moderne Themen der Sportsoziologie; für Ethnologen interessant, da der Band von einem Soziologen geschrieben wurde, der sich stark mit Ethnizität und Rassismus befasst; vom selben Autor existiert auch ein Führer „Sports Culture: An A–Z Guide", London: Routledge, 2000

Finn, Gerry P. T. & Richard Guilanotti (eds.) 1999: Football Culture. Local Conflicts, Global Visions. London: Frank Cass & Co. (Cass Series – Sport in the Global Society)

Schmidt-Lauber, Brigitta 2004: FC St. Pauli. Zur Ethnographie eines Vereins. Münster etc.: Lit Verlag (Studien zur Alltagskulturforschung)
Eine gut lesbare ethnologisch-volkskundliche Studie eines Fußballvereins, die aus längeren Felduntersuchungen und Befragungen, vor allem von Fans, entstanden ist und die von Studierenden der Volkskunde in Hamburg durchführt wurde

Musik

Baumann, Max Peter (Hrsg.) 1992: World Music – Musics of the World. Aspects of Documentation, Mass Media, and Acculturation. Wilhelmshaven: Florian Noetzel Verlag (Intercultural Music Studies, 3)
Eine Sammlung von Untersuchungen, zum großen Teil detaillierten Fallstudien, zu global bedeutenden Musikformen und -stilen

Hutnyk, John 2000: Critique of Exotica. Music, Politics and the Culture Industry. London: Pluto Press
Ein an Musik, Kunst und Tourismus interessierter Ethnologe stellt Musik als immanent politisches Produkt der Kulturindustrie dar und untersucht dies an populären Begriffen wie „Weltmusik" sowie anhand von Künstlern und Gruppen wie „Asian Dub Foundation", „FunDaMental" und „Apache Indian", deren Musik exotisiert, ethnisiert und rassisiert wird oder die daran selbst mitwirken

Longhurst, Brian 1999: Popular Music and Society. Cambridge: Polity Press (zuerst 1995)

Nettl, Bruno, Charles Capwell, Isabel K. F. Wong, Thomas Turino & Philip V. Bohlmann [4]2003: Excursions into World Music. Englewood Cliffs: Prentice Hall ([1]1991)
Ein Band, der das ganze Spektrum solcher Musikformen abdeckt, die weltweit in der Populärkultur Anklang finden; ein umfangreiches Buch mit gut lesbaren Beiträgen

Neuenfeldt, Karl (ed.) 1999: The Didjeridu. From Arnhem Land to Internet. Bloomington: Indiana University Press (zuerst London etc.: John Libbey)
Aufsätze zur Globalisierung von Musik und Musikinstrumenten am Beispiel des weltweiten Konsums australischer Musikstile und des Verkaufs der Musikinstrumente

Taylor, Timothy D. 1997: Global Pop. World Music, World Markets. London/New York: Routledge
Eine verständlich geschriebene Untersuchung über populäre Musik im Weltkontext und besonders zu „Global Pop", „World Music" und anderen Marketingkonzepten

Wallis, Roger & Krister Malm 1984: Big Sounds From Small Places. The Music Industry of Small Countries. London: Constable

Eine umfangreiche Untersuchung über den weltweiten Erfolg von Musik lokaler Herkunft und ihrem innovativen Beitrag zur weltweiten Musikkultur, wobei damit verbundene Fragen der Vermarktung und die Problematik von Homogenisierung und Exotisierung behandelt werden

Schulen

Bertels, Ursula, Sabine Eylert & Sandra de Vries (Hrsg.) 2004: Ethnologie in der Schule. Eine Studie zur Vermittlung Interkultureller Kompetenz. Münster etc.: Waxmann Verlag (Praxis Ethnologie, 1)
Diskussion des Konzeptes „Interkulturelle Kompetenz" und Erfahrungen mit der Lehre solcher Kompetenz bei ethnologischem Unterricht in nichtethnologischen Schulfächern unter besonderer Berücksichtigung der Möglichkeiten, aber auch der Probleme der Vermittlung; das Buch basiert auf einer längeren Studie zur Relevanz ethnologischer Themen für Kompetenzerwerb, die in Schulen in Münster durchgeführt wurde; ein im deutschen Sprachraum bahnbrechendes und sehr gut dokumentiertes Buch

Lütkes, Christiana & Monika Klüter 1995: Der Blick auf fremde Kulturen – Ein Plädoyer für völkerkundliche Themen im Schulunterricht. Münster etc.: Waxmann Verlag (Gegenbilder, 1)
Einer der ersten ethnologischen deutschsprachigen Beiträge, der sich ausdrücklich an Lehrer und in der Jugend- und Ausländerarbeit Tätige wendet; ohne dass der Titel das sagt, geht es thematisch vorwiegend um Vorurteile und Ethnozentrismus, dargestellt u. a. am Beispiel des Erdkundeunterrichts

Unger-Heitsch, Helga (Hrsg.) 2001: Das Fremde verstehen. Ethnopädagogik als konkrete Hilfe in Schule und Gesellschaft. Grundlagen und Beispiele. Münster etc.: Lit Verlag (Interethnische Beziehungen und Kulturwandel, 48)
Eine kurze Einführung und sieben Beiträge zu einem von der Ethnologie im deutschen Sprachraum sehr vernachlässigten Thema

Sachkultur und Okkultismus

Di Leonardo, Micaela 2000: Exotics at Home. Anthropologies, Others, American Modernity. Chicago: University of Chicago Press (zuerst 1998)
Ein Buch über die Faszination, die Fremdheit ausübt und das gebannte Starren auf Anderes und Fremdes am Beispiel der US-amerikanischen Alltagskultur, wobei der fördernde Einfluss, den Politiker, Journalisten und auch Ethnologen darauf haben, kritisch beleuchtet wird

Heller, Friedrich P. & Anton Maegerle ²1998: Thule. Vom völkischen Okkultismus bis zur neuen Rechten. Stuttgart: Schmetterling Verlag
Ein Buch über Symbolik und mythologische Vorstellungen vom Völkischen seit Anfang des 20. Jahrhunderts, über völkische Ökologie und quasireligiöse Theorien bei Intellektuellen wie Ernst Jünger bis zur sog. „modernisierten" Rechten von heute; ein informatives, aber zum Teil etwas zu sorglos gemachtes Sachbuch

Root, Deborah 1996: Cannibal Culture. Art, Appropriation, and the Commodification of Difference. Boulder, Col.: Westview Press
Verwendungsweisen von bildender Kunst und materieller Kultur im wirtschaftlichen und kulturpolitischen Kontext moderner Gesellschaften

Tanner, Marcus 2004: The Last of the Celts. New Haven, Conn.: Yale University Press
Ein Historiker berichtet über fundierte Kenntnisse zu Kelten und keltischer Kultur einer-

seits und analysiert kritisch das populäre Revival keltischer bzw. vermeintlich keltischer
Kultur andererseits, er benennt Widersprüche, wie sie sich etwa im geringen öffentlichen
Interesse am Aussterben der walisischen Sprache zeigen

Zeitschriften

Hervik, Peter 1999: Mayan People Within and Beyond Boundaries. Social Categories and
Lived Identity in Yucatán. Amsterdam: Harwood Academic Publishers/Overseas Publishers Association (OPA)
Eine detaillierte Studie über Präsentation und Repräsentation fremder Kulturen durch
externe Agenten und seitens externer Medien am Beispiel der Maya, zum Beispiel die
Darstellung der Maya als unwandelbare, „klassische" Naturmenschen im National Geo-
graphic Magazin; vgl. Lutz & Collins 1993

Lutz, Catherine A. & Jane L. Collins 1993: Reading National Geographic. Chicago/London:
University of Chicago Press
Eine ethnologische Interpretation und Kritik von Inhalten der weltbekannten Zeitschrift,
ihrer Rezeption bei Leserinnen und Lesern und den Bildern, die sie transportiert, vor
allem am „klassischen Humanismus", der Ideen universalistischer Menschheit mit impli-
ziter Ethnisierung bzw. ungewolltem subtilem Rassismus verbindet; vgl. Hervik 1999

Museen

Ames, Michael Mc Clean 1992: Cannibal Tours and Glass Boxes. The Anthropology of Museums. Vancouver: University of British Columbia Press (UBC Press)
Die einzige, mir bekannte echte Einführung in die Museumsethnologie; obwohl schon
einige Jahre alt, ein meines Erachtens konkurrenzloser Band; kurz und sehr kritisch; be-
rücksichtigt die neuere Theoriediskussion in der Ethnologie mehr als vergleichbare
deutschsprachige Publikationen

Barker, Emma (ed.) 1999: Contemporary Cultures of Display. New Haven/London: Yale
University Press in Association with The Open University (Art and Its Histories)
Detaillierte und gut illustrierte Fallstudien von Ethnologen und anderen britischen Wis-
senschaftlern zu verschiedenen Formen der Präsentation von Kultur in Museen und in
anderen Bereichen; ein Band, der zeigt, wie lebendig die Diskussion um kulturelle Reprä-
sentation derzeit auch außerhalb der Ethnologie ist

Karp, Ivan & Steven D. Lavine (eds.): 1991: Exhibiting Cultures. The Poetics and Politics of
Museum Display. Washington, D. C./London: Smithsonian Institution Press
Reader mit Beiträgen zur neueren Diskussion über Ziele, Methoden und gesellschaft-
lichen Kontext musealer Kulturrepräsentation

Karp, Ivan, Christine Mullen Kraemer & Steven D. Lavine (eds.) 1992: Museums and Communities. The Politics of Public Culture. Washington, D. C./London: Smithsonian Institution Press

Köpke, Wulf & Bernd Schmelz (Hrsg.) 2002: Ein Dach für alle Kulturen. Das Museum für
Völkerkunde Hamburg. Hamburg: Museum für Völkerkunde
Ein Kurzführer, der nicht nur einen Überblick der ausgestellten Gegenstände nach gro-
ßen Regionen bietet, sondern gleichzeitig die Geschichte dieses Museums und die wichti-
ge Rolle der Museen für das Fach erklärt; Texte, die kurz und so geschickt arrangiert sind,
so dass sie ganz nebenbei im besten Sinne populär in die Ethnologie einführen; hervor-
ragend illustriert mit historischen Fotografien, mit Farbfotos von Exponaten, Archiven,
Event-Aktivitäten, für die das museumspädagogische Programm des Hamburger Mu-

seums bekannt (und umstritten) ist, und auch von den vielfältigen praktischen Tätigkeiten im Museum; mit ausgewählten Hinweisen auf weiterführende Literatur

Kraus, Michael & Mark Münzel (Hrsg.) 2000: Zur Beziehung zwischen Universität und Museum in der Ethnologie. Marburg: Förderverein „Völkerkunde in Marburg" Curupira (Curupira Workshop, 5)

Beiträge zur Beziehung zwischen Museumsethnologen und Universitätsvertretern, die oft problematisch ist und von gegenseitigen Images mitbestimmt wird, welche die Zusammenarbeit schwer machen; die Diskussion wird vor allem am Beispiel der Darstellung materieller Kultur durchgeführt

Kraus, Michael & Mark Münzel (Hrsg.) 2003: Museum und Universität in der Ethnologie. Marburg: Förderverein „Völkerkunde in Marburg" Curupira (Curupira Workshop, 8)

Ein Nachfolgeband zu Kraus & Münzel 2000; 15 Beiträge zur aktuellen Situation der deutschsprachigen ethnologischen Museen zwischen wissenschaftlichem Anspruch, öffentlichem Interesse und Finanzdruck

„Museums in Dialogue" 1993, Symposium. In: Zeitschrift für Ethnologie 118: 1–140

13 Beiträge von Vertretern aus dem deutsch- und englischsprachigen Raum zu unterschiedlichsten Aspekten der Museumsarbeit, darunter Grundsatzbeiträge, Positionen und Fallbeispiele

Thomas, Nicholas 1999: Possessions. Indigenous Art/Colonial Culture. London: Thames & Hudson (Interplay. Arts, History, Theory)

Eine Studie zum Verhältnis von überlieferter Kunst, westlicher Kolonialkunst, Primitivismus und moderner indigener Kunst am Beispiel von Siedlerkolonien

Themenparks und Zoos

Baron, Robert & Nicholas R. Spitzer (eds.) 1992: Public Folklore. Washington, D. C./London: Smithsonian Institution Press

Beiträge zur öffentlichen Präsentation und Förderung von (zumeist) ländlichen Volkstraditionen (folk traditions); zumeist nordamerikanische Beispiele von den Weltausstellungen im 19. Jahrhundert bis zu heutigen „Kultur-Events"; das Spektrum reicht von Grundsatzartikeln über Feldforschungsauswertungen bis zu persönlichen Erfahrungsberichten

Errington, Shelly 1998: The Death of Authentic Primitive Art and Other Tales of Progress. Berkeley etc.: University of California Press

Kapitel zur Entstehung der Konzepte „primitive Kunst" und „authentische primitive Kunst", zu evolutionistischen Denkmustern in Museen und zur Repräsentation von Kultur in Museen und Themenparks, besonders in den USA, Mexiko und Indonesien

Harvey, Penelope 1996: Hybrids of Modernity. Anthropology, the Nation State and the Universal Exhibition. London/New York: Routledge

Eine Studie zur Beziehung von ethnologischen und anderen kulturwissenschaftlichen Zugängen zu Massenkultur, ausgeführt am Fall der Expo in Sevilla 1992; vgl. Weltausstellungen

Hendry, Joy 2000: The Orient Strikes Back, A Global View of Cultural Display. London/ New York: Routledge (Materializing Cultures)

Eine faszinierende Untersuchung der besonderen Themen, Aktivitäten und Symboliken in Themenparks, vor allem süd- und ostasiatischer Länder, besonders in Japan, im Vergleich zu Beispielen in den USA, Europa und Australien; der Band wirft die Frage auf, ob es sich bei den Themenparks primär um kommerzielle Unternehmen oder um Formen

politischer Repräsentation handelt und ob sich hier ein neuer Typ des ethnographischen
Museums herausbildet; mit gutem Bildmaterial
Kirshenblatt-Gimblett, Barbara 1999: Destination Culture. Tourism, Museums, and Heritage. Berkeley etc.: University of California Press
Essays zu Formen der Repräsentation von Kultur, die sich in ethnologischen Museen,
Kunstmuseen, Themenparks und im Tourismus teilweise mehr und mehr ähneln; untersuchte Fallbeispiele aus Europa, Nordamerika, Israel, Australien und Neuseeland
Köstlin, Konrad & Herbert Nikitsch (Hrsg.) 1999: Ethnographisches Wissen. Zu einer Kulturtechnik der Moderne. Wien: Selbstverlag des Instituts für Volkskunde (Veröffentlichungen des Instituts für Volkskunde der Universität Wien, 18)
Beiträge zur öffentlichen Rolle und Nutzung der Volkskunde im Rahmen moderner Wissensgesellschaften, zum Beispiel im Rahmen des vermeintlichen „Kampfs der Kulturen",
im Kontext von Idealen intakter Kulturwelten gegen die Zumutungen der Moderne oder
im Zusammenhang mit der „Verkulturwissenschaftlichung" des Alltags, zum Beispiel
wenn Mahlzeiten zusammen mit ihrer ethnographischen Verweisgeschichte vermarktet
werden
Mullan, Bob & Garry Marvin [2]1999: Zoo Culture. Urbana, Ill./Chicago: University of Illinois Press (zuerst London: George Weidenfeld & Nicholson, [1]1989)
Eine ethnologische Perspektive eines Soziologen und Filmemachers und eines Ethnologen über eine von Ethnologen kaum beachtete, typisch urbane Institution; Ergebnisse der
Beobachtung von Menschen, die Tiere beobachten; zu Zoos, Zoobesuchern, ihre Handlungs- und Wahrnehmungsweisen, wirtschaftlichen Aspekten der Tierhaltung; dies alles
vor dem Hintergrund des Umgangs mit Tieren in verschiedenen Regionen und zu verschiedenen Zeiten und der heutigen Kritik an zoologischen Gärten; herausgearbeitet wird
vor allem die Rolle von Tieren zur Darstellung von impliziten Menschenbildern und dem
Verhältnis von Mensch zu Tier: die Autoren betonen die Bedeutung der Anthropomorphisierung von Tieren und zeigen verschiedene Varianten der Vermenschlichung; ein faszinierendes und lebendig geschriebenes Buch

Tourismus

Stanley, Nick 1998: Being Ourselves for You. The Global Display of Cultures. London: Middlesex University Press (Material Culture Series)
Ein wichtiger Beitrag zu neuen Tendenzen der Präsentation von Kultur; an Beispielen
vor allem aus Europa und dem Pazifik wird beleuchtet, dass ethnologische Museen zunehmend Performances durchführen und wie Kultur und „kulturelles Erbe" in Themenparks und Kulturzentren dargestellt und dabei neu konstruiert wird
Strain, Ellen 2003: Public Places, Private Journeys. Ethnography, Entertainment and the Tourist Gaze. New Brunswick: Rutgers University Press
Ein Kapitel dieses faszinierenden Buchs befasst sich mit denjenigen „Bindestrich-Ethnologen" (hyphenated anthropologists), die populäre Ethnologie mit Selbstpositionierung
verbanden, als Klassiker Bronislaw Malinowski und Claude Lévi-Strauss, als modernes
Beispiel David Maybury-Lewis mit seiner TV-Buchproduktion „Millennium"; Strain
fragt, inwiefern die touristische Erfahrung von Orten aus zweiter Hand zu einer allgemeinen Wahrnehmungsform wird und zeigt, wie medial vermittelte Bilder die Wahrnehmung des Zielorts und seiner Kultur prägen, dass die Erfahrung aber dennoch in vielem
auch sehr persönlich geprägt ist; ein facettenreiches Buch, das mit vielen historischen Abbildungen aus amerikanischen Archiven ausgestattet ist, die sonst kaum zu finden sind

Fernsehen
Im engeren Sinn ethnologische Studien siehe unter 2 („Medien und Ethnologie")

Bayer, Julia, Andrea Engl & Melanie Liebheit (Hrsg.) 2004: Strategien der Annäherung. Darstellungen des Fremden im deutschen Fernsehen. Unkel/Bad Honnef: Horlemann Verlag
Aufsätze zur schwierigen Darstellung von fremden Lewbensweisen in einem Massenmedium, das Marktgesetzen gehorcht; neben Beiträgen aus der Ethnologie finden sich in dem Band, der aus einer Tagung 2003 hervorging, Erfahrungsberichte von Journalisten und Verantwortlichen aus Fernsehanstalten und insgesamt reichlich Diskussionsstoff zum Thema; vgl. Kretzschmar 2002

Kretzschmar, Sonja 2002: Fremde Kulturen im Europäischen Fernsehen. Zur Thematik der fremden Kulturen in den Fernsehprogrammen von Deutschland, Frankreich und Großbritannien. Wiesbaden: Westdeutscher Verlag
Eine medien- und politikwissenschaftliche Untersuchung zur Theorie der medialen Vermittlung von fremder Kultur, ergänzt durch eine vergleichende Untersuchung der Produkte von Hauptproduzenten entsprechender Programme, insbesondere Dokumentarsendungen und Auslandsmagazinen, aber auch Spielfilmen, Comedies und Game-Shows; eine bemerkenswert präzise und den Kontext berücksichtigende Studie

Tufte, Thomas 2000: Living with the Rubbish Queen. Telenovelas, Culture and Modernity in Brazil. Luton: University of Luton Press
Eine detaillierte Untersuchung der Geschichte, Produktionsverhältnisse und vor allem des Konsums von Soap Operas in Brasilien, in der Quellenstudium, qualitative Interviews und teilnehmende Beobachtung in faszinierender Weise verknüpft sind

Kino aus Außereuropa: Bollywood und Eastern

Alexowitz, Myriam 2003: Traumfabrik Bollywood. Indisches Mainstream-Kino. Unkel/Bad Honnef: Horlemann Verlag (Arte-Edition)
Ein Sachbuch zum populären indischen Film, zur Geschichte, zu religiösen Hintergründen, zu Musik, Gesangseinlagen und Tanzszenen als den drei Standardelementen, zur – im Gegensatz zu westlichen Filmgenres – im Hindi-Film gängigen Mischung vieler Gefühlslagen („Masala") und zur „Indisierung des Abendlands"; dazu Erläuterungen zu Filmklassikern; ein Buch, das – im Gegensatz zu Rehlings Buch zum Hongkong-Kino – fachlich gesehen viele Fehler beinhaltet und manche Quellen ohne Hinweis nutzt, aber informativ und anregend und dazu gut zu lesen ist

Rehling, Petra [2]2005: Schöner Schmerz. Das Hongkong-Kino zwischen Traditionen, Identitätssuche und 1997-Syndrom. Mainz: Bender-Verlag (Filmforschung, 2, [1]2002)
Eine detaillierte Studie der Grundmuster der Hongkong-Eastern, ihrer historischen Hintergründe, weltweiten Wahrnehmung und vor allem zur Rolle für das regionale Selbstbewusstsein; mit aktuellen Bezügen, zum Beispiel zur Asien-Krise; mit Illustrationen

Schneider, Alexandra (Hrsg.) 2002: Bollywood. Das indische Kino und die Schweiz. Zürich: Hochschule für Gestaltung und Kunst, Edition für Museum und Gestaltung
Ein materialreiches Buch zum Hindi-Film, insbesondere über die Beziehungen zur Schweiz, wo viele der Filme gedreht werden und eine Infrastruktur für die Filmteams entstand, ohne dass sich intensive Kontakte mit der Schweizer Bevölkerung ergeben; ein prächtig bebilderter und im Layout liebevoll durchgestylter Band

Uhl, Matthias & Keval J. Kumar 2004: Indischer Film. Eine Einführung. Bielefeld: Transkript Verlag

Eine systematische Einführung aus der Feder zweier Medienwissenschaftler; außer den Grundlagen werden markante Beispiele vorgestellt und in ihren Unterschieden zu westlichen Filmgenres dargestellt, aber auch nach Ähnlichkeiten abgeklopft

1.4 *Public Anthropology:* ethnologische Kontroversen mit öffentlicher Wirkung

Allgemeines zu ethnologischen Debatten

Barnard, Alan 2000: History and Theory in Anthropology. Cambridge etc.: Cambridge University Press
Klassische Debatten zu Themen, die für die großen Theorieschulen relevant waren, dargestellt im wissenschaftshistorischen Kontext

Brown, Donald E. 1991: Human Universals. New York etc.: McGraw-Hill, Inc.
Ein Buch zu Problemen und Resultaten der Universalienforschung; hier angeführt, weil einige diesbezügliche Kontroversen (zum Beispiel Sapir-Whorf-Debatte; Kontroverse Mead vs. Freeman) hier sehr prägnant dargestellt werden

Duerr, Hans Peter 1999–2003: Der Mythos vom Zivilisationsprozeß (Band I–V). Frankfurt: Suhrkamp Verlag
Ein echtes Mammutwerk, in dem eine Fundamentalkritik an der These von Norbert Elias über die langfristig zunehmende Affektkontrolle in komplexer werdenden Gesellschaften versucht wird; Duerr greift damit eine der bekanntesten sozialwissenschaftlichen Theorien an; hier angeführt, da Duerr sicher derjenige Ethnologe im deutschsprachigen Raum ist, der explizit wissenschaftliche Kontroversen sucht und gerade dadurch bekannt wurde

Kuper, Adam 1999: Among the Anthropologists. History and Context in Anthropology. London: Athlone Press
Debatten in ihrer Einbettung in persönliche Beziehungsnetzwerke unter Ethnologen

Lett, James 1987: The Human Enterprise. A Critical Introduction to Anthropological Theory. Boulder, Col./London: Westview Press
Ein schon unter „Theorien" genannter kritischer Überblick der Ansätze, der hier angeführt ist, weil Kontroversen besonderen Raum gegeben wird und sie an Beispielen verdeutlicht werden, zum Beispiel dem „Bild der begrenzten Güter" und der Debatte um „heilige Kühe"

Spencer, Jonathan 1996: Stichwort „Scandals, Anthropological". In: Barnard, Alan & Jonathan Spencer (eds.): Encyclopedia of Social and Cultural Anthropology: 501–503. London/New York: Routledge

Sammlungen öffentlicher ethnologischer Debatten

Benthall, Jonathan (ed.) 2002: The Best of Anthropology Today. London/New York: Routledge
Eine Auswahl von 41 zumeist kurzen Artikeln aus einer der ganz wenigen Zeitschriften, die Ethnologie als öffentliche und gesellschaftlich relevante Wissenschaft fördern und darüber kontroverse Stimmen abdrucken

Duerr, Hans Peter (Hrsg.) 1987: Authentizität und Betrug in der Ethnologie. Frankfurt: Suhrkamp Verlag

Eine äußerst nützliche Sammlung von Beiträgen zu bekannten Debatten (Castañeda, Kannibalismus), aber auch zu weniger bekannten Kontroversen und besonders ethnologiekritischen Streitfragen

Endicott, Kirk M. & Robert L. Welsch (eds.) 2001: Taking Sides. Clashing Views on Controversial Issues in Anthropology. Guilfort, Conn.: McGraw-Hill/Dushkin

38 Ethnologinnen und Ethnologen streiten über 19 wissenschaftliche Themen und anwendungsbezogene Probleme; ein Reader, in dem für jede Position ein klar pro oder contra argumentierender Text ausgesucht wurde und in dem die Herausgeber zu jeder Debatte eine Einleitung geben; sehr viel anfängerfreundlicher als die Debattensammlung von Ingold 1996; vgl. Welsch & Endicott 2003; highly recommended!

Ingold, Tim (ed.) 1996: Key Debates in Anthropology. London/New York: Routledge

Hier streiten Ethnologen in mehreren Debatten, die nach folgendem Schema organisiert waren: nach einer Einführung vertreten jeweils zwei Autoren eine These und zwei andere treten dagegen an, gefolgt von einer Diskussion; anspruchsvoller, zum Teil aber auch deutlich diffuser als die Kontroversensammlung von Endicott & Welsch 2001

Silverman, Sydel 2002: The Beast on the Desk. Conferencing with Anthropologists. Walnut Creek, Cal. etc.: Altamira Press

Ein Bericht über Inhalte und Erlebnisse der Autorin bei den „Wenner-Gren-Konferenzen" über zwanzig Jahre hinweg; ausgestattet mit vielen Fotos von Ethnologen, vor allem von Gruppen von Diskutanten einzelner Panels; ein Buch, das neben Debatten aus der Kulturanthropologie auch Debatten aus anderen Feldern der Anthropologie wie Archäologie und Biologische Anthropologie bietet und in dem die persönliche Seite vieler Kontroversen deutlich wird

Welsch, Robert L. & Kirk Endicott (eds.) 2003: Taking Sides. Clashing Views on Controversial Issues in Cultural Anthropology. Guilfort, Conn.: McGraw-Hill/Dushkin

Kontroverse Positionen von Ethnologinnen und Ethnologen über 17 wissenschaftliche Themen und anwendungsbezogene Probleme; ein Reader, in dem für jede Position ein klar pro oder contra argumentierender Text ausgesucht wurden und in dem die Herausgeber zu jeder Debatte eine Einleitung geben; sehr viel anfängerfreundlicher als die Debattensammlung von Ingold 1996; highly recommended!; vgl. Endicott & Welsch ed. 2001 zu einer ähnlichen Sammlung, in der weniger ethnologische, dafür aber auch archäologische und bioanthropologische Kontroversen enthalten sind

Ausgewählte öffentliche Debatten

Öffentliche Nutzung der Ethnologie in Deutschland

Blätter der Informationszentrums 3. Welt, iz3w (Hrsg.) 2001: Im Fokus der Forschung – Die Ethnologie und ihr Objekt (Themenblock, 27–44). Freiburg: Informationszentrum 3. Welt

Positionen zur gesellschaftlichen Rolle der Ethnologie in der deutschen Migrationsgesellschaft, zum Umgang mit Fremde und Ethnisierung; kontroverse Beiträge, u. a. von Winfried Rust, Martin Sökefeld und Frank-Olaf Radtke

Bargatzky, Thomas 2001: Die Weltanschauung der Polynesier unter besonderer Berücksichtigung Samoas. In: Hermann Joseph Hiery (Hrsg.): Die deutsche Südsee 1884–1914. Ein Handbuch: 607–635. Paderborn etc.: Ferdinand Schöningh (632–634)

Freeman, Derek 1983: Liebe ohne Aggression. Margaret Meads Legende über die Friedfertigkeit der Naturvölker. München: Kindler (orig. „Margaret Mead and Samoa. The Making and Unmaking of an Anthropological Myth". Cambridge, Mass.: Harvard University Press, 1983)
  Ein Versuch der Widerlegung der kulturrelativistischen Studien Margaret Meads auf Samoa durch den 2001 verstorbenen australischen Autor; das Buch wurde mit erheblichem publizistischem Aufwand veröffentlicht und löste die sog. Samoa-Kontroverse aus, eine der wenigen Fachdebatten, die auch in der Öffentlichkeit erhebliche Aufmerksamkeit erregten

Freeman, Derek 1999: The Fateful Hoaxing of Margaret Mead. A Historical Analysis of Her Samoan Research. Boulder, Col.: Westview Press

Mead, Margaret 1971: Jugend und Sexualität in primitiven Gesellschaften. Band 1: Kindheit und Jugend in Samoa. München: Deutscher Taschenbuch Verlag (orig. „Coming of Age in Samoa. A Psychological Study of Primitive Youth for Western Civilization". New York: William Morrow & Co., 1928)

Nagl, Ludwig 1985: „Nature versus Nurture". Eine erledigte oder eine wiederauflebende Wissenschaftskontroverse? Zu Derek Freemans Kritik an Margaret Meads Samoa-Studien. In: Wolfdietrich Schmied-Kowarzik (Hrsg.): Objektivationen des Geistigen. Beiträge zur Kulturphilosophie in Gedenken an Walther Schmied-Kowarzik (1885–1958): 171–188. Berlin: Dietrich Reimer Verlag

Schweitzer, Thomas 1990: Margaret Mead und Samoa. Zur Qualität und Interpretation ethnologischer Feldforschungsdaten. In: Illius, Bruno & Matthias Samuel Laubscher (Hrsg.): Circumpacifica. Festschrift für Thomas S. Barthel: 441–453. Frankfurt etc.: Peter Lang

Zimmer, Dieter E 1989: Experimente des Lebens. Wilde Kinder, Zwillinge, Kibbuzniks und andere aufschlussreiche Wesen. Zürich: Haffmanns Verlag
  (darin 109–130: Ein Paradies wird geschlossen. Über Liebe in Samoa, Margaret Mead, Derek Freeman und die unerreichbare Leichtigkeit des Seins)

Debatte um die Tasaday auf den Philippinen

Berreman, Gerald D. 1991: Romanticizing the Stone Age: The Incredible „Tasaday": Deconstructing the Myth of „Stone-Age" People. In: Cultural Survival Quarterly 19: 3–45

Dandan, Virginia B. (ed.) 1989: Readings on the Tasaday. Manila: Tasaday Community Care Foundation

Headland, Thomas N. (ed.) 1992: The Tasaday Controversy. Assessing the Evidence. Washington, D. C.: American Anthropological Association (Special Publication, Scholarly Series, 28)

Headland, Thomas N. 1994: Die Tasaday: Steinzeitliche Höhlenbewohner oder der aufwendigste Schwindel in der Geschichte der Wissenschaft? In: Göran Burenhult (Hrsg.): Naturvölker heute. Beständigkeit und Wandel in der modernen Welt: 74–75. Hamburg: Jahr Verlag (Die illustrierte Geschichte der Menschheit)

Hemley, Robin 2003: Invented Eden. The Elusive, Disputed History of the Tasaday. New York: Farrar, Straus and Giroux

Über den Einfluss außerwissenschaftlicher Motive, Emotionen und die Macht der Medien in der Tasaday-Debatte; ein Sachbuch zum aktuellen Diskussionsstand aus der Feder eines Literaturwissenschaftlers, der insgesamt zum Schluss kommt, dass zwar vieles gefälscht und manches sogar erfunden wurde, jedoch sehr viel weniger, als etwa Oswald Iten annimmt; die Tasaday sind letztlich eine Gesellschaft, die jägerisch-sammlerisch lebte, seit dem sie sich vor gut hundert Jahren von bäuerlich wirtschaftenden Gruppen abspaltete

Iten, Oswald 1986: Die Tasaday – ein philippinischer Steinzeitschwindel. In: Neue Zürcher Zeitung, Nr. 83 vom 12. 04. 1986, S. 37–39

Nance, John 1975: Tasaday. Steinzeitmenschen im philippinischen Regenwald. München: List Verlag (als Taschenbuch 1979 bei Fischer Taschenbuch Verlag; Fischer Expedition)

Siebert, Rüdiger 1989: Tasaday – eine sehr philippinische Story. In: Siebert. R.: Drei mal Philippinen. München etc.: Piper Verlag: 101–107 (Piper Panoramen der Welt)

Kontroversen über Nahrungstabus: Schweinefleischtabu
im Islam und sog. heilige Kühe in Indien

Harris, Marvin 1990: Kannibalen und Könige. Die Wachstumsgrenzen der Hochkulturen, Stuttgart: Klett-Cotta Verlag (zuerst als „Kannibalen und Könige. Aufstieg und Niedergang der Menschheitskulturen", Frankfurt: Umschau Verlag 1974)
(darin Kap. 11: „Verbotenes Fleisch", S. 181–196; Kap. 12: „Der Ursprung der heiligen Kuh", S. 197–214) (orig. „Cows, Pigs, Wars and Witches. The Riddles of Culture". New York: Random House, 1974)

Harris, Marvin 1995: Wohlgeschmack und Widerwillen. Die Rätsel der Nahrungstabus. München: Deutscher Taschenbuch Verlag (dt. zuerst: Stuttgart: Klett-Cotta Verlag, 1988, orig. „Good to Eat. Riddles of Food and Culture". New York: Simon & Schuster, 1985)

Hülsewiede, Brigitte 1986: Indiens heilige Kühe in religiöser, ökologischer und entwicklungspolitischer Perspektive. Ergebnisse einer aktuellen ethnologischen Kontroverse. Münster etc.: Lit Verlag (Ethnologische Studien, 1)

Debatte um Aggressivität und Feldforschungsethik anhand der Yanomami
am Amazonas

Chagnon, Napoleon Alphonseau 1992: Yanomamö. The Last Days of Eden. San Diego etc.: Harcourt Brace & Company (A Harvest Original)

Chagnon, Napoleon Alphonseau 1994: Yanomamö. Leben und Sterben der Indianer am Orinoko. Berlin: Byblos (auch: München: Deutscher Taschenbuch Verlag, 1996)

Ferguson, R. Brian 1992: Das Zerrbild vom gewalttätigen Wilden. In: Spektrum der Wissenschaft, März: 92–101

Harris, Marvin 1990: Kannibalen und Könige. Die Wachstumsgrenzen der Hochkulturen, Stuttgart: Klett-Cotta Verlag (zuerst als „Kannibalen und Könige. Aufstieg und Niedergang der Menschheitskulturen", Frankfurt: Umschau Verlag 1974)
(darin Kap. 5: „Proteine und das gewalttätige Volk", 71–82) (orig. „Cows, Pigs, Wars and Witches. The Riddles of Culture". New York: Random House, 1974)

Helbling, Jürg 2001: Kriege bei den Yanomami. Ursprüngliches oder durch Fremdeinflüsse indiziertes Verhalten einer Stammesgesellschaft. In: Neue Zürcher Zeitung. Internationale Ausgabe, Nr. 64 vom 17./18. 08. 2001, S. 59

Lizot, Jacques 1982: Im Kreis der Feuer. Aus dem Leben der Yanomami-Indianer. Frankfurt: Syndikat Verlag (orig. «Le cercle de feux». Paris: Editions du Seuil, 1976)
Ein lebendiges Buch eines Autors, der sehr lange bei Yanomami lebte und ein im Vergleich zu Chagnon weniger hartes Kulturbild zeichnet; vgl. Chagnon 1994

Nehberg, Rüdiger [2]2004: Die Yanomami-Indianer. Rettung für ein Volk. Meine wichtigsten Expeditionen. München etc.: Piper Verlag (Serie Piper, [1]2003)
Ein populäres Buch des bekannten Überlebensspezialisten und Umweltaktivisten, der sich seit Jahren für die Unterstützung der Yanomami einsetzt; eine Zusammenstellung von Texten und Bildern aus früheren Büchern des Autors

Nugent, Stephen 2003: The Yanomami: Anthropological Discourse and Ethics. In: Pat Caplan (ed.): The Ethics of Anthropology. Debates and Dilemmas. London/New York: Routledge: 96–112
Eine kurze, besonnene Zusammenfassung der aktuellen, von Patrick Thierneys Vorwürfen gegen Napoleon Chagnon ausgelösten Debatte; vgl. Thierney 2000

Thierney, Patrick 2000: Verrat am Paradies. Journalisten und Wissenschaftler zerstören das Leben am Amazonas. München etc.: Piper Verlag (orig. „Darkness in El Dorado. How Scientists and Journalists Devastated the Amazon". New York: W. W. Norton, 2000)
Eine Kritik, die vorwiegend ethische Vorwürfe gegen Napoleon Chagnon erhebt und ihn der kriegslüsternen Fehldarstellung der Yanomami bezichtigt; schon vor der Veröffentlichung wurde die Attacke durch ein E-Mail weit bekannt und führte im Herbst 2000 zu einer heftigen Debatte im Internet und einer Diskussion im „New York Review of Books" und löste einen Skandal in der American Anthropological Association (AAA) aus; in den heftigen Kontroversen, an denen u. a. Clifford Geertz und Marshall Sahlins teilnahmen, kamen einige der extremen Animositäten gegen die Soziobiologie wieder hoch und sie wurde für alte Grabenkämpfe zwischen Kulturalisten und Naturalisten instrumentalisiert, so dass die Rolle der Yanomami zum Teil an den Rand gedrängt wurde; vgl. Nugent 2003

Umweltheilige? Die Debatte um das Umweltverhältnis indigener Völker

Bargatzky, Thomas 1992: „Naturvölker" und Umweltschutz – ein modernes Missverständnis? In: Universitas 9: 876–886

Casimir, Michael Jan 1993: Mitwelt oder Umwelt. Kulturökologie im Spannungsfeld zwischen Romantik und Wissenschaft. In: InfoeMagazin 1/93: 22–26

Edgerton, Robert B. 1994: Trügerische Paradiese. Der Mythos von den glücklichen Naturvölkern. Hamburg: Ernst Kabel Verlag. (orig. „Sick Societies. Challenging the Myth of Primitive Harmony". New York: The Free Press, 1992)
Ein kritisches Buch zur Angepasstheit lokaler Kulturen an ihre Umwelt, aber auch zu ökologischen Fehlanpassungen von Kulturen und einer Kritik an der Auffassung von Indigenen als „Ökoheiligen"

Helbling, Jürg 1994: Wie naturverbunden sind sogenannte Naturvölker wirklich? In: Hannelore Muth & Friderike Seithel (Hrsg.): Indigene Völker zwischen Vernichtung und Romantisierung: 83–99. Mönchengladbach: Infoe-Verlag H. Mangold

InfoeMagazin 1/1993: Themenschwerpunkt: Naturverständnis indigener Völker

Larenz, Antonius 1992: Öko-Heilige oder: Renaissance der Naturvölker. In: InfoeMagazin 1: 30–32

Brown, Donald E. 1991: Hopi Time. In: Brown, D.: Human Universals. New York etc.: Mc-Graw-Hill, Inc.: 27–31

Franzen, Winfried 1997: Die Sprachen und das Denken. Zum Stand der Diskussion über den „linguistischen Relativismus". In: Jürgen Trabant (Hrsg.): Sprache denken. Positionen aktueller Sprachphilosophie: 249–268. Frankfurt: Fischer Taschenbuch Verlag (Philosophie der Gegenwart)

Gipper, Helmut [2]1978: Denken ohne Sprache? Düsseldorf: Schwann

Pinker, Steven 1998: Der Sprachinstinkt. Wie der Geist die Sprache bildet. München: Knaur Taschenbuch (dt. zuerst München: Kindler, 1996) (orig. „The Language Instinct". New York: William Morrow & Company, 1994)

Pullum, Geoffrey K. 1991: The Great Eskimo Vocabulary Hoax and Other Irreverent Essays on the Study of Language. Chicago: University of Chicago Press

Werlen, Iwar 2002: Sprachliche Relativität. Eine problemgeschichtliche Einführung. Tübingen: A. Francke Verlag (UTB, 2319)
Eine historische Übersicht der Positionen und ein Plädoyer für die – wenn auch begrenzte – Gültigkeit des Prinzips

Whorf, Benjamin Lee 1963: Sprache, Denken, Wirklichkeit. Beiträge zur Metalinguistik und Sprachphilosophie. Reinbek bei Hamburg: Rowohlt Verlag (Rowohlts deutsche Enzyklopädie) (besonders Kap. 5 und 6) (orig. „Thought and Reality". Cambridge, Mass.: MIT Press, 1956)

Zimmer, Dieter E. 1988: So kommt der Mensch zur Sprache. Über Spracherwerb, Sprachentstehung und Sprache & Denken. Zürich: Haffmanns Verlag (119–163: Wiedersehen mit Whorf – Sprache & Denken)

Kontroverse um Carlos Castañedas Werk

Castañeda, Carlos 1972: Die Lehren des Don Juan. Ein Yaqui-Weg des Wissens. Frankfurt: Fischer Taschenbuch Verlag (orig. „Teachings of Don Juan". Berkeley etc.: University of California Press, 1968)

Castañeda, Carlos 1975: Reise nach Ixtlán. Die Lehre des Don Juan. Frankfurt: Fischer Taschenbuch Verlag (orig. „Journey to Ixtlan. The Lessons of Don Juan". New York: Simon & Schuster, 1972; fast inhaltsgleich mit Castañedas Dissertation: „Sorcery: A Description of the World". Berkeley: University of California, Department of Anthropology)

Covello, Edward 1987: Casteñadas „Riesenvogel"-Theorie – Eine handgestrickte Theologie? Kritische Anmerkungen zum Feuer von Innen. In: Hans Peter Duerr (Hrsg.) 1987: Authentizität und Betrug in der Ethnologie: 271–279. Frankfurt: Suhrkamp Verlag

De Mille, Richard 1980 a: Die Reisen des Carlos Castañeda. Bern: Janos Morzsinay Verlag (orig. „Castañeda's Journey: The Power of the Allegory". Santa Barbara, Cal.: Capra Press, 1976, [2]1978)

Duerr, Hans Peter (Hrsg.) 1985: Der Wissenschaftler und das Irrationale. Frankfurt: Syndikat Verlag (Band 1: Beiträge aus Ethnologie und Anthropologie; Band 2: Beiträge aus Philosophie und Psychologie) (zuerst 1980)

Gartz, Jochen 2001: Wissenschaftliche und andere Wirklichkeiten: Der Fall Castañeda. Frankfurt: IKO – Verlag für interkulturelle Kommunikation
Im deutschen Sprachraum die erste längere monographische und systematische Auseinandersetzung mit Castañeda zwischen Fiktion und Fakten; zunächst wird der Autor und

3. Multiethnische Kolonialgesellschaft in Stahl, Singapore, 2004 (Foto: M.B.)

4. Ethnoschmuck in deutschem Badezimmer, 2004 (Foto: C. A.)

sein Werk beschrieben und dann kulturhistorische Hintergründe erläutert; darauf baut die Analyse des ethnologischen Kontexts auf und es wird die Methode der Textkonstruktion analysiert; als wichtigste Gründe der starken und dauerhaften Wirkungen von Castañedas enorm zahlreichen Büchern werden berichtete Grenzerfahrungen, philosophische Gedanken, der „human touch" und der eloquente Stil herausgearbeitet

Sebald, Hans 1987: Die Märchenwelt des Carlos Castañeda. In: Hans Peter Duerr (Hrsg.): Authentizität und Betrug in der Ethnologie: 280–289. Frankfurt: Suhrkamp Verlag

Timm, Dennis 1981: Die Linien der Welt greifen – Carlos Castañeda und die Anthropologie. In: Hans Peter Duerr (Hrsg.): Der Wissenschaftler und das Irrationale. Band 1: Beiträge aus Ethnologie und Anthropologie: 407–429. Frankfurt: Syndikat Verlag

Debatte um den Stellenwert von Kultur
für nationale Entwicklung

Anderson, Benedict Richard O'Gorman 2002: Die Erfindung der Nation. Zur Karriere eines folgenreichen Konzepts. Berlin: Ullstein Verlag (dt. zuerst Frankfurt/New York: Campus Verlag, 1993; orig. „Imagined Communities. An Inquiry into the Origins and Spread of Nationalism". London: Verso, [1]1983, [2]1990, erweiterte Auflage 1996)

Zur Herausbildung der Idee von einheitlichen Nationen; der Autor stellt Nationen als vorgestellte Gemeinschaften (imagined communities) von Menschen, die sich tatsächlich zumeist nicht kennen, dar und betont die Bedeutung von Schrift und Presse für die Verbreitung dieser Idee; das Buch war eines der wichtigsten Bücher der Sozial- und Kulturwissenschaften der letzten Jahre, ist inhaltlich spannend und dazu noch gut geschrieben

Huntington, Samuel P. 2001: Kampf der Kulturen. The Clash of Civilizations. Die Neugestaltung der Weltpolitik im 21. Jahrhundert. München/Berlin: Siedler (dt. zuerst Wien: Europa Verlag, 1996; orig. „The Clash of Civilizations". New York: Simon & Schuster, 1996)

Ein bekannter Politologe und Politikberater sagt voraus, dass es in den globalen Beziehungen in Zukunft weniger um wirtschaftliche Auseinandersetzungen gehen wird, sondern um einen Zusammenprall der Kulturen, vor allem der Weltanschauungen; ein extrem wirksames und umstrittenes Buch (vgl. zum Beispiel Tibi 1998, Müller 2001), von dem ein Rezensent sagte: „An diesem Buch ist manches daneben, vieles schief, aber alles eine intellektuelle Herausforderung"; das Buch wird seit dem Terroranschlag in New York am 11. September 2001 noch mehr als zuvor zitiert

Huntington Samuel P. & Lawrence E. Harrison (eds.) 2002: Streit um Werte. Wie Kulturen den Fortschritt prägen. Hamburg: Europa Verlag (orig. „Culture Matters. How Values Shape Human Progress". New York: Basic Books, 2000)

Beiträge, in denen diskutiert wird, inwieweit es nicht etwa Technik und Wirtschaft, sondern in erster Linie Kultur, insbesondere Glaube und Weltbild, sind, welche Fortschritt im Sinne von Wohlstand, Demokra- tie und Gerechtigkeit erzeugen; die meisten Beiträge argumentieren auf makrokultureller Ebene (Länder, Nationen, Kulturerdteile, Ausnahme zum Beispiel Nathaniel Glazer zu Klassen und ethnischen Gruppen); leider fehlen in der deutschen Ausgabe sieben der Beiträge der Originalausgabe; vgl. Huntington 2001 und Landes 1999

daraus besonders die drei Beiträge in Kap. III: „Die anthropologische Debatte":

Edgerton, Robert: Traditionelle Überzeugungen und Praktiken: Gibt es bessere und schlechtere? (165–183)

Weisner, Thomas S.: Kultur, Kindheit und Fortschritt in Afrika südlich der Sahara (185–206)

Shweder, Richard A.: Moralische Landkarten, „Erste-Welt"-Überheblichkeit und die Neuen Evangelisten (207–232)
Drei explizit ethnologische Beiträge zur Relevanz von Idealen, Normen und Werten für Entwicklung, die anhand unterschiedlicher Beispiele und auf verschiedenen Ebenen kontroverse Positionen beziehen, die von extremem Pluralismus bzw. Kulturrelativismus bei Shweder bis hin zu Edgertons These reichen, dass Gesellschaften angesichts von Anforderungen seitens der Umwelt unterschiedlich gut angepasst sind (vgl. Edgerton 1994, hier angeführt bei der Diskussion um „Umweltheilige")

1.5 Außerakademische Berufswege

Berufskunde, Karriereratgeber

American Anthropological Association 1997: Careers in Anthropology. Anthropology: Education for the 21st Century. http://www.ameranth assn.org/careers
Informationen und Positionen zu Berufsfeldern und in der Zukunft zentralen Themen
American Anthropological Association 1997: Anthropologists at Work: Responses to Student Questions About Anthropology Careers. http://anthap.oakland.edunapafaq.htm
Antworten auf fach- und berufsbezogene Fragen, die auch in Deutschland oft gestellt werden
Fischer, Hans (Hrsg.) 1988: Wege zum Beruf. Möglichkeiten für Kultur- und Sozialwissenschaftler. Berlin: Dietrich Reimer Verlag (Ethnologische Paperbacks)
Erfahrungsberichte aus der breiten Palette der Berufsfelder, in denen Ethnologie nutzbar gemacht werden kann, im Detail veraltet, aber immer noch nützlich zur Orientierung; interessant die Ähnlichkeiten und Unterschiede zu den Erfahrungsberichten von Volkskundlern bzw. europäischen Ethnologen in Schilling 1991
Heinrichs, Werner & Armin Klein 2000: Kulturmanagement von A–Z. 600 Begriffe für Studium und Praxis. Wegweiser für Kultur- und Medienberufe. München: Deutscher Taschenbuch Verlag (Beck-Wirtschaftsberater im dtv, 5877)
Institut für Ethnologie der Universität Hamburg 2002: EthnologInnen im Beruf (Schwerpunktthema). In: Ethnoscripts 4 (2): 1–105
Kurze Erfahrungsberichte zu verschiedenen außerakademischen Berufsfeldern; besonders nützlich, weil sehr konkret und aktuell
Lange, Bastian, Marc van Itter & Thomas Schrör (Hrsg.) 1998: Kursbuch Ethnologie und Beruf. Erfahrungen, Berufswege und Informationen für Studierende der Ethnologie und der Kulturwissenschaften. Marburg: Curupira (Curupira Workshop, 3)
Erfahrungsberichte zu einer Auswahl von Berufsfeldern, besonders im Tourismus und nützliche Adressen, gut als aktuelle Ergänzung zu Fischer 1988; es müsste mehr solcher Bücher geben!
Nolan, Riall W. 2003: Anthropology in Practice. Building A Career Outside the Academy. Boulder, Col.: Lynne Rienner Publications (Directions in Applied Anthropology)
Ein sehr empfehlenswertes Buch mit guten Argumentationshilfen zum besonderen Beitrag und Nutzen der Ethnologie und vielen sehr konkreten Tipps, zum Beispiel zu Bewerbungsbriefen etc.
Sabloff, Paula L.W. (ed.) 2000: Careers in Anthropology. Profiles of Practitioner Anthropologists. Washington, D. C.: American Anthropological Association
Eine Sammlung von 29 Erfahrungsberichten von Ethnologinnen, Ethnologen und Ar-

chäologen zur angewandten Arbeit im privaten Sektor (zum Beispiel Management, Beratung), im Bereich Advocacy, Umwelt und Menschenrechte, bei der Regierung und in Museen, in der Entwicklungszusammenarbeit und in praxisorientierter Forschung an Forschungsstätten; die Texte sind kurz, persönlich gehalten, konkret und berichten nicht nur über Erfolge, sondern auch über Frustrationen und Umwege; manche der Erfahrungen reflektieren spezifisch US-amerikanische Umstände, aber viele Aspekte sind verallgemeinerbar; in fetter Schrift werden besonders wichtige Erfahrungen, Entscheidungen und Einsichten hervorgehoben; die Beiträge erschienen größtenteils ursprünglich 1994–1997 im „Anthropology Newsletter" der AAA und wurden für diesen Band mehrmals aktualisiert und ergänzt, um neue Veränderungen im Berufsleben aufzunehmen; kurz: das Büchlein ist eine Goldmine

Schilling, Heinz (Konzeption) 1991: Kultur als Beruf. Kulturanthropologische Praxis nach dem Examen. Frankfurt: Institut für Kulturanthropologie und Europäische Ethnologie (Notizen, 37)

17 Erfahrungsberichte von modernen Volkskundlern zu vorwiegend außerakademischen Tätigkeiten; Beispiele zu den Feldern Bildung, Museum, Wissenschaft, Kulturarbeit, Medien und Umweltgestaltung; zum Teil sehr persönliche Berichte, die trotz des Alters des Bands immer noch lehrreich sind; interessant sind die Ähnlichkeiten und Unterschiede zu den Erfahrungsberichten von ethnologischen Kollegen in Fischer 1988

Seiser, Gertraud, Julia Czarnowski, Petra Pinkl & Andra Gingrich (Hrsg.) 2003: Exploration ethnologischer Berufsfelder. Chancen und Risiken für UniversitätsabsolventInnen. Wien: WUV Universitäts-Verlag (Wiener Beiträge zur Ethnologie und Anthropologie, WBEA, 13)

Quantitative Ergebnisse und Auswertungen von detaillierten studentischen Recherchen und Interviews mit Ethnologinnen und Ethnologen, die vor allem in außerakademischen Feldern arbeiten sowie mit Personalchefs; neben vielen Möglichkeiten werden Imageprobleme der Ethnologie deutlich

Stephens, W. Richard 2002: Careers in Anthropology. Boston etc.: Allyn & Bacon
Ein schmaler praxisorientierter Leitfaden

Van Willigen, John 1987: Becoming a Practicing Anthropologist. A Guide to Careers and Training Programs in Applied Anthropology. Washington, D. C.: American Anthropological Association, National Association for the Practice of Anthropology (NAPA Bulletin, 3)

Gesellschaftliche Rolle und Relevanz der Ethnologie

Agar, Michael H. 1996: Ethnography Reconstructed: The Professional Stranger at Fifteen. In: The Professional Stranger. An Informal Introduction to Ethnography. 2nd ed.: 1–51. San Diego etc.: Academic Press

Ahmad, Akbar & Cris Shore (eds.) 1995: The Future of Anthropology. Its Relevance to the Contemporary World. London: Athlone Press

Antweiler, Christoph 1999: Ethnologie als gesellschaftlich relevante Humanwissenschaft. Systematisierung praxisorientierter Richtungen und eine Position. In: Zeitschrift für Ethnologie 123 (2): 215–255

Basch, Linda Green, Lucie Wood Saunders, Jagna Wojcicka Sharff & James L. Peacock (eds.) 1999: Transforming Academia. Challenges and Opportunities For An Engaged Anthropology. Arlington, Va.: American Anthropological Society (American Ethnological Society Monograph Series, 8)

Eine Sammlung von 27 kurzen Beiträgen, die den praktischen Nutzen der Ethnologie kritisch und zumeist anhand von Beispielen reflektieren, nichtakademische Berufsset- tings beleuchten sowie die derzeitigen Strukturen und zukünftigen Möglichkeiten ent- sprechender Lehre und Forschung an den Hochschulen eruieren; unter den Beiträgern finden sich etablierte wie auch junge Kolleginnen und Kollegen

Forman, Shepard (ed.) 1994: Diagnosing America. Anthropology and Public Engagement. Ann Arbor: University of Michigan Press

Ein Resultat eines Panels der American Anthropological Association zu „Disorders in Industrial Societies"; geklärt werden sollte der mögliche Beitrag der Ethnologie zur So- zialpolitik und zur Lösung gesellschaftlicher Probleme in Industrieländern; mehrere Bei- träge diskutieren vor allem den empirischen Forschungsstand exemplarisch anhand des Themenfelds demokratischer Teilhabe und kultureller Pluralismus; etliche Beiträge sind aber kaum anwendungsorientiert und blenden zum Beispiel die Problematik von „Parti- zipation" aus

Fox, J. Robin (ed.) 1996: Anthropology in Public. In: Current Anthropology; Special Issue 37, Supplement

Fox, Richard G. (ed.) 1991: Recapturing Anthropology: Working in the Present. Santa Fe: School of American Research Press

Ein Sammelband mit maßgeblichen Aufsätzen zur wissenschaftlichen Orientierung der Ethnologie und ihrer Rolle in Öffentlichkeit und Politik; u. a. vielzitierte Beiträge von Appadurai zu globalen „Ethnoscapes" und von Lila Abu-Lughod gegen Verdinglichung und „Einfrieren von Differenz" durch kulturalisierende Darstellungen

Friedman, Jonathan 1997: Disciplinary Directions in Dispute (Review Essay). In: American Anthropologist 99 (1): 148–151

Gardner, Katy & David Lewis 1996: Anthropology, Development and the Post-modern Challenge. London/Chicago, Ill.: Pluto Press (Reihe: Anthropology, Culture and Socie- ty)

Peacock, James L. 1997: The Future of Anthropology. In: American Anthropologist 99 (1): 9–17

Ein führender Fachvertreter äußert sich über den gegenwärtigen Stand der Ethnologie, Probleme der Ausbildung und zur zukünftigen Rolle des Fachs in Gesellschaft und be- züglich der Nachbarwissenschaften

Marcus, George E. (ed.) 1999: Critical Anthropology Now. Unexpected Contexts, Shifting Constituencies, Changing Agendas. Santa Fe, New Mexico: School of American Rese- arch Press (School of American Research Advanced Seminar Series)

Beiträge von Ethnologen und anderen zu sozialen Fragen, Problemen und Konflikten in den USA in einem Sammelband, der zeigen soll, welche neuen Forschungsrichtungen sich als konstruktive Antwort auf die „Krise der ethnologischen Repräsentation" ergeben können; die kritischen Kulturwissenschaften („critical cultural studies") werden hier als eine unter mehreren Stimmen in öffentlichen Diskussionen um Wissen und Macht gese- hen; die Beiträge basieren methodisch fast alle auf einer Kombination von Dokumenten- auswertung, persönlicher Erfahrung und seltener Interviews; dagegen werden neue Feld- forschungsansätze zwar beschworen („multi-sited ethnography"), kommen aber konkret kaum zum Einsatz, außer im Beitrag von Sherry Ortner, die Angehörige ihrer eigenen Schulklasse be- und als Teil der mediengeprägten „Generation X" untersucht

Smith, Gavin Anderson 1999: Confronting the Present. Towards a Politically Engaged An- thropology. Oxford: Berg Publishers (Global Issues)

Ein Plädoyer für eine gesellschaftlich verantwortliche, vor allem politisch bewusste Eth- nologie in Form von Essays; die theoretische Basis ist ein Ansatz, der vom Marxismus,

„politischer Ökonomie" bzw. in Smiths Worten vom „historischen Realismus" inspiriert ist; der Autor liefert eine theoretische Rechtfertigung zu einer solcherart radikalen Ethnologie und untermauert sie auch durch persönliche Erlebnisse als Migrant, der nach langen Jahren in Peru „nach Hause" kommt, ein Zuhause, das es nicht mehr gibt; er plädiert dafür, dass die Ethnologie Alltagsprobleme, Common-Sense-Verständnisse, und die (begrenzten) Handlungsmöglichkeiten (agency) ernster nimmt und dabei lokale Umstände mit strukturellen Ursachen in Beziehung setzt

1.6 Websites ethnologischer Institutionen im deutschen Sprachraum

Fach-Organisationen

Deutsche Gesellschaft für Völkerkunde e. V. (DGV); mit vielen Arbeitsgemeinschaften und Regionalgruppen
http://www.dgv-net.de
Österreichische Ethnologische Gesellschaft
http://www.ethno-museum.ac.at/
Schweizerische Ethnologische Gesellschaft, Société Suisse de l'Ethnologie (SEG/SSE)
http://www.seg-sse.ch/

Museen der Ethnologie

Museumsliste der DGV
http://www.dgv-net.de/museen.html
Liste völkerkundlicher Museen bei webmuseen.de
http://www.webmuseen.de/
Listen von Museen weltweit
http://www.museum.com

Deutschland

Berlin, Museum für Völkerkunde
http://www.smb.spk-berlin.de/mv/
Bremen, Übersee-Museum
http://www.uebersee-museum.de/
Frankfurt, Museum der Weltkulturen
http://www.mdw.frankfurt.de/home.php
Freiburg, Adelhausermuseum Natur- und Völkerkunde Freiburg
http://www.uni-freiburg.de/bildkunst/stadt/adelhauser_V/welcome. html
Göttingen, Universität Göttingen – Institut für Ethnologie, Sammlung
http://wwwuser.gwdg.de/~ethno/sammlg.htm
Hamburg, Museum für Völkerkunde
http://www.voelkerkundemuseum.com/
Kiel, Museum für Völkerkunde der Universität Kiel
http://www.uni-kiel.de/voelkerkunde/

5. Hotels für Ethnotouristen am Toba-See, Sumatra, Indonesien, 1989 (Foto: C. A.)

6. Hugo Bernatziks „Völkerkunde" und balinesisches Spiel in deutschem Wohnzimmer, 2003 (Foto: M. B.)

Köln, Rautenstrauch-Joest Museum – Museum für Völkerkunde
   http://www.museenkoeln.de/rautenstrauch-joest-museum/
Leipzig, Museum für Völkerkunde zu Leipzig im Grassimuseum
   http://www.mvl-grassimuseum.de/
Mannheim, Reiss Museum
   http://www.reiss-museum.de/
Marburg, Völkerkuundliche Sammlung der Philipps-Universität
   http://www.uni-marburg.de/fb03/neu/vk/sammlg.html
München, Staatliches Museum für Völkerkunde
   http://www.voelkerkundemuseum-muenchen.de/
Sankt Augustin, Haus Völker und Kulturen
   http://www.haus-voelker-und-kulturen.de/
Stuttgart, Linden-Museum
   http://www.lindenmuseum.de/
Tübingen, Ethnologische Sammlung des Tübinger Instituts für Ethnologie
   Kontakt: Volker.harms@uni-tuebingen.de
Unna, Völkerkundliche Sammlung im Hellweg-Museum der Stadt Unna
   http://www.stadt-unna.de/stadt/41hellmus.htm
Werl, Forum der Völker – Völkerkundemuseum der Franziskaner
   http://forum-der-voelker.de/
Witzenhausen, Völkerkundliches Museum
   http://www.polytechnik.uni-kassel.de/museen/ks-l/DKS/dks.htm
Wuppertal, Völkerkundemuseum der Vereinten Evangelischen Mission
   http://www.bergisches-staedtedreieck.de/voelkerkundemuseum/

Österreich und Schweiz

Wien, Museum für Völkerkunde Wien
   http://www.ethno-museum.ac.at/
Basel, Museum der Kulturen
   http://www.mkb.ch/de/home.cfm
Zürich, Völkerkundemuseum der Universität
   http://www.musethno/unizh.ch

Universitätsinstitute der Ethnologie

Deutschland

Bayreuth, Fachgruppe Ethnologie
   http://www.uni-bayreuth.de/departments/ethnologie/
Berlin, Institut für Ethnologie
   http://userpage.fu-berlin.de/~ethnolog/
Bielefeld, Universität Bielefeld – Entwicklungssoziologie/Sozialanthropologie
   http://www.uni-bielefeld.de/sdrc/portrait/portrait_d.htm
Bonn, Institut für Altamerikanistik und Ethnologie
   http://www.iae-bonn.de/iae/
Bremen, Bremer Institut für Kulturforschung; Ethnologie im Studiengang Kulturwissen-schaft
   http://www.kultur.uni-bremen.de/

Frankfurt, Institut für Kulturanthropologie und Europäische Ethnologie
    http://web.uni-frankfurt.de/fb09/kulturanthro/
Frankfurt, Institut für Historische Ethnologie
    http://web.uni-frankfurt.de/fb08/ihe/
Frankfurt/Oder, Lehrstuhl für vergleichende Kultur- und Sozialanthropologie
    http://www.euv-frankfurt-o.de/de/fakult/index.html
Freiburg, Institut für Völkerkunde
    http://www.ethno.uni-freiburg.de/anfang.html
Göttingen, Institut für Ethnologie
    http://wwwuser.gwdg.de/~ethno/
Halle, Max-Planck-Institut für Ethnologie
    http://www.eth.mpg.de/
Halle-Wittenberg, Institut für Ethnologie
    http://www.ethnologie.uni-halle.de/
Hamburg, Institut für Ethnologie
    http://www.uni-hamburg.de/Wiss/FB/09/EthnoloI/index.html
Heidelberg, Institut für Ethnologie (ethnOnet)
    http://www.eth.uni-heidelberg.de/
Kassel, Institute for Socio-cultural studies
    http://www.uni-kassel.de/fb11/isos/index.html
Köln, Institut für Völkerkunde
    http://www.uni-koeln.de/phil-fak/voelkerkunde/index.html
Leipzig, Institut für Ethnologie
    http://www.uni-leipzig.de/~ethno/
Mainz, Institut für Ethnologie und Afrikastudien
    http://www.uni-mainz.de/~ifeas/
Marburg, Institut für vergleichende Kulturforschung – Völkerkunde
    http://www.uni-marburg.de/voelkerkunde/
München, Institut für Völkerkunde und Afrikanistik
    http://www.fak12.uni-muenchen.de/vka/index.html
Münster, Institut für Ethnologie
    http://www.uni-muenster.de/Volkskunde/
Trier, Universität Trier, FB IV-Ethnologie
    http://uni-trier.de/uni/fb4/ethno/homep.htm
Tübingen, Institut für Ethnologie
    http://www.uni-muenster.de/Volkskunde/
Ulm, Universität Ulm – Abteilung Anthropologie – Schwerpunkt Kulturanthropologie/
    Ethnologie
    http://www.uni-ulm.de/uni/intgruppen/kua/

Österreich und Schweiz

Basel, Ethnologisches Seminar
    http://www.unibas-ethno.ch/index2.php
Bern, Institut für Ethnologie
    http://www.cx.unibe.ch/ethno/
Fribourg, Séminaire d'Ethnologie
    http://www.unifr.ch/anthropos/

Genf, Département d'Anthropologie
  http://anthro.unige.ch/index.php.en
Lausanne, Institut d'Anthropologie et de Sociologie
  http://www.unil.ch/ias
Neuchâtel, Institut d'Ethnologie
  http://www.unine.ch/ethno/
Wien, Universität Wien, Institut für Ethnologie, Kultur- und Sozialanthropologie
  http://www.univie.ac.at/Voelkerkunde/
Zürich, Ethnologisches Seminar
  http://www.ethno.unizh.ch/

2. Medien und Ethnologie

2.1 Einstieg, Grundlagen und Überblick

Allen, Susan 1994: Media Anthropology. Informing Global Citizens. Westport, Conn.: Bergin & Garvey
  Ein guter Band, der übersichtlich in das Gebiet einführt, gleichzeitig einen Überblick bietet und trotz seines Alters noch sehr nützlich ist
Heider, Karl G. [3]2003: Seeing Anthropology. Cultural Anthropology Through Film. Boston etc.: Allyn & Bacon (mit Videokassette) ([1]1997 und [2]2000, New York: Prentice-Hall)
  Eine ungewöhnliche Einführung in die Ethnologie mittels Filmen und Texten zu 14 Gesellschaften; jedes Kapitel ist um – oft bekannte – Filme herum organisiert; die beiliegende Videokassette enthält kurze Filmausschnitte (ca. 10 Min.) von 21 Filmen; mit vielen Bildern filmender Ethnologen; die zweite und dritte Auflage ist deutlich umfassender als die erste, mit gleich vielen, aber deutlich längeren Kapiteln
Friedrich, Margarethe, A. Hagemann-Doumbia, Reinhard Kapfer Werner Petermann, R. Thoms & Marie-José van de Loo (Hrsg.) 1984: Die Fremden sehen. Ethnologie und Film. München: Trickster Verlag
  Einer den wenigen deutschsprachigen Sammelbände zum Thema visuelle Ethnologie; im Zentrum steht das Thema Fremdwahrnehmung und Repräsentation des Fremden; ein älterer, aber immer noch nützlicher Band zum Einlesen in die Medienethnologie
Visuelle Anthropologie 2003: Themenschwerpunkt. In: Ethnoscripts 5 (1): 1–126
  Beiträge über grundsätzliche Fragen wie zur Visualität in Museen und in der Kunst, über die Rolle visueller Anthropologie an den Universitäten und zu methodischen Fragen der Ethnologie visueller Medien; insgesamt ein guter und sehr aktueller Ein- und Überblick

2.2 Vertiefung und heutiger Forschungsstand

Barbash, Ilisa & Lucien Taylor 1997: Cross-Cultural Film-Making. A Handbook for Making Documentary & Ethnographic Films and Videos. Berkeley etc.: University of California Press
  Methoden der Herstellung von Filmen für wissenschaftliche und außerwissenschaftliche Zwecke

Edwards, Elizabeth 2001: Raw Histories. Photographs, Anthropology and Museums. Oxford: Berg Publishers (Materializing Culture)

Die Autorin untersucht Fotografien als Teil historischer Prozesse, in denen sie beeinflusst werden und selbst die Geschichte und Wahrnehmung verschiedener Themen beeinflussen; sie sieht in der Vieldeutigkeit (daher der Titel) keinen Mangel, sondern ein Potential, zum Beispiel die Möglichkeit, subalterne und in Texten unterrepräsentierte Perspektiven zu entdecken; thematisiert wird insbesondere die Rolle von Fotos in ethnographischen Expeditionen, in der Feldforschung sowie in Archiven und Museen; mit vielen Bildbeispielen, besonders aus dem pazifischen Raum

Grimshaw, Anna 2001: The Ethnographers's Eye. Ways of Seeing in Modern Anthropology. Cambridge etc.: Cambridge University Press

Zur Beziehung zwischen Sehweisen ("ways of seeing" im Sinne John Bergers), visuellen Techniken und der Erzeugung von wissenschaftlichem Wissen in der Ethnologie; detailliert werden als frühere Beispiele Rivers, Malinowski und Radcliffe-Brown behandelt sowie neuere Beiträge zum Visuellen von Jean Rouch, Melissa Llewelyn-Davis sowie David und Judith Mc Dougall

Hohenberger, Eva 1988: Die Wirklichkeit des Films. Dokumentarfilm. Ethnographischer Film. Jean Rouch. Hildesheim etc.: Georg Olms Verlag (Studien zur Filmgeschichte, 5)

Eine Theoriediskussion zum Dokumentarfilm, die diesen als „Text" jenseits der reinen Sachangemessenheit versteht; mit exemplarischen Analysen zweier Filme, einem von David und Judith McDougall sowie einem von Jean Rouch; mit umfangreicher Bibliographie

Kretzschmar, Sonja 2002: Fremde Kulturen im Europäischen Fernsehen. Zur Thematik der fremden Kulturen in den Fernsehprogrammen von Deutschland, Frankreich und Großbritannien. Wiesbaden: Westdeutscher Verlag

Eine medien- und politikwissenschaftliche Untersuchung zur Theorie der medialen Vermittlung von fremder Kultur, ergänzt durch eine vergleichende Untersuchung der Produkte von Hauptproduzenten entsprechender Programme, insbesondere Dokumentarsendungen und Auslandsmagazinen, aber auch Spielfilmen, Comedies und Game-Shows; eine präzise und den Kontext berücksichtigende Studie

Lewis, E. Douglas 2003: Timothy Ash and Ethnographic Film. London/New York: Routledge (Studies in Visual Culture)

Loizos, Peter 1993: Innovation in Ethnographic Film. From Innocence to Self-Consciousness, 1955–1985. Manchester: Manchester University Press

Lull, James [2]2000: Media, Communication, Culture. A Global Approach. London: Polity Press ([1]1995)

Ein didaktisch gut aufbereiteter und theoretisch anregender Überblick mit vielen empirischen Beispielen aus nichtwestlichen Ländern; nüchtern, konkret, jenseits von Glorifizierung oder kulturkritischem Gehabe; gegenüber der Erstauflage aktualisiert und stark erweitert von einem Pionier der ethnologischen Medienwirkungsforschung, der insbesondere zu Wirkungen von TV-Sendungen, zum Beispiel amerikanischer Soaps in China und Mexiko, gearbeitet hat

Lull, James (ed.) 2001: Culture in the Communication Age. London/New York: Routledge

Beiträge zum Kulturkonzept und heutigen Manifestationen von Kultur aus Ethnologie, Soziologie, Medienwissenschaften und Cultural Studies

Moran, Emilio (ed.) 1996: Transforming Societies, Transforming Anthropology. Ann Arbor: University of Michigan Press (Linking Levels of Analysis)

Ein Sammelband, in dem ethnologische Medienthemen im Zusammenhang mit Entwicklungs- und Methodenfragen auf hohem Niveau und aktuell diskutiert werden

Morley, David & Kevin Robins 1995: Spaces of Identity. Global Media, Electronic Landscapes and Cultural Boundaries. Oxford etc.: Oxford University Press
Fernsehkonsum in seiner Bedeutung für individuelle und kollektive Identität; die These der Autoren ist, dass die Medien den Differenzmotor der heutigen Gesellschaften darstellen, welcher Dualismen (wir vs. andere) herstellt und aufrecht erhält; vgl. Lull

O'Barr, William M. 1994: Culture and the Ad. Exploring Otherness in the World of Advertising. Boulder, Col.: Westview Press (Institutional Structures of Feeling)
Ein Buch, in dem anhand von Themen wie zum Beispiel Schwarze in den USA und ausgewählten Medien, zum Beispiel der Zeitschrift „National Geographic", untersucht wird, inwieweit Werbung als Abbild und als Modell für reale Beziehungen (Hierarchien, Dominanz, Unterordnung) funktioniert und als Imagebildner zum Beispiel touristische Fotos prägt; jedes Kapitel mit bibliographischem Führer; blendend illustriert mit vielen schwarzweißen Fotos, die größtenteils kommentiert sind

Oppitz, Michael 1989: Kunst der Genauigkeit. Wort und Bild in der Ethnographie. München: Trickster
Ein prominenter deutscher Ethno-Filmer zur Verbindung von Wort und Bildern bei der Beschreibung von fremden Lebenswelten

Pedelty, Mark 1995: War Stories. The Culture of Foreign Correspondents. London/New York: Routledge
Eine detaillierte Beschreibung und Analyse der Arbeit von Journalisten zur Zeit der Endphase des Bürgerkriegs in den frühen 1990ern in El Salvador; der Autor schöpft aus seiner Feldforschung und vermittelt plastisch die menschlichen Probleme, die durch lange Zeiten der Langeweile, abgelöst durch intensive Phasen der extremen Bedrohung, durch Terroristen entstehen; die Probleme durch Hierarchien unter den Korrespondenten sowie die vielfältigen ethisch bedenklichen Verwicklungen

Pink, Sarah 2001: Doing Visual Ethnography. Images, Media and Representation in Research. Thousand Oaks, Cal. etc.: Sage Publications
Über die Nutzung von Photographie, Video und von Hypermedia in Forschung und Anwendung; Methoden und ethische Fragen werden anhand von Schritten der Forschung erläutert; die Autorin bringt eine Synthese von Visual Anthropology, Visual Sociology und Cultural Media Studies und erläutert vieles anhand ihrer Studien zum Umgang mit Fotos vom Stierkampf; im Gegensatz zu vielen Texten der visuellen Ethnologie liegt hier wie in der visuellen Soziologie der Schwerpunkt eher auf Fotografie und Video als auf Film

Rose, Gillian 2000: Visual Methodologies. An Introduction to the Interpretation of Visual Materials. Thousand Oaks, Cal. etc.: Sage Publications
Eine gut illustrierte Übersicht der Verfahren der Deutung und Auswertung, die aus den Cultural Studies stammen; mit Anwendung in Fallstudien

Ruby, Jay 2000: Picturing Culture. Explorations of Film & Anthropology. Chicago: University of Chicago Press
Eine anspruchsvolle Anthologie vor allem zum Thema Reflexivität, die zunächst in mehreren Aufsätzen einen Überblick zu den wichtigen Richtungen anhand kritischer Analysen wichtiger Vertreter wie Flaherty, Gardner und Ash bietet, während der Autor in weiteren Essays für gewisse Standards argumentiert und die Rolle von Filmen für die Forschung in den Mittelpunkt stellt

Spitulnik, Debra 1993: Anthropology and the Mass Media. In: Annual Reviews of Anthropology 22: 293–316
Angesichts der wenigen Übersichtsliteratur zur Medienethnologie in Buchform nenne ich hier einen Aufsatz, in dem eine Menge Literatur bis Anfang der 1990er Jahre vorgestellt und zum Teil diskutiert wird

2.3 Sammelbände zur Medienethnologie

Allen, Tim & Jean Seaton (eds.) 1999: The Media of Conflict. War Reporting and Representations of Ethnic Violence. London/New York: Zed Books
Beiträge von Ethnologen und Medienwissenschaftlern zeigen, wie Medien und das Internet zur ohnehin starken Ethnisierung von gewaltsamen Konflikten beitragen; neben Übersichtsbeiträgen bietet der Band Fallstudien vorwiegend zu Südosteuropa und Afrika

Askew, Kelly & Richard R. Wilk (eds.) 2002: The Anthropology of Media. A Reader. London etc.: Blackwell (Blackwell Readers in Anthropology, 2)

Ballhaus, Edmund (Hrsg.) 2001: Kulturwissenschaft, Film und Öffentlichkeit. Münster etc.: Waxmann Verlag
Aufsätze zum problematischen Verhältnis kulturwissenschaftlicher, oft dokumentarischer Filme zum Fernsehen sowie zu Formen visueller Kommunikation und Methoden der Etablierung von Authentizität; anders als viele Publikationen zu ethnologischen Filmen wollen die Beiträge vor allem den Bezug zur breiten Öffentlichkeit thematisieren und stammen aus der Feder von Kulturwissenschaftlern (größtenteils Volkskundlern), freien Filmemachern und Journalisten

Ballhaus, Edmund & Beate Engelbrecht (Hrsg.) 1995: Der ethnographische Film: Einführung in Methoden und Praxis. Berlin: Dietrich Reimer Verlag
Ethnologisches Filmen wird insbesondere in seiner Rolle für die Forschung dargestellt und gezeigt, welche Fähigkeiten für die Erstellung sowie für Postproduktion, Rezeption und Analyse notwendig sind

Banks, Markus & Howard Morphy (eds.) 1997: Rethinking Visual Anthropology. New Haven, Conn./London: Yale University Press
Beiträge zur visuellen Ethnologie, Medien, Performanz und Kunstethnologie, die zeigen, dass sich das Forschungsfeld derzeit enorm verbreitet

Collier Jr., John & Malcolm Collier (eds.) 1992: Visual Anthropology. Photography as a Research Method. Albuquerque: University of New Mexico Press

Cottle, Simon (ed.) 2000: Ethnic Minorities and the Media. Buckingham/Philadelphia, Pa.: Open University Press (Issues in Culture and Media Studies)
Zwei Übersichtsaufsätze und zehn Fallstudien, die viele Themen und umstrittene Fragen der Repräsentation in den Medien aus der Sicht der Medienwissenschaften und der Cultural Studies beleuchten

Crawford, Peter Ian & David Turton (eds.) 1992: Film as Ethnography. Manchester: Manchester University Press
Sammelband mit starker Berücksichtigung des Fernsehens

Crawford, Peter Ian & Sigurjon Baldur Hafsteinsson (eds.) 1996: The Construction of the Viewer. Media Ethnography and the Anthropology of Audiences. Hojbjerg: Intervention Press in Association with Nordic Anthropological Film Association (Proceedings from NAFA, 3)
Grundlagen und Falluntersuchungen zur Rezeption von ethnographischen Filmen, darunter zum Teil faszinierende Beispiele, zum Beispiel über Inder, die einen Film über die Yanomami anschauen

Ginsburg, Faye D., Lila Abu-Lughod & Brian Larkin (eds.) 2002: Media Worlds. Anthropology on New Terrain. Berkeley etc.: University of California Press
Ein umfangreicher Reader zu dem jetzt stark expandierenden Teilgebiet mit eigens geschriebenen Beiträgen, die stärker als üblich die Vielfalt medialer Produkte und Konsumformen (TV-Filme, Soap Operas, Videos, populäre Kunst, Theater, Radio) und die Breite

der Bezüge (Kulturpolitik, Medientechnologie, Nationalismus, transnationale Bewegungen und Ströme) herausbringen

Hallam, Elizabeth & Brian V. Street (eds.) 2000: Cultural Encounters. Representing „Otherness". London/New York: Routledge (Sussex Studies in Culture and Communication)

Fallbeispiele der oft impliziten Konzepte, die hinter Darstellungen in Filmen und in öffentlichen Visualisierungen, zum Beispiel in Museen, stehen

Hockings, Paul (ed.) ²1995: Principles of Visual Anthropology. Berlin/New York: Mouton de Gruyter

Eine überarbeitete Auflage der definitiven Anthologie zum Thema Visuelle Ethnologie

Klussmann, Jörgen (Hrsg.) 2004: Interkulturelle Kompetenz und Medienpraxis. Ein Handbuch. Frankfurt: Brandes & Apsel Verlag

Entgegen dem Untertitel kein Handbuch, sondern ein Sammelband mit Beiträgen über Realität, Konzepte und Erfahrungen interkultureller Berichterstattung und Trainingsformen mit dem Ziel, der gesellschaftlichen Vielfalt gerecht zu werden; ein Serviceteil gibt kommentierte Literaturhinweise und verzeichnet Internetadressen, deren Inhalt ausführlich kommentiert wird

Schröder, Ingo W. & Stépohane Voell (Hrsg.) 2002: Moderne Oralität. Ethnologische Perspektiven auf die plurimediale Gegenwart. Marburg: Curupira (Reihe Curupira)

Eine Sammlung von Aufsätzen zu Medien in anderen Kulturen und auch in unserer Gesellschaft, die zeigen, dass längst nicht alle Medien visuell sind, sondern mündliche Kommunikation nach wie vor bedeutsam ist, aber zum Teil in neuen Formen

Taylor, Lucien (ed.) 1994: Visualising Theory. Selected Essays from the V.A.R. 1990–1994. London/New York: Routledge

Ein anspruchsvoller Sammelband, in dem es nicht nur um Visuelles in engerem Sinn geht, sondern auch um Vorstellung bzw. Imagination von Konzepten

Wossidlo, Joachim & Ulrich Roters (Hrsg.) 2003: Interview und Film. Volkskundliche und ethnologische Ansätze zu Methodik und Analyse. Münster etc.: Waxmann Verlag (Münsteraner Schriften, 9)

Beiträge, die sich im Schwerpunkt mit gefilmten Interviews befassen

2.4 Visuelle Medien: Materialsammlungen zu Fremd-Bildern

Anonymus (Vorwort David Stiffler) 1999: The Secret Museum of Mankind. Five Volumes in One. Salt Lake City/Layton, Utah: Gibbs Smith, Publisher (orig. New York: Manhattan House, um 1941)

Mit Vorsicht zu genießen!: eine Sammlung von mehreren hundert Schwarzweißaufnahmen indigener Menschen aus den 1920er Jahren; zuerst um 1941 erschienen als Kompilation eines fünfbändigen Werks von 1925; gleichzeitig ein Dokument menschlicher Vielfalt und vor allem ein Zeitdokument über westliche Perspektiven auf diese Vielfalt durch die exotistische und teils voyeuristische Art der Fotos und die teilweise extrem ethnozentrischen bis rassistischen Bildunterschriften

Blackburn, Julia 1980: The White Men. The First Response of Aboriginal Peoples to the White Man. London: Orbis Publishing

Geschichten und Bilder zur Sicht von außereuropäischen Menschen auf die Entdecker,

Eroberer, Missionare und Kolonisatoren anhand von bildlichen Darstellungen von Europäern; Beispiele aus Afrika, Australien, Ozeanien und Nordamerika

Brauen, Martin (Hrsg.) 1982: Fremden-Bilder. Eine Publikation zu den Ausstellungen Frühe ethnographische Fotografie, Fotografien vom Royal Anthropological Institute, und Die exotische Bilderflut. Zürich: Völkerkundemuseum der Universität Zürich (Ethnologische Schriften Zürich ESZ, 1)

Primär keine Material-, sondern eine eine Aufsatzsammlung zu verschiedenen Genres und Verwendungsformen von Fotografien, u. a. frühen Fotos, Typen von Fotografen, Bildbänden und Verwendung von Bildern in der Werbung, in Missionszeitschriften und zu den Nuba als einer von verschiedenen Fotografen dargestellten Ethnie sowie zur Beziehung zwischen Aufgenommenen und Fotografen; hier genannt wegen der vielen sehr gut reproduzierten historischen Fotografien

Exotische Welten. Europäische Phantasien 1987. Stuttgart/Bad Canstatt: Edition Cantz und Institut für Auslandsbeziehungen, Würtembergischer Kunstverein (Exotische Welten. Europäische Phantasien)

Ein umfangreiches Handbuch mit vielen Texten und einer Vielzahl von Bilddokumenten zur Darstellung des Fremden in bildender Kunst und Literatur vom 16. Jahrhundert bis zur Gegenwart; ein Band, der im Rahmen eines großen Projektes mit mehreren Ausstellungen in Stuttgart unter dem Rahmentitel „Exotische Welten. Europäische Phantasien" erschien; vgl. unten Scholz-Hänsel 1987

Gudermann, Doris & Bernhard Wulff 2004: Der Sarotti-Mohr. Die bewegte Geschichte einer Werbefigur. Berlin: Christoph Links Verlag

Eine Verbindung von Firmenhistorie, Werbegeschichte und Motivanalyse anhand der berühmten Werbefigur, die vielfach als rassistisch kritisiert wurde; die nach wie vor populäre Figur wurde jüngst entschärft und erscheint jetzt weniger als schwarzes, sondern eher als orientalisierendes Motiv; ein gut lesbarer und dazu auch noch liebevoll ausgestatteter Band

Keen, Sam 1993: Bilder des Bösen. Über die Entstehung unserer Feindbilder. München: Heyne Verlag (Heyne Sachbuch, 19/254; orig. „Faces of the Enemy. Reflections on the Hostile Imagination". San Francisco: Harper & Row, 1986)

Eine nach Typen von Feindbildern gegliederte Sammlung von Zitaten und hunderten von Bildern (Plakaten, Graphiken, Witzzeichnungen) zu Feindbildern, mit guten Erläuterungen; insgesamt eine Fundgrube, u. a. zur Rolle von Entmenschlichung und Verfremdung (zum Beispiel der „Feind als Barbar") in der öffentlichen Medienkultur des 20. Jahrhunderts

Lorbeer, Marie & Beate Wild (Hrsg.) 1991: Menschenfresser – Negerküsse. Das Bild vom Fremden im deutschen Alltag. BilderLeseBuch. Berlin: Elefanten Press

Eine Materialsammlung über Stereotype, Vorurteile und unbedachte Klischees; kurze Texte auch zu Themen, die sonst kaum thematisiert werden, zum Beispiel Exotik im Theater, in kirchlichen Hilfsprogrammen und Exotismus in der Ausstattung von Kinderzimmern; und 125 Schwarzweißabbildungen, die schon allein eine Fundgrube darstellen

Mosbach, Doris 1999: Bildermenschen – Menschenbilder. Berlin: Berliner Wissenschafts-Verlag

Ein materialreiches, aber zugänglich geschriebenes Buch einer semiotisch geschulten Kommunikationswissenschaftlerin; mit sehr guten Bildbeispielen

O'Barr, William M. 1994: Culture and the Ad. Exploring Otherness in the World of Advertising. Boulder, Col.: Westview Press (Institutional Structures of Feeling)

Ein wegen der vielen Abbildungen hier noch einmal genannter Band; ein Buch, in dem anhand von Themen wie Schwarze in den USA und ausgewählten Medien, zum Beispiel

der Zeitschrift „National Geographic", untersucht wird, inwieweit Werbung als Abbild und als Modell für reale Beziehungen (Hierarchien, Dominanz, Unterordnung) funktioniert und als Imagebildner zum Beispiel touristische Fotos prägt; jedes Kapitel mit bibliographischem Führer; blendend illustriert mit vielen schwarzweißen Fotos, die größtenteils kommentiert sind

Pohl, Klaus (Hrsg.) 1983: Ansichten der Ferne. Reisephotographie 1850 – heute. Gießen: Anabas-Verlag

Aufsätze zur weitgehend parallelen Entwicklung von Fotografie und Tourismus und der enormen Bedeutung des Fotografierens für Reisende, seit Fotos ab etwa der Mitte des 19. Jahrhunderts Reisetagebücher weitgehend ablösten; der hervorragend illustrierte Band entstand als Katalogbuch zu einer Ausstellung des Deutschen Werkbundes

Raabe, Eva Chr. & Herbert Wagner (Hrsg.) 1994: Kulturen im Bild. Bestände und Projekte des Bildarchivs. Frankfurt: Museum für Völkerkunde

Eine umfangreiche Dokumentation der Fotos, Graphiken und Karten, die das Frankfurter Völkerkundemuseum, das jetzt „Museum der Weltkulturen" heißt, in seinen Beständen in unterschiedlicher Form lagert; ausgestattet mit über 200 historischen Abbildungen

Riepe, Regina & Gerd Riepe 2002: Du schwarz, ich weiß. Bilder und Texte gegen den alltäglichen Rassismus. Wuppertal: Peter Hammer Verlag, gemeinsam mit der Welthungerhilfe (Peter Hammer Taschenbuch, 72; zuerst [3]1995, [1]1992)

Eine reichhaltige Sammlung von Beispielen von explizitem und auch unbewusstem bzw. implizitem Rassismus, insbesondere am Beispiel der graphischen Darstellung Afrikas in Medien, besonders in der Werbung; aus der Feder eines pädagogisch versierten Autorenteams

Schindlbeck, Markus (Hrsg.) 1989: Die ethnographische Linse. Photographien aus dem Museum für Völkerkunde Berlin. Berlin: Museum für Völkerkunde, Staatliche Museen Preußischer Kulturbesitz (Veröffentlichungen des Museums für Völkerkunde Berlin, Neue Folge, 48)

Aufsätze zur ethnographischen Fotografie und eine Sammlung hervorragend reproduzierter Abbildungen, die im Text gut dokumentiert sind

Schmidt-Linsenhoff, Viktoria, Kurt Wettengl & Almut Junker 1986: Plakate 1880–1914. Inventarkatalog der Plakatsammlung des Historischen Museums Frankfurt, Frankfurt

Eine Sammlung, die einige gut reproduzierte Plakate von Kolonialausstellungen enthält

Scholz-Hänsel, Michael (Bearb.) 1987: Das exotische Plakat. Stuttgart: Edition Cantz und Institut für Auslandsbeziehungen, Staatsgalerie Stuttgart (Exotische Welten. Europäische Phantasien)

Fremde und verfremdete Menschen und Kulturen als Thema in Plakaten zur Werbung oder Propaganda; ein großformatiger, mit Abbildungen und 62 Farbtafeln ausgestatteter Band, der im Rahmen eines großen Projektes mit mehreren Ausstellungen in Stuttgart unter dem Rahmentitel „Exotische Welten. Europäische Phantasien" erschien

Theye, Thomas (Hrsg.) 1989: Der geraubte Schatten. Die Photographie als ethnographisches Dokument. München/Luzern: Verlag C. J. Bucher

Ein sehr reichhaltiger Band zum Thema Fotografie, das in der visuellen Ethnologie gegenüber Film und Video nach wie vor stiefmütterlich behandelt wird; ausführliche Texte zu vielen Aspekten und sehr gutes Bildmaterial

Weyers, Dorle & Christoph Köck 1992: Die Eroberung der Welt. Sammelbilder vermitteln Zeitbilder. Detmold: Landschaftsverband Westfalen-Lippe, Westfälisches Freilichtmuseum Detmold

Gut verständliche Texte und sehr gut reproduzierte historische Bilddokumente zu Erobe-

rung und Kolonialismus und besonders zu den öffentlich wirksamen Bildern in den Sammelbildern als einem Massenmedium, das viel mit Status und Ungleichheit zu tun hat

2.5 Virtuelle Kultur, Cyberculture, Internet

Bell, David 2001: An Introduction to Cybercultures. London/New York: Routledge
  Einführung aus der Perspektive der Cultural Studies in E-Mail, Internet, digitale Bildmedien, Computerspiele etc.; materielle, symbolische und identitätsbezogene Dimensionen werden behandelt; mit Verweisen auf Aufsätze im unten genannten Reader und Glossar
Bell, David (ed.) 2001: The Cybercultures Reader. London/New York: Routledge
Chayko, Mary 2002: Connecting. How We Form Social Bonds and Communities in the Internet Age. Albany: State University of New York Press
  Auf der Basis einer Kombination von Online-Surveys und Interviews geht die Autorin der Frage nach, was die besondere Sozialität bei Beziehungen via Internet ausmacht
Escobar, Arturo 1994: Welcome to Cyberia. Notes on Anthropology of Cyberculture. In: Current Anthropology 35 (3): 211–231
  Wegen der geringen Menge an Übersichtsbüchern nenne ich hier einen Aufsatz mit Diskussion, auch wenn er angesichts des Themas etwas betagt ist
Hakken, David 1999: Cyborgs@Cyberspace? An Ethnographer looks to the Future. London/New York: Routledge
  Eine ethnologisch inspirierte Mischung aus Bericht über Inhalte und Beziehungen im Internet und Spekulationen über die weitere Entwicklung
Hakken, David 2003: The Knowledge Landscapes of Cyberspace. London/New York: Routledge
  Eine Untersuchung zur Veränderung von Wissen im Rahmen des Umgangs mit Computern und der Kommunikation im Internet; vgl. Hakken 1999
Hine, Christine 2000: Virtual Ethnography. Thousand Oaks, Cal. etc.: Sage Publications
  Eine Untersuchung darüber, wie die Informationen des Internets im lokalen Rahmen bzw. kulturspezifischen Kontext mit Bedeutungen belegt werden
Marcus, George E. 1995: Ethnography in/of the World System: The Emergence of Multi-Sited Ethnography. In: Annual Review of Anthropology 24: 95–117
  Ein Aufsatz, in dem es vor allem um die Methode der Ethnographie im Zeitalter der dauernden Bewegung von Menschen und Informationen geht, der aber auch einiges zum Medium Internet enthält
Miller, Daniel & Don Slater 2000: The Internet. An Ethnographic Approach. Oxford: Berg Publishers
  Ausgehend von Felderhebungen und der Analyse von Dokumenten in Trinidad stellen die Londoner Forscher Konsumformen, Erfahrungsweisen, Nutzungsvielfalt und Widersprüche des Internets dar; Mikrofragen werden gut mit politökonomischen Fragen verknüpft; ein auch von der Organisation des Inhalts her origineller Band
Zurawski, Nils 2000: Virtuelle Ethnizität. Studien zu Identität, Kultur und Internet. Frankfurt etc.: Peter Lang (Soziologie und Anthropologie, 11)
  Eine Arbeit zu kollektiver Identität als einem selbstorganisierten Prozess im Internet, der sich vor globalem Hintergrund abspielt; ein Buch, das für die Ethnizitätsdiskussion allgemein und für das Verständnis der Rolle kollektiver Identität im World Wide Web gleichermaßen wichtig ist

3. Populäre Medien mit ethnologischen Inhalten

3.1 Populäre Einführungen in die Ethnologie/ Völkerkunde

Websites, Informationspools, Bibliographien

Antweiler, Christoph [3]2003: Ethnologie lesen. Ein Führer durch den Bücher-Dschungel. Münster etc.: Lit Verlag (Arbeitsbücher Kulturwissenschaft, 1, mit CD-ROM) ([1]2002, [2]2002)

Ein kommentiertes Verzeichnis, das – im Unterschied zu vorliegendem Buch – nur Fachliteratur, also explizit wissenschaftliche Titel, und nur Printmedien kommentiert; in der dritten, wesentlich erweiterten Auflage, die gegenüber der ersten eine mehr als doppelte Zahl von Titeln und erstmals eine CD enthält

Baqué, Stephan, Angelika Hendel & Ninette Preis (http://www.ethnolo- gie.de/)

Eine Seite mit umfangreichen Links zu ethnologischen Instituten, Museen und Zeitschriften; des Weiteren eine Expertendatenbank, anhand derer sich Journalisten, Politiker oder sonstige Interessierte mit ethnologischen Fragen an wissenschaftliche Experten wenden können (sc)

Carlson, David Lee [2]2003: Researching Anthropology on the Internet. Belmont, Cal.: Wadsworth Thomson Learning ([1]2002); zeitweilig unter: http://www.wadsworth.com/anthro pology_d/special_features /research. html.

Ein kurzer Führer zu Recherchetechniken und ein Führer zu den Sachthemen; mit vielen nützlichen Internet-Adressen zu allen Feldern der Anthropologie und zu außerakademischen Anwendungsgebieten, die nach Themen geordnet und kurz kommentiert sind

Lindner, Renate (Hrsg.) 1994: Erlesene Fremdheit, Völkerkunde zum Lesen. Literaturheft zur Ausstellung (Interim, 14). Frankfurt: Museum für Völkerkunde (Museum der Weltkulturen)

Ein Heft, das in der Öffentlichkeitsarbeit eines Museums entstand und eine kleine Übersicht von Titeln bringt, die größtenteils älteren Datums sind; gerade deshalb ist dies eine nützliche Zusammenstellung

ethnOnet. Informationszentrale für Ethnologie Heidelberg. Institut für Ethnologie; (E-Mail: A.Schmidt-Stampfer@urz.uni-hd.de; Netz: www. eth.uni-heidelberg.de)

Erste deutsche Zentrale für ethnologische Öffentlichkeitsarbeit; Ziel ist dig Vernetzung der Kollegen, die Zusammenarbeit mit Instituten und Museen und die Positionierung ethnologischer Themen in der Öffentlichkeit; hier wird auch eine Expertendatenbank geführt, in die man sich eintragen lassen kann

EVIVA. Virtuelle Fachbibliothek Ethnologie (www.eviva.de)

Eine im Aufbau befindliche, aber schon funktionsfähige, seit 2003 online verfügbare Fachbibliothek der Ethnologie und Volkskunde, die Fachdatenbank, Linkangebote und einen Lieferdienst für Dokumente anbietet; neben Fachpublikationen sind auch populäre Medien gelistet

7. Neues „traditionelles Haus" in Makassar, Indonesien, 1991 (Foto: C. A.)

8. Angebot eines Einrichtungsladens in Den Haag, 2004 (Foto: M. B.)

Batten, Mary 2001: Anthropologist. Scientist of the People. New York: Houghton & Mifflin (Scientists in the Field)
Unterstützt von blendenden Fotos aus der langjährigen Forschung des Forscherehepaars Magdalena Hurtado und Kim Hill bei den Aché in Paraguay stellt die Autorin Grundbegriffe, Vorgehen und Probleme ethnologischer Feldforschung in kurzer Form und einfacher Weise dar

Blok, Anton 1985: Anthropologische Perspektiven. Einführung, Kritik und Plädoyer. Stuttgart: Klett-Cotta Verlag (orig. „Anthropologische Perspectiven". Muiderberg: Dick Coutinho, 1978)
Eine kurze Hinführung zum Fach; erläutert werden teilnehmende Beobachtung als Methode, die holistische Sicht, die vergleichende Perspektive, die Unterscheidung zwischen „primitiv" und „zivilisiert" sowie die Perspektive der Entwicklung bzw. Geschichte; der Text behandelt neben Grundbegriffen auch die Fachgeschichte; ein gut lesbares Buch aus der Feder eines niederländischen Ethnologen, der in Südeuropa geforscht hat (u. a. zur Mafia), in dem der Autor auch selbst Positionen vertritt und so zur eigenen Orientierung anregt

Bohannan, Paul & Dirk van der Elst 2002: Fast nichts Menschliches ist mir fremd. Wie wir von anderen Kulturen lernen können. Wuppertal: Peter Hammer Verlag (Edition Trickster im Peter Hammer Verlag) (orig. „Asking and Listening. Ethnography as Personal Adaptation". Prospect Hights, Ill.: Waveland Press, 1998)
Ein kurzes und lebendiges Sachbuch über Sinn, Perspektive und gesellschaftlichen Nutzen der Ethnologie; die beiden Autoren führen mit 26 kurzen Kapiteln in ethnologische Themen ein und machen die Besonderheit ethnologischen Herangehens deutlich und sie geben auch Anregungen zu beruflichen Rollen und Möglichkeiten

Brown, Ina Corinne 1968: Verstehen fremder Kulturen. Ein Beitrag zur Völkerkunde. Frankfurt: Umschau Verlag
Eine der wenigen in deutscher Sprache erschienenen Hinführungen zur Ethnologie für die breite Leserschaft; alt und schon lange vergriffen, aber immer noch sehr brauchbar

Da Matta, Roberto 1982: Uma Introducao à Antropologia Social. Petrópolis: Vozes
Eine portugiesischsprachige Einführung eines bekannten Kollegen aus Brasilien, einem Land mit einer sehr lebendigen Ethnologie, die gesellschaftlich eine erhebliche Rolle spielt

Dittmer, Kunz 1954: Allgemeine Völkerkunde. Form und Entwicklung der Kultur. Braunschweig: Friedrich Vieweg Verlag
Eine sehr alte Einführung in die Vielfalt der Kulturen und Typen von Gesellschaften; trotz ihres Alters hier genannt, weil sie lebendig geschrieben ist und die einzige kurze deutschsprachige Einführung darstellt, die vom Stoff her einer allgemeinen Kulturanthropologie im nordamerikanischen Sinn nahe kommt; ausgestattet mit Fotos und sehr guten Strichzeichnungen

Geertz, Clifford 1997: Spurenlesen. Der Ethnologe und das Entgleiten der Fakten. München: C. H. Beck (C. H. Beck Kulturwissenschaft) (orig. „After the Fact. Two Countries, Four Decades, One Anthropologist". Cambridge, Mass.: Harvard University Press, 1995)
Anhand von Erfahrungen bei früheren eigenen Forschungen in Indonesien und Marokko schildert Geertz in diesem biographisch angelegten Werk Fragen und Probleme der Feldforschung und der Deutung kultureller Zusammenhänge; zusammengenommen faszinierende Einblicke zur jüngeren Geschichte der Ethnologie, insbesondere zur vom Au-

tor maßgeblich beeinflussten symbolisch-semiotischen Ethnologie; dazu liefert der Autor
sonst kaum zu findende Hintergründe; im Stil einfacher als sonstige Produkte des be-
rühmten Autors

Köpke, Wulf & Bernd Schmelz (Hrsg.) 2002: Ein Dach für alle Kulturen. Das Museum für
Völkerkunde Hamburg. Hamburg: Museum für Völkerkunde
Ein Kurzführer, der nicht nur einen Überblick der ausgestellten Gegenstände nach gro-
ßen Regionen bietet, sondern gleichzeitig die Geschichte dieses Museums und die wichti-
ge Rolle der Museen für das Fach erklärt; Texte, die kurz und so geschickt arrangiert sind,
so dass sie ganz nebenbei im besten Sinne populär in die Ethnologie einführen; hervorra-
gend illustriert mit Farbfotos von Exponaten, Archiven und Event-Aktivitäten, für die
das museumspädagogische Programm des Hamburger Museums bekannt ist, und auch
der vielfältigen praktischen Tätigkeiten im Museum sowie historischen Fotografien; mit
ausgewählten Hinweisen auf weiterführende Literatur

Kardiner, Abram & Edward Preble 1974: Wegbereiter der modernen Anthropologie.
Frankfurt: Suhrkamp Verlag (orig. „They Studied Man". Cleveland u. a.: World Publishing Co., 1961; London: Secker Warburg, 1961)
Verständliche Übersichten zu den Klassikern des späten 19. und der ersten Hälfte des
20. Jahrhunderts; eine gewisse Betonung liegt auf psychologischen und persönlichkeits-
orientierten Ansätzen; mit Verzeichnis ausgewählter Werke und Sekundärliteratur; die
deutschsprachige Ausgabe ist leider vergriffen

Konrad, Walter 1969: Völkerkunde. Vom Werden und Wesen einer Wissenschaft. Berlin etc.:
Deutsche Buch-Gemeinschaft, Darmstadt: C. A. Koch's Verlag, Nachf. (Das Wissen der
Gegenwart)
Eine einfache, mit vielen Illustrationen ausgestattete Darstellung der wichtigsten Themen
und der Wissenschaftsgeschichte der Ethnologie

Liedtke, Wolfgang, Eva Lips, Willi Stegner & Dietrich Treide (Grundkonzeption) [2]1968:
Völkerkunde für Jedermann. Ein Kartenbuch. Gotha/Leipzig: VEB Hermann Haack,
Geographisch-Kartographische Anstalt ([1]o. J.)
Eine allgemeine Völkerkunde, Wirtschaftstypen und große Kulturregionen verständlich
dargestellt und hervorragend illustriert mit Bildern, Zeichnungen und Karten; politisch
nur streckenweise etwas tendenziös, ein gutes Beispiel der untergegangenen DDR-Sach-
buchkultur

Maler-Sieber, Gisela 1978: Völkerkunde die uns angeht. Gütersloh: Bertelsmann Lexikon
Institut (Aktuelles Wissen)
Eine verständliche – leider schon lange vergriffene – Einführung anhand von Kapiteln
zu Sozialisation, Ritual, Weltbild, Sozialstruktur und Komplexitätsstufen; durchgehend
Vergleiche mit westlicher Kultur; argumentiert gegen die unter Laien verbreitete Vorstel-
lungen der Überlegenheit irgendwelcher Kulturen; sehr gut illustriert und trotz etwas
überkommener Wortwahl empfehlenswert

Monaghan, John & Peter Just 2000: Social and Cultural Anthropology. A Very Short Introduction. Oxford etc.: Oxford University Press (Very Short Introductions)
Wie der Untertitel sagt, eine extrem knappe Einführung aus einer Reihe, in der es Einfüh-
rungen in viele Wissenschaften im Westentaschenformat gibt; der besondere Reiz des
Buchs liegt darin, dass die Autoren viele Beispiele aus ihren eigenen Feldforschungen
benutzen, die in zwei sehr verschiedenen Regionen liegen – Mexiko in Zentralamerika
und Sumbawa in Indonesien; auch für Fortgeschrittene lesenswert

Murphy, Robert 1986: Cultural and Social Anthropology. An Overture. Upper Saddle
River, N. J.: Prentice-Hall
Eine der wenigen, ganz kurzen Einführungen ins Fach; vgl. Nash 1999

Nachtigall, Horst 1974: Völkerkunde. Eine Einführung. Frankfurt: Suhrkamp Verlag (zuerst unter dem Titel „Völkerkunde – von Herodot bis Che Guevara. Naturvölker werden Entwicklungsvölker". Stuttgart: Deutsche Verlags-Anstalt, 1972) (Öffentliche Wissenschaft)

Ein einfaches und dabei dichtes Sachbuch, in dem der Autor gegen ethnozentrische Vorurteile, aber auch dezidiert gegen die Idealisierung von Völkern antritt; im Wesentlichen ist das Bändchen nach evolutionistischen Kulturtypen gegliedert und im letzten Kapitel werden die Anwendungsmöglichkeiten des Fachs betont; in der Schreibweise und in seiner eisernen Marxismuskritik ist dieses Buch bestimmt kein typischer Suhrkamp-Titel!

Nash, Dennison [3]1999: A Little Anthropology. Upper Saddle River, N. J.: Prentice-Hall

Eine einfache Einführung, die sich ausdrücklich an Studentinnen und Studenten wendet, mit wenig Fachjargon geschrieben und deshalb gut verständlich; nur die häufigen Ausfälle gegen „die westliche" Kultur sind teilweise etwas penetrant; vgl. Murphy 1986

Peacock, James L. [2]2002: The Anthropological Lens. Harsh Light, Soft Focus. Cambridge etc.: Cambridge University Press ([1]1987)

Eine einfache Führung zur ethnologischen Perspektive; vergleichbar mit van der Elst & Bohannan 1999 und Pocock 1999; die Neuauflage ist erweitert um Themen wie Globalisierung, Gender, Postmoderne und Gedanken zur öffentlichen Rolle der Ethnologie

Pocock, David [2]1999: Understanding Social Anthropology. London: Athlone Press ([1]1975, London: Hodder & Stoughton, Teach Yourself Books)

Der Autor stellt immer wieder Bezüge zu Lebensweisen und Werten der Leser her und macht so Unterschiede wie Ähnlichkeiten bewusst und er betont die Relevanz der Ethnologie für Gegenwartsprobleme; in vielem ähnlich zu van der Elst 1999

Ramaswamy, Mohan Krischke 1985: Ethnologie für Anfänger. Eine Einführung aus entwicklungspolitischer Sicht. Opladen: Westdeutscher Verlag

Eine zum Teil gut verständliche, wenn auch etwas unausgewogene Einführung; der Untertitel ist irreführend, da Fragen der Entwicklungszusammenarbeit kaum angesprochen werden

Osterweis Selig, Ruth & Marilyn R. London (eds.) 1998: Anthropology Explored. The Best of Smithsonian AnthroNotes. Washington, D. C./London: Smithsonian Institution Press

Sehr empfehlenswerte Sammlung von 30 Beiträgen aus einer Zeitschrift namens „AnthroNotes. The National Museum of Natural History Bulletin for Teachers", die seit 1978 anthropologische Fragestellungen und Resultate der breiten Öffentlichkeit präsentiert; die Artikel stammen aus den Jahren 1983 bis 1997 und wurden in den Schlussfolgerungen aktualisiert; abgedeckt sind alle Felder der Anthropologie, die Aufsätze wenden sich an Laien und sind in drei Teile geordnet – einer zu Ursprung und Evolution des Menschen, einer zu Ur- und Frühgeschichte und einer zu Ethnologie; der Band ist mit sehr schönen Cartoons aus der Feder von Robert Humphrey ausgestattet

Schultz, Joachim 1995: Wild, Irre und Rein. Wörterbuch zum Primitivismus der literarischen Avantgarden in Deutschland und Frankreich zwischen 1900 und 1940. Gießen: Anabas Verlag

Ein kleines Wörterbuch zur Befassung mit „einfachen" Kulturen in der Literatur, einem Thema, das im Gegensatz zum Primitivismus der bildenden Kunst weit weniger bekannt ist; mit einer Einführung, einer Chronologie der wichtigsten Werke und etlichen guten schwarzweißen Abbildungen

Streck, Bernhard 1999: Ethnologie. Die fröhliche Wissenschaft. Eine Führung. Wuppertal: Peter Hammer Verlag (Edition Trickster im Peter Hammer Verlag)

Eine anregende, da persönlich geprägte Einführung, die allerdings sehr eigenwillige

Schwerpunkte setzt; teilweise wird viel vorausgesetzt und viele Themen werden gar nicht angesprochen; mit Abschnitten zur Geschichte der Ethnologie in Deutschland

Thiel, Joseph Franz [5]1992: Grundbegriffe der Ethnologie. Vorlesungen zur Einführung. Berlin: Dietrich Reimer Verlag (Collectanea Instituti Anthropos, 16)

Eine einfach geschriebene Einführung, welche die Fachgeschichte stark betont, dagegen Theorien und Methoden vernachlässigt; mit zwei sehr nützlichen Anhängen: Erläuterungen zu ethnologischen Zeitschriften und kurze Biographien vieler Fachvertreter(innen)

Tscheboksarov, Nikolaj N. & Irina A. Tscheboksarowa 1979: Völker – Rassen – Kulturen. Leipzig etc.: Urania Verlag (orig. „Narody – rassy – kultury". Moskau: Isdatelstwo Nauka, 1971)

Ein Sachbuch über langfristige Geschichte von Völkern, physische Unterschiede sowie Anpassungs- und Wirtschaftsformen; in der Diktion etwas DDR-sozialistisch angehaucht und auch teilweise inhaltlich veraltet („Rassen"), aber ein leicht verständlicher Text mit schönen Illustrationen und sehr guten ausklappbaren Übersichtskarten

Van der Elst, Dirk & Paul Bohannan 1999: Culture as Given, Culture as Choice. Prospect Heights, Ill.: Waveland Press, Inc.

Eine kurze Einführung, die mit einem Kapitel über Sex beginnt; gut geschrieben und verwendbar als echte Hinführung zur Anthropologie mit Schwerpunkt auf der Kulturanthropologie; ein Buch, das immer wieder Bezüge zu lebenspraktischen Problemen und damit der Erfahrungswelt der Leser herstellt. Themen sind zum Beispiel Ungleichheit, Identität, Suche nach Lebensorientierung, Technologie und kulturelle Trends; ähnlich zu Pococks Buch 1999, aber noch stärker als dieses eine Einführung in die Ethnologie als gesellschaftlich relevante Wissenschaft; vgl. als deutschsprachige Ausgabe ein anderes Buch der beiden Autoren: Bohannan & Van der Elst 2002

Film

Off the Verandah (Andre Singer, Chris Christophe & Bruce Dakowski, USA 1990); Strangers Abroad Series Nr. 4; Dokumentation in zwei Teilen; Dauer: 52 min.; Farbe/SW; englisch, OmU; Publisher: Princeton, N. J.: Films for the Humanities;

Die Dokumentation in zwei Teilen portraitiert Bronislaw Malinowski, Vater der partizipativen Feldforschung, Vertreter des funktionalistischen Kulturbegriffs und einer der bedeutsamsten Ethnologen des 20. Jahrhunderts. Der Film führt gleichzeitig ein in die Kulturanthropologie allgemein, ihre zentralen Methoden und theoretischen Aspekte und zeigt das Leben der Menschen auf den pazifischen Trobriand-Inseln (jj)

3.2 Lexika und Atlanten zu Ethnien, Völkern, Minderheiten, Sprachen und Religionen

Lexika zu Ethnien, Völkern und Sprachen

Armesto, Felipe Fernández 1998: Who is Who. Land und Leute in Europa. München: Bettendorf'sche Verlagsanstalt (orig. „Guide to the Peoples of Europe". London: Times Books, 1997)

Der deutsche Titel ist irreführend, der englische trifft den Inhalt besser: ein Nachschlagewerk mit verständlichen kurzen Darstellungen der größeren Völker und der Minderheiten Europas, von einem Historiker verfasst

Farndon, John 2002: Länder & Völker. Hamburg: Xenos (orig. „1000 Facts on World Geography". London: Miles Kelley Publishing, 2001)

Bilder und Basisfakten zu Regionen und Ländern

Grabner-Haider, Anton & Karl Prenner (Hrsg.) 2004: Religionen und Kulturen der Erde. Ein Handbuch. Darmstadt: Wissenschaftliche Buchgesellschaft

Eine Übersicht der großen und kleinen Religionen, eingeteilt in einen Teil mit neun Kapiteln zu früheren und heutigen Religionen in Europa und einen Teil mit zwölf Kapiteln zu Glaubensformen Außereuropas; es werden die jeweiligen historischen Hintergründe und kulturellen Kontexte erläutert; mit separaten Literaturhinweisen pro Kapitel; ein Sachbuch aus der Feder zumeist österreichischer Gelehrter mit kompakten Texten, die aber verständlich geschrieben sind

Haarmann, Harald 2002: Sprachenalmanach. Zahlen und Fakten zu allen Sprachen der Welt. Frankfurt/New York: Campus Verlag

Eine systematische Übersicht nicht nur der Sprachen der Welt, sondern auch ihrer Geschichte und vieler sozialer, politischer und anderer kultureller Bezüge; eingeteilt in Kapitel zu Kontinenten; in jedem Kapitel gibt der Autor eine ausführliche Darstellung der regionalen Sprachsituation und ihrer historischen Herausbildung, unterstützt durch viele Karten und Tabellen sowie Exkursen zu besonders interessanten Themen; dies wird ergänzt durch systematisch aufbereitete Länderdarstellungen, wobei jeweils Angaben gemacht werden zu: allgemeinen Bevölkerungsdaten, Gesamtzahl der Sprachen, Sprechergruppen und Einzelsprachen und ihrer Proportionen, Sprachfamilien, gegenwärtiger Situation und Tendenzen der Sprachen („Sprachökologie") und Sprachkonflikten; mit einem Register der Länder und einem Index der Sprachen – das allein 74 Seiten umfasst! –; insgesamt ein konkurrenzloses Buch, welches gleichermaßen zum Nachschlagen geeignet ist wie es zum Festlesen einlädt

Haarmann, Harald 2004: Kleines Lexikon der Völker. Von Aborigines bis Zapoteken. München: C. H. Beck

Ein kompaktes Taschenbuch aus der Feder eines vergleichenden Sprachwissenschaftlers; mit Einträgen zu etwa 200 ethnischen Gruppen, zu denen jeweils in einheitlicher Gliederung Verbreitung, Sprache, Geschichte, grundlegende Kulturzüge und politischer Status in Bezug auf Nationen angegeben werden, ergänzt um jeweilige Literaturangaben; ein nützliches Buch, auch wenn den allgemeinen Kulturmerkmalen wie Normen, Werten und Sozialstrukturen vergleichsweise wenig Raum gegeben wird

Hoggart, Richard (vol. ed.) 1992: Oxford Illustrated Encyclopaedia of Peoples and Cultures. Oxford etc.: Oxford University Press

Ein verständliches und illustriertes Lexikon zu allgemeinen Begriffen der Sozialwissenschaften und zu gegenwärtigen Lebensformen von Menschengruppen aus allen Teilen der Welt

Levinson, David 1998: Ethnic Relations. A Cross-Cultural Encyclopedia. Santa Barbara etc.: ABC-CLIO (Encyclopedias of the Human Experience)

Ein allgemein verständliches und aktuelles Nachschlagewerk, zum einen zu wichtigen allgemeinen Definitionen und Begriffen zum Themenfeld interethnischer Beziehungen, Mehrheiten und Minderheiten und indigenen Völkern und zum anderen zu 38 lokalen oder regionalen, zum Teil transnationalen ethnopolitischen Konflikten; mit einem nützlichen Anhang, in dem internationale Organisationen zu interethnischen Beziehungen detailliert vorgestellt werden

Levinson, David 1997: Religion. A Cross-Cultural Encyclopedia. Santa Barbara etc.: ABC-CLIO (Encyclopedias of the Human Experience)

Ein einbändiges Nachschlagewerk mit unterschiedlich langen Einträgen, in dem mehr als

144

in anderen kleine Glaubensformen berücksichtigt sind; ediert von dem weltweit wohl erfahrensten Herausgeber ethnologischer Nachschlagewerke

Lindig, Wolfgang (Hrsg.) 1996: Regionalkulturen in unserer Zeit. München: C. H. Beck (zuerst unter dem Titel „Völker der Vierten Welt. Ein Lexikon fremder Kulturen in unserer Zeit". München etc.: Wilhelm Fink, Paderborn: Ferdinand Schöningh, 1991)

Ein älteres, aber sehr nützliches Nachschlagewerk zur Ethnologie und Ur- und Frühgeschichte vieler Gruppen; mit ausgewählten Literaturhinweisen; vgl. das im Umfang ähnliche neuere Nachschlagewerk von Rogg & Schuster 1992

Ludwig, Klemens ³1994: Bedrohte Völker. Ein Lexikon nationaler und religiöser Minderheiten. München: C. H. Beck (Beck'sche Reihe) (¹1984)

Ein als erste Übersicht nützliches Werk, dass aber keine klare Definition dessen gibt, was ein „bedrohtes Volk" ist; außerdem sind die Einträge oft recht unhistorisch

Ludwig, Klemens 1995: Ethnische Minderheiten in Europa. Ein Lexikon. München: C. H. Beck (Beck'sche Reihe, 1115)

Ein in seiner Kürze konkurrenzloses Nachschlagewerk, das in mancher Hinsicht schon wieder veraltet ist

Rogg, Inga & Eckard Schuster (Hrsg. und Red.) 1992: Die Völker der Erde. Kulturen und Nationalitäten von A–Z. Bertelsmann Lexikon. Gütersloh: Bertelsmann Lexikon Institut

Lexikon mit über 500 Stichwörtern, an dem 66 Autorinnen und Autoren, darunter viele Ethnologen und Geographen, mitgewirkt haben; die Mehrheit der Einträge ist zu ethnischen Gruppen weltweit, dazu einige Stichwörter zu Sachthemen; die Kurzeinträge werden durch längere Beiträge ergänzt, in denen ein Thema oder Problem auf zwei Seiten ganzseitig behandelt wird; mit kurzem Glossar, der einige Termini extrem kurz erläutert, einer nach Regionen geordneten Bibliographie und einem Register; ein bunt illustriertes Buch, dessen Absicht es ist, die Menschen nicht zu exotisieren, sondern als „Leute von heute" darzustellen, in dem aber dennoch manche Gruppe etwas folklorisierend oder idealistisch dargestellt wird; insgesamt ein gutes populärwissenschaftliches Nachschlagewerk, dass verlässlicher als viele vergleichbare Populärliteratur ist; nützlich als aktuelle Ergänzung zu Lindig 1996

Scheuch, Manfred 1995: Atlas zur Zeitgeschichte. Bedrohte Völker. Wien: Brandstätter Verlag

Eine Kombination von einfachen Karten und erläuternden Texten, die journalistisch geschrieben sind; in vielem veraltet, aber dennoch nützlich

Schmalz-Jacobsen, Cornelia & Georg Hansen (Hrsg.) 1997: Kleines Lexikon der ethnischen Minderheiten in Deutschland. München: C. H. Beck (Beck'sche Reihe)

Stöhr, Waldemar 1972: Lexikon der Völker und Kulturen (3 Bände: Band 1: Abnaki – Hamiten, Band 2: Haussa – Nuba, Band 3: Nubier – Zulu). Reinbek bei Hamburg: Rowohlt Taschenbuch Verlag

Ethnien und Hauptbegriffe der Ethnologie werden einfach erläutert; ein in vielen Angaben veraltetes Buch, das aber dennoch sehr nützlich zum ersten Überblick ist; leider längst vergriffen; es gibt derzeit kein ähnliches deutschsprachiges Buch; am nächsten kommt dem das von Rogg & Schuster 1992 herausgegebene Lexikon

Vinding, Diana (ed.) 2003: The Indigenous World 2002–2003. Kopenhagen: International Workgroup on Indigenous Affairs (IWGIA)

Ein umfassendes Nachschlagewerk der aktuellen Situation bedrohter Völker, erscheint regelmäßig

Müller, Hans-Peter, Claudia Kock Marti, Eva Seiler-Schiedt & Brigitte Arpagaus 1999: Atlas vorkolonialer Gesellschaften. Kulturelles Erbe und Sozialstrukturen der Staaten Afrikas, Asiens und Melanesiens. Ein ethnologisches Kartenwerk für 95 Länder mit digitalem Buch, Datenbanken und Dokumentationen auf CD-ROM. Zürich: Institut der Universität Zürich/Berlin: Dietrich Reimer Verlag
Dieses Medienpaket bietet bezüglich des Zeitraums mehr, bezüglich der regionalen Reichweite weniger, als der Titel verspricht: eine Kassette zu vorkolonialen Gesellschaften (mit Ausnahme der beiden Amerikas) mit 21 Karten, einem Erläuterungsheft (mit englischem und deutschem Text) und einer CD; die Autoren wenden sich an Wissenschaftler und ausdrücklich auch an andere Berufsgruppen sowie kulturgeschichtlich Interessierte; 1 Karte der Kartenausschnitte, 12 Identifikationskarten zur Übersicht mit Bevölkerung (Stand 1960), 8 thematische Karten zu Sprachfamilien, Subsistenz, politischem Integrationstyp, Heiratsformen und Wertetransfer, Familientyp, Ehe- und Haushaltsform, Verwandtschaftsgruppen, Deszendenz, Residenz und lokaler politischer Nachfolgeregelung sowie Wertetransfer zwischen Generationen; die Kartendarstellung arbeitet mit einer guten Kombination von Flächensignaturen für ganze Länder und Sektoren- und Punktsignaturen für kleinere Gebiete oder einzelne Gesellschaften; die Karten vermerken auch fehlende Daten und zeigen die zum Teil unterschiedliche Dichte der vorhandenen Daten; die CD bietet detaillierte Dokumentationen, welche die Karten begleiten und Register; trotz aller Problematik der Auswahl der Dimensionen (Religion fehlt) und vor allem der metrischen und graphischen Darstellung kultureller Variabilität ist das eine sehr verdienstvolle Publikation, die ein ganz anderes Bild zeigt als die Reduktion der kulturellen Vielfalt auf Kulturkreise wie im Diffusionismus und heute noch in der popularisierten Ethnologie oder die derzeit gängigen Darstellungen von Nationalkulturen etwa von Geert Hofstede bzw. der Makro(-religions)-Kulturen à la Samuel Huntington

National Geographic Society (ed.) 2002: Atlas der Völker. Kulturen, Traditionen, Alltag. Hamburg: National Geographic Deutschland (orig. „Peoples of the World". Washington, D. C.: National Geographic Society, 2001)
Kein Atlas im engen Sinn, sondern eine populäre Enzyklopädie, in der knapp 200 ethnische Gruppen, angeordnet in Kapiteln zu den großen Kulturregionen, kurz vorgestellt werden; maßgeblich mitgewirkt haben Wissenschaftler, die weltbekannt und mit Popularisierung vertraut sind: die Ethnologen David Maybury-Lewis und Wade Davis sowie der Archäologe Brian Fagan; der Band enthält über 200 Farbbilder, etliche Übersichtskarten und eine Liste mit über 5000 Namen ethnischer Gruppen

Price, David H. 1989: Atlas of World Cultures: A Geographical Guide to Ethnographic Literature. Newbury Park/ London: Sage (in cooperation with the Human Relations Area Files, HRAF)
Einfache Karten, welche die Verbreitung von Ethnien mittels in einfache Umrisskarten eingetragenen Zahlen angeben; dazu eine umfassende Ethnienliste mit Verweisen auf kulturvergleichende Datenbanken und auf Titel der über 1200 Einträge umfassenden Bibliographie

Atlanten der Weltgeschichte

Aner, Ekkehard (Konzeption und Karteninhalt) 1997: Großer Atlas zur Weltgeschichte. Braunschweig: Georg Westermann Verlag (auch Darmstadt: Wissenschaftliche Buchgesellschaft) ([1]1956)

Ein klassischer Geschichtsatlas in Neubearbeitung; die Karten bestechen vor allem durch große Maßstäbe sowie große und deutliche Beschriftung; im Gegensatz zu neueren, ursprünglich englischsprachigen Atlanten werden vorwiegend Zustände gezeigt, wenig dagegen Bevölkerungsbewegungen und Diffusion von Ideen bzw. Objekten

Bahn, Paul G. (Hrsg.) 2003: Der neue Bildatlas der Hochkulturen. Gütersloh/München: Chronik Verlag im Wissen Media Verlag (auch Abingdon: Andromeda Oxford, 2003)
Übersichtliche Karten und dazu kurze Texte von Spezialisten der wichtigen Perioden und Regionen; entgegen dem deutschen Titel geht es nicht nur um komplexe Gesellschaften, sondern um die Menschheitsgeschichte seit Anbeginn; vgl. den im Umfang und Kartographie ähnlichen Atlas aus der Feder eines anderen Autors: Haywood 1999

Barraclough, Geoffrey (Hrsg.) 1997: Atlas der Weltgeschichte. Augsburg: Bechtermünz Verlag (orig. „The Times Concise Atlas of World History". London: Times Books, 1994)
Eine preiswerte Kurzausgabe von Barraclough 2000

Barraclough, Geoffrey (Hrsg.) [6]2000: Knaurs neuer historischer Weltatlas. München: Droemer Knaur ([5]1996, orig. „The Times Atlas of World History". London: Times Books, [6]1993, [1]1978) (auch Augsburg: Weltbild-Bechtermünz Verlag)
Ein umfassender, großformatiger Geschichtsatlas mit modernen Karten

Black, Jeremy (Hrsg.) 2000: DuMont Atlas der Weltgeschichte. Köln: Du- Mont (orig. London etc.: Dorling Kindersley, 1999)
Perioden der Weltgeschichte und auch Geschichte der einzelnen Großräume; die Besonderheit liegt in neuartigen Darstellungsmethoden mit computergenerierten Karten, die zum Teil ungewöhnliche Projektionen und Perspektiven zeigen und von eingeklinkten Texten und Bildern unterstützt werden

Bruckmüller, Ernst & Peter Claus Hartmann (Hrsg.) 2002 (erweitert auf Basis der Auflage [103]2001): Putzger. Atlas und Chronik zur Weltgeschichte. Berlin: Cornelsen Verlag (auch Darmstadt: Wissenschaftliche Buchgesellschaft)
Eine modernisierte Ausgabe des bekannten Schulgeschichtsatlas; jetzt unter anderem mit farbigen Bildern, Zeittabellen, Staatenlexikon, Stammtafeln und Biographien; das Layout ist modernisiert und die Karten sind überarbeitet, bleiben aber weitestgehend bei traditionellen Darstellungsformen, im Unterschied zum Beispiel zu Haywood 1998

Der Brockhaus, Atlas zur Geschichte 2004. Mannheim: Brockhaus
Eine Verbindung aus Sachbuch und Atlas; ein Buch mit besonders einfachen Karten, die erläutert werden und das daher als Einstieg gut geeignet ist

DTV-Atlas der Weltgeschichte [2]2001. Von den Anfängen bis zur Gegenwart. München: Deutscher Taschenbuch Verlag ([1]2000) (in zwei Bänden: Bd. 1 [1]1964, Bd. 2 [1]1966)
Einbändige, großformatige Ausgabe des bekannten Geschichtsatlas, der im Gegensatz zu anderen historischen Atlanten nicht nur Karten, sondern daneben eine fortlaufende detaillierte Chronologie bietet (bis 1990); diese Ausgabe hat gegenüber der zweibändigen Taschenbuchausgabe den Vorteil, dass die Karten deutlich größer gedruckt sind

Haywood, John 1998: Völker, Staaten und Kulturen. Ein universalhistorischer Atlas. Braunschweig: Westermann Verlag
Ein umfassender Geschichtsatlas; je Epochenkapitel 5 bis 7 Übersichtskarten der globalen Entwicklung und 21 bis 23 Detailkarten, zumeist doppelseitig und mit ausführlichem Text, dazu 168 Zeittafeln; vgl. den populäreren Atlas des Autors (Haywood 1999)

Haywood, John 1999: Weltgeschichtsatlas. Köln: Könemann Verlag (orig. „World Atlas of the Past". Vol. 1–4. Abingdon: Andromeda Oxford, 1999)
Einfache und gute Übersichtskarten begleitet von einem Text, der den Ablauf der Geschichte in einfacher Form darstellt; vgl. Bahn 2003 als ähnlicher Atlas und Haywood 1998 als umfangreichere Variante

Haywood, John 2002: Der neue Atlas der Weltgeschichte. Gütersloh/München: Chronik Verlag (orig. Abingdon: Andromeda Oxford, 2002)
Ein Atlas, der dem von Haywood 1998 ähnelt, aber etwas kürzer angelegt und außerdem aktualisiert ist
O'Brien, Patrick K. (ed.) 1999: Philip's Atlas of World History. London: Octopus Publishing Group
Gute Karten, zum Teil in ungewöhnlichen und so manchmal besonders erhellenden Projektionen
Parker, Geoffrey (ed.) [6]1999: Knaurs neuer historischer Weltatlas. München: Th. Knaur, Nachf.
Ein großformatiger historischer Weltatlas mit hervorragenden Karten
Vidal-Naquet, Pierre & Jacques Bertin 1991: Historischer Bild-Atlas. Daten und Fakten der Weltgeschichte. München: Orbis Verlag (orig. «Atlas historique. Histoire de l'humanité. De la préhistoire à nos jours». Paris: Hachette, 1987)
Teilweise besonders anschauliche Karten in der Tradition der kreativen französischen Kartografenschule; eine gute Ergänzung zu original englischen Atlanten, da zum Teil andere Themen betont werden und andere Darstellungsweisen Verwendung finden

Atlanten der Geschichte einzelner Kontinente oder Kulturregionen

Hilgemann, Werner, Günter Kettermann & Manfred Hergt 1975 ff.: DTV-Perthes-Weltatlas. Großräume in Vergangenheit und Gegenwart, 10 Bände;
zum Beispiel: Hilgemann, Werner, Kettermann & Hergt 1977: Südostasien. München: Deutscher Taschenbuch Verlag/Darmstadt: Justus Perthes Geographische Verlagsanstalt (Bd. 10)
Schmale Regionalatlanten, die immer einen geschichtlichen Teil enthalten; aus Overheadfolienvorlagen hervorgegangen; die Karten zu neueren Themen sind in vielem veraltet, aber insgesamt noch sehr nützlich zum ersten Überblick
Macmillan Continental History Atlases. New York: Macmillan USA
Eine Reihe von schmalen und handlichen, aber sehr gehaltvollen Geschichtsatlanten zu Großregionen mit guten Karten und kurzen erläuternden Texten; fünf Bände erhältlich zu Afrika, Asien, Europa, Nordamerika, Südamerika

Atlanten der Entdeckungen, Kolonien und Migrationen

Chaliand, Gérard & Jean-Pierre Rageau 1995: The Penguin Atlas of Diasporas. Harmondsworth: Viking (orig. «Atlas des Diasporas». Paris: Éditions Odile Jacob, 1991)
Karten und Statistiken zu Juden (70 Seiten), Armeniern, Sinti/Roma und anderen umherziehenden (peripatetischen) oder verstreuten Gruppen, wie zu Schwarzen, Indern, Iren, Griechen, Libanesen, Palästinensern, Vietnamesen, Koreanern und anderen Gruppen mit starkem Bezug zur Herkunftsregion; informativ, aber methodisch zum Teil problematisch, denn die Menschen werden unabhängig von eventuell langer Ansässigkeit im und Identifikation mit dem Zielland als zu ihrer Herkunftsgruppe gehörig gezählt
Fernandez-Armesto, Felipe (ed.) 1991: Times Atlas of Exploration. London: Times Editions
Porter, Andrew N. (ed.) 1991: Atlas of British Overseas Expansion. London/New York: Routledge
Entwicklung des britischen Kolonialreichs vom späten 15. bis zum 20. Jahrhundert in 137 detaillierten schwarzweißen Karten, mit ausführlichen Texterläuterungen zu jeder Karte, inklusive Karten von Kolonialstädten

Pleticha, Heinrich (Hrsg.) 2000: Atlas der Entdeckungsreisen. Tübingen: Edition Erdmann
Historische und moderne Karten der Reisen der großen Entdecker; die Karten sind zum Teil etwas lieblos gestaltet

Archäologische Atlanten

Scarre, Chris 1990: Weltatlas der Archäologie. München: Südwest Verlag (orig. „Past Worlds. The Times Atlas of Archaeology". London: Times Books, 1988)
Hughes, James (executive ed.) 1985: The World Atlas of Archaeology. New York: Portland House (orig. «Le Grand Atlas de l'archéologie». Paris: Encyclopaedia Universalis, 1985)

Sprach-Atlanten

Comrie, Bernard, Stephen Matthews & Maria Polinsky (ber. Hrsg.) 1998: Bildatlas der Sprachen. Ursprung und Entwicklung der Sprachen dieser Erde. Augsburg: Weltbild-Bechtermünz Verlag (orig. „The Atlas of Languages. The Origin and Development of Languages Throughout the World". London: Quarto Publishing, [1]1996; überarbeitet New York: Facts on File, 2002)
Ein aktueller Text-Bildband mit Sprachverbreitungskarten und einfachen Erläuterungen; Kapitel gegliedert nach den großen Sprachregionen, dazu Kapitel zu Schriften sowie Pidgin- und Kreolsprachen; auch kleinere Sprachen werden berücksichtigt; mit Glossar, Literaturverzeichnis und detailliertem Register
Moseley, Christopher & Robert E. Asher (general eds.) 1994: Atlas of the World's Languages. London/New York: Routledge
Ein umfassender Atlas, der die Verbreitung und zum Teil den Wandel von 4000 Sprachen auf 135 großformatigen farbigen Karten dokumentiert, mit Bibliographien und detaillierten Registern, ein wunderbares Buch, das aber mit knapp 400 englischen Pfund leider auch seinen Preis hat
Wurm, Stephen (ed.) 1996: Atlas of World's languages in Danger of Disappearing. Paris: UNESCO Publishing/Canberra: Pacific Linguistics

Religions-Atlanten

Hitchcock, Susan Tyler & John Esposito 2004: Der große National Geographic Atlas der Weltreligionen. Frankfurt: National Geographic Society (orig. „Geography of Religion. Where God Lives, Where Pilgrims Walk". Washington: National Geographic Society, 2004)
Vorsicht vor dem Titel: entgegen dem deutschen Titel ist das Buch weniger ein Atlas als ein opulent bebildertes Buch mit anregenden Texten und einigen wenigen Übersichtskarten
Holenstein, Elmar 2004: Philosophie-Atlas. Orte und Wege des Denkens. Zürich: Ammann Verlag
Ein interkulturell vergleichend orientierter Philosoph und Sprachwissenschaftler gibt eine bewusst nicht-eurozentrische Darstellung philosophischer Strömungen anhand farbiger Karten, die ausführlich erläutert werden; im Zentrum stehen die räumlich oft weitgreifenden Beziehungen und Beeinflussungen zwischen großen philosophischen Strömungen, die oft auch religiöse sind; mit detaillierten Registern; eine kreative und sehr anregende Buch-Idee

Kettermann, Günter 2001: Atlas zur Geschichte des Islam. Darmstadt: Wissenschaftliche Buchgesellschaft/Darmstadt: Primus Verlag
Ein Atlas, der zur Hälfte aus farbigen und gut gestalteten thematischen Karten und zur anderen Hälfte aus dichten Texten besteht und die Geschichte und Gegenwart islamischer Kulturen sehr gut veranschaulicht

O'Brien, Joanne & Martin Palmer 1994: Weltatlas der Religionen. Bonn: Verlag J. H. W. Dietz Nachfolger (orig. „The State of Religion Atlas". London etc.: Simon & Schuster, 1993)
34 farbige Karten zur heutigen Situation der Religionen und eine vergleichende Übersicht der Grundgedanken der großen Religionen; eine Besonderheit dieses Atlasses sind lange Kommentare zu sämtlichen Karten mit Literaturhinweisen

Smart, Ninian (Hrsg.) 2000: Atlas der Weltreligionen. Köln: Könemann Verlag (orig. „Atlas of the World's Religions". Oxford etc.: Oxford University Press, 1999)
Von einem wirklichen Fachmann herausgegebener Atlas mit guten Karten und kurzen Texten vorwiegend zu den großen Religionen, aber auch zu kleineren Glaubensformen, der viel detaillierter und historischer ausgerichtet ist als der Atlas von O'Brien & Palmer

Sopher, David E. 1974: Historical Atlas of the Religions of the World. New York: Macmillan USA
Ein älterer Religionsatlas, herausgegeben von einem Südasienkenner, der Wandlungen von Glaubensformen betont

Atlas zur Globalisierung

Le Monde diplomatique 2003: Atlas der Globalisierung. Berlin: TAZ Verlags- und Vertriebs GmbH (orig. «L'Atlas du Monde diplomatique». Paris: Le Monde diplomatique, 2003)
Ein aktueller Atlas, herausgegeben von der bekannten internationalen Zeitschrift; eingeteilt in einen allgemeinen Block und einen Teil zu einzelnen Ländern oder Regionen bietet der Band doppelseitige Themeneinheiten mit gut 300 farbigen thematischen Karten, ergänzt um erläuternde Texte und Schaubilder; mit Internetadressen zu jedem Thema; geeignet für den Unterricht zu Globalisierung und Lokalisierung; die Karten und Diagramme sind allerdings wegen leichter Farbgebung fast sämtlich kaum reproduktionsfähig

3.3 Berichte und Erzählungen über das Leben in fremden Kulturen

Anmerkung: Die im folgenden gemachte Unterscheidung zwischen Nichtethnologen und Ethnologen beinhaltet keine Wertung

Reiseberichte und Erzählungen von Nichtethnologen

Alverson, Marianne 1990: Unser Dorf in Afrika. Ein Bericht. Reinbek bei Hamburg: Rowohlt Taschenbuch Verlag (Neue Frau) (orig. „Under African Sun". Chicago: University of Chicago Press, 1987)
Erfahrungen einer Amerikanerin, die mit Kindern zwei Jahre in Botswana lebte, wo ihr

*Mann eine ethnologische Feldforschung durchführte; im Mittelpunkt stehen die eigenen
Empfindungen während und nach dem Aufenthalt*

Ansary, Tamim 2003: Kabul – New York. Ein Leben zwischen den Kulturen. Düsseldorf:
Artemis & Winkler (orig. „West of Kabul, East of New York. An Afghan American
Story". New York: Farrar, Straus & Giroux, 2002)

*Lebensbericht des Autors, der aus Afghanistan stammt, über seine Erfahrungen in einer
Großfamilie, die zwischen Afghanistan und den Vereinigten Staaten verstreut ist und Mitglieder hat, die das ganze Spektrum zwischen fundamentalistisch islamisch und konser-
vativ amerikanisch abdecken; der Autor, der sonst Kinderbücher schreibt, wurde zu diesem Buch angeregt durch die Menge der kontroversen Reaktionen auf eine E-Mail
Aktion, die er nach dem 11. September 2001 und den in den USA aufkommenden anti-
islamischen Haltungen in antidogmatischer Absicht veranstaltet hatte*

Blechmann-Antweiler, Maria 2001: Ohne uns geht es nicht. Ein Jahr bei Frauen in Indonesien. Münster etc.: Lit Verlag (Begegnungen. Autobiographische Beiträge zu interkulturellen Kontakten, 1)

*Kein Reisebericht, sondern ein Aufenthaltsbericht; die Frau des Autors des vorliegenden
Medienführers berichtet über ihre schönen Erfahrungen, aber auch Kulturschocks, in einer provinziellen Millionenstadt: Makassar (Ujung Pandang) auf Sulawesi in Indonesien*

Boomers, Sabine 2004: Reisen als Lebensform. Isabelle Eberhardt, Reinhold Messner und
Bruce Chatwin. Frankfurt/New York: Campus Verlag

*Eine Studie zu bekannten Personen, die in ihrem Leben andauernd reisten oder reisen
und deren Leben und Bücher Formen und Trends der Suche nach Identität durch Erleben des Fremden beleuchten, die in modernen Gesellschaften verbreitet sind*

Brett, Lily 2001: New York. Frankfurt: Suhrkamp Verlag

*Brett schreibt in lockerer Art über ihre Erlebnisse in New York, wohin sie von Australien
aus neu zugezogen war. Ihre kurzen Geschichten beleuchten scheinbar belanglose
Aspekte des Alltagslebens, die jedoch für die „Fremde" irritierend und aufregend sind.
Brett gelingt es, die beobachteten oder erlebten Andersartigkeiten ohne Bewertung
zu kommentieren. Mit Heiterkeit erlebt der Leser ihren Kulturschock. (mb)*

Chatwin, Bruce 1993: Auf Reisen. Photographien und Notizen. München: Hanser Verlag

*Eine Sammlung von Notizen, Berichten und Fotografien; zum Teil bekannt aus anderen
Büchern des bekannten Autors*

Chatwin, Bruce [9]1999: Traumpfade. The Songlines. Frankfurt: Fischer Taschenbuch Verlag
(orig. „The Songlines". London: Jonathan Cape, 1987; London/New York: Viking Penguin, 1987)

*Mischung aus Reisebericht und Roman, wie die Auflagenzahl zeigt, ein extrem populäres
Buch, u. a. wegen der gegenwärtigen Australienwelle, die viele Bücher mit „Traum" im
Titel hervorbringt*

Chatwin, Bruce 2000: In Patagonien. Stuttgart: Philipp Reclam Jun. (Hrsg. M. Pfister)

*Chatwins bekanntestes Reisebuch, das sich durch eine enge Verquickung von Erlebnis-
sen, Reflexionen und phantastischen Passagen auszeichnet; ausgestattet mit Erläuterungen und Glossar; zu Chatwin vgl. Shakespeare 2000, Clapp 2001*

Clapp, Susannah 2001: Mit Chatwin. Portrait eines Schriftstellers. Frankfurt: Fischer Taschenbuch Verlag (orig. „With Chatwin. Portrait of A Writer". London: Jonathan Cape,
1997)

*Portrait der Reisen und der schillernden Persönlichkeit des weltweit neben Paul Theroux
wohl bekanntesten Reiseschriftstellers; vgl. Chatwin 1999, Chatwin 2000*

Clarke, Thurston 2003: Die Insel. Eine Welt für sich. Hamburg: Marebuchverlag (orig.
„Searching For Crusoe". New York: The Ballantine Publishing Group, 2001)

Ein leicht fasslich geschriebenes Sachbuch über Inseln und besonders die einflussreichen Vorstellungen über Inselleben bzw. Ideale von Inseln

Davidson, Robyn 1984: Spuren. Eine Reise durch Australien. Hamburg: Rowohlt Taschenbuch Verlag

In dieser Reiseerzählung berichtet die Autorin dicht und spannend von ihrer Durchquerung Australiens allein mit vier Kamelen und einem Hund. Es sind nicht nur die detaillierten Beschreibungen über die Schönheit und Kargheit des australischen Busches, sondern auch die über Erlebnisse mit Städtern und Aborigines. Bewundernswert ist Davidsons Engagement, das Leben der ihr fremden Welt kennen- und verstehen zu lernen. (mb)

Donner-Grau, Florinda 1996: Shabono. Eine Frau bei den Yanonama-Indianern. München: Knaur (orig. „Shabono“, 1982)

Drüke, Milda [2]2004: Die Gabe der Seenomaden. Bei den Wassermenschen in Südostasien. München: National Geographic Taschenbuch bei Frederking & Thaler ([1]2003, dt. zuerst Hamburg: Hoffmann & Campe, [3]2002)

Ein erzählender Text über Erfahrungen bei „Seemenschen“ (Orang Laut) in Indonesien, der die Menschen mit Sympathie darstellt, aber sie gelegentlich auch stark idealisiert; ausgestattet mit vielen farbigen Fotos

Frater, Alexander 1994: Regen-Raga. Eine Reise mit dem Monsun. Stuttgart: Klett-Cotta Verlag (orig. „Chasing the Monsoon“. London/New York: Viking Penguin, 1990)

Eine poetische und doch sehr informative Schilderung des indischen Monsuns, in der der englische Autor selbst erlebte Gegenwart, eigene Lebenserinnerungen und Ereignisse der indischen Geschichte kaleidoskopartig miteinander verwebt

Gizycki, Renate von 1986: Nachbarn in der Südsee. Reiseberichte über Inseln im Pazifik. Frankfurt: Fischer Taschenbuch Verlag

Lebendige, engagierte Erzählungen einer ethnologisch beschlagenen Autorin

Gizycki, Renate von 1987: Begegnung mit Vietnam. Geschichte einer Reise. Frankfurt: Fischer Taschenbuch Verlag

Gizycki, Renate von 1998: Wo der Tag beginnt, enden die Träume. Begegnungen in der Südsee. Ethnologische und literarische Entdeckungsreisen. Frankfurt: Fischer Taschenbuch Verlag

Eine Verbindung von lebendig erzählten Erlebnissen und Informationen über pazifische Lebensweisen und einer Hinführung zur modernen Literatur aus der Südsee aus der Feder einer ethnologisch beschlagenen Autorin

Goldschmidt, Tijs 1997: Darwins Traumsee. Nachrichten von meiner Forschungsreise nach Afrika. München: C. H. Beck

Ein Reisebericht, der deshalb interessant ist, weil hier ein Naturwissenschaftler neben seinen persönlichen Forschungserlebnissen auch von seinen Erfahrungen mit kultureller Fremdheit berichtet

Hamilton-Paterson, James 1997: Wasserspiele. Stuttgart: Klett-Cotta Verlag (orig. „Playing with Water“. New Amsterdam Books, 1987)

Eine poetische und gleichzeitig kulturell sensible und informative, autobiographisch angelegte Robinsonade, die auf den Philippinen spielt

Heise, Gertrud 1997: Reise in die schwarze Haut. Ein Tagebuch. Wuppertal: Peter Hammer (zuerst Frankfurt: Fischer Taschenbuch Verlag, 1985, 1993; Die Frau in der Gesellschaft)

Hesse, Hermann 1980: Aus Indien. Aufzeichnungen, Tagebücher, Gedichte, Beobachtungen und Erzählungen. Frankfurt: Suhrkamp Verlag

Das Ergebnis der langen Reise, die Hesse mit 34 Jahren aus Überdruss an seinem sesshaf-

ten Leben antrat; anders als der Titel vermuten lässt, ging die Reise in den malaiischen Archipel, dem heutigen Malaysia und Indonesien, und daneben nach Sri Lanka und Indien; Hesse war auf den Spuren seiner Familie; sein Großvater hatte das Neue Testament ins südindische Malayalam übersetzt und seine Eltern waren in Indien als christliche Missionare tätig; die Erfahrungen regten ihn zu späteren Werken an, welche die west-östliche Begegnung thematisierten, wie zum Beispiel „Siddhartha" und „Das Glasperlenspiel"

Heyerdahl, Thor [1]1949: Kon-Tiki. Ein Floß treibt über den Pazifik. Berlin: Ullstein Verlag (orig. „Kon.Tiki. Ekspedisjonen". Oslo: Gyldenahl Norsk Forlag, 1948)
Bericht über die Fahrt mit einem Balsafloß von Peru nach Polynesien, mit der nachgewiesen wurde, dass die Besiedlung Ozeaniens von Südamerika aus erfolgt sein könnte (!); der Autor war ein Abenteurer, kein ausgebildeter Ethnologe; das Buch ist hier genannt, weil die wissenschaftlich gesehen eher unwahrscheinliche These unter Laien sehr bekannt ist und es bis heute Neuauflagen dieses vom Ethnologen Karl Jettmar übersetzten Buchs gibt

Hoffmann, Corinne 2001: Die weiße Massai. München: Droemer Knaur (zuerst 1998)
Bericht über eine vierjährige Beziehung der Autorin zu einem afrikanischen Mann; Beispiel einer enorm populären Buchsorte, die interkulturelle Fragen in Form von Liebesgeschichten oder Sexbeziehungen thematisiert; unterhaltsam, aber extrem oberflächlich und voller Fremdbilder und Stereotype; ein Best- und auch Longseller; vgl. Hoffmann 2004

Hoffmann, Corinne 2004: Zurück aus Afrika. Augsburg: Weltbild Verlag
Nachfolgeband der Bestsellerautorin zu Hoffmann 2001 (1998), die als „weiße Massai" firmiert, deren romantisierende, exotisierende und bisweilen schwülstige Texte in Deutschland viel Anklang finden

Iyer, Pico 2002: Sushi im Bombay, Jetlag in L. A. Unterwegs in einer Welt ohne Grenzen. Frankfurt: S. Fischer Verlag (orig. „The Global Soul. Jet Lag, Shopping Malls, and the Search for Home". New York: Alfred A. Knopf, 2000)
Ein Bericht über Begegnungen mit Menschen, die über längere Zeiträume oder auch immer wieder außerhalb ihrer Heimatregion leben, wie etwa Manager, illegale Einwanderer und Langzeittouristen; in lebendigem Stil verfasste Essays von einem der in der angloamerikanischen Welt bekanntesten Reiseschriftsteller, der als Sohn indischer Einwanderer in England aufwuchs, extrem viel reist und heute in Japan lebt

Kapuscinski, Ryszard 2001: Afrikanisches Fieber. Erfahrungen aus vierzig Jahren. München etc.: Piper Verlag (zuerst: Frankfurt: Eichborn Verlag, 1999)
Eine sehr gut geschriebene und gleichzeitig informative Mischung aus Essay und Reportage aus der Feder eines erfahrenen polnischen, auf Afrika spezialisierten Journalisten: die politischen Bedingungen in mehreren Länder Afrikas spiegeln sich in Schilderungen des Alltags; vgl. Kapuscinski 2001, Kapuscinski 2003

Kapuscinski, Ryszard 2001: Der Fußballkrieg. Berichte aus der Dritten Welt. Frankfurt: Fischer Taschenbuch Verlag

Kapuscinski, Ryszard 2003: Die Welt im Notizbuch. München etc.: Piper Verlag (Serie Piper; zuerst Frankfurt: Eichborn Verlag, 2000)
Eine Zusammenstellung von Bemerkungen und Reportagen aus mehreren Jahren; vgl. Kapuscinski 2001

Kiki, Albert Maori 1985: Ich lebe seit 10000 Jahren. Berlin: Ullstein Verlag (auch Frankfurt: Safari bei Ullstein, 1982; dt. zuerst Berlin: Ullstein Verlag, 1969)
Der lebendig geschriebene Lebensbericht eines Papua aus Neuguinea

Kleinsteuber, Hans J. 1997: Reisejournalismus. Eine Einführung. Wiesbaden: Westdeutscher Verlag; Verlag für Sozialforschung

Eine der wenigen Übersichten zum Thema; zur Geschichte des Reisejournalismus, über Grundformen des Arbeitens wie Recherche und Reportage und zur Achtung des Fremden als Grundhaltung; mit Beispieltexten

Kuan, Yn C. 2001: Mein Leben unter zwei Himmeln. Eine Lebensgeschichte zwischen Schanghai und Hamburg. Bern etc.: Scherz Verlag

Kuans Autobiographie beschreibt spannend und detailliert seine unbeschwerte Kindheit der dreißiger Jahre in Shanghai unter den Japanern, dann seine begeisterte Jugend im China unter Mao. Trotz großer Loyalität zu seinem Heimatland und kommunistischer Ideale wird Kuan durch Maos Kampagnen als Rechtsabweichler denunziert und in die Verbannung geschickt. Schließlich gelingt ihm seine abenteuerliche Flucht über Ägypten nach Deutschland. Der Autor schafft es, seine Hoffnungen und seine Enttäuschungen während der Kulturrevolution hautnah zu beschreiben. Seine Erlebnisse lassen den Leser die chinesische Welt von damals besser verstehen, weil Kuan sowohl Alltagssituationen als auch handlungsleitende Weltbilder und Ideologien vermittelt. Kuan verliert nie seine mitfühlende Menschlichkeit, auch nicht in schlimmstem Situationen wie zum Beispiel im Gefängnis in Kairo. Seine Fremdheitseindrücke von Deutschland sind für jeden Leser lehrreich (mb)

Lopez, Barry Holstun [2]2000: Arktische Träume. München: Goldmann Verlag, btb Taschenbuch ([1]2000, dt. zuerst Düsseldorf: Claassen Verlag, 1987, orig. „Arctic Dreams. Imagination and Desire in A Northern Landscape". New York: Charles Scribner´s Sons, 1986)

Der Autor schildert in diesem umfangreichen Buch die extremen Lebensumstände in der polaren Arktis, die Lebewelt, besonders die Pflanzen, und seine Erlebnisse mit Inuit in sehr dichter Weise, erfahrungsnah und ausführlich

Massaquoi, Hans J. (ca. 2001) o. J.: „Neger, Neger, Schornsteinfeger". Meine Kindheit in Deutschland. München: Droemer Knaur (dt. zuerst Bern etc.: Scherz Verlag, 1999 (orig. „Destined to Witness". New York: Morrow, 1999)

Lebensbericht eines Amerikaners über seine Jugend, die er als Sohn einer deutschen Mutter und eines liberianischen Vaters in Deutschland verbrachte und dann in Liberia und den USA lebte; lebendig geschrieben, detailliert und emotional, aber weniger anspruchsvoll als Oji 2001

Mills, Billy & Nicholas Sparks 2001: Wokini oder die Suche nach dem verborgenen Glück. München: Heyne Verlag

Ein Vertreter einer US-amerikanischen Indianerbewegung erzählt zusammen mit einem internationalen Bestsellerautor die Geschichte eines jugendlichen Lakota-Indianers, um daran eine Heilsbotschaft für westliche Leserinnen und Leser zu knüpfen; das sehr erfolgreiche Buch ist ein Beispiel für eine insgesamt derzeit sehr populäre Buchgattung, in der Vorstellungen aus der New-Age-Bewegung mit Elementen „traditioneller Kultur" amalgamiert werden und dabei eine zum Teil seltsame Mischung herauskommt

Morgan, Marlo 1998: Traumfänger. Die Reise einer Frau in die Welt der Aborigines. München: Goldmann Verlag (orig. „Mutant Message Down Under". New York: Harper Collins, 1991/1994); dazu auch 6 Audio-CDs erhältlich

Ein enorm erfolgreiches Buch, das sich als Erfahrungserzählung ausgibt, tatsächlich aber vieles enthält, was sachlich schief oder schlicht erfunden ist; ethnologisch sehr problematisch, so dass es sich eher um Pseudoethnologie als um populäre Ethnologie handelt, allerdings ein extrem populäres Buch; ein Indiz für den Grad der Umstrittenheit sind 185 Rezensionen bei Amazon.de (Stand September 2004)

Morley, John D. 2001: Nach dem Monsun. Eine Kindheit in den britischen Kolonien. München: Malik Verlag

Naipaul, Vidiadhar Surajprasad 1994: Indien. Ein Land im Aufruhr. München: Deutscher Taschenbuch Verlag (dt. zuerst Berlin/Köln: Kiepenheuer & Witsch, 1992; orig. „India. A Million Mutinies Now". London: William Heinemann, 1990; auch Harmondsworth: Penguin, 1992)
Erlebnisse und Betrachtungen des Nobelpreisträgers, der als Inder in Trinidad aufwuchs; zwanzig Jahre nach seinem ersten Reisebericht „Land der Finsternis", der extrem kritisch war, schildert Naipaul seine Erfahrungen im modernen Indien der 1980er Jahre; mit einem sehr langen Kapitel zu Bombay

Naipaul, Vidiadhar Surajprasad 1998: Jenseits des Glaubens. Eine Reise in den anderen Islam. München: Claassen Verlag

Naipaul, Vidiadhar Surajprasad 2001: Land der Finsternis. Fremde Heimat Indien. Berlin: List Verlag, List Taschenbuch (zuerst Hamburg: Hoffmann und Campe, 1997)

Naipaul, Vidiadhar Surajprasad 2002: Eine islamische Reise. Unter den Gläubigen. Berlin: List Taschenbuch
Zwei Bände mit Reise-Essays, in denen der Autor Erlebnisse seiner Fahrten in die postkolonialen Länder mit Interviews zu einem Bild verknüpft, das sowohl die makropolitischen Aspekte wie auch die alltägliche Lebenswelt und die Sichten einzelner Personen spiegelt. Der erste Band diagnostiziert aufgrund einer Reise durch den Iran, Pakistan, Malaysia und Indonesien im Jahr 1979 eine zunehmende Arabisierung der islamischen Peripherie, während der zweite Band aufgrund einer Reise im Jahre 1995 über neue Tendenzen und lokalisierte Varianten des Islam berichtet, wobei Naipaul teilweise dieselben Gesprächspartner aufsuchte

Neu, Rainer & Marie-Paule Neu 1996: Innenansichten Philippinen. Teilnehmende Beobachtungen. Münster etc.: Lit Verlag (Beiträge zur Gesellschaft, Kultur und Religion Südostasiens, 1)
Eine Sammlung von vielen kurzen Essays, die über Erlebnisse berichten und damit Verstehen ermöglichen wollen; ein Schwerpunkt der informativ abgehandelten Themen liegt bei Entwicklung; ausgestattet mit einigen aussagekräftigen Fotografien

O'Hanlon, Redmond 2001: Redmonds Dschungelbuch. München: Deutscher Taschenbuch Verlag
Eine Schilderung der Erlebnisse mit Klima, Lebewelt und auch den Menschen im Regenwald Venezuelas, bei der selbstverständlich die „gefürchteten" Yanomami nicht fehlen dürfen; vom Ansatz in der Tradition britischer Natural History; im Stil lebendig und mit zum Teil trockenem Humor, aber auch mit verwirrenden Schilderungen und einigen Längen; das Buch stammt aus der Feder eines englischen Literaturwissenschaftlers, der schon etliche erfolgreiche Titel schrieb, zum Beispiel „Ins Innere von Borneo" (München: Deutscher Taschenbuch Verlag, 2000)

Oji, Chima 2001: Unter die Deutschen gefallen. Erfahrungen eines Afrikaners. Berlin: Ullstein Verlag (zuerst Wuppertal: Peter Hammer Verlag, 2000)
Der autobiographische Bericht eines Arztes aus Nigeria, der seine guten und weniger guten Erfahrungen im Zusammenleben mit Deutschen schildert, u. a. mit subtiler oder auch krasser Fremdenfeindlichkeit; ein erfolgreiches Buch, das lebendig und humorvoll geschrieben ist, bei dem einem allerdings manchmal das Lachen im Halse stecken bleibt; vgl. Massaquoi o. J. zu Erlebnissen Anfang des 20. Jahrhunderts

Pham, Andrew X. 2000: Mond über den Reisfeldern. Einmal Vietnam und Zurück. München: Goldmann Verlag
Erlebnisse und Reflexionen über kulturelle Identität eines Vietnamesen während der Rückkehr in die Heimat zwanzig Jahre nach der Flucht in die USA

Rawson, Eduardo Belgrano 2003: In Feuerland. München: C. H. Beck
Eine Erzählung über das Leben indigener Gruppen in Patagonien, ihren Kontakt mit weißen Reisenden und Siedlern und die katastrophalen Folgen schnellen Wandels, die zum Aussterben der Feuerländer führten

Ritter, Hans 1980: Sahel. Land der Nomaden. München: Trickster Verlag
Beobachtungen und Reflexionen eines erfahrenen Saharaforschers während einer Reise in den 1970er Jahren, angereichert durch neuere Bemerkungen und 26 großformatige Fotografien; ein bibliophil gemachtes Buch, das informativ und durch persönliche Erfahrungen bereichernd ist

Rosenmayr, Leopold (Text) & Josef Pillhofer (Zeichnungen) 1997: Baobab. Geschichten aus Westafrika. Leverkusen: Leske + Budrich
Erinnerungen und Erlebnisse eines Ethnosoziologen aus etwa zwanzigjähriger Lebenslaufforschung in Westafrika, besonders einem Bambara-Dorf in Mali; u. a. zu Verstädterung und Akkulturation an westliche Einflüsse und die Wirkung seiner Anwesenheit auf die Gemeinschaft (ch)

Sarno, Louis 2002: Der Gesang des Waldes. Mein Leben bei den Pygmäen. Frankfurt: Fischer Taschenbuch Verlag
Erlebnisse eines Journalisten mit Menschen im tropischen Regenwald im zentralen Afrika; eine spannende und romantisierende Darstellung

Scheurmann, Erich (Hrsg. und Übers.) 1977, 1991: Der Papalagi, Die Reden des Südsee-Häuptlings Tuiavii aus Tiavea. Zürich: Verlag Tanner & Staehelin (orig. Buchenbach/ Baden: Felsenverlag, 1920)
Neuedition einer Kulturkritik des Westens, die im Gewand eines Reiseberichts des Südseehäuptlings Tuiavii auftritt; verfasst von Erich Scheurmann in den 1920ern, der als „Herausgeber" auftritt; ein seit der Studentenbewegung Mitte der 1970er Jahre bis heute extrem erfolgreiches Büchlein, das immer wieder von verschiedenen Verlagen aufgelegt wurde; zum Kontext vgl. Stein 1984 sowie Siegle & Wolff 1999

Segalen, Victor 1994: Die Ästhetik des Diversen. Versuch über den Exotismus. Frankfurt: Fischer Taschenbuch Verlag (dt. zuerst Frankfurt/Paris: Qumran Verlag, 1983)
Persönliche Berichte des französischen Schriftstellers und Reisenden (1878–1921) aus China, in denen Reaktionen von Bereisten beleuchtet werden und für eine nichtethnozentrische Wahrnehmung plädiert wird

Siegle, Rainer & Jürgen Wolff 1999: Der Papalagi. Ein Südseehäuptling erlebt unsere Zivilisation. Stuttgart: Ernst Klett Verlag (Lesehefte)
Ein Leseheft zu Scheurmann 1977 (1920)

Stein, Gerd (Hrsg.) 1984: Exoten durchschauen Europa. Der Blick des Fremden als Stilmittel abendländischer Kulturkritik. Von den persischen Briefen bis zu den Papalagi-Reden des Südseehäuptlings Tuiavii. Frankfurt: Fischer Taschenbuch Verlag
Eine nützliche Anthologie von Texten, die eine große historische Spanne abdecken und, außer etwa dem zu Papalagi-Auszug, zumeist sonst nur schwer greifbar sind

Stephenson, James 2001: Traumgänger. Spurensuche bei den Hadza in Ostafrika. München: Frederking & Thaler (orig. „The Language of the Land. Among the Hadzabe in Africa". New York: St. Martin's Press, 2000)
Ein ethnologisch sensibler Reisebericht, der den sich an Marlo Morgan hängenden deutschen Titel nicht nötig gehabt hätte

Theroux, Paul 1998: Die glücklichen Inseln Ozeaniens. München: Deutscher Taschenbuch Verlag (dt. zuerst Hamburg: Hoffmann und Campe, 1993; orig. „The Happy Isles of Oceania. Paddling the Pacific". London: Hamish Hamilton, 1992)
Einer der großen Reiseschriftsteller unserer Zeit erzählt über eine Tour mit einem Pad-

delboot durch Ozeanien, in der die im Titel angesprochenen Südsee-Stereotype mit Er-fahrungen kontrastiert werden

Zeppa, Jamie 2000: Bhutan, Mein Leben in der Festung der Götter. München etc.: Piper Verlag. (orig. „Beyond the Sky and the Earth. A Journey into Bhutan". Toronto: Doubleday Canada, 1999)

Die Kanadierin Zeppa verbringt zwei Jahre als Lehrerin in einem Dorf in Bhutan. An-schaulich und einfühlsam beschreibt sie in ihrem autobiographischen Bericht ihre Annä-herung an die fremde Kultur. Sie genießt die Schönheit der Natur und berichtet von my-thischen Bräuchen des Buddhismus. Trotz ihrer Bindung an Land und Leute kehrt sie nach zwei Jahren in ihre Heimat zurück. Das Buch liest sich flott und spannend. Das Leben zwischen zwei Kulturen und die damit verbundenen Konflikte sind gut nachvoll-ziehbar. Ein sehr zu empfehlendes Buch für Leser, die nach Bhutan reisen möchten oder dort sogar eine Weile leben werden (mb)

Felderfahrungsberichte und erzählende Literatur von Ethnologen

Barley, Nigel 1998: Die Raupenplage. Von einem, der auszog, Ethnologie zu betreiben. München: Deutscher Taschenbuch Verlag (zuerst Stuttgart: Klett-Cotta Verlag, 1989)

Ein humorvoller bis sarkastischer Reisebericht über Hoffnungen und Scheitern bei der Feldforschung

Barley, Nigel [6]1993: Traumatische Tropen. Notizen aus meiner Lehmhütte. Stuttgart: Klett-Cotta Verlag ([1]1990; orig. „The Innocent Anthropologist. Notes from A Mud Hut". London: British Museum Publications, 1983)

Erlebnisse und Gefühlsverwirrungen eines Ethnologen in Kamerun mit Selbstironie und Reflexion der eigenen Kultur, zum Teil grotesk erzählt; der Titel spielt auf Claude Lévi-Strauss' Klassiker „Traurige Tropen" an

Barley, Nigel 1994: Hallo Mister Puttyman. Bei den Toraja in Indonesien. Stuttgart: Klett-Cotta Verlag (orig. „Not a Hazardous Sport". London/New York: Viking Penguin, 1988)

Ein ironischer, aber sensibler Reisebericht des Autors, der als Kustos des „Museum of Mankind" nach Süd-Sulawesi in Indonesien reist, um dort für eine Ausstellung in Lon-don Kontakt zu Toraja aufzunehmen; ein sehr anregendes und treffendes Buch, in dem man mehr über Probleme interkulturellen Umgangs und über erstaunliche Begegnungen erfährt als über die Kultur der Toraja

Briggs, Jean 1970: Never in Anger. Cambridge, Mass.: Harvard University Press

Eine Doktorandin beschreibt aufgrund eines Langzeitaufenthalts bei den Inuit lebendig die Kontraste zwischen eigenen Gefühlen und der emotionalen Struktur der Untersuch-ten, ihre teils traumatischen Erfahrungen sowie die Beziehungen unter den Untersuchten; ein persönlicher und emotionaler Bericht

Castañeda, Carlos 1972: Die Lehren des Don Juan. Ein Yaqui-Weg des Wissens. Frankfurt: Fischer Taschenbuch Verlag (orig. „Teachings of Don Juan". Berkeley etc.: University of California Press, 1968)

Erfahrungen des Autors bei einer schamanistischen Ausbildung; ein Band, der für eine ganze Generation junger Leute und auch für einige Ethnologen persönlich wichtig war und ein Best- und Longseller wurde, nach heutigen Erkenntnissen höchstwahrscheinlich weitgehend fiktional, meines Erachtens aber äußerst sensibel; vgl. die Kontroverse unter 1.4

Cesara, Manda 1982: Reflections of a Woman Anthropologist. No Hiding Place. New York: Academic Press

Ein persönlicher Bericht von Forschungen in afrikanischen Regionen, einer der ersten Bände zu Erfahrungen von Feldforscherinnen; von Karla Poewe unter Pseudonym veröffentlicht; vgl. Powdermaker 1966

Crapanzano, Vincent 1983: Tuhami. Portrait eines Marokkaners. Stuttgart: Klett-Cotta Verlag (orig. „Tuhami. Portrait of a Maroccan". Chicago: University of Chicago Press, 1980)

Lebensbericht eines Ziegelbrenners in Marokko, der in intensiven Gesprächen entstand, die ein amerikanischer ethnopsychologisch orientierter Ethnologe mit dem Außenseiter über längere Zeit führte; ein faszinierendes Portrait, auch wenn man über die Kultur als Rahmen der individuellen Erfahrungen nur begrenzt etwas erfährt

Davis, Wade E. 2000: Der Kaktus der vier Winde. Reisen in Länder der Sehnsucht. München: Goldmann Verlag; München: Frederking & Thaler, Sierra Taschenbuch

Reportagehafte Texte zu Erlebnissen mit Menschen in Haiti, im Regenwald Borneos, in der Sahara und in Tibet aus der Feder eines Ethnobotanikrer, der sehr viele populäre Titel über exotische, religiöse und spirituelle Themen schreibt

Dumont, Jean Paul 1978: The Headman and I. Ambiguity and Ambivalence in the Fieldwork Experience. Austin: University of Texas Press

Ghosh, Amitav 1995: In einem anderen Land. Eine Reise in die Vergangenheit des Orients. Reinbek bei Hamburg: Rowohlt Verlag (orig. „In An Antique Land". London: Granta Books, 1992)

Eine faszinierende Verknüpfung von Geschichtsschreibung zu interkulturellen Begegnungen in frühen Zeiten mit Erfahrungen bei einer Reise des Autors nach Ägypten; gleichzeitig Darstellung des Prozesses der Erforschung von Geschichte, geschrieben von einem global agierenden indischen Autor, der Ethnologe ist

Girtler, Roland 2004: Über die Grenzen. Ein Kulturwissenschaftler auf dem Fahrrad. Münster etc.: Lit Verlag (zuerst Frankfurt/New York: Campus Verlag, 1991; Linz: Veritas Verlag, 1991)

Eine Erzählung von einer 16-tägigen Fahrradtour durch die österreichischen Alpen, die mehrmals politische Grenzen berührt; hieran zieht der Autor sein Hauptthema in diesem Band auf, symbolische und ritualisierte Kulturgrenzen zwischen Wir-Gruppen; ein humorvolles, zuweilen drastisches Buch aus der Feder des streitbaren Wiener Soziologen, der schon viele ethnographische Bücher für die breite Leserschaft schrieb

Good, Kenneth 2003: Im Urwald des Orinoco. Frankfurt: National Geographic (Sierra Books; zuerst als „Yarima. Ich brach auf, um ein Volk im Urwald des Orinoko zu erforschen. Was ich fand war, eine ungewöhnliche Liebe". Bergisch Gladbach: Bastei Lübbe Verlag, 1996)

Eine Schilderung der Erlebnisse eines Ethnologen bei den Yanomami, kombiniert mit einer Liebesgeschichte; der Autor inszeniert die Klischees und Realität der „kriegerischen" Indianer und den Kontrast mit romantisierter Liebe

Greverus, Ina-Maria 2002: Anthropologisch reisen. Münster etc.: Lit Verlag

Über mobile Feldforschung als Alternative zur Forschung an einem Ort; die Autorin, eine kulturanthropologisch geprägte moderne Volkskundlerin (europäische Ethnologie), betont die Bedeutung der Offenheit für unerwartete Erfahrungen („Serendipity-Prinzip") und stellt die oft zufälligen Verortungen globaler kultureller Ströme heraus

Hauschild, Thomas (Hrsg.) 1996: Ethnologie und Literatur. Bremen: Kea-Edition (Kea. Zeitschrift für Kulturwissenschaften, Sonderband 1)

Beiträge zum Verhältnis von Bellestristrik zu ethnologischen Formen des Schreibens, und

im engere Sinne über das Problem der Darstellung und Repräsentation fremder Kultur

Herz, Rosanna & Jonathan B. Imber 1995: Studying Elites Using Qualitative Methods. Thousand Oaks, Cal. etc.: Sage Publications

Eines der noch wenigen Bücher mit Erfahrungsberichten aus organisationsethnologischer Feldforschung

Kapfer, Reinhard, Marie-José van de Loo, Werner Petermann & Margarete Reinhart (Hrsg.) 1998: Wegmarken. Eine Bibliothek der ethnologischen Imagination. Wuppertal: Peter Hammer Verlag (Edition Trickster im Peter Hammer Verlag) (Trickster-Jahrbuch, 2)

Ein schon oben zum Thema „Ethnologie und Medien" angeführtes Buch, das eine blendende Idee verwirklicht: deutschsprachige Ethnologinnen und Ethnologen schreiben neue Vorworte zu populären Büchern oder zu Titeln, die zumindest bei Ethnologen anderer Länder bekannt, aber hierzulande erst zu entdecken sind

Lévi-Strauss, Claude 2003: Traurige Tropen. Frankfurt: Suhrkamp Verlag (auch 2001, 1978; orig. «Tristes Tropiques». Paris: Plon, 1955, auch 1987 in der «Collection Terre Humaine», Neuausgabe Paris ⁴1993; dt. zuerst Berlin/Köln: Kiepenheuer & Witsch, 1960, auch 1974 unter dem Titel „Traurige Tropen. Indianer in Brasilien")

Ein früher Klassiker zu Erfahrungen in der Feldforschung, der anhand von Erlebnissen als junger Ethnologe in Brasilien das Abenteuer und die Romantik zeigt, aber auch die Entbehrungen deutlich macht

McHugh, Ernestine 2001: Love and Honor in the Himalayas. Coming to Know Another Culture. Chicago, Ill.: University of Minnesota Press (Contemporary Ethnography)

Eine Ethnologin beschreibt ihre Erfahrungen mit Angehörigen der Gurung im mittleren Himalaja Nepals und die teils seelisch anstrengenden Erlebnisse mit sich selbst

Maier, Christian 1996: Das Leuchten der Papaya, Ein Bericht von den Trobriandern in Melanesien. Hamburg: Europäische Verlagsanstalt

Ein Psychiater wird bei einem privaten Aufenthalt in Melanesien von einer Dorfgemeinschaft gefragt, ob er ihnen nicht das moderne Fußballspiel beibringen könnte; zwei Jahre später kehrt er als Trainer in das Dorf zurück; er agiert als Lehrer und ist gleichzeitig Schüler der dortigen Kultur; seine dort gemachten Erfahrungen über die kulturelle Begegnung hat er in diesem packenden ethnographischen Reisebericht niedergeschrieben, der Einblicke in die Gefühlswelt und Gedankenwelt der Einwohner, aber auch des Autors gibt (ch)

Malinowski, Bronislaw Kaspar 1986: Ein Tagebuch im strikten Sinn des Wortes. Neuguinea 1914–1918. Frankfurt: Syndikat Verlag (orig. „A Diary in the Strict Sense of the Term". Cambridge etc.: Cambridge University Press, 1989; zuerst 1943)

Ein Erfahrungsbericht, der posthum veröffentlicht wurde und wegen einiger sehr persönlich-subjektiver Aussagen, die Malinowski in seinen früheren „objektiven" Büchern ausblendete, Interesse fand und das besonders aufgrund negativer Statements über die erforschten Menschen zu einem der größten Skandale in der Ethnologie führte

Mead, Margaret ²1985: Blackberry Winter. My Earlier Years. New York etc.: Kodansha; (zuerst New York: William Morrow, ¹1972) (leicht gekürzte dt. Ausgabe: „Brombeerblüten im Winter. Ein befreites Leben". Reinbek bei Hamburg: Rowohlt Taschenbuch Verlag (Neue Frau 4226, 1978)

Eine autobiographische Darstellung des Lebens der extrem produktiven und berühmten Ethnologin, die drei Ehen führte – darunter zwei mit Ethnologen –, Hunderte von Arbeiten veröffentlichte und öffentlich wirksam war, wie kein anderer Fachvertreter

Powdermaker, Hortense 1966: Stranger and Friend. The Way of An Anthropologist. New York: W. W. Norton

159

Eine bereichernde ethnologische Autobiographie: Kindheit, Jugendzeit, Gründe für das Ethnologiestudium und Felderfahrungen in Melanesien, Zambia, Hollywood und in einer Stadt in Mississippi in den USA

Racine, Josiane & Jean-Luc Racine 2001: Viramma. Eine Unberührbare erzählt. Ein Leben am Rande des indischen Kastensystems. München: Frederking & Thaler (orig. „Viramma. Life of An Untouchable". London/New York: Verso)
Ergebnis von Gesprächen einer tamilischen hochkastigen Ethnologin und ihres Mannes mit Viramma, einer Harijan in Tamilnadu im Südosten Indiens

Raybeck, Douglas 1996: Mad Dogs, Englishmen, and the Errant Anthropologist. Fieldwork in Malaysia. Prospect Heights, Ill.: Waveland Press
Ein informatives und dabei humorvoll und flott geschriebenes Buch über Erlebnisse bei der ethnologischen Feldarbeit in Malaysia; mit guten Bildern von der Feldarbeit; vgl. Ward 1989

Schenk, Amélie 2000: Herr des schwarzen Himmels. Zeren Baawai – Schamane der Mongolei. Bern etc: O. W. Barth Verlag/Scherz Verlag
Eine Kombination der Erlebnisse einer Ethnologin in der Mongolei und Vermittlung der Vorstellungen und Praktiken eines burjätischen Schamanen; geschrieben aus dem Motiv der Autorin wie des Schamanen heraus, die dortige Kultur zu erhalten

Shostak, Marjorie 1990: Nisa erzählt. Das Leben einer Nomadenfrau in Afrika. Reinbek bei Hamburg: Rowohlt Taschenbuch Verlag (Neue Frau) (dt. zuerst 1982; orig. „Nisa. The Life and Words of a Kung Woman". Cambridge, Mass.: Harvard University Press, 1981)
Das Leben einer einzelnen Frau der Kung (die entgegen dem Titel Wildbeuter und keine Nomaden sind) wird von der Ethnologin aufgrund von intensiven Gesprächen spannend nacherzählt; im Mittelpunkt stehen die Themen Sexualität und die Rollen und Funktionen von Frauen; vgl. Shostak 2001

Shostak, Marjorie 2001: Ich folgte den Trommeln der Kalahari. Frankfurt: Wunderlich Verlag (orig. „Return to Nisa". Cambridge, Mass./London: The MIT Press, 2000)
Bericht über den Wiederbesuch bei den Kung in Südafrika, über welche die Autorin in „Nisa erzählt" berichtet hatte; im Mittelpunkt steht jetzt die Autorin selbst, ihr Umgang mit der Diagnose, krebskrank zu sein (das Buch wurde nach deren Tod von ihrem Mann zu Ende geschrieben) und die Gespräche darüber mit Nisa

Ward, Martha C. 1989: Nest in the Wind. Adventures in Anthropology on a Tropical Island. Prospect Heights, Ill.: Waveland Press
Eine anschauliche Erzählung der Erlebnisse einer Ethnologin bei ihrer Feldforschung auf Ponhpei, einer kleinen Insel in Mikronesien

Weiss, Florence 1986: Die dreisten Frauen. Eine Begegnung in Papua-Neuguinea. Frankfurt: Fischer Taschenbuch Verlag (Die Frau in der Gesellschaft) (zuerst Frankfurt/New York: Campus Verlag, 1991)
Bericht einer schweizerischen Ethnopsychoanalytikerin über einen Aufenthalt zusammen mit ihrem Mann, dem Ethnologen Milan Stanek, bei den Iatmul, in dem ihre Gespräche mit einer Frau im Mittelpunkt stehen; mit Glossar und kommentierter Bibliographie; vgl. von dieser Autorin Weiss 2001, quasi eine Fortsetzung dieses Buchs

Weiss, Florence 2001: Vor dem Vulkanausbruch. Meine Freundinnen in Rabaul. Frankfurt: Fischer Taschenbuch Verlag (Die Frau in der Gesellschaft) (zuerst 1999 mit anderem Untertitel: „Vor dem Vulkanausbruch. Eine ethnologische Erzählung")
Verständlich dargestellte Erlebnisse bei einer stadtethnologischen Forschung über Migrantinnen in Irian Jaya in Indonesien; in dem erzählenden Text wird immer wieder ethnologische Theorie eingeflochten; vgl. Weiss 1986

3.4 Romane

Vorbemerkung: Diese Auswahl von Romanen kann natürlich – mehr noch als bei den anderen Rubriken – nur eine extrem subjektive Auswahl sein. Oft wird hier nur ein Beispiel für ein bestimmtes Genre genannt. Da Exotik und Abenteuer wichtige Elemente sehr vieler Romane, besonders historischer Romane, sind, musste ich auch aus Platzgründen sehr selektiv vorgehen. So habe ich zum Beispiel ethnisch gefärbte Familienromane, wie sie derzeit besonders populär sind, etwa von Jonathan Franzen, Jeffrey Eugenides und Philip Roth, nicht berücksichtigt.

Bibliographie

Gesellschaft zur Förderung der Literatur aus Afrika, Asien und Lateinamerika (Hrsg.) [10]2002: Quellen. Zeitgenössische Literatur aus Afrika, Asien und Lateinamerika in deutscher Übersetzung. Frankfurt: Gesellschaft zur Förderung der Literatur aus Afrika, Asien und Lateinamerika
Eine nützliche Bibliographie lieferbarer deutscher Übersetzungen, die für jede Neuauflage immer wieder aktualisiert wird; geordnet nach Kontinenten und darin nach Ländern; jeweils mit Angaben von Seitenumfang, Preis und ISBN-Nummer; jedoch ohne inhaltliche Kommentare

Romane

Bachmann, Ingeborg 1998: Das Buch Franza. München etc.: Piper Verlag (Das „Todesarten"-Projekt in Einzelausgaben; Neuausgabe, zuerst München etc.: Piper Verlag, 1995)
Dies ist Bachmanns berühmtester Roman. Eine junge Frau entflieht ihrer Ehe und geht auf die Reise nach Ägypten. Zum ersten Mal in der Literaturgeschichte wird der Westen an sich ins Zentrum eines Romans gestellt, und zwar hier als männliches Subjekt. Ägypten steht für viele Bedeutungen. Einerseits ist es Ort der „Weißen" (Zweiter Weltkrieg, Assuanstaudamm, Wissenschaftler als Grabschänder), andererseits ist es Ort der Dekonstruktion des weißen Subjekts und Ort utopischer Gegenbilder (Religion, Urwelt ohne Patriarchat, Traumdeutung, Hieroglyphen als Bildersprache …). Bachmann hat hier einen zivilisationskritischen Roman geschrieben, mit dem Versuch, alle Opfer der Gesellschaft auf eine Ebene zu heben: Ägypter sind Opfer der Weißen, Frauen sind Opfer der Männer, Männer sind Opfer der Männer … (mb)
Baum, Vicki [21]1999: Liebe und Tod auf Bali. Berlin/Köln: Kiepenheuer & Witsch (Kiwi, 60; auch Berlin/Weimar: Aufbau Verlag, 1988; dt. zuerst 1965, orig. „Tale of Bali". Amsterdam: Querido, 1937, erneuertes Copyright 1965)
Geschichte einer Liebe in einem Küstendorf auf der bekannten indonesischen Insel, in die die Autorin eine Darstellung des von Ritualen bestimmten dörflichen Lebens, die internen politischen Konflikte in Bali und den Untergang der lokalen Fürstentümer gegen die holländische Übermacht Anfang des 20. Jahrhunderts in geschickter Weise einflechtet; die Autorin stammt aus Wien, emigrierte in die USA und schrieb die meisten ihrer Bücher in Englisch, ein spannendes Buch mit viel Exotisierung und Romantisierung, das aber auch sehr informativ und atmosphärisch dicht ist; ein international wie auch hierzulande enorm erfolgreicher Roman
Bausch, Richard 2004: Die Kannibalen. Köln: Luchterhand Verlag
Eine biographisch angelegte Geschichte einer heutigen Reise einer Frau auf der Suche

161

nach *Identität in Zusammenhang mit einer Reise einer Forscherin zu „einem Kanniba-*
lenstamm in Afrika" vor hundert Jahren; ein typisches Beispiel für einen modernen Ro-
mantyp, der exotisierte Themen der Entdeckungsgeschichte bzw. der Kolonialzeit nutzt
Biggle, Lloyd, Jr. 1980: Monument für ein Genie. Science-Fiction-Roman. Rastatt: Moewig
Verlag (orig. „Monument", 1974)
Ein Zukunftsroman, der den Kampf indigener Gruppen um Freiheit bzw. Selbstbestim-
mung im Genre des Sience-Fiction behandelt; sprachlich simpel, aber spannend
Bhattacharya, Bhabani 1986: Wer auf dem Tiger reitet. München: Deutscher Taschenbuch
Verlag (dt. zuerst Stuttgart: Hans E. Günther Verlag, 1957; orig. „He Who Rides a Tiger". New York: Crown Publishers, 1955)
In diesem Roman beschreibt der Autor, wie abhängig indische Menschen vom Kastensy-
stem und von religiösen Gefühlen sind. Ein Schmied täuscht aus Not seine Umwelt und
spielt einen Brahmanen, wodurch er zu viel Reichtum und Ansehen kommt. Als ihm alles
zu viel wird, kann er sich nicht mehr von seiner Rolle lösen: vom Tiger absteigen hieße,
sich auffressen lassen! Dörfliches und städtisches indisches Leben wird dicht und farbig
beschrieben. Man erfährt Details über das Kastenwesen und soziale Strukturen in Indien.
(mb)
Bowen, Elenore Smith 1987: Rückkehr zum Lachen: Ein ethnologischer Roman. Reinbek
bei Hamburg: Rowohlt Taschenbuch Verlag (dt. zuerst Berlin: Dietrich Reimer Verlag,
1984; orig. „Return to Laughter. An Anthropological Novel". London: Victor Gollancz,
1954; New York: Doubleday & Company, Inc.; Harper & Brothers, 1954)
Ein fiktionalisierter Bericht über eine Feldforschung bei den Tiv in Nigeria, geschrieben
von Laura Bohannan und unter Pseudonym veröffentlicht; im Mittelpunkt stehen Pro-
bleme interkulturellen Umgangs und Verstehens
Boyle, T. Coraghessan 1990: Wassermusik. Reinbek bei Hamburg: Rowohlt Taschenbuch
Verlag (orig. „Water Music". Boston: Little Brown & Company, 1980)
Roman, der von zwei Expeditionen des schottischen Entdeckers Mungo Park 1795–1806
durch Westafrika handelt; ein spannender Schmöker, der aber auch viele Handlungs-
stränge unterwegs vergisst; in der an Erfahrungen in fremden Lebenswelten interessierten
Öffentlichkeit ist der Roman seit längerer Zeit eine Art Kultbuch
Chatwin, Bruce 2003: Der Vizekönig von Ouidah. München: Hanser Verlag
Ein historischer Roman in exotischem Ambiente, dessen Handlung zur Zeit des Sklaven-
handels in Afrika und Südamerika angesiedelt ist; dies ist der erste Roman von Chatwin;
vgl. einige seiner erzählenden Reisebücher unter 3.3
Dalby, Liza 2000: Pflaumenblüten im Schnee. Reinbek bei Hamburg: Wunderlich Verlag im
Rowohlt Verlag (orig. „The Tale of Morasaki". London: Chatto & Windus, 2000)
Eine Romanbiographie zu einem japanischen Prinzen; eine Geschichte, die sehr infor-
mativ hinsichtlich der Kulturgeschichte ist und viele Details bringt, aber auch Längen hat;
aus der Feder einer amerikanischen Ethnologin, die mit ihrem auf teilnehmender Beob-
achtung beruhenden Buch „Geisha" bekannt wurde
Döblin, Alfred 1991: Amazonas. Romantrilogie. München: Deutscher Taschenbuch Verlag
(dt. auch Olten: Walter Verlag, 1988; erste Neuausgabe von Walter Muschg, Hrsg. 1963)
Eine erzählerische Darstellung der Begegnungen zwischen Europäern und Menschen in
Südamerika, besonders in Brasilien und Paraguay, zwischen dem 16. und frühen 18. Jahr-
hundert und einem Nachspiel im beginnenden 20. Jahrhundert; ein langes und absolut
faszinierendes Buch, das teils sehr poetisch ist und bisweilen mythisch-rätselhafte Passa-
gen hat, dabei über weite Strecken dadurch fast dokumentarisch ist, dass es präzise und
oft mikroskopische Darstellungen von Charakteren und Ereignissen bietet; besonders die
genaue Darstellung der Naturzerstörung durch die Conquistadoren und der zum Teil

schwer vorstellbaren Gräuel ergeben eine sehr zivilisationskritische Grundaussage; ins-
gesamt ist das von Döblin 1935 bis 1937 im Pariser Exil geschriebene, enorm dichte Werk
eine Fundgrube zum Thema interkulturellen Umgangs; ein Anhang bringt editorische
Hinweise zur komplizierten Entstehungsgeschichte der Amazonastrilogie, ausführliche
Anmerkungen zur Rezeption und Interpretation sowie eine Zeittafel

Duras, Marguerite 1984: Der Vize-Konsul. Frankfurt: Suhrkamp Verlag (st 1017; dt. zuerst
Frankfurt: Suhrkamp Verlag, 1967; orig. «Le Vice-Consul». Paris: Éditions Gallimard,
1965)

Ein kurzer und atmosphärisch dichter Roman über koloniales Leben und koloniales
Denken im britisch dominierten Kalkutta, in dem die Autorin vor allem die Trennung
zwischen weißen Kolonialisten und einheimischer Bevölkerung thematisiert

Duras, Marguerite 1997 ([1]1985): Der Liebhaber. München: Diana Verlag, Taschenbuch (dt.
auch Frankfurt: Suhrkamp Verlag, st 1629; zuerst Frankfurt: Suhrkamp Verlag, 1985;
orig. «L'Amant». Paris: Les Éditions de Muniut, 1984)

Ein Roman der berühmten französischen Autorin, die in Indochina aufwuchs und der im
kolonialfranzösischen Indochina (heutiges Nordvietnam) spielt und der auch populär
verfilmt wurde; ein sehr romantisches bis romantisierendes Buch, das aber stellenweise
auch atmosphärisch dicht ist

Erdrich, Louise 1992: Spuren. Reinbek bei Hamburg: Rowohlt Taschenbuch Verlag (dt. zuerst Reinbek bei Hamburg: Rowohlt Verlag, 1990; orig. „Track". New York: Henry Holt
& Company, 1988)

Erzählung eines Familienschicksals zwischen 1912 und 1924 unter Chippewa-Indianern
mit einem Schwerpunkt auf Frauengestalten und der Vorstellungswelt der Magie; das
Buch zeichnet die „Spuren" des Niedergangs indianischen Lebens nach, zeigt aber auch
die Spuren indianischer Kultur in der modernen US-amerikanischen Gesellschaft auf; ein
Roman aus der Feder einer bekannten indianischen Autorin, die mit einem Ethnologen
verheiratet ist; vgl. dessen Roman für Kinder „Fremde" (Dorris 1996) bei 3.7

Fichte, Hubert & Ronald Kay (Hrsg.) 1993: Die Geschichte der Empfindlichkeit VII. Explosion. Roman der Ethnologie. Frankfurt: S. Fischer Verlag

Ein ethnografischer Roman, der die dramatischen sozialen Veränderungen in Brasilien
und ihre Auswirkungen auf die Bevölkerung beschreibt. Die „Explosion" handelt zum
einen von Ethnologie: Irma und Jäcki erforschen auf ihren Reisen einen Kontinent im
Konflikt zwischen Traditionsreichtum und Lebenselend, Daseinsfreude und Umweltzer-
störung. Der Schriftsteller Jäcki erstattet einen ethnopoetischen Bericht, in dem das Licht
aller dieser Erfahrungen auf seinen inneren Kontinent fällt – bis hin zu dem Punkt, wo
sich die Konturen der Jäcki-Figur mit denen des Autors Hubert Fichte vermischen (ch)

Forbath, Peter 1998: Der König des Kongo. München: Heyne Verlag (Heyne Allgemeine
Reihe; dt. zuerst München: Limes Verlag, 1996; orig. „Lord of the Kongo". New York:
Simon & Schuster, 1996)

Am Beispiel des vorkolonialen Reiches Kongo stellt der Autor, ein Auslandskorrespon-
dent, in einem genau recherchierten und langen Roman auf unterhaltsame Weise dar, dass
die vorkoloniale Zeit alles andere als geschichtslos war und er beleuchtet den Beginn des
Kolonialismus

Forster, Edward Morgan 2001: Auf der Suche nach Indien. Frankfurt: Fischer Taschenbuch
Verlag (dt. zuerst Frankfurt/Hamburg: Fischer Bücherei, 1960; orig. „A Passage to India". London: Edward Arnold, 1924)

Ein romantisierender Roman über die indisch-europäische Begegnung, latente Spannun-
gen im kolonialen Indien und über die kulturelle Kluft zwischen Westen und Osten, ge-
schrieben auf der Grundlage einer Indienreise 1912/1913 und einer halbjährigen Tätig-

keit Forsters als Privatsekretär eines Rajas; der weltweit wohl bekannteste Indienroman, der das Indienbild in Europa maßgeblich prägte; das Buch wurde von David Lean monumental verfilmt; vgl. Kaye 2004

Garland, Alex 1999: Manila. München: Goldmann Verlag (orig. „The Tesseract". London/ New York: Viking Penguin, 1998)

Ein kurzer, spannender Großstadtroman, der die schicksalhafte Verknüpfung mehrerer Personen in der philippinischen Metropole beschreibt und in dem wichtige Charakteristika des Lebens in den Philippinen wie Armut, Patron-Klient-Beziehungen, Gewalt und die spanische Prägung gut herauskommen

Ghosh, Amitav 1989: Bengalisches Feuer. Oder die Macht der Vernunft. Reinbek bei Hamburg: Rowohlt Verlag (orig. „The Circle of Reason". London: Hamish Hamilton, 1986)

Geschichte eines Inders, der unter abenteuerlichen Umständen nach Nordafrika flieht; eine Mischung aus Spannung, Tragikomik und Mystik, die aus der Feder eines Autors aus Kalkutta stammt, der als Ethnologe in Neu-Delhi an der Universität lehrt und in Oxford promovierte

Ghosh, Amitav 2001: Der Glaspalast. München: Karl Blessing Verlag

Eine abenteuerliche Geschichte, die in Burma spielt und deren Plot an der Eroberung eines Palastes durch die Briten im Jahre 1885 aufgehängt ist und sich über die folgenden 100 Jahre erstreckt; der Autor flicht in die Lebensgeschichte eines indischen Jungen Aspekte der kolonialen Geschichte Hinterindiens und der nachkolonialen Phase geschickt ein und beleuchtet Facetten des Lebens im heutigen Myanmar (Burma)

Hamilton-Paterson, James 2000: Die Geister von Manila. Frankfurt: Suhrkamp Verlag (zuerst München: Insel Verlag, 1998)

Ein Thriller, der mittels der komplex verknüpften Lebensläufe verschiedener Personen, unter denen auch ein Ethnologe ist, die komplexe Lebenswelt Manilas darstellt

Hoai, Pham Thi 1997: Sonntagsmenü. Zürich: Unionsverlag

Hoffer, Klaus 1983: Halbwegs. Bei den Bieresch. Frankfurt: Fischer Taschenbuch Verlag

Hoffer, Klaus 1986: Der große Potlatsch. Bei den Bieresch 2. Frankfurt: Fischer Taschenbuch Verlag

Beide Bücher stellen eine im deutschen Sprachraum recht seltene literarische Form von Ethnographie dar

Huong, Duong Thu 1995: Roman ohne Titel. Unkel/Bad Honnef: Horlemann Verlag (auch als „Roman ohne Namen". Zürich: Unionsverlag, 1997)

Irving, John 1995: Zirkuskind. Zürich: Diogenes Verlag (orig. „A Son of the Circus". New York: Random House, Garp Enterprises, 1994)

Lebendig geschriebene, turbulente und inhaltlich faszinierende Geschichte, deren Protagonist ein Inder ist, der von seiner Wahlheimat Kanada in seiner Heimatstadt Bombay reist und dort viel Irritierendes erlebt; trotz nur kurzer Recherchen vor Ort gelingt dem amerikanischen Autor mit sparsam gesetzten aber treffenden Lokalbezügen meines Erachtens ein sehr sensibles Bild indischen Lebens

Jhabvala, Ruth Prawer 1985: Hitze und Staub. Stuttgart: Klett-Cotta Verlag (orig. „Heat and Dust". London: John Murray)

Thema des Romans ist Fremderfahrung zu unterschiedlichen Zeiten: eine junge Engländerin lebt als Frau eines Kolonialbeamten in Indien zwischen formalisiertem Leben und Romanzen, sie schreibt Briefe über ihre Erlebnisse nach England, die dort zwei Generationen später von ihrer Großnichte gelesen werden und diese veranlassen, nach Indien zu fahren und dort die Widersprüche des modernen Indien zu erfahren

José, F. Sionil 1990: Szenen aus Manila. Unkel/Bad Honnef: Horlemann

Ein Roman eines philippinischen Autors, der im Kampf für soziale Gerechtigkeit enga-

giert ist und dementsprechend soziale Ungleichheit und Ungerechtigkeit als Themen in seinen Geschichten anspricht

Kakar, Sudhir 2001: Der Mystiker und die Kunst der Ekstase. München: C. H. Beck

Roman des in Deutschland sehr bekannten indischen Psychoanalytikers über einen jungen Mann, der ungewollt zum Mystiker wird, eine Geschichte, die dem der Biographie des Philosophen Ramakrishna nachempfunden ist

Kaye, Molly Margaret 2004: Palast der Winde. Augsburg: Weltbild (Bild Bestseller-Bibliothek, 7) (orig. „The Far Pavillions". 1978; dt. auch Frankfurt: Fischer Taschenbuch Verlag, 1984)

Eine romantisierende Geschichte im kolonialen Kontext in Nordindien: ein Engländer wächst im kolonialen Indien auf und wird dort Offizier der britischen Kolonialarmee, ist kulturell aber in vielem indisch geprägt; das Buch verfolgt das Thema interkulturellen Umgangs und ist gleichzeitig ein Kommentar zur damaligen britischen Gesellschaft; wurde verfilmt und ist neben Forster 2001 vielleicht der berühmteste ältere Indien-Roman

Kharitidi, Olga 2002: Das weiße Land der Seele. Bergisch Gladbach: Bastei Lübbe Verlag (zuerst Berlin: List Verlag, 1998)

Eine esoterisch angehauchte Geschichte um die Heilung einer psychischen Krankheit durch eine Schamanin im Altai-Gebirge in Sibirien, die das Thema des Kontrastes wissenschaftlicher Medizin – besonders der westlichen Psychiatrie – mit anderen Diagnose- und Therapieformen thematisiert

Kipling, Rudyard 1981: Kim. München: Deutscher Taschenbuch Verlag/List Verlag

Der Roman, der für die Herausbildung des kolonialistischen und orientalisierenden Bildes von Indien in der europäischen Literatur wichtig war

Koch, Christopher J. 1988: Ein Jahr in der Hölle. (orig. „The Year of Living Dangerously". London etc.: Michel Joseph, 1978)

Roman über die Ereignisse des letzten Regierungsjahrs Sukarnos 1965 in Jakarta, der indonesisches Leben auf faszinierende Weise veranschaulicht und eine Struktur ähnlich einem javanischen Schattenspiel hat; ein dichtes, spannendes und insgesamt wunderbares Buch, das auch verfilmt wurde (Peter Weir, Regie)

Koch, Christopher J. 2000: Das Verschwinden des Michael Langford. Frankfurt: Fischer Taschenbuch Verlag (dt. zuerst Frankfurt: S. Fischer Verlag, 1997; orig. „Highways to a War". London: William Heinemann Ltd., 1995)

Ein spannendes Buch zum Krieg in Indochina, in der Koch eine Mischung aus romanhafter Darstellung und detaillierter journalistischer Reportage zu einem so mitreißendem wie informativen und atmosphärisch dichtem Buch verknüpft; vgl. O'Brien

Lahiri, Jhumpa ⁴2000: Melancholie der Ankunft. München: Karl Blessing Verlag (orig. „Interpreter of Maladies". New York: Houghton & Mifflin, 1999)

Eine Sammlung von neun gefühlvoll geschriebenen kurzen Geschichten über Inderinnen und Inder in den USA; ein Thema ist das Aufeinandertreffen unterschiedlicher Kulturen (mb)

Le Guin, Ursula K. 2002: Die linke Hand der Dunkelheit. Roman. München: Heyne Verlag (orig. „The Left Hand of Darkness". New York: Berkley, 1969; dt. zuerst unter dem Titel „Winterplanet. Phantastischer Roman". München: Heyne Verlag, 1974, 1980, 1991; auch Berlin: Das Neue Berlin, 1979)

Ein phantastischer Ethno-Roman über ein Volk der „Gethenianer", das auf einem kalten fernen Planeten lebt, sich aber mit sehr menschlichen Problemen herumschlägt; neben den zentralen Mythen der Gethenians werden Fragen der Sexualität und des Geschlechterverhältnisses, Probleme der Fremdheit und des interkulturellen Umgangs thematisiert; vom Genre her ein seltenes Beispiel für ethnologische Science-Fiction und streckenweise einer Art extraterrestrischer Ethnographie, wobei die Erzählerin aus der Perspektive verschiedener Personen spricht; die Autorin ist die Tochter der Ethnologen Alfred Kroeber und Theodora Kroeber und hat noch weitere phantastische Romane geschrieben

Malarkey, Tucker 2003: Das afrikanische Amulett. Roman. Berlin: List Taschenbuch (dt. zuerst Econ/Ullstein/List Verlage, 2001; orig. „An Obvious Enchantment". New York: Random House, 2000)

Eine spannende Geschichte um einen verschrobenen Ethnologen und Hobbyarchäologen, der die These vertritt, dass der Islam aus afrikanischen Glaubenssystemen in Kenia entstanden ist; auf einer seiner Forschungsreisen ist er plötzlich verschollen und seine beste Studentin begibt sich auf die Suche nach ihm, was sich als reichlich abenteuerlich erweist und eine Liebesgeschichte enthält; ein Buch, in dem die Autorin trotz allzu verworrener Geschichten und bei aller Exotik auch einiges an Informationen bietet und dazu Stimmungen aus dem Wissenschaftsbetrieb vermittelt

Markandaya, Kamala 1992: Eine Handvoll Reis. Zürich: Unionsverlag (dt. zuerst 1983; orig. „A Handful of Rice". London: Hamish Hamilton, 1966)

Eine südindische Autorin erzählt von einem Jungen, der vom Land kommt und sich in der Großstadt Madras (Chennai) als Angestellter eines Schneiders durchschlägt, einer Stadt, deren Leben vom „Pesthauch des Geldverdienens" und Verdienen-Müssens durchdrungen ist

May, Karl 1991: Durch Wüste und Harem. Berlin: Verlag Neues Leben (auch: München: Heyne Verlag, 1981; auch Bamberg: Karl May Verlag, 1982; Freiburger Erstausgaben, Bd. 1; Herrsching: Pawlak; Reiseerzählungen in Einzelausgaben, 12)

Wie auch in den anderen Bücher des Orientzyklus von Karl May (u. a. „Orangen und Datteln", „Durchs wilde Kurdistan") werden in dieses Abenteuer ethnographische Inhalte eingewoben, die jedoch aus kulturanthropologischer Sicht nicht wegen ihrer Akkuratheit oder Wissenschaftlichkeit, sondern eher wegen ihrer Vermittlung von Ansichten im 19. Jahrhundert über Ethnien (zum Beispiel Physiognomik) und Kulturen im Allgemeinen und über den Orient im Besonderen interessant sind (wenn man insbesondere bedenkt, dass Karl Mays Geschichten für seine Zeitgenossen Authentizitätsanspruch erhoben; vgl. F. Gündogar 1983: Trivialliteratur und Orient: Karl Mays vorderasiatische Reiseromane. Frankfurt am Main: Lang sowie Sudhoff, D. & H. Vollmer (Hrsg.): Karl Mays Orientzyklus. Paderborn: Igel, 1991) (jj)

Mistry, Rohinton 1998: So eine lange Reise. Ein Indien-Roman. Frankfurt: Fischer Taschenbuch Verlag (orig. „Such A Long Journey")

Der Erstling des in Kanada lebenden Inders stellt das Leben in der Mittelklasse im Bombay der 1970er Jahre dar; mit vielen Informationen zur Kultur der Parsen

Mistry, Rohinton 1999: Das Gleichgewicht der Welt. Frankfurt: Fischer Taschenbuch Verlag (zuerst Frankfurt: S. Fischer Verlag, 1997)

Zwei Schneider, ein Student aus Nordindien und eine Witwe treffen in Bombay in einer komplexen Geschichte mit vielen menschlichen Ungleichgewichten aufeinander, in der vorwiegend das Leben der ländlichen Bevölkerung in den ersten Jahren nach der Unabhängigkeit dargestellt wird; ein langer, dichter und sehr gut erzählter Roman

Munif, Abdalrachman 2003: Salzstädte. Kreuzlingen/München: Hugendubel (Diederichs) Verlag

Irritationen und Konflikte des Kulturkontakts in einer Oase am persischen Golf, deren Leben durch die modernen Aktivitäten der Erdölindustrie umgekrempelt wird

O'Brien, Tim 1998: Geheimnisse und Lügen. Frankfurt: Fischer Taschenbuch Verlag (auch Köln: Luchterhand Verlag, 1998)

Eine Geschichte um Konflikt und Krieg in Indochina; in der Form eine faszinierende

Kombination aus Fiktion, Krimi und detaillierten, fast dokumentarischen Teilen sowie mit Anmerkungen, wie bei wissenschaftlichen Werken

Rawson, Eduardo Belgrano 2003: In Feuerland. München: C. H. Beck

Der Roman schildert die Auseinandersetzungen der lokalen Bevölkerung Patagoniens mit verschiedenen Eindringlingen in ihren abgelegenen Lebensraum, wofür der Autor neben Literatur die Erfahrungen mehrerer Reisen verwendet

Roes, Michael 1998: Rub ʿal-Khali. Leeres Viertel. Invention über das Spiel. München: btb Verlag (zuerst Frankfurt: Eichborn Verlag; Gatza bei Eichborn, [4]1996)

Ein faszinierender literarischer und streckenweise sehr detaillierter Reisebericht zum südlichen Arabien, der mehrere Zeit- und Sprachebenen miteinander verschränkt; einerseits werden die Reiseerlebnisse eines deutschen Ethnologen auf der Suche nach Informationen über arabische Spiele erzählt, andererseits ein fiktives Tagebuch einer Arabien-Expedition im 18. Jahrhundert wiedergegeben; das dicke Buch profitiert von genauen Recherchen des Autors; es ist enorm vielschichtig und von ethnologischen Perspektiven geprägt

Roy, Arundhati [2]1999: Der Gott der kleinen Dinge. München: btb Verlag (zuerst München: Karl Blessing Verlag; orig. „The God of Small Things". London: Harper Collins, 1997)

Die Geschichte einer sozial unerwünschten Liebesbeziehung, angesiedelt in Kerala in Südindien; der Roman verknüpft religiöse Konflikte zwischen Christen und Hindus mit dem religionsübergreifenden Thema Kastensystem und der politischen Geschichte des Landes; das Buch wurde bestens vermarktet und ein Weltbestseller, es war das Debüt der jungen Autorin, die ihre Bekanntheit inzwischen auch für politische Stellungnahmen nutzte, unter anderem zur indischen Pakistanpolitik und gegen die amerikanische Politik im Gefolge des 11. September

Rushdie, Salman 2004: Mitternachtskinder. Reinbek bei Hamburg: Rowohlt Taschenbuch Verlag (dt. auch München etc.: Piper Verlag, 1987; zuerst 1983, München: Kindler Verlag; orig. „Midnight's Children". New York, 1980; London: Jonathan Cape, 1981)

Geschichte von Menschen, die am Tag der Unabhängigkeit Indiens geboren wurden; der kosmopolitische Autor verarbeitet die Vielfalt indischen Lebens und Denkens – vor allem der Mittel- und Oberschicht – und webt interkulturell relevante Ideen und Konzepte in magischer und surrealistischer Weise in die komplizierte Geschichte ein; zentrale Themen sind Klientelbeziehungen, Scham, Machtakkumulation und kulturelles Chaos; zwei Ethnologen zu Rushdies Romanen:

Pfeffer, Georg 1996: Rushdie als Ethnograph. In: Georg Elwert, Jürgen Jensen & Ivan R. Kortt (Hrsg.): Kulturen und Innovationen. Festschrift für Wolfgang Rudolph: 322–331. Berlin: Duncker & Humblot (Sozialwissenschaftliche Schriften, SOS 30);

Werbner, Pnina 1996: Allegories of Sacred Imperfection. Magic, Hermeneutic and Passion in the Satanic Verses. In: Current Anthropology 37, Supplement: 55–85

Rytcheu, Juri [2]1995: Die Suche nach der letzten Zahl. Zürich: Unionsverlag (orig. „Magiceskie cisla". Leningrad: Sovetskij Pisatel, 1986)

Ein spannender und dabei sehr menschlicher russischer Roman über die Begegnung von Kulturen im arktischen Lebensraum der Tschuktschen im Umfeld von Amundsens Expedition; das Buch vermittelt eine fast ethnographisch dichte Atmosphäre

Shamsie, Kamila 2004: Kartographie. Berlin: Berlin Verlag (orig. „Cartography". London: Bloomsbury, 2002)

Ein Liebesroman vor dem Hintergrund politischer Konflikte über die letzten dreißig Jahre in Pakistan, insbesondere in Karatschi, der Heimatstadt der Autorin

Sidhwa, Bapsi 2000: Ice Candy Man. München: Deutscher Taschenbuch Verlag

Aus der Sicht eines jungen Mädchens wird eine Familiengeschichte erzählt, die sich vor

dem Hintergrund des indo-pakistanischen Konflikts und der Religionskonflikte zwischen Hindus und Moslems abspielt

Silko, Leslie Marmon 1986: Ceremony. Harmondsworth: Penguin Books (zuerst 1977)
Ein Roman der Richtung der „Native American Renaissance", der selbstbewussten Literatur von Indianern, die seit Ende der Assimilationspolitik stärker wahrgenommen wird und heute ein fester Bestandteil der „Contemporary American Fiction" in angloamerikanischen Universitäten ist

Singh, Khushwant 1995: Delhi. Roman. Hamburg: Dölling und Galitz Verlag (orig. „Delhi". New Delhi: Penguin Books India, 1989)
Ein Buch, dass als Roman firmiert, aber die Genregrenzen faszinierend überschreitet: die komplexe Geschichte Indiens wird anhand der detaillierten Schilderung der Stadtgeschichte Delhis als extrem interkulturell geprägter Stadt dargestellt und dies mit einer komplizierten und problematischen Liebesgeschichte verknüpft; der Autor, ein international bekannter Sikh und in Indien bekannter Schriftsteller, verknüpft Sachinformation mit spannenden und teils drastisch dargestellten Episoden und dazu tritt zum Teil pralle Erotik; ein von einem kleinen deutschen Verlag liebevoll gemachtes Buch mit einem sehr informativen Anhang, der Karten, einen sehr ausführlichen Glossar und ebenso ausführliche Erläuterungen zu den auftretenden historischen Personen bringt

Stover, Leon E. & Harry Harrison (Hrsg.) 1974: Anthropofiction. Eine Anthologie. Frankfurt: Fischer Taschenbuch Verlag (Fischer Orbit, 21) (orig. „Apeman, Spaceman". New York/London: Doubleday & Co., 1968)
Sammlung fiktionaler Arbeiten, die im Genre der Science Fiction grundlegende anthropologische Fragen stellen, darunter auch der legendäre Text über die Kultur der Renakirema (im orig. Nacirema) von Horace Miner in deutscher Übersetzung; zum Teil sind sonst nur schwer greifbare Texte vertreten; leider schon lange vergriffen

Tabucchi, Antonio [4]1997: Indisches Nachtstück und ein Briefwechsel. München: Deutscher Taschenbuch Verlag (dt. zuerst Wien: Hanser Verlag, 1990; orig. „Notturno indiano". Palermo: Sellerio, 1984)
Ein wunderbar geschriebenes kurzes Stück

Thelwell, Michael 1986: Sag Babylon, es wird noch von mir hören. The harder they come. Reinbek bei Hamburg: Rowohlt Taschenbuch Verlag (dt. zuerst Augsburg: Maro Verlag, 1984; orig. „The Harder They Come". New York: The Grove Press, 1980)
Eine Geschichte aus dem Jamaika der 1950er Jahre über einem Jungen, der vom Land in die Hauptstadt Kingston („Babylon") kommt und dort viel erlebt, u. a. durch Reggae, Drogen und Konflikte; der Text der Originalausgabe ist zum Teil in kreolischer Mischsprache geschrieben (Patois); mit einem Glossar der jamaikanischen Begriffe; unter dem Titel „The Harder They Come" gibt es auch einen berühmten Film mit Jimmy Cliff, wobei Film und Buch aber in keiner direkten Beziehung stehen

Theroux, Paul 1985: Moskito-Küste. Frankfurt: Fischer Taschenbuch Verlag (zuerst Düsseldorf, Claassen Verlag, 1983; orig. „The Mosquito Coast". London: Hamish Hamilton, 1981)
Ein Amerikaner steigt aus dem „American way of life" aus und lebt mit Familie im Regenwald an der Küste von Honduras; der Autor verknüpft in seinem Abenteuerroman tropische Exotik geschickt mit phantastischen Elementen und einer Kritik an der euroamerikanischen Kultur

Theroux, Paul 1990: Traveling the World. The Illustrated Travels of Paul Theroux. London: Sinclair Stevenson
Eine Kombination aus Bildband und Anthologie der frühen Reisen des heute weltweit bekannten Romanciers und Reiseschriftstellers

Theroux, Paul 2000: Mein geheimes Leben. München: Deutscher Taschenbuch Verlag (auch München: Deutscher Taschenbuch Verlag, 1995; zuerst Düsseldorf: Claassen Verlag, 1990; Gütersloh: Bertelsmann Club, 1991; 1995, orig. „My Secret History", 1989)
Der bekannte Reiseschriftsteller erzählt eine Geschichte, in der die Hauptfigur eindeutig stark autobiographische Züge trägt; vgl. Theroux 2000
Theroux, Paul 2000: Mein anderes Leben. Hamburg: Hoffmann und Campe Verlag (orig. „My Other Life. A Novel". London: Mariner Books, Harmondsworth: Penguin Books, 1997; dazu auch eine Hör-Kassette, Audio Literatures, 1996; Phenix Audio, 2003)
Ein in Episoden angelegter autobiographischer Roman des weltweit wohl bekanntesten Reiseschriftstellers, der zunächst Entwicklungshelfer und Lehrer in Uganda und Malawi war und dann, angeregt durch Naipaul, zum Autor von bislang über 40 Reiseberichten und vielen Romanen (zum Beispiel Theroux 1985) wurde
Timm, Uwe [³]2002: Morenga. München: Deutscher Taschenbuch Verlag (neu durchgesehen v. Autor; Berlin/Köln: Kiepenheuer & Witsch, 1983, 1985; zuerst Königstein/Ts., 1978)
Ein historischer Roman, der in Deutsch-Südwestafrika, dem heutigen Namibia, angesiedelt ist und vor dem Hintergrund des Aufstandes der Herero und Hottentotten gegen das Deutsche Kaiserreich Anfang des 20. Jahrhunderts spielt; eine Collage aus Dokumenten der deutschen Schutztruppen, Erfundenem und gefundenem Erfundenem, wie zum Beispiel Heldenlegenden um Morenga, fiktiven Tagebüchern und Dokumenten; spannend, präzise recherchiert und dadurch sehr informativ. Timm lässt sowohl Missionare, Soldaten, Händler als auch Einheimische zu Wort kommen. Ein zentrales Anliegen des Autors ist es, zu zeigen, wie verschieden die Möglichkeiten sind, mit einer anderen Kultur umzugehen. Die „Romanhelden" gehen auf Distanz, passen sich an oder gehen in der anderen Welt auf bis zur Selbstaufgabe. In Timms Welt gibt es keine allgemeinen Lösungen, sondern viele Fragen. Die zu respektierende Natur umfasst alle: die Menschen, die Tiere und die Pflanzen (mb)
Truong, Monique 2004: Das Buch vom Salz. München: C. H. Beck
Eine Geschichte um interkulturelle Begegnungen und Heimatsuche von asiatischen Migranten in Paris, spannend geschildert anhand der Geschichte eines Kochs; die Autorin ist asiatische Amerikanerin und versteht es geschickt, unauffällig eine Menge an postkolonialer Theorie in die Geschichte einzuflechten
Vargas Llosa, Mario 1992: Der Geschichtenerzähler. Frankfurt: Suhrkamp Verlag (dt. zuerst 1990: orig. „El Hablador". Barcelona: Seix Barral, 1987)
Eine Geschichte, die im indianischen Lebensumfeld am Amazonas angesiedelt ist und die das Thema interkulturellen Kontaktes und der dabei entstehenden Bilder, Konflikte und missverständnisse thematisiert; außerdem bezieht Vargas Llosa Stellung zur Rolle des engagierten Schriftstellers in multikulturellen Situationen, in denen es um Macht und Ungleichheit geht
West, Morris L. 1997: Der Botschafter. München/Zürich: Pawlak Verlag (dt. zuerst München: Verlag Kurt Desch, 1965)
Wittenborn, Dirk 2003: Unter Wilden. Köln: DuMont
Der Roman erzählt die Geschichte des jungen Finn Earl, der seinen Vater, einen Ethnologen, der im Amazonasgebiet forscht, nie kennen gelernt hat; Earl lebt zusammen mit seiner jungen Mutter, die eine Schwäche für wechselnde Männerbekanntschaften und Drogen hat, in New York. Die Vaterfigur wird zur Projektionsfläche für seine Träume und Sehnsüchte. Als Mutter und Sohn New York fluchtartig verlassen müssen, finden sie Unterschlupf bei einem greisen Milliardär. Doch die Gesellschaft der Reichen bleibt Earl fremd. Wittenborn entlarvt die Verlogenheit der „besseren Gesellschaft" und macht anschaulich, wie „wild" und verroht die zivilisierte Gesellschaft bei genauerem Blick ist (ch)

3.5 Reisen und Arbeiten im Ausland

Interkultureller Umgang und Kulturschock: allgemeine Titel und Übersichten

Blom, Herman & Harald Meier [2]2004: Interkulturelles Management. Interkulturelle Kommunikation, internationales Personalmanagement, Diversity-Ansätze im Unternehmen. Herne/Berlin: Verlag Neue Wirtschaftsbriefe (Internationales Management) ([1]2002)

Ein umfangreicher Band mit vielen Beispielen, Modellen, Übungsvorschlägen und einem guten Verzeichnis mit Hinweisen auf weiterführende Literatur

Brayer Hess, Melissa & Patricia Lindeman 2002: The Expert Expatriate. Your Guide to Successful Relocation Abroad. Moving, Living, Thriving. Yarmouth/Maine: Intercultural Press

Die zwei Autorinnen haben ihre 30-jährigen Erfahrungen des Lebens und Arbeitens fern der Heimat für einen lebendigen Ratgeber genutzt, der sich vor allem an Personen und Familien wendet, die berufsbedingt länger im Ausland leben

Bruck, Andreas 1997: Lebensfragen. Eine praktische Anthropologie. Opladen: Westdeutscher Verlag

Für produktive interkulturelle Beziehungen ist ein konstruktiver Umgang mit sich selbst wichtig: dazu gibt Bruck eine Klärungshilfe für persönliche und interpersonelle Fragen und Probleme, die auf eine Kombination biokultureller mit kulturanthropologischer Theorie und Empirie baut

Chen, Hanne & Henrik Jäger (Hrsg.) 2003: KulturSchock: Mit anderen Augen sehen – Leben in fremden Kulturen. Bielefeld: Reise Know-How (Kulturschock)

14 Beiträge, entstanden aufgrund längerer Aufenthalte Deutscher in anderen Ländern (Individualtouristen, Reiseleiter, Universitätsdozenten und andere Expatriates) und auch von Menschen aus anderen Ländern in Deutschland (zum Beispiel Studierende); die Aufsätze sind sehr unterschiedlich und reichen von bewusst subjektiven Erfahrungsberichten bis hin zu Beiträgen mit vielen landeskundlichen Informationen; der Begriff „Kulturschock" wird in einigen der Beiträge in sehr allgemeiner Form verwendet; das Buch ist ausgestattet mit schönen Fotos und enthält Informationen zu Autorinnen und Autoren

Cohen, Raymond [2]1997: Negotiating Across Cultures. International Communication in an Interdependent World. Herndon: United States Institute of Peace Press

Ein Buch mit konkreten Beispielen zu Misskommunikation, Stereotypen und Vorurteilen im Berufsleben, insbesondere zwischen US-Amerikanern und Menschen aus anderen Ländern

Dahlén, Tommy 1997: Among the Interculturalists. An Emergent Profession and Its Packaging of Knowledge. Stockholm: Almqvist & Wiksell International (Stockholm Studies in Social Anthropology, 38)

Eine organisationsethnologische Studie über interkulturelle Berater, Seminare und Trainings; anhand von teilnehmender Beobachtung und Literatur werden Methoden, Organisation und Durchführung von Seminaren sowie Marketing und Produkte dieses mittlerweile weltweit agierenden Berufsfelds der „Kulturschockverhinderungsindustrie" (Ulf Hannertz) lebendig dargestellt; im Mittelpunkt stehen die zugrunde liegenden Begriffe von Kultur, kulturellen Unterschieden und kultureller Vielfalt, wobei deutlich wird, dass zumeist im Fach überholte Kulturbegriffe verwendet werden, zum Beispiel Nationalkulturbegriffe aus der Culture-and-Personality-School; der Autor zeigt auch die besondere Feldforschungsproblematik, die dadurch entstand, dass er selbst nicht nur als Forschender, sondern als Experte aufgefasst wurde; ein Buch, das sowohl Organisationsethnologen als auch praxisorientierten Ethnologen viel geben kann

Ferraro, Gary P. [4]2001: The Cultural Dimension of International Business. Upper Saddle River, N. J.: Prentice-Hall ([1]1990, [2]1994, [3]1998)

Ein praxisorientiertes Buch zur Relevanz der kulturellen Dimension in internationaler Wirtschaft, internationalen Beziehungen und interkultureller Kommunikation; Kapitel zu Sprache, Körpersprache, Normen und Werten sowie zum Aus- und Verhandeln, zu Kulturschock und zum Training internationaler Manager; besonders nützlich sind die kleinen Trainingsaufgaben (cross-cultural scenarios), die es zu jedem Kapitel gibt; zwei Anhänge bieten Lösungsansätze zu den Szenarien sowie Tipps zu Quellen von Informationen und grauer Literatur; im Unterschied zu vergleichbaren deutschen Veröffentlichungen ist dieses Buch nicht nur management- bzw. businessorientiert, sondern auch aus ethnologischer Warte geschrieben

Gannon, Martin J. 2001: Cultural Metaphors. Readings, Research Translations, and Commentary. Thousand Oaks, Cal. etc.: Sage Publications

Reader zum Konzept der „kulturellen Metapher", das heißt solcher Institutionen, Phänomene oder Handlungen, die den Mittelpunkt der Identifikation der Bewohner eines Landes bzw. einer Kulturregion darstellen, wie zum Beispiel Football in den USA und Stierkampf in Spanien und Portugal; eine notwendige qualitative Ergänzung zur Verwendung ausschließlich statistisch testbarer Kulturdimensionen bei Hofstede (siehe unten); Kombination von wiederabgedruckten Aufsätzen und Buchteilen mit eigenen Texten des Autors/ Herausgebers. Zentrale Beiträge zu Metaphern, zum Beispiel der klassische Text von Lakoff & Johnson, Aufsätze zu anderen Konzepten kultureller Grundmuster, zum Beispiel von Hall sowie Hofstede & Bond und Texte zur Symbolik von Metaphern wie Geertz' klassischer Hahnenkampfaufsatz, werden verknüpft durch kurze erläuternde Kurzdarstellungen längerer Bücher durch den Herausgeber (research translations) und Kommentare; vgl. das folgende Arbeitsbuch Gannon 2001

Gannon, Martin J. 2001: Working Across Cultures: Applications and Exercises. Thousand Oaks, Cal. etc.: Sage Publications

Arbeitsbuch, das die beiden anderen Bücher des Autors, Gannon 2001 und Gannon 2003, ergänzt

Gudykunst, William B. (ed.) [2]1994: Bridging Differences. Effective Intergroup Communication. Thousand Oaks, Cal. etc.: Sage Publications (Interpersonal Contexts, 3)

Hinweise und Trainingsanregungen zum Umgang mit Gruppendifferenzen, Befremdung, Stereotypen und daraus entstehenden Konflikten

Gibson, Robert 2002: Intercultural Business Communication. Oxford etc: Oxford University Press (Studium kompakt Fachsprache Englisch)

Ein Buch, das sich an Studierende und Geschäftsleute wendet und ihnen die Theorie interkultureller Kommunikation erläutert sowie Informationen über Kommunikationsstile, Körpersprache und Kulturschock bietet und dies durch viele Graphiken und Tabellen untermauert; mit Glossar und sehr guter Bibliographie

Hecht-El Minshawi, Béatrice 2003: Interkulturelle Kompetenz. For a Better Understanding. Schlüsselfaktoren für internationale Zusammenarbeit. Weinheim etc: Beltz Verlag

Ein Praxisbuch zur Arbeit in international gemischten Teams; ein sehr systematisches und auch in der Präsentation durchdachtes Buch mit sehr vielen nützlichen Hinweisen,

Fallbeispielen und Listen; der Band ist weitgehend zweisprachig deutsch-englisch und auch dadurch anregend für den produktiven Austausch; sehr empfehlenswert

Herbrand, Frank 2002: Fit für fremde Kulturen. Interkulturelles Training für Führungskräfte. Bern etc.: Verlag Paul Haupt
Prinzipien interkultureller Schulungen, Übersicht zu Trainingsmethoden und Tipps für Organisationen, die ihre Mitarbeiter schulen (lassen) wollen

Hofstede, Geert [2]2001: Lokales Denken, globales Handeln. Kulturen, Zusammenarbeit und Management. München: Deutscher Taschenbuch Verlag (Beck Wirtschaftsberater im dtv ([1]1997; dt. zuerst unter dem Titel „Internationale Zusammenarbeit. Kulturen, Organisationen, Management". Wiesbaden: Betriebswirtschaftlicher Verlag Dr. Th. Gabler, 1993; orig. engl. 1991)
Eine einfache Version des klassischen Buchs des Autors „Culture's Consequences"

Hofstede, Geert [2]2001: Culture's Consequences. Comparing Values, Behaviors, Institutions, and Organizations Across Nations. Thousand Oaks, Cal. etc.: Sage Publications (frühere Auflage mit dem Titel „Culture's Consequences. International Differences in Work-Related Values"; Abridged Edition; Cross-Cultural Research and Methodology Series, 5, [1]1985)
Kein populär geschriebenes Buch, aber eines, das eine enorme Wirkung in Wirtschaftsunternehmen hatte; hier die bearbeitete Auflage des wohl bekanntesten Buchs der Organisationsethnologie; eine Studie von Wertorientierungen bei IBM-Mitarbeitern in 50 verschiedenen Ländern aufgrund von 116.000 Fragebögen; methodisch umstrittenes, aber extrem viel zitiertes und in der Industrie viel benutztes Werk; diese Neuauflage umfasst knapp 600 Seiten; vgl. Hofstede 2001

Kohls, L. Robert & John M. Knight 1994: Developing Intercultural Awareness. A Cross-Cultural Training Handbook. Yarmouth/Maine: Intercultural Press

Litsch, Elisabeth Maria & Manuel Novoa [2]2002: Wenn es nicht so rund läuft … Stress, Konflikt und Krise. Ein praktischer Ratgeber für den Auslandseinsatz. Eschborn: Deutsche Gesellschaft für Technische Zusammenarbeizt (GTZ) (Cope. Cooperation with Personell in Stress, Conflict and Crisis). Wiesbaden: Universum Verlagsanstalt
Informationen und Erläuterungen zu allgemeinen psychischen Belastungen durch Akkulturation (Kulturschock), zu Erlebnisformen und Symptomen bei speziellen Stresssituationen wie anhaltendem Stress (burn out), mit Katastrophen verbundenem Stress (flame out) und traumatischem Stress; sowie Tipps für den Umgang damit und besondere Hinweise für Krisen und Traumata; dies alles ausgearbeitet aufgrund psychologischer Erfahrungen und gedacht für Mitarbeiter der größten deutschen Durchführungsorganisation der Entwicklungszusammenarbeit, aber auch allgemein nützlich, didaktisch gut aufbereitet und mit Hinweisen auf Literatur und auch auf Kasetten und CDs zur Entspannung!

Marx, Elisabeth 2001: Breaking Through Culture Shock. What You Need to Succeed in International Business. London: Nicholas Brealey Publishers (zuerst 1999)
Ein Praxisleitfaden mit vielen Fallstudien, die ausgehend von einem allgemeinen Konzept der Anpassungsstruktur in Form eines „Kulturschock-Dreiecks" dargestellt werden

Storti, Craig [2]2001: The Art of Crossing Cultures. Yarmouth/Maine: Intercultural Press/London: Brealey Publishing ([1]1989)
Ein besonders kurzes Buch zu Missverständnissen und Anpassungsproblemen bei Langzeitaufenthalten, wobei der Autor den Schock durch andere Länder (country shock) vom eigentlichen Kulkturschock (culture shock) unterscheidet; die Besonderheit des Bands besteht in einem langen Kapitel, in dem Zitate aus unterschiedlichsten Quellen Aufenthalte in fremden Umgebungen zum Thema machen

Unger, Karin R. 1997: Erfolgreich im internationalen Geschäft. Fallstricke und Fehler vermeiden – Kompetenz auf Auslandsmärkten. Renningen: Expert Verlag
Eine Übersicht der wichtigsten Problemquellen für Unternehmer, die im globalen Rahmen mit global agierenden Partnern tätig sind die Probleme und Lösungsansätze werden anhand von Fallbeispielen erläutert; im Unterschied zu ähnlichen Büchern wird hier auch auf spezielle Themen wie Standortwahl, Joint Ventures und Lizenzen eingegangen

Ratgeber für Länder, Regionen oder Religionen

Einstieg und Übersicht

Keßler, Ulrich [2]2004: Auslandsknigge. Literaturhinweise, interkulturelle Trainingsangebote, Internet-Links. Lübeck: Industrie- und Handelskammer zu Lübeck (mit CD-ROM) (IHK-Informationen, 12) ([1]1999)
Ein großformatiges Heft zum Thema interkulturelle Kompetenz, das sich besonders an Unternehmen und Expatriates wendet und insbesondere zum Bereich Etikette und Verhandlungsführung informiert; ein erster Teil bietet einen allgemeinen Einstieg mit zwei kurzen Aufsätzen zu interkultureller Kompetenz und zum Thema Verhandeln im Ausland (wobei letzterer allerdings Nationalkulturen zur Karikatur verkürzt), Teil 2 besteht aus einer Bibliographie zu Auslandsknigge-Titeln ab 1997, in der allerdings oft unkritisch Besprechungen von Amazon.de kopiert wurden und die meisten der hier im Folgenden aufgeführten Titel nicht enthalten sind; im 3. Teil werden 128 interkulturelle Trainer bzw. Unternehmen in Form von Selbstdarstellungen vorgestellt; ein vierter Teil listet Internet-Links auf; den Abschluss bilden Register, die das Heft gut erschließen, da sie nach Kontinenten, Großregionen und einzelnen Ländern getrennt sind, so dass spezielle regionalbezogene Trainings und Internetadressen leicht zu finden sind; insgesamt ein nützliches und materialreiches Heft, das in vielen Teilen aber auch in dieser überarbeiteten Auflage arg unkritisch zusammengeschustert ist

Mit Kindern im Ausland

Pentes, Tina & Adrienne Truelove 1988: Reisen mit Kindern in Indonesien. Bielefeld: Peter-Rump-Verlag (Reise Know-How, Sachbuch) (orig. „Traveling With Children to Indonesia and South-East Asia". Sydney: Hale & Iremonger)
Ratgeber, der nicht nur lebenspraktische Tipps gibt, sondern auch kulturelle Sensibilität schult
Van Swol-Ulbrich, Hilly & Bettina Kaltenhäuser 2002: Andere Länder, andere Kinder. Dein Auslandsumzug mit Ori. Frankfurt: VAS Verlag für akademische Schriften
Ein Buch, das sich an Kinder zwischen acht und zwölf Jahren richtet, die wissen, dass sie mit ihren Eltern nach Übersee umziehen werden; durch Informationen und Spiele werden sie hier darauf eingestimmt; mit Internethinweisen, zum Beispiel auf die Adresse des namengebenden Zugvogels Ori
Verband binationaler Familien und Partnerschaften, iaf e. V. (Hrsg.) [4]2004: Wie Kinder mehrsprachig aufwachsen. Ein Ratgeber. Frankfurt: Brandes & Apsel
Ein klar geschriebener und auf die Erziehungspraxis ausgerichteter Ratgeber, der das Thema mit vielen Beispielen verdeutlicht und für etwaige Probleme konkrete Lösungsvorschläge gibt

Gannon, Martin J. [3]2003: Understanding Global Cultures. Metaphorical Journeys Through 28 Nations, Clusters of Nations, and Continents. Thousand Oaks, Cal. etc.: Sage Publications ([2]1998, [1]1994)

Eine ausgearbeitete Darstellung von 28 nationalkulturellen Charakteristika, zum Beispiel dem türkischen Kaffeehaus, dem American Football, dem brasilianischem Samba, dem indischen Tanz Shivas und der deutschen Symphonie; die Teile des Bandes vereinen Metaphern, deren unterliegende Kulturmuster ähnlich sind; der sich mit jeder überarbeiteten Auflage ändernde Untertitel spiegelt die Probleme der Abgrenzung großer Kultureinheiten ([2]1998: „… through 23 nations", [1]1994: „… through 17 countries"); dieser Band kann gut als Ergänzung zum oben genannten, vom Autor herausgegebenen Sammelband (Gannon 2001) und zum Arbeitsbuch (Gannon 2001) gelesen werden

Kommer, Heinz & Johannes von Thadden [3]2002: Managerknigge. Das internationale ABC der erfolgreichen Umgangsformen. Berlin: Ullstein Taschenbuch Verlag

Ein Band, der Informationen zu Verhaltensneigungen und Tabus sowie den kulturellen Hintergründen zu 74 Ländern gibt

Lewis, Richard D. 2000: Handbuch interkulturelle Kompetenz. Mehr Erfolg durch richtigen Umgang mit Geschäftspartnern weltweit. Frankfurt/New York: Campus Verlag

Deutsche Übersetzung einer früheren Auflage des folgenden, lebendig geschriebenen Buches des Autors: Lewis 2003

Lewis, Richard D. 2003: The Cultural Imperative. Global Trends in the 21st Century. Yarmouth/Maine: Intercultural Press

Ein Buch über Grundmuster und wichtigste Trends der Kultur in den großen Kultur-Regionen, das sich an Geschäftsleute und zum Beispiel Politiker wendet, die Verhandlungen führen müssen; der Autor bietet allgemeine Kapitel, zum Beispiel zu Sprache, Schrift und Denken, zur Kritik von genetischem, ökonomischem und kulturellem Determinismus und zur Kategorisierung von Kulturen nach Normen und Werten (ähnlich wie Hofstede 1997, 2001), sowie regionalbezogene Abschnitte; mit vielen mutig vereinfachenden Graphiken, über die man streiten kann, und einem Abschlusskapitel zu Lage der Kultur in der Welt nach dem 11. September 2001

Thomas, Alexander, Stefan Kammhuber & Sylvia Schroll-Machl (Hrsg.) 2003: Handbuch Interkulturelle Kommunikation und Kooperation, Band 2: Länder, Kulturen und interkulturelle Berufstätigkeit. Göttingen: Vandenhoeck & Ruprecht

Das Team um den bekannten Psychologen Thomas stellt hier interkulturelle Probleme und die daraus resultierende Anforderungen für 62 kulturelle Einheiten (Regionen, Nationen, Kulturen) dar und nutzt für die Darstellung von Fallbeispielen das Konzept der Kulturstandards

Winkler, Egon (Hrsg.) 2002: Erfolgreich in aller Welt. Über den richtigen Umgang mit anderen Kulturen in der Exportwirtschaft. Wien: Service GmbH der Wirtschaftskammer Österreich

Ein dichtes Nachschlagewerk zu Verhalten im Geschäftsleben und Hinweise auf mögliche Missverständnisse und für über 50 Länder

Wrede-Grischkat, Rosemarie [4]2001: Manieren und Karriere. Internationale Verhaltensregeln für Führungskräfte. Wiesbaden: Gabler Verlag

Klar strukturiert finden sich in diesem Band Informationen über angemessene Formen der Repräsentation, Tipps für äußeres Auftreten, Kleidung, Höflichkeit und Tabus, aber auch zu Führungskonzepten und weiteren Aspekten des kulturellen Hintergrunds von Verhaltensstandards in über 50 Ländern

Reihen für Auslandsbeschäftigte

„Arbeitsmaterialien für den landeskundlichen Unterricht, Reihe Verhaltenspapiere" (auch als „Länderverhaltenspapiere"). 1982 ff. Bad Honnef: Deutsche Stiftung für internationale Entwicklung, Zentralstelle für Auslandskunde (Uhlhof-Reihe)
Informationen über Weltbild und Verhaltensweisen in einzelnen Ländern und Tipps für adäquates Verhalten; die einfachen Hefte ohne Abbildungen stammen aus der Feder von Autoren mit unterschiedlichstem Hintergrund, gehen mehr oder minder auf kulturelle Hintergründe ein und unterscheiden sich nicht nur in der Qualität und Aktualität, sondern auch in der Länge; es gibt etwa 50 solcher Länderverhaltenspapiere, einige sind jedoch vergriffen
„Beruflich in … Handlungskompetenz im Ausland. Trainingsprogramme für Manager, Fach- und Führungskräfte". Göttingen: Vandenhoeck & Ruprecht
„Culture Smart!" Portland, Oreg.: Graphic Arts Center Publications
Kurze Führer mit Sachinformationen und Verhaltenstipps
„Erfolgreich verhandeln in …" Köln: Bundesagentur für Außenwirtschaft (Bfai-Veröffentlichungen)
Kurze Broschüren zu Ländern in Europa und Übersee; mit Informationen zur Landeskunde, Geschichte, Bevölkerungsstruktur, Wirtschaft, insbesondere Handel und sozioökonomischer Lage, rechtlichen Rahmenbedingungen für Ein- und Ausreise und Arbeit im jeweiligen Land sowie Informationen und Tipps zu geschäftlichen Umgangsformen
„Informationen für binationale Paare". Frankfurt: Brandes & Apsel
Ratgeber für kulturell gemischte Ehen, Lebensgemeinschaften und Familien, in denen Informationen, Erfahrungsberichte und ein Leitfaden zu Möglichkeiten der Bearbeitung bzw. Lösung von Problemen gegeben werden; bislang liegen Bände zu den Maghrebländern, der Türkei und zu Westafrika vor; herausgegeben vom Verband binationaler Familien und Partnerschaften, iaf e. V.
„Passport to the World". Novato, Cal.: World Trade Press
„The Global Etiquette Guides". Hoboken, N. J./New York: John Wiley & Sons

Reihen für Touristen

„Culture Shock …" (Culture Schock Guides). Singapore: Times Editions
Der Klassiker mit dem schwarzen Umschlag: einfach gemachte Taschenbücher, die zumeist Landes- und Kulturkunde mit Informationen über typische Verhaltensweisen und Missverständnisse verbinden und Benimmregeln angeben, wobei der Text oft mit humorvollen Cartoons angereichert ist
„Gebrauchsanweisung für …" München etc.: Piper Verlag
Kurze Bände mit erzählend dargestellten landeskundlichen Informationen, wobei persönliche Wertungen und Humor nicht zu kurz kommen; der Titel dieser Reihe ist sicher verkaufsfördernd, meines Erachtens aber problematisch
„KulturSchlüssel". Ismaning: Hueber Verlag
Sehr verschieden gegliederte und sich auch qualitativ deutlich unterscheidende Bände, fast sämtlich im Layout aufwendig und enorm bunt gestaltet (Geschmackssache), mit vielen Kästen, Bildern; einige der Bände gehen auf die klassische Reihe „Culture Shock" zurück, viele Bände bieten im Anhang interkulturelle Übungen; der Band zu Vietnam (siehe unten Heller 2000) ist inhaltlich mit das Beste, was in diesem Genre weltweit zu haben ist
„KulturSchock". Bielefeld: Reise Know-How

Einfach ausgestattete Taschenbücher, die sehr unterschiedlich strukturiert sind und sich auch qualitativ deutlich unterscheiden; der Band zu Vietnam (siehe unten Heyder 1999) ist hervorragend, während der Band von Rainer Krack zu Indien in manchem problematisch ist, da er exotisiert und Gefahr läuft, ungewollt Stereotype zu verfestigen
„Polyglott Land & Leute". München: Polyglott Verlag
Informationsdichte Taschenbücher, die einheitlich gegliedert sind
„Reisegast in … Fremde Kulturen verstehen und erleben". Dormagen: Iwanowski's Reisebuchverlag
Verschieden gegliederte und unterschiedlich gute Bände, die ein aufwendiges Layout auszeichnet, mit vielen Bildern; wie bei der Reihe „KulturSchlüssel" gehen auch hier einige der Bände auf die klassische Reihe „Culture Shock" zurück, viele Bände bieten im Anhang interkulturelle Übungen in Form eines „Kulturspiels"
„SympathieMagazin". Ammerland: Studienkreis für Tourismus und Entwicklung
Erfahrungsberichte, Bilder, landeskundliche Informationen und Adressen zu Reiseländern, bislang über 30 Hefte je etwa 30–50 Seiten

Exemplarische Einzeltitel zu Regionen und Ländern

Vorbemerkung: Auslandsratgeber existieren für fast sämtliche Länder der Erde. Es gibt aber besonders viele Titel zu Ländern oder Regionen in Asien, insbesondere zu den wirtschaftlich derzeit besonders dynamischen Regionen Ostasien und Südostasien bzw. zum sog. Pazifischen Asien.

Aarau, Alice, Robert Copper & Nanthapa Cooper [2]1996/1997: Reisegast in Thailand. München: Verlagsbüro Gerd Simon & Claudia Magiera/Dormagen: Reisebuch-Verlag Iwanowski (Reisegast-Reihe)
Eine Art Kulturknigge: Verhaltenstipps mit landeskundlichen Informationen und recht genauen Erklärungen der kulturellen Hintergründe; mit einem Kulturspiel; die Reihe umfasst mehr als zehn Bände zu außereuropäischen Ländern, zum Teil sind es überarbeitete deutsche Versionen der englischsprachigen Klassiker aus der Reihe „Culture Shock"
Abdullah, Asma & Paul B. Pedersen 2003: Understanding Multicultural Malaysia. Delights, Puzzles & Irritations. Harlow etc: Pearson Malaysia, Prentice Hall
Ein Buch, das neben einer Einführung in den historischen Hintergrund die Kultur der Hauptkategorien der Bevölkerung Malaysias erläutert und dann auf Kommunikationsprobleme und Fragen der Zusammenarbeit am Arbeitsplatz eingeht; den Abschluss bilden neun Fallbeispiele zur Diskussion; das Buch entstand in Zusammenarbeit zwischen einer malaysischen Trainerin für interkulturellen Umgang und einem amerikanischen Psychologen, der auf multikulturelles Counseling spezialisiert ist, und ist im Vergleich zu anderen businessorientierten Ratgebern präzise und umfangreich
Baumgart, Annette & Bianca Jänecke [2]2000: Russlandknigge. München: Oldenbourg Verlag (Lehr- und Handbücher zu Sprachen und Kulturen) ([1]1997)
Eine Anleitung zur Verbesserung der Kommunikation im Geschäftsleben; über Merkmale russischen „Volkscharakters", Kontrastierung westdeutscher und russischer Normen und Werte und Erläuterung der historischen und religiösen Hintergründe und wichtige Aspekte russischer Etikette; dazu Informationen über neuere Veränderungen in dieser besonders dynamischen Region
Beer, Bettina 1996: Deutsch-philippinische Ehen. Interethnische Heiraten und Migration von Frauen. Berlin: Dietrich Reimer Verlag

Auch wenn der Band nicht als Ratgeber gedacht ist, enthält das Buch enorm viele praktisch verwendbare Erfahrungen und Informationen, die zum Teil auch über den Fall Philippinen hinausgehen

Berninghausen, Jutta, Ursula Cescau, Christiane Hahn, Hedda Küster, Garimo Scott & Christel Uhlshöfer 1996: Zuhause, wo der Pfeffer wächst. Ratgeber Indonesien. Unkel/ Bad Honnef: Horlemann Verlag
Ein detaillierter Ratgeber für Menschen, die als Europäer länger in Indonesien leben und arbeiten wollen; in den Praxistipps etwas veraltet, aber immer noch brauchbar

Chen, Hanne 2004: KulturSchock VR China/Taiwan. Bielefeld: Reise Know-How
Ein Buch aus der Feder einer Chinesin, die in Deutschland lebt und mehr als vergleichbare Bücher die historischen Wurzeln heutiger Verhaltensweisen darlegt und auf die Funktionen und Rollen von Frauen eingeht; zu China vgl. auch Lin-Huber 2000, Pohl 2004 und Diergarten-Wandel et al. 2004

Davies, Roger J. & Osamu Ikeno 2002: The Japanese Mind. Understanding Contemporary Japanese Culture. Boston/Tokyo: Charles E. Tuttle Publishing
Informationen über japanische Lebensweisen und insbesondere Erläuterung wichtiger japanischer Konzepte, zum Beispiel amae, einer speziellen Form der Abhängigkeit von wohlwollenden älteren Personen, und giri, soziale Verpflichtungen

De Mente, Boye Lafayette 2003: Asian Face Reading. Unlocking the Secrets Hidden in the Human Face. Boston/Tokyo: Charles E. Tuttle Publishing
Ein Buch, das sich an Manager, nach Südost- oder Ostasien entsandte Auslandsmitarbeiter und andere Laien wendet und dabei recht differenziert ist

De Mente, Boye Lafayette [6]2004 : Japanese Etiquette and Ethics in Business. New York etc.: McGraw Hill

Diergarten-Wandel, Ute, Volkmar E. Janicke & Uwe Kreisel 2004: KulturSchlüssel China. München: Buchkonzept Simon/Ismaning: Hueber Verlag (Reihe KulturSchlüssel)
Vgl. Chen 2004 und das ähnlich gemachte Buch zu Vietnam von Heller 2000

Foster, Dean 2000: The Global Etiquette Guide to Asia. Everything You Need to Know for Business and Travel Success. New York etc.: John Wiley & Sons (Global Etiquette Guides)
Eine nach Ländern gegliederte Anleitung zum erfolgreichen Umgang in Gebieten Südasiens, Ostasiens und Südostasiens; zum Teil zu kurz, rezepthaft und ohne Hintergrunderklärungen

Hecht-El Minshawi, Béatrice 1998: Zu Gast in Indien. Fettnäpfchen und wie man sie vermeidet. Frankfurt: Fischer Taschenbuch Verlag (Fischer Ratgeber)
Landeskunde und Tipps einer Trainerin für interkulturelle Kommunikation für privaten und geschäftlichen Umgang; mit Testfragen und Antworten; brauchbar, wenn auch zum Teil etwas kurzatmig in den Erläuterungen

Heine, Peter [2]2002: Kulturknigge für Nichtmuslime. Ein Ratgeber für den Alltag. Freiburg etc.: Herder Verlag (Herder Spektrum, 4307) ([1]1994)
Ein Islamwissenschaftler erläutert Umgangsformen, Grußverhalten, Rollen von Gast und Gastgebern, Wirtschaftsverhalten, Weltsicht, Körperhaltung und Gestik sowie Kleidung; überarbeitete Auflage

Heller, Hans-Jörg 2000: Kulturschlüssel Vietnam. München: Buchkonzept Simon/Ismaning: Hueber Verlag (Reihe KulturSchlüssel)
Hinter einem Layout, das einer grausig gemachten Homepage ähnelt, verbirgt sich ein sehr informatives, aus intimer Landeskenntnis geschriebenes, sensibles Buch, äußerst empfehlenswert!; vgl. Heyder 1999

177

Heyder, Monika [2]1999: Kulturschock Vietnam. Bielefeld: Reise Know-How
Beispiel eines informativen, genauen und gleichzeitig sensiblen Kulturführers; sehr kenntnisreich und dennoch verständlich geschrieben; insgesamt sehr empfehlenswert; vgl. Heller 2000

Hijiya-Kirschnereit, Irmela (Hrsg.) 2000: Japan. Der andere Kulturführer. Frankfurt: Insel Verlag
Sammlung von zwölf Essays zu Gegenwartsthemen wie zum Beispiel Comics, Zeichentrickfilmen, T-Shirts, populärer Musik, Science-Fiction-Filmen, neuen Theaterformen und zur Mode, Memoiren zu schreiben

Jammal, Elias 2003: Kulturelle Befangenheit und Anpassung. Deutsche Auslandsentsandte in arabisch-islamischen Ländern. Berlin: Deutscher Universitätsverlag
Eine wissenschaftliche Untersuchung, die aber auch als Ratgeber gelesen und so praktisch und nützlich sein kann

Kessel, Angela (Hrsg.) 2000: Handbuch Business-Training Südostasien. Kulturdeterminanten, Wirtschaft und Gesellschaft, geschäftlicher Umgang. Berlin: Cornelsen Verlag
Übersicht zu kulturellen Eigenarten Südasiens und spezielle Informationen zu den Philippinen, Malaysia, Indonesien, Thailand und Vietnam; dazu konkrete Tipps für die Gestaltung von Geschäftsbeziehungen, Mitarbeiterumgang und wirtschaftliche Verhandlungen

Linke, Ralf & Yukiko Bischof-Okubo 2004: Erfolgreiche Verhandlungen mit Japanern. Frankenthal: Hemmer Verlag
Ein Band, der sich an westliche Geschäftsleute wendet, die in Japan Management- und Verhandlungsaufgaben zu erfüllen haben; aus der Feder eines Managers mit Japan-Erfahrung und einer Japanerin, die Deutschlandkennerin und Universitätsdozentin ist; mit Beispielen für Verhandlungsverläufe

Lin-Huber, Margrith A. 2000: Chinesen verstehen lernen. Bern: Huber Verlag (Wir – die Andern: erfolgreich kommunizieren)
Ein eher psychologisch als kulturgeschichtlich angelegtes Buch zur Orientierung und Beratung; vgl. Pohl 2004

Martin, Marlis & Alexander Thomas 2002: Beruflich in Indonesien. Trainingsprogramm für Manager, Fach- und Führungskräfte. Göttingen: Vandenhoeck & Ruprecht (Handlungskompetenz im Ausland)
Auf der Basis des Thomas'schen Konzepts der Kulturstandards werden Verhaltensweisen und Normen und Werte in Indonesien erläutert und daraus Tipps abgeleitet; eine knappe, aber vertretbare Darstellung

Nydell, Margaret K. (Omar) [3]2002: Understanding Arabs. A Guide For Westerners. Yarmouth/Maine: Intercultural Press
Ein Umgangsberater, der neben verbreiteten arabischen Normen, Werten und Verhaltensneigungen auch die Unterschiede zwischen den Regionen Arabiens betont, leider aber ohne dies für einzelne Länder genau zu spezifizieren; der Band geht auch auf Moslems und Araber in westlichen Ländern ein; mit einer ausführlichen Bibliographie

Nisbett, Richard E. 2003: The Geography of Thought. How Asians and Westerners Think Different … and Why. New York etc.: The Free Press
Kein Ratgeber, aber ein Buch, das sich auch an Praktiker wendet; eine Untersuchung eines kulturvergleichend arbeitenden Denkpsychologen, der die Resultate von Experimenten schildert und ausdeutet; ein Buch, das differenzierter ist, als es der Titel vermuten lässt; vgl. De Mente 2003

Platt, Polly 2003: French or Foe? Getting the Most Out of Visiting, Living and Working in France. Distribooks

Polly Platt beschreibt in diesem Werk auf humorvolle Art die kleinen, aber feinen Unterschiede zwischen Franzosen und Amerikanern, die immer wieder zu interkulturellen Missverständnissen führen; sie gibt ihren Landsleuten ganz konkrete Tipps, wie sie im Urlaub, auf einer Geschäftsreise oder bei einem längerem Aufenthalt solche Missverständnisse vermeiden können. Auch wenn Polly Platts Buch kaum als ethnologisches Werk angesehen werden kann, so zeigt sie doch die kulturellen Unterschiede auf, die es auch zwischen den einzelnen westlichen Industriestaaten gibt (ch)

Pohl, Karl-Heinz, [3]2004: China für Anfänger. Hintergrund Kultur – ein Begleiter für Geschäftsreisende und Touristen. Freiburg etc.: Herder Verlag (Herder Spektrum, 4595, [1]1998, [2]2000)

Ein Sinologe mit kulturwissenschaftlicher Ausrichtung beschreibt kurz Land und Geschichte sowie ausführlicher die Wertesysteme und Verhaltensweisen und er gibt Tipps zum Umgang mit Menschen im bevölkerungsreichsten Land der Welt

Pretzell, Klaus-Albrecht & Wilfried Herrmann (Hrsg.) 1995: Zugang in Südostasien. Münster etc.: Lit Verlag (APIA-Publications, Schriftenreihe der Asien-Pazifik Informations-Agentur e. V., 1)

Kurze Übersichten über Kultur und wirtschaftliche sowie politische Grundlagen in den Ländern Südostasiens; in der Idee gut, weil der Band mehr bietet als die üblichen Übersichten zu Wirtschaftstrends; trotzdem in manchen Fakten schon überholt

Richmond, Yale & Phyllis Gestrin 1998: Into Africa. Intercultural Insights. Yarmouth/ Maine: Intercultural Press (InterAct Series)

Grundlegende historische Hintergründe von Verhaltensweisen und Geschäftsgebaren und heutige kulturelle Situation (Sprache, Gesellschaftsstruktur, Ethnizität); neben panafrikanischen Handlungsmustern wird immer wieder auf regionale Differenzen eingegangen, ohne aber systematisch Informationen zu einzelnen Ländern zu geben

Sabath, Ann Marie 1999: International Business Etiquette: Latin America. What You Need to Know to Conduct Business Abroad with Charm and Savvy. Franklin Lakes, N. J.: Career Press & New Page Books

Ein nach Ländern und darin nach 24 Themen geordneter Überblick wichtiger Normen, Werte und Verhaltensneigungen; ergänzt um konkrete Hinweise auf „Do's and Don'ts"; deutlich besser als das Buch der Autorin zu Asien und dem Pazifikraum Sabath 2002

Sabath, Ann Marie [2]2002: International Business Etiquette Asia & The Pacific Rim. What You Need to Know to Conduct Business Abroad with Charm and Savvy. New York etc.: ASJA Press (zuerst Franklin Lakes, N. J.: Career Press & New Page Books, [1]1999)

Ein nach 13 Ländern und darin nach Themen geordneter Überblick wichtiger Normen, Werte und Verhaltensneigungen; die Gliederung pro Land ist jeweils wie folgt: Gründe, in dem Land Geschäfte zu betreiben, Landesinformationen, Etikette und konkrete Hinweise auf „Dos and Don'ts"; insgesamt ein brauchbarer Kurzführer, aber deutlich weniger gut als der Band derselben Autorin zu Lateinamerika Sabath 1999

Somaiah, Rosemary & Zhuang Xinyan (comp.) 2004: Gateway to Singapore Culture. Singapore: Asiapac Books (Gateway for Kids)

Ein schmaler Führer, der Kulturen speziell für Kinder erklärt; Erläuterungen und viele Bilder zu Geschichte, Sprache, Namengebung, Glauben, Lebenszyklus, häusliches Leben, Normen, Werten, Musik, Festivals, populären Geschichten und wichtigen Geschichtsmonumenten; in der Gliederung orientiert am staatlich propagierten CMIO-Schema der Einteilung der Ethnien in Singapur (Chinese, Malay, Indian, Other), ergänzt um die chinesisch-malaiische Mischkultur der Peranakan; mit Hinweisen für kindgerechte Aktivitäten; insgesamt informativ, aber Kinder sollten auf die starke Essentialisierung hingewiesen werden; ähnliche Bände zu Malaysia

Stephenson, Skye 2003: Understanding Spanish Speaking South Americans. Bridging He-mispheres. Yarmouth/Maine: Intercultural Press

Eine Orientierung über gemeinsame kulturelle Züge und Strömungen im spanischspra-chigen Lateinamerika und die zum Teil markanten Unterschiede zwischen den Ländern (zum Beispiel Verlauf der Kolonialgeschichte und Dekolonisation, Anteil europäisch-stämmiger Einwohner); ein Band, der sich vorwiegend an nordamerikanische Politiker und Geschäftsleute wendet

Zinzius, Birgit [2]2002: China entdecken. München: C. H. Beck

Eine Mischung aus Landeskunde, Informationen zur Geschichte, zum Alltagsleben heute und Erläuterung von Verhaltensweisen, Normen und Werten

Ratgeber für den Umgang
mit Deutschen

Flippo, Heide 2002: When in Germany, Do as the Germans Do. The Clue-In Guide to Ger-man Life, Language and Culture. Chicago etc.: Mc Graw-Hill

In zwanzig Rubriken werden in etwa einhundert kurzen Abschnitten Sachinformationen zu Deutschland gegeben und deutsche Normen, Werte, Gewohnheiten und Umgangsfor-men dargestellt, wobei Letzteres allerdings streckenweise aus einer sehr US-amerikani-schen Sicht geschieht; mit Quizfragen und sehr vielen Hinweisen auf Websites; vgl. das ähnlich aufgemachte Buch von Tomalin 2003

Lord, Richard 1998: Succeed in Business. Germany. London: Kuperard

Lord, Richard 2003: Germany. Culture Shock! (Culture Shock Guides). Singapore: Times Editions (auch als „Germany. Culture Shock! A Guide to Customs and Etiquette". London: Kuperard/Portland, Orig.: Graphic Arts Center Publications)

Ein Führer mit einigen Einsichten, die wohl nur aus distanzierter Sicht zu gewinnen sind; daneben finden sich aber auch Fehlinterpretationen

Nees, Greg 2000: Germany. Unraveling An Enigma. Yarmouth/Maine: Intercultural Press

Ein Buch eines Amerikaners über Deutschland, der US-amerikanische Leser im Auge hat und deshalb viele Vergleiche zwischen beiden „Nationalkulturen" zieht

Schaupp, Gretchen & Joachim Graff 2003: Business-Etikette Deutschland. Mind Your Manners. Frechen: Datakontext-Fachverlag

Hier werden in deutscher und englischer Sprache Umgangsformen und Betriebskulturen in Deutschland dargestellt

Schmidt, Patrick LeMont [5]2003: Die amerikanische und die deutsche Wirtschaftskultur im Vergleich. Ein Praxishandbuch für Manager. Göttingen: Hainholz Verlag ([1]2000, [2]2000, [3]2001, [4]2002; orig. engl. „Understanding American and German Business Cultures". Montreal: Meridian World Press, 1999)

Ein verbreiteter Praxisleitfaden, der detaillierte Erläuterungen nicht nur im engeren Sinn zu Betriebskultur, sondern zu Wirtschaftskulturen anbietet, etwa zu den kulturhistori-schen Hintergründen von Unterschieden in der Zeitauffassung und -nutzung, in der Ge-sprächsorganisation, bezüglich Geschäftstreffen und ethischer Maßstäbe und auch im rechtlichen Rahmen zwischen USA und Deutschland; mit 15 kleinen Fallstudien, die die Aussagen konkretisieren; geschrieben von einem Amerikaner mit Deutschland- und Süd-ostasienerfahrung

Schroll-Machl, Sylvia 2002: Die Deutschen – Wir Deutsche. Fremdwahrnehmung und Selbstsicht im Berufsleben. Göttingen: Vandenhoek & Ruprecht

Ein anwendungsorientiertes kulturpsychologisches Buch, in dem, ausgehend von Kultur als Orientierungssystem und dem Konzept der „Kulturstandards", weitgehend geteilte

und verbindliche Normen, Eigen- und Fremdperspektiven über deutsche Menschen und deutsche Kultur dargestellt werden

Schroll-Machl, Sylvia 2003: Doing Business With Germans. Their Perception, Our Perception. Göttingen: Vandenhoek & Ruprecht
Übersetzung des Buches zu deutschen Kulturstandards: Schroll-Machl 2002

Smyser, William R. 2003: How Germans Negotiate. Logical Goals, Practical Solutions. Washington, D. C.: United States Institute of Peace Press
Ein deutschlanderfahrener Berater und Diplomat gibt Erfahrungen und Hinweise zu wirtschaftlichem und politischem Verhandeln in Deutschland, wobei er die Suche nach logisch kohärenten „Gesamtkonzepten" und praktikablen Lösungen herausstellt, u. a. anhand von Details politischer Verhandlungen, zum Beispiel während der Ostpolitik unter Brandt und Kohl; dazu erläutert der Autor historische Hintergründe und den politischen Kontext Deutschlands

Tomalin, Barry 2003: Culture Smart! Germany. London: Kuperard/Portland, Oreg.: Graphic Arts Center Publications (Culture Smart!)
Landeskundliche Informationen sowie Hinweise zum Umgang in Form vieler kurzer Abschnitte, die angeordnet sind in Teilen zu Werten, Haltungen, Gebräuchen, Freundschaftsbeziehungen, häuslichem Leben, Freizeit, Reisen, Business und Kommunikation; mit Bibliographie; in der Anlage ähnlich wie Flippo 2002

Sprache und Design für interkulturelles Marketing und Werbung

Aitchison, Jim 2002: How Asia Advertises. The Most Successful Campaigns in Asia Pacific and the Marketing Strategies Behind Them. Singapore: John Wiley & Sons
Eine detaillierte Darstellung von etwa 100 Kampagnen, in denen besonders auf die kulturspezifischen und regional besonderen Wünsche und Wahrnehmungen der Kunden eingegangen wird; ausgestattet mit hervorragenden graphischen Beispielen

Bosewitz, René & Robert Kleinschroth 2004: Business Across Cultures. Business English in aller Welt. Reinbek bei Hamburg: Rowohlt
Unterhaltsam aufbereitete Tipps über Verwendungen des Englischen in verschiedenen Weltteilen und dazu Hintergrundinformationen zum kulturellen Kontext

Lipton, Ronnie 2002: Designing Across Cultures. Cincinnati: How Design Books
Ein anwendungsorientiertes Buch zu Typographie und Graphik in Marketing und Werbung, das auf bestimmte, kulturell abgegrenzte Zielgruppen orientiert sein will; dargestellt anhand von vielen Beispielen aus den Vereinigten Staaten; ausgestattet mit sehr guten Illustrationen, an denen gute Beispiele, Flops und das Problem der Stereotypisierung besprochen werden

Wilken, Matthias 2004: Ethno-Marketing. Erfolgreiches Marketing für eine multikulturelle Gesellschaft. Berlin: VDM Verlag Dr. Müller
Eine der ersten deutschsprachigen Veröffentlichungen zum Thema kulturell segmentierter Märkte, kulturgebundener Produkte und Dienstleistungen, kulturspezifischen gegenüber nicht spezifischen Merkmalen und deren strategischer Bedeutung für heutige Unternehmen

3.6 Publikumszeitschriften

Allgemeine Reportage- und Wissensmagazine

„Abenteuer Natur. Die Faszination unserer Erde" (Frankfurt: WDV, Wissenschaft für Medien und Kommunikation; ab 1994; 6/Jahr)
   Eine Zeitschrift zur Natur, die Völker schon im Titelbild im Insert als Naturteil präsentiert, aber dennoch ab und zu zum Teil tragbare Berichte enthält

„Geo. Das neue Bild der Erde" (Hamburg: Gruner + Jahr Verlag; ab 1976; 12/Jahr)
   Reportagemagazin mit Bildberichten in lebendiger Sprache und effektvollen Bildern; die Ableger „Geo Wissen", „Geo Spezial" und „Geo Epoche" bringen des öfteren anthropologische Themen und ethnologienahe Beiträge; ab 2004 gibt es vierteljährlich „Geo kompakt", in dem auch anthropologische Themen behandelt werden

„Horizonte. Das Magazin für Reportage und Wissen" (Hamburg: Heinrich Bauer Verlag; ab 2004; 2/Jahr)
   Ein neues Magazin zu kulturellen und naturwissenschaftlichen Themen gleichermassen, in dem viele Wissenschaftler mitwirken; mit großformatigen Farb- und Schwarzweißaufnahmen; im Themenspektrum ähnlich „Abenteuer Natur", aber sowohl im Layout als auch in Fotos und Texten deutlich anspruchsvoller

„Merian. Das Reisemagazin" (Hamburg: Hoffmann und Campe; ab 1940; 12/Jahr)
   Die klassische Reisezeitschrift, die bei Fernreisezielen des öfteren ethnologische Themen behandelt; oft faszinierende Fotos und gute Texte; in der Anlage und im Layout allerdings „Geo" zunehmend ähnlich

„National Geographic Deutschland" (Hamburg: Gruner + Jahr Verlag; National Geographic Society; ab 1999; 12/Jahr)
   Deutschsprachige Ausgabe des klassischen Magazins; bebilderte Berichte aus aller Welt; des öfteren als Beilage detaillierte physische und thematische Karten; im Vergleich zu „Geo" längere Berichte mit mehr Fotos und tendenziell sachlicheren Bildern, in letzter Zeit wird das Layout zunehmend modisch; vgl. die unter 1.3 angeführte kritische Studie von Lutz & Collins (1993) zur Vermittlung von Kultur in diesem Magazin

„P. M. Perspektive. Das Magazin für kompaktes Wissen" (München: Gruner + Jahr Verlag; ab 1999; 4/Jahr)
   Ein buntes Magazin für Jugendliche, das jeweils ein Themenheft darstellt und des öfteren ethnologienahe Themen bringt, zum Beispiel zum Kolonialismus oder zu indigenen Völkern; die Zeitschrift ein Ableger von P. M., Peter Moosleitners Magazin

„Unesco Kurier" (Bonn: Unesco; ab 1959; 6/Jahr)
   Eine Zeitschrift die immer wieder Aufsätze zu kultureller Vielfalt und den aktuellen Entwicklungen im Bereich „Weltkulturerbe" bringt

Geschichtsmagazine mit außereuropäischen Themen

„Damals. Das Magazin für Geschichte und Kultur" (Stuttgart: Deutsche Verlags-Anstalt, ab 1968; 12/Jahr)
   Eine Geschichtszeitschrift, die des öfteren auch archäologische Themen und außereuropäische Geschichte behandelt; mit populär geschriebenen, dabei aber sachlich bleibenden Texten, guten Bildern, vielen Medien- und Ausstellungshinweisen sowie Buchbesprechungen; zumeist mit einem Themenschwerpunkt

„Geschichte. Menschen, Ereignisse, Epochen" (Nürnberg: Johann Michael Sailer Verlag; ab 2001; 12/Jahr)

Eine historische Zeitschrift mit einem jeweiligen Themenschwerpunkt, guter Bebilderung und einem großen Serviceteil; die Schwerpunkte sind oft zu Themen außereuropäischer Geschichte, zum Beispiel jüngst das Shogunat in Japan; insgesamt populärer gemachte Zeitschrift als „Damals"

„Geo Epoche. Das Magazin für Geschichte" (Hamburg: Gruner + Jahr Verlag; ab 1999; 4/Jahr)

Ein Ableger von „Geo" in gewohnt blendender Bildausstattung; zumeist gute Berichte und farbige Fotos und Graphiken sowie Karten; jedes Heft ist vollständig einem Thema gewidmet, das mit lebendigen und nicht allzu exotisierenden Texten behandelt wird; des öfteren außereuropäische Themen und/oder ethnologienahe Themen, zum Beispiel in Heften über „Indianer Nordamerikas" (2000) und zu „Maya, Inka, Azteken" (2004)

Sozialwissenschaftliche und ethnologische Populärmagazine

„Bumerang. Naturvölker heute. Zeitschrift für gefährdete Kulturen" (Red. Hannelore Gilsenbach; ab 1994: 3/Jahr; ab 1999: 2/Jahr)

Kurze und einfache bebilderte Aufsätze zu bedrohten Völkern und zu Rassismus, oft aus der eigenen Erfahrung der Autoren, sowie Nachrichten und Rezensionen, zum Teil idealisierend und ethnologisch bedenklich und im Stil etwas betulich, teils aber auch durchaus kritisch, zum Beispiel zur ethnologischen Esoterik

„EthnoScripts" (Hamburg: Institut für Ethnologie; ab 1998; unregelmäßig, ca. 2/Jahr)

Eine Zeitschrift, die sich mit kurzen Texten vor allem an Studenten wendet; jeweils mit einem Themenschwerpunkt; dazu Konferenzberichte, Werksattberichte aus Forschung und Lehre und Literaturbesprechungen; die Zeitschrift ist einfach gestaltet, umfangreich und inhaltlich immer interessant gemacht; die Themen werden zumeist in auch für Nichtethnologen verständlicher Weise aufbereitet: darin ist die Zeitschrift eine Pionierleistung

«Sciences Humaines» (Auxerre: Sciences Humaines; ab 1999; 4/Jahr; plus Sondernummern «Hors-série»)

Eine französische human- und sozialwissenschaftliche Zeitschrift, deren Beiträge größtenteils aus der Feder von Soziologen und Ethnologen stammen. Sie umfassen wenige Seiten Text, sind bebildert und mit Literaturhinweisen versehen. Ergänzt werden sie durch Interviews mit Sozialwissenschaftlern und thematisch konzentrierte Bibliographien. Die Zeitschrift erscheint monatlich und wird durch Themenhefte sowie eine Buchreihe ergänzt; im deutschsprachigen Raum gibt es nichts Vergleichbares, der unten genannte „Überblick" kommt dem nahe

„Stämme. Magazin für Stämme, Gemeinschaften, Unabhängigkeitsbewegungen und Zwergstaaten" (Füssen: Frey & Steinmetz Verlag; ab 1999; 3/Jahr)

Extrem populär geschriebene und locker gelayoutete Beiträge, die zwischen Klischees vom edlen Wilden, politischem Engagement und Esoterik schwanken; manches nur mit Vorsicht zu genießen

„Übersee Magazin" (Verlag Übersee Magazin; ab 1990, bis 2000, unregelmäßig, insgesamt 14 Hefte; von 1990–1995 unter dem Titel „Der Fremde. Völker und Kulturen. Die Zeitschrift für lebendige Völkerkunde")

Dies war die einzige echte explizit ethnologische Publikumszeitschrift, die fast im Alleingang von dem Ethnologen Uwe Schlegelmilch produziert wurde und oft gut recherchierte längere Berichte enthielt

Internetzeitschriften

„Journal-Ethnologie" (Frankfurt: Museum der Weltkulturen; www.journal-ethnologie.de; ab 2002; Red. Ulrike Krasberg)
Eine virtuelle Zeitschrift, die einem breiten ethnologisch interessierten Publikum aktuelle Informationen, Berichte, Interviews zu aktuellen Themen, Hinweise auf Ausstellungen, Buchrezensionen und kurze Aufsätze anbietet und gewöhnlich einen Themenschwerpunkt hat, zum Beispiel Medizin, Sklaverei und Migration; gut gestaltet und mit Bildern ausgestattet; die einzige Internetzeitschrift im deutschen Sprachraum und eine Pionierleistung
„Ethno:: Log" (München: Institut für Ethnologie und Afrikanistik)
Eine Internetzeitschrift mit aktuellen Nachrichten und Ideen aus dem Bereich Ethnologie und Cyberanthropology, anregend, manchmal chaotisch und häufig aktualisiert
„Trans. Internet-Zeitschrift für Kulturwissenschaften" (INST – Institut zur Erforschung und Förderung österreichischer und internationaler Literaturprozesse; www.inst.at/trans/transdt/ htm; ab 1997; unregelmässig, bislang 15 Ausgaben)
Keine Zeitschrift fürs breite Publikum, aber bisweilen erscheinen auch einfacher zugänglich verfasste Aufsätze, weshalb diese Internetzeitschrift hier genannt ist: eine anspruchsvolle literaturwissenschaftliche Diskussionsplattform mit dem Schwerpnkt internationaler Literatur, postkolonialer Theorie und Alterität; jeweils mit Themenschwerpunkten

Kultur- und entwicklungspolitische Zeitschriften

„Der Überblick. Zeitschrift für ökumenische Begegnung und internationale Zusammenarbeit" (Hamburg: Verlag Dienste in Übersee; ab 1964; 4/Jahr)
Diese Zeitschrift bringt außer Entwicklungsthemen oft Beiträge zu interkulturellen Fragen; jedes Haft mit einem Themenschwerpunkt, an dem oft Wissenschaftler von Rang mitwirken; es handelt sich um die Zeitschrift des kirchlichen Entwicklungsdienstes, stellt aber kein Tendenzmagazin dar; „Der Überblick" bringt immer wieder Reportagen und auch grundlegende Artikel mit Tiefgang, dazu ausführliche Rezensionen und Erlebnisberichte aus der Entwicklungszusammenarbeit
„Blätter der Informationszentrums 3. Welt, iz3w" (Freiburg: Informationszentrum 3. Welt; 6/Jahr)
Eine anspruchsvolle Zeitschrift zu Entwicklungsfragen, Entwicklungstheorie, interkulturellen Themen und Globalisierung; mit jeweiligem Themenschwerpunkt; tendenziell links, aber selbstkritisch und des öfteren mit kontroversen Beiträgen
„Lettre international. Europas Kulturzeitung" (Berlin etc.: ab 1988; 4/Jahr)
Essays, Berichte, Reportagen und Rezensionen zu aktuellen Themen der „Kultur" im bildungsbürgerlichen Sinn, aber auch zu kulturkritischer Theorie und oft zu ethnologienahen Themen, zum Beispiel Ferntourismus; eine Zeitschrift im Zeitungsformat, die auch längere Aufsätze bringt, immer mit Literaturhinweisen; eine nicht im engeren Sinn wissenschaftliche, aber dennoch sehr anspruchsvolle Zeitschrift, die eine Fundgrube ist
„Zeitschrift für Kulturaustausch" (Regensburg: ConBrio Verlagsgesellschaft; ab 1950; 4/Jahr)
Eine Zeitschrift vor allem zu Fragen der Kulturpolitik und zu interkulturellen Beziehungen und ihren Problemen; umfangreiche Hefte, die jeweils einen Themenschwerpunkt haben, der aber nur ein Drittel des Hefts einnimmt; immer mit vielen Literaturhinweisen und auch ausführlichen Rezensionen zu Sachbüchern und auch zu belletristischen Titeln mit interkultureller Thematik

3.7 Medien für Kinder und Jugendliche
Thematische Sach- und Sachbilderbücher

Kinderliteratur allgemein

Thiele, Jens & Jörg Steitz-Kallenbach (Hrsg.) 2003: Handbuch der Kinderliteratur. Grundwissen für Ausbildung und Praxis. Freiburg etc.: Herder Verlag
*Ein kleines Übersichtswerk mit gut orientierenden Beiträgen zu den verschiedenen Gen-
res der Kinderliteratur, zu Autoren und Publikumsinteressen und deren Wandel in der
Mediengesellschaft*

Atlanten

Anonymus 2002: Mein Lexikon der Länder und Völker. München: Ars Edition (orig. «Mon
premier Atlas Larousse». Paris, 2001)
*Kurze Texte und Zeichnungen auf thematischen Doppelseiten, die von nicht weniger als
23 Zeichnern gestaltet wurden; die Texte sind teilweise stark vereinfachend und bedienen
nationale Stereotype*
Chiarelli, Brunetto & Anna Lisa Bebi (Text), Paolo Ravaglia (Ill.) 1997: Der große Xenos-
Atlas der Völker. Hamburg: Xenos Verlagsgesellschaft (orig. Florenz: McRae Books,
1997)
*Kulturelle Charakteristika von Ländern und Regionen, dargestellt in Form kleiner Bild-
chen mit wenig Text, die eingeklinkt in Umrisskarten der Länder und Kontinente sind;
zwischengeschaltet sind Doppelseiten mit Texten und Karten zu weltweit relevanten Themen, wie „Essen und Kleidung" oder „Kulturen begegnen sich"*
Fry, Plantagenet Somerset ^{2}2005: Lexikon der Weltgeschichte. Starnberg: Dorling Kindersley (orig. „History of the World". London etc.: Dorling Kindersley, ^{1}2001)
*Ein Lexikon, das chronologisch in 20 Kapitel gegliedert ist und eine dezidiert nichteuro-
zentrische Ausrichtung hat; mit kurzen Texten und aufwändig ausgestattet mit vielen Bildern und dazu orientierende Zeitleisten, die den Vergleich zwischen zeitgleichen Entwicklungen in verschiedenen Regionen erlauben*

Völker weltweit

Böer, Friedrich 1972: So lebt man anderswo. Von der Jagd, den Sitten und dem Gemeinschaftsleben fremder Völker. Stuttgart: Arena Verlag (Arena-Taschenbücher) (zuerst
„So lebt man anderswo! Das tägliche Leben bei vierzehn Völkern der Erde". Freiburg
etc.: Herder Verlag, ^{1}1955, ^{2}1965)
*Ethnologinnen und Ethnologen (die in den neueren Ausgaben unkorrekterweise nicht
mehr genannt werden) berichten über das Leben von Kindern aus aller Welt; ein altes,
aber vorbildliches Jugendbuch mit informativem Text, Orientierungskärtchen, Vignetten
und einigen sehr detailreichen Strichzeichnungen; das Buch wurde in viele Sprachen
übersetzt; geeignet für Kinder etwa ab 10 Jahren*
Dorling Kindersley 2004: Menschen dieser Welt. Starnberg: Dorling Kindersley (orig.
„How People Live". London etc.: Dorling Kindersley, 2003)
*Mit der Absicht, die Vielfalt der Kulturen zu zeigen, werden etwa 80 ethnische Gruppen
und auch größere Völker aus aller Welt kurz vorgestellt, wozu viele Bilder und kurze
Texte mit Informationen oder Geschichten kombiniert werden; die Texte sind allerdings*

so kurz, dass die Darstellung nur zufällig ausgewählte Aspekte bringt oder zur Karikatur gerät

Meadows, Donella 2003: Wenn die Welt ein Dorf ... mit nur 1001 Einwohnern wäre ... Frankfurt: Bombus Media Verlag
Eine für Kinder gedachte Vermittlung des gegenwärtigen Zustands der Menschheit; eine Variante der auch von Smith & Armstrong 2002 genutzten und so einfachen wie genialen Buchidee

Place, François 1995: Die letzten Riesen. München: C. Bertelsmann (orig. «Les derniers Géants». Tournai: Édition Casterman, 1992)
Ein phantastischer Bericht einer Reise in das Innere Asiens um 1850; stimmungsvolle Beschreibungen von Landschaften und Kulturen und viele ethnographische Details; mit schönen farbigen Zeichnungen mit viel Atmosphäre und zugleich vielen Einzelheiten; vgl. Place 1997

Place, François 1997: Phantastische Reisen. Vom Land der Amazonen zu den Indigo-Inseln. München: C. Bertelsmann (orig. «Du pays des amazones aux îles indigo». Tournai: Édition Casterman/Gallimard, 1992)
Eine phantastische Geschichte mit schönen Stimmungsbeschreibungen ferner Landschaften und Kulturen und vielen ethnographischen Details; mit großen Panoramazeichnungen und Zeichnungen zu Einzelheiten; vgl. Place 1995

Smith, David J. (Text) & Shelagh Armstrong (Ill.) 2002: Wenn die Welt ein Dorf wäre ... Ein Buch über die Völker der Erde. Wien/München: Verlag Jungbrunnen (orig. „If the World Were A Village". Toronto: Kids Can Press, 2002)
Ein Buch, in dem globale Zustände und Tendenzen auf nachvollziehbare Maßstäbe reduziert werden: dargestellt durch bunte Gemälde und Umrechnungen statistischer Daten auf einfache Zahlenverhältnisse, bezogen auf das im Titel genannte „Weltdorf"; Themen sind u. a. Lebensverhältnisse des Menschen, Verteilung von Gütern, Religionen, Sprachen, Nationalitäten; durch die einfachen Verhältniszahlen und den Vergleich werden auch die Ungleichheiten schön herausgearbeitet; das Buch wendet sich an Kinder, ist aber auch für Jugendliche und Erwachsene erhellend; vgl. Meadows 2003

Spier, Peter [2]2004: Menschen ([1]1981; orig. „People". New York: Doubleday, 1980; auch frz. «Six Millions de visages». Paris: Collection Dis-Moi comment elles vivant, l'école des loisirs, UNICEF, Declaration de Berne, Servis École Tiers-monde, 1992)
Liebevoll gemachte Zeichnungen, in denen es nur so wimmelt, machen die körperliche Vielfalt der „fast 7 000 000 000 Menschen" und das Spektrum ihrer Daseinsgestaltung anschaulich, zeigen aber auch die Einheit des Menschen

Kinder weltweit

Anonymus 2003: Kinder dieser Welt. Starnberg: Dorling Kindersley (orig. London etc.: Dorling Kindersley, 2002)
Eine lebendige Einführung in die Lebensverhältnisse von Kindern in verschiedenen Teilen der Welt; gegliedert nach vier Themen – Überleben, Entwicklung, Schutz, und Beteiligung – werden 17 Kinder in kurzen Texten und mit vielen Fotos vorgestellt; wesentlich detaillierter als der von UNICEF 2003 herausgegebene Band mit demselben Titel im selben Verlag

Gavin, Jamila (Text) & Amanda Hall (Ill.) 1997: Our Favourite Stories From Around the World. London etc.: Dorling Kindersley

Geduhn, Thomas 1996: Kinder der Welt. Ravensburg: Ravensburger Buchverlag Otto Maier

Über 250 Fotos von Lebenssituationen von Kindern und dazu jeweils kurze prägnante Erläuterungen, gegliedert nach großen Kulturregionen, zu jeder Region eine große illustrierte Karte mit typischen Symbolen zu kulturellen Besonderheiten sowie zu jedem Länderblock eingeschaltete Orientierungskarten; trotz unvermeidbarer Klischeegefahr ein sehr informativer Überblick, der soziale Probleme in den Mittelpunkt stellt

Kindersley, Barnabas & Anabel Kindersley 1995: Kinder aus aller Welt. Bindlach: Loewe Verlag (orig. „Children Just Like Me. A Unique Celebration of Children Around the World". London etc.: Dorling Kindersley, 1995)
Ein multikulturell angelegtes Bilderbuch, das mit hunderten von Bildern und kurzen Texten für interkulturelle Bewegung und Respekt wirbt

Kinder unterwegs. Jungen und Mädchen auf dem Weg durch die Welt: Hamburg: GeoVerlag (GeoLino Buch)
Anhand der Benutzung verschiedenartigster Transportmittel wird hier die Lebensweise von Kindern aus unterschiedlichen Weltgegenden mit wenig Text und über 50 guten und zumeist großformatigen Farbfotos vorgestellt

Kroeber-Wolf, Gerda (Text) & Wolfgang Nelke (Fotos) 1987: Komm mit in mein Dorf. Frankfurt: Museum für Völkerkunde (Rotes Fädchen zur Ausstellung, 3)
In diesem preisgekrönten Bändchen wird am Beispiel eines kleinen Jungen das Leben in einem Dorf im Hochland von Neuguinea und der Kulturwandel dargestellt

Mason, Anthony 2003: Kinder rund um die Welt. Menschen, Länder und Kulturen. München: Ars Edition (orig. „People around the World". London: Kingfisher, 2002)
Ein modisch bis fetzig aufgemachtes Blätterbuch, das für Kinder ab etwa neun Jahren gedacht ist und einen Mix aus kurzen Texten, vielen Bildern und einigen Karten bietet; gegliedert nach neun kulturellen Großregionen, wobei auch Europa berücksichtigt ist; vgl. das sachlicher daherkommende Buch von Geduhn 1996

Ommer, Uwe (Fotos) & Perre Verboud, Sophie Furlaud (Text) 2002: Familien. Kinder aus aller Welt erzählen von zu Hause. Hamburg: Geo Verlag
Mit wenig Text und vielen Fotos werden Lebensverhältnisse und Weltsichten von Kindern aus 52 Ländern dargestellt; mit kindgerechten Kartenskizzen; das Buch ist eine für Kinder gedachte Variante des unter 3.2.3 besprochenen umfangreichen Bildbands desselben Fotografen (Ommer 2000)

Unicef 2003: Kinder dieser Welt. Starnberg: Dorling Kindersley
Ein schmaler Band über Kinder und ihre Lebensumstände in verschiedenen Teilen der Welt; über 500 farbige Aufnahmen und extrem kurze Texte; das Layout ist sehr vielfältig bis chaotisch: Geschmacksache

DVD-Serie

Kinderwelt – Weltkinder

Inhalt:
Die kleine Verkäuferin der Sonne (Djibril Diop Mambety, Senegal 1998); Dauer: 45 min; Farbe; Wolof mit Untertitel in deutsch und französisch; ab 10 Jahren
Lost and Found – die verlorene Brieftasche (Kaizad Gustad, Indien 1995); Dauer: 25 min; Farbe; Hindi, deutsch; ab 8 Jahren
Himmel und Hölle (Marquise Lepages, Indien/Jemen/Haiti 1999); Dauer: 52 min; Farbe; deutsch, englisch, französisch; ab 10 Jahren
Elena und Pancha (Antje Starost, Hans-Helmut Grotjahn, Deutschland/Ecuador 1992); Dauer: 26 min; Farbe; deutsch, französisch, spanisch; ab 8 Jahren

Die Scooterfahrer (Christian Weisenborn, Deutschland/Philippinen 1988); Dauer: 15 min; Farbe; deutsch, französisch; ab 8 Jahren

Le métis – Straßenkinder in Burundi (Joseph Bitamba, Frankreich/Burundi 1996); Dauer: 28 min; Kirundi mit Untertitel in deutsch und französisch; ab 14 Jahren

Zezé – Der Junge, die Topfdeckel und die Favela (Cao Hamburger, Brasilien 1995); Dauer: 5 min: Farbe; ohne Worte; ab 6 Jahren

My City (Fernando Matavele, Mosambik 1998); Dauer: 10 min; Farbe; ohne Worte; ab 12 Jahren

Diese DVD lädt ein zu einer Reise zu Kindern nach Indien, Senegal, Mexiko, Philippinen, Burundi, Brasilien, Jemen, Peru, Haiti, Thailand, Mosambik und Burkina Faso. „Kinderwelt – Weltkinder" ist eine Sammlung von acht Filmen, die die unterschiedlichen Alltagswelten der Kinder schildert. So erzählt etwa „Die kleine Verkäuferin der Sonne" von der zehnjährigen Sili aus Senegal, die auf der Straße lebt und Zeitungen verkauft. Die Dokumentation „Die Scooterfahrer" dagegen berichtet von Roger, der inmitten von Reisterassen auf den Philippinen lebt. Mit Freunden holt er Brennholz aus dem Bergwald, das er mithilfe seines selbstgebauten Scooters in rasanter Fahrt heimbefördert. Die Filme – sowohl Spielfilme als auch Dokumentationen – sind unterschiedlich lang und richten sich vor allem an Jugendliche zwischen 10 und 14 Jahren. Der DVD liegt eine CD-ROM mit Begleitmaterial und Internethinweisen bei (sc)

Nahrung, Essen

MacDonald, Fiona (Text) 2001: Food. New York/St. Catherines, Ont.: Crabtree Publications (Discovering World Cultures)

Ein kurzes Bilderbuch mit vielen Zeichnungen und guten kurzen Erläuterungen; die Sachbereiche werden nach thematischen Einheiten dargestellt und laden zum Vergleich zwischen Kulturen ein; aus einer Reihe, die ähnliche Bände zu weiteren Themen anbietet

Drogen

Grosse-Oetringhaus, Hans-Martin 2000: Kokaspur. München: C. Bertelsmann (zuerst Wuppertal: Peter Hammer Verlag, 1995)

Geschichte der 12-jährigen Marilin, die in Armut in Bolivien aufwächst und deren Familie aus Armut heraus in den Coca-Anbau hineingedrängt wird; das Mädchen folgt ihrem Bruder in die Stadt, wo sie unter Straßenkindern lebt und dabei auch einem deutschen Journalisten begegnet; eine spannende Geschichte, die die Problematik gut vermittelt, wobei die kulturspezifischen Umstände jedoch etwas blass bleiben

Natürliche Umwelt und ländliche Wirtschaft

Edwards, Gerry, 1995: Discovering World Cultures Through Literature. Grades 3–6. Glenview, Ill.: Goodyear Books

Eine Einführung in das Thema der Wechselbeziehung von Kulturen mit ihren physischen Umweltbedingungen anhand von ausgewählten Kinderbüchern zu Kulturen aus allen Teilen der Welt; dazu Grundinformationen, Hintergrundinformationen, Aktivitätsideen und Lernmaterialien

Geraghty, Paul 1994: Jamina. Kinder der Savanne. Mödling/Wien: Verlag St. Gabriel (orig. „The Hunter". London: Hutchinson Childrens Books, 1994; auch London: Red Fox, Random House, 1996, A Red Fox Picture Book)

Ein Bilderbuch über ein kleines Mädchen, das sich in der Savanne verläuft und dabei Abenteuer mit Tieren erlebt; mit atmosphärisch dichten Illustrationen, die oft interessante Details der Umwelt zeigen

Siegert, Florian, Barbara Veit & Hans-Otto Wiebus [3]1995: Arrang lebt im Regenwald. Wuppertal: Peter Hammer Verlag (in Zusammenarbeit mit Deutsche Welthungerhilfe: Dritte Welt Shop für Entwicklungsförderung in der Dritten Welt) ([1]1991)
Gute Fotos und kurze informative Texte zum Leben eines kleinen Jungen und seiner Familie im malaysischen Teil der Insel Borneo

Thomson, Ruth & Neil Thomson 1987: Ein Dorf in Thailand. Wuppertal: Peter Hammer Verlag (in Zusammenarbeit mit der Deutschen Welthungerhilfe) (orig. „Village in Thailand". London: A & C Black Publishers, 1987)
Aussagekräftige Farbfotos und ein informativer Text stellen die Lebensumstände und die Weltsicht eines kleinen Mädchens in Nord-Thailand dar; ein einfühlsames Buch, das jede Plakativität oder Romantisierung vermeidet

Wohnen, Behausungen

MacDonald, Fiona (Text) 2001: Homes. New York/St. Catherines, Ont.: Crabtree Publications (Discovering World Cultures)
Ein kurzes Bilderbuch mit vielen Zeichnungen und guten kurzen Erläuterungen; die Sachbereiche werden nach thematischen Einheiten dargestellt und laden zum Vergleich zwischen Kulturen ein

Mühlbauer, Rita & Hanno Rink [2]1994: Himmelszelt und Schneckenhaus. Wohnhäuser, Wohnwagen, Hütten, Zelte, Erdhäuser, Hausboote, Burgen, Baumhäuser, Schlösser, Höhlenwohnungen, Schutzdächer. Aarau etc.: Verlag Sauerländer ([1]1979)
Ein mit viel Liebe gemachtes und vielfältig illustriertes Buch über die im Untertitel genannte Vielfalt des Wohnens; aufgrund der Reichhaltigkeit ein Museum zwischen Buchdeckeln

Sachkultur, Kleidung, Tattoos

Bougeault, Pascale 1999: Wer regt sich hier so auf? Eine kleine Völkerkunde für Kinder. Frankfurt: Moritz Verlag (orig. «Pourquoi si fâchée?». Paris: Ecole des Loisirs, 1999)
Ein Bilderbuch, das durch die Gesellschaften der Welt anhand materieller Kulturgegenstände, Erfindungen und den dabei zum Teil ähnlichen Lösungen führt; kolorierte Zeichnungen stellen jeweils zunächst einen Gegenstand dar, der dann auf einer weiteren Zeichnung in seinem Gebrauch demonstriert und in den lokalen kulturellen Kontext gestellt wird: mit einem Verzeichnis von ethnologischen Museen deutschsprachiger Länder

Büchel, Johanna 2005: Wilde Tattoos. Hamburg: Xenos Verlag (Die wilden Kerle)
Ein einfaches Bilderbuch derzeit gängiger Tätowierungen

Kelm, Antje 1987: Von Federmänteln und Büffelroben. Machen Kleider Leute? Hamburg: Hamburgisches Museum für Völkerkunde, Museumspädagogischer Dienst der Kulturbehörde Hamburg
Informative Texte und viele schwarzweiße Bilder zur Kleidung als Anpassung an die Umwelt und zur sozialen Bedeutung von Kleidung

MacDonald, Fiona (Text) 2001: Clothing and Jewelry. New York/St. Catherines, Ont.: Crabtree Publications (Discovering World Cultures)
Ein kurzes Bilderbuch mit vielen Zeichnungen und guten kurzen Erläuterungen; die

Sachbereiche werden nach thematischen Einheiten dargestellt und laden zum Vergleich zwischen Kulturen ein

Spiele und Feste

Kindersley, Barnabas & Anabel Kindersley 2004: Das Große Fest. Kinder aus aller Welt. Kinder feiern – rund um die Welt. Starnberg: Dorling Kindersley (in Zusammenarbeit mit UNICEF) (zuerst 2002; orig. „Celebrations! Festivals, Carnivals and Feast Days From Around the World". London etc.: Dorling Kindersley, 1997)
Kurze Texte und viele Bilder zu Festen auf der Welt, jeweils auf einer Doppelseite werden religiöse und andere Feste erläutert; blendend illustriert und dargestellt als von Kindern erzählt

Sauer, Joachim, Alfons Schultes & Bernhard W. Zaunseder (Hrsg.) 2004: Global Games. 70 Spiele und Übungen für interkulturelle Begegnungen. Freiburg etc.: Herder Verlag/ Verlag Haus Altenberg
Eine umfangreiche Sammlung, die für die Arbeit mit Jugendlichen gedacht ist und als Besonderheit sämtliche Texte in sechs Sprachen enthält

Schulte, Miriam [2]1998: Sag mir, wo der Pfeffer wächst. Spielend fremde Kulturen entdecken. Eine ethnologische Entdeckungsreise für Kinder. Münster: Ökotopia Verlag ([1]1997) (Spielend fremde Kulturen entdecken)
Eine Einführung in die Ethnologie für Kinder mittels Geschichten, Spielen und Informationen

Musik, Tanz, Kunst, Masken

Adams, Cynthia G. 2000: Mit Kindern kreativ um den Erdball. Duisburg: Verlag an der Ruhr
Informationen und Bastelanleitungen zum Thema Kunsthandwerk aus aller Welt, wobei auch kurze Erläuterungen zum jeweiligen kulturellen Hintergrund gegeben werden; nutzbar für Kindergarten und Grundschule, insbesondere für die Freiarbeit

Bücken, Eckart & Reinhart Horn (Hrsg.) 2004: Welt-Musikreise für Kinder. Lippstadt: Kontakte-Musikverlag (dazu eine Hör-CD, 60 Min.)
Eine Zusammenstellung von 23 Kinderliedern aus aller Welt und drei Musicals, gedacht für Kinder ab fünf Jahren und mitherausgegeben von mehreren Hilfsorganisationen

Höfele, Hartmut E. & Susanne Steffe 2000: In 80 Tönen um die Welt. Eine musikalisch-multikulturelle Erlebnisreise für Kinder mit Liedern, Tänzen, Spielen, Basteleien und Geschichten. Münster: Ökotopia Verlag (Auf den Spuren fremder Kulturen) (dazu auch separat eine CD von Hartmut E. Höfele)
Ausgewählte Musikbeispiele aus den großen Kulturräumen der Erde mit Bastelanleitungen und Ideen für musikbezogene Spiele; der Band ist gedacht für Kinder ab 4 Jahren; die zusätzlich erhältliche Hör-CD enthält 39 kurze Lieder

Höfele, Hartmut E. & Susanne Steffe 2004: Kindertänze aus aller Welt. Lebendige Tänze, Kreis-, Bewegungs- und Singspiele rund um den Globus. Münster: Ökotopia Verlag (Auf den Spuren fremder Kulturen) (dazu eine Hör-CD von Hartmut E. Höfele; 62 Min.)
Grundinformationen, Kurzgeschichten und Erläuterungen des kulturellen Hintergrundes von Kindertänzen aus aller Welt; das Buch und die Hör-CD sind für Spielen und Arbeiten mit Kindern ab etwa 4 Jahren gedacht

Kahrmann, Christiane (Text) & Ulrike Kirchhoff (Ill.) 1992: Masken, Clowns und Spaßmacher. Frankfurt: Museum der Weltkulturen (Rotes Fädchen zur Ausstellung, 8)

Anhand von drei indonesischen Spaßmachern bringt das Heft Kindern die vielfältigen Möglichkeiten und Wirkungen von Masken, Körperbemalung und Kostümierung bei
MacDonald, Fiona (Text) 2001: Music and Dance. New York/St. Catherines, Ont.: Crabtree Publications (Discovering World Cultures)

Religion, Glaube

Both, Daniela & Bela Bingel 2000: Was glaubst Du denn? Eine spielerische Erlebnisreise für Kinder durch die Welt der Religionen. Münster: Ökotopia Verlag (Auf den Spuren fremder Kulturen)
Ein Sachbuch zu Christentum, Judentum, Islam, Hinduismus und Buddhismus für Kinder ab 4 Jahren, aber auch für ältere Kinder noch interessant
Clément, Catherine 2000: Theos Reise. Roman über die Religionen der Welt. München: Deutscher Taschenbuch Verlag (Reihe Hanser)
Umfangreiche Einführung in die großen Religionen anhand einer erzählten Reise von Theo und seiner Tante Marthe nach Jerusalem, Kairo, Rom, Delhi, Jakarta, Tokio, Dakar, Bahia, New York und andere religiös bedeutsame Orte
Damon, Emma 2002: Gott. Allah, Buddha. Und woran glaubst Du? Stuttgart: Gabriel Verlag
Ein kleines Büchlein von nur 12 Seiten über Weltreligionen für kleine Leser ab 4 Jahren; mit vielen kleinen Aktivitäten und einem Poster
Macaulay, David 2004: Sie bauten eine Moschee. Frankfurt: Gerstenberg Verlag
Eine detaillierte Erläuterung über Architektur, Bautechnik und Symbolik islamischer Versammlungsstätten anhand vieler künstlerischer und zugleich informativer Zeichnungen, um die herum eine realistische Geschichte der Errrichtung einer Moschee erzählt wird; aus der Feder des Zeichners, der vor vielen Jahren durch „Sie bauten eine Kathedrale" berühmt wurde
Tworuschka, Monika, Udo Tworuschka (Text) & Rüdiger Pfeffer (Ill.) 2003: Lexikon Weltreligionen – Kindern erklärt. Gütersloh: Gütersloher Verlagshaus
Ein einfaches Nachschlagewerk, das sich an Kinder ab 8 Jahren wendet; enthält sowohl Erklärungen zu Termini in wenigen Zeilen als auch bis zu einer Seite lange Erläuterungen zu komplexeren Themen wie Beschneidung oder ganzen Religionen – etwa dem Sikhismus; mit bunten gezeichneten Illustrationen

Fremdheit, Fremdenfurcht und Rassismus

Bayle, Reine-Marguerite 2001: Völkermord. Von der Verachtung zur Barberei. München: Elefantenpress/Bertelsmann
Ein journalistisch geschriebener Text über zwei Kinderschicksale in Tibet und Ruanda, ergänzt um einen Faktenteil mit kurzen Sachtexten; gedacht für Jugendliche ab etwa 12 Jahren
Ben Jelloun, Tahar (Text) & Charley Case (Ill.) [4]2001: Papa, was ist ein Fremder? Gespräch mit meiner Tochter. Reinbek bei Hamburg: Rowohlt Taschenbuch Verlag (auch mit CD-ROM; auch als CD oder MC bei Universal Family Entertainment; dt. zuerst Hamburg: Rowohlt Verlag, 1999; orig. «Le racisme expliqué à ma fille». Paris: Éditions du Seuil, 1998)
Eine Klärung zentraler Fragen der Wahrnehmung von Fremdem und des Umgangs mit Fremden in einfacher Sprache, entstanden in Gesprächen des Autors mit seiner zehnjährigen Tochter; für Kinder gedacht, aber auch für Erwachsene sehr erhellend

Cave, Kathryn (Text) & Chris Ridell (Ill.) 1994: Irgendwie anders. Hamburg: Oetinger Verlag

Ein Buch zu Fremdheitserleben und Zurückweisung wegen Fremdheit für kleine Kinder: ein kleines Wesen namens „Irgendwie anders" begegnet einem anderen Wesen namens „Etwas"; sie sind einander zunächst fremd und bleiben es eine Weile, bevor sie langsam Freunde werden

Dorris, Michael 1996: Fremde. Ravensburg: Ravensburger Buchverlag Otto Maier (orig. „Guests". New York: Hyperion Books, 1994)

Ein Roman, der die Erlebnisse eines Jungen erzählt, der an der Schwelle zum Erwachsenwerden steht und seine Identität sucht, mit Angehörigen einer ihm zunächst fremden Religion und unbekannten Lebensweise; vgl. die Romane der indianischen Frau des Autors, Louise Erdrich, zum Beispiel Erdrich 1992 unter „Romane"

Ruprecht, Frank 2004: Wie weit weg ist Pfefferland? Münster: Ökotopia Verlag (mit CD-ROM)

Eine bebilderte Geschichte, die anhand von Mäusen Gefühle der Befremdung, Furcht und Angst vor Fremden und Fremdem und die Auswirkungen auf sozialen Umgang thematisiert

Schami, Rafik (Text) & Ole Könnecke (Ill.) 2003: Wie ich Papa die Angst vor Fremden nahm. München: Hanser Verlag

Dieses Buch wendet sich an Kinder ab 5 Jahren und ist ein Plädoyer für Verständnis, in dem der Text und die Zeichnungen zum Nachdenken anregen, zum Beispiel durch einander konterkarierende Botschaften; vgl. Ben Jelloun 2001

Straube, Hanna 1995: Anna im Fremdeland. Erfahrungen mit der Fremdheit und dem Fremdsein. Frankfurt: Museum für Völkerkunde (Rotes Fädchen zur Ausstellung, 9)

Ein Heft über Befremdung und Fremderfahrungen einer deutschen Schülerin und Migrantenkindern in Deutschland, das Kindern exemplarisch die Relativität von Fremdheit nahe bringt

Entdeckungsreisen, Kolonialismus und Globalisierung

Nordquist, Sven & Mats Wahl 1999: Die lange Reise. Geschichte eines Ostindienfahrers. Hamburg: Oetinger Verlag (orig. „Den langa resan. En berättelse om en ostindienfarare". Stockholm: Kerrsin Kvint Agency AB, 1998)

Ein Jugendbuch, in dem eine spannende Erzählung aus der Perspektive eines Schiffsjungen, illustriert mit großen und detailreichen Zeichnungen, durch einen informativen Sachteil ergänzt wird

Müller, Jörg 1996: Der standhafte Zinnsoldat. Aarau etc: Verlag Sauerländer

Eine zeichnerisch perfekte und inhaltlich faszinierende Bearbeitung des Märchens von Hans Christian Andersen; der kleine Zinnsoldat erlebt hier eine Reise von Paris über ein armes, tropisches Land und zurück nach Europa und landet schließlich wieder in Paris, jetzt aber im ethnologischen Musée de l'Homme; das ermöglicht Anknüpfungspunkte an eigene Erfahrungen von Kindern und liefert Stoff für Diskussionen und ironische Anspielungen zu Kolonialismus, Tourismus und Globalisierung

Sachbücher und Medien zu einzelnen Regionen

Lexika der Länder und Völker

Arlon, Plope, Lorrie Mack & Zahavit Shalev (Texte) 2004: Menschen dieser Welt. Starnberg: Dorling Kindersley (orig. „Encyclopedia of People". London etc.: Dorling Kindersley, 2003)
> *Mit der Absicht, die Vielfalt der Kulturen zu zeigen, werden etwa 80 ethnische Gruppen und auch größere Völker aus aller Welt kurz vorgestellt, wozu viele Bilder und kurze Texte mit Informationen oder Geschichten kombiniert werden; die Texte sind allerdings so kurz – je Gruppe bzw. Kulturregion eine Doppelseite –, dass die Darstellung nur zufällig ausgewählte Aspekte bringt oder zur Karikatur gerät; vgl. Würmli & Friesen 2004*

Farndon, John 2002: Länder & Völker. Hamburg: Xenos (orig. „1000 Facts on World Geography". London: Miles Kelley Publishing, 2001)
> *Ein kurzer Band mit Bildern und Basisfakten zu Regionen und Ländern*

Würmli, Markus & Ute Friesen 2004: Bertelsmann Kinder Länderlexikon. Gütersloh: Bertelsmann Lexikon Institut
> *Ein recht umfangreiches Nachschlagewerk eine Art Länder- und Kulturen-Almanach, der sich an 6- bis 10-jährige Kinder richtet und deshalb auch die Lebenswelten von Kindern in den Mittelpunkt stellt; die unterschiedlich langen Stichworte beginnen jeweils mit Basisdaten zum Land und verweisen bei wichtigen Begriffen auf einen Glossar; entsprechend der Grundschüler als Zielgruppe ist der Band bunt illustriert; vgl. Arlon et al. 2004*

Zeitschriften für Kinder

„Geolino. Das Erlebnis-Heft" (Hamburg: Gruner + Jahr Verlag; ab 1999; 6/Jahr)
> *Der Ableger von „Geo" für Kinder bringt immer wieder Reportagen über das Leben in außereuropäischen Ländern; u. a. stellt eine Dauerserie unter dem Titel „Menschens-Kinder" das Leben von Kindern in anderen, oft außereuropäischen Ländern vor*

„Medizini mit Super-Poster" (Baierbrunn: Wort & Bild Verlag Konradshöhe; 12/Jahr)
> *Diese Poster-, Comics- und Informationszeitschrift für Kinder und Jugendliche, die in Apotheken kostenfrei ausliegt, bringt immer wieder auf Ihren Informations-Postern ethnologische Themen wie etwa zu Lebensweisen am Amazonas oder Indianern Nordamerikas, die kindgerecht dargestellt werden, mal gut, mal weniger gut geglückt*

Lateinamerika

Budde, Pit, Josephine Kronfli (Text) & Kerstin Henlein (Ill.) 2002: Karneval der Kulturen. Lateinamerika in Spielen, Liedern, Tänzen und Festen für Kinder. Münster: Ökotopia Verlag (Auf den Spuren fremder Kulturen) (dazu eine CD erhältlich)
> *Ein Aktionsbuch für die pädagogische Arbeit mit Kindern ab 4 Jahren, das Lateinamerika als Kontinent der Lebensfreude darstellt und hierzu vielfältige Materialien enthält; dazu ist eine CD-ROM mit Liedern, Tanzmusik und Geschichten erhältlich*

Von Welck, Karin (Text) & Gabriele Hafermaas (Ill.) 1990: Sterndeuter und Freiheitskämpfer. Über Maya und Azteken und wie es heute in Mittelamerika aussieht. Ravensburg: Ravensburger Buchverlag Otto Maier
> *Ein verständlicher Text, der in großer Schrift gesetzt ist und von farbigen Bildern unterstützt wird, die zugleich künstlerisch gestaltet und detailreich sind; mit Glossar und Literaturhinweisen; ein für Kinder sehr empfehlenswertes Buch*

Maya, Inka, Azteken

Alting, Melsene, Tilde Bayer & Bernd Hillmann 1993: Jaguar und Federkrone. Die Welt der
   Maya für Kinder. Freiburg: Reiß-Museum; MIM, Medien Im Museum (Reiß-Museum
   Kulturgeschichten. Für kleine und große Museumsfreunde, 1)
   Ein Buch, das sich mit ganz einfachen Texten und Zeichnungen, die im Stil an die Kunst
   der Maya angelehnt sind, an Kinder wendet; im Anhang einige Seiten mit detaillierteren
   Sachtexten zur Vertiefung
Steele, Philip 2000: Die Aztekische Zeitung. München: Ars Edition
   Ein Versuch, die Kultur der Azteken auf visuell interessante und zu Aktivitäten anregende
   Art darzustellen
Thiemer-Sachse, Ursula (Text) & Marta Hoffmann (Ill.) 1992: Die Azteken. Herren von
   Mexiko. Berlin: Der Kinderbuchverlag (Alte Kulturen in Amerika)
   Ein informativer Text und detailreiche, aber künstlerisch gemachte Aquarelle; mit Vor-
   satzkarten, Chronik und Worterklärungen; vgl. das ähnliche Buch der Autorin zu den
   Inka
Thiemer-Sachse, Ursula (Text) & Marta Hoffmann (Ill.) 1992: Die Inka. Sonnensöhne von
   Peru. Berlin: Der Kinderbuchverlag (Alte Kulturen in Amerika)
   Ein informativer Text und detailreiche, aber künstlerisch gemachte Aquarelle; mit Vor-
   satzkarten, Chronik und Worterklärungen; vgl. das Buch der Autorin zu den Azteken

Afrika

Ayo, Yvonne (Text), Ray Moller & Geoff Dann (Ill.) 1996: Afrika. Rituale und Feste, Kunst
   und Handwerk des faszinierenden Schwarzen Erdteils. Hildesheim: Gerstenberg (Se-
   hen, Staunen, Wissen) (orig. London etc.: Dorling Kindersley, DK Eyewitness Guides,
   1995; DK Eyewitness Books, 2000)
   Ein prachtvoll illustriertes Sachbuch zur traditionellen Kultur; nach dem Dorling-Kin-
   dersley-Prinzip: Doppelseiten mit vielen Fotos und sauberen Erläuterungen; gedacht für
   Kinder ab 10 Jahren, aber auch für Erwachsene ist das ein informatives Museum in
   Buchformat
Bedford, Simi 1994: Yoruba-Mädchen – tanzend. Aarau etc.: Verlag Sauerländer
   Ein in Westafrika spielender Roman für ältere Kinder
Mennen, Ingrid, Nicky Daly (Text) & Nicolaas Maritz (Ill.) 1992: Somewhere in Africa.
   London etc.: Redfox (orig. erschienen in Südafrika als „Ashraf of Africa". Claremont:
   Songololo Books, 1990)
   Eine bebilderte Geschichte um einen Jungen im modernen Kapstadt und ein von ihm
   entliehenes Buch über das exotische Afrika voller wilder Tiere, das er selbst nicht kennt
Riepe, Gerd & Regina Riepe 2000: Afrikanische Religionen. Projektmappe. Mülheim: Ver-
   lag an der Ruhr
   Informationen und Material für Arbeitsaufgaben, Spielaktivitäten und Diskussionen für
   Schülerinnen und Schüler der Oberstufe
Riepe, Regina & Gerd Riepe 2001: Afrika Kultur. Zur Kunst, Architektur und Literatur
   eines Kontinents. Aachen: Misereor Verlag (Misereor Materialien für die Schule, 33)
   Eine Mappe mit Informationen, Arbeitsmaterialien und kopierfähigen Arbeitsblättern
   sowie einer Bildkartei, gedacht für die Sekundarstufe II und die Erwachsenenbildung

Ostasien

Chen Jianghong 2001: Zhong Kui. Ein Besuch in der Peking-Oper. Frankfurt: Moritz Verlag
Ein kleiner Junge namens Binbin besucht mit seinen Eltern die Peking-Oper; die Geschichte folgt einem chinesischen Volkstheaterstück und wird durch poetische, aber dennoch detailreiche Tuschebilder, die einen besonderen Reiz ausstrahlen und deren Vorlagen auf Reispapier gemalt wurden, dargestellt, unterstützt durch einen schönen Text der für Kinder ab etwa 5 Jahren verständlich ist
Chun-ming, Huang (Text) & Yang Cui-yu (Ill.) 1997: In der Maske des Clowns. Frankfurt: Alibaba Verlag (orig. Taipeh: Grimm Press, 1995)
Eine traurig-schöne Geschichte eines verarmten Taiwanesen, der sich in der Provinz als Clown und Reklameträger das Brot verdient; mit farbigen und großen Illustrationen, die künstlerisch und zugleich sehr informativ sind

Südostasien

Kuhn, Markus & Katharina Regenhardt 1985: Prinzessin Merlina. Wuppertal: Peter Hammer Verlag
Anhand der Lebenssituation eines kleinen philippinischen Mädchens bringt ein sensibler Text, unterstützt durch ebensolche Schwarzweißfotos, jugendlichen Lesern den Alltag in einer armen Region nahe
Kroeber-Wolf, Gerda (Text), Cornelia Kraudelat & Dietmar Keitel (Ill.) 1987: Opfer für die Reisgöttin. Frankfurt: Museum für Völkerkunde (Rotes Fädchen zur Ausstellung, 2)
Ein Kinderkatalog zu einer Ausstellung über die indonesische Insel Java, aufgehängt am Leben eines 13-jährigen Mädchens; mit schönen großen Zeichnungen zum Alltagsleben sowie einigen Fotos
Meier, Claudia (Text) & Stephan Köhler (Ill.) 1994: Die Seekönigin. Ein Märchen aus Bhutan. Aarau etc: Verlag Sauerländer
Eine im Himalaja angesiedelte Geschichte über Heilung und die Rolle von Magiern; neben dem kurzen Text dominieren große Zeichnungen, welche die karge Umwelt schön in blassen Farben einfangen und dabei viele Details der Sachkultur, besonders der Kleidung und der religiösen Architektur, darstellen
Millett, Sandra 2002 The Hmong of Southeast Asia. Singapore: Times Editions (First Peoples Series)
Aus einer politisch korrekt benannten Buchreihe mit schmalen Bänden, in denen jeweils eine ethnische Gruppe aus einer Kulturregion behandelt wird; bunte Bilder und sehr kurze Sachtexte (in der Reihe gibt es auch auch Bände zu Sami, Inuit, Cree, Mohawks, Aymara, Yanomami, Aborigines, Kurden, Beduinen und Ainu)
Philipps, Carolin 2001: Mai Linh – Wenn aus Feinden Freunde werden. Wien und Heidelberg: Ueberreuter Verlag
Die Geschichte einer jungen Vietnamesin, die sich gegen Fremdenfeindlichkeit und Rassismus einsetzt
Siebert, Rüdiger [4]1995: Insel im schwarzen Fluß. Die Geschichte einer verkauften Kindheit in Thailand. Würzburg: Arena Verlag ([1]1984, auch Osnabrück: Terres des Hommes, 2001)
Roman, der für Kinder ab 10 Jahren die Lebensgeschichte eines kleinen Jungen in Thailand erzählt, der von seiner Familie vom Land zum Geldverdienen nach Bangkok geschickt wird; der Autor, bekannter Journalist mit Spezialisierung auf Südostasien, hat für dieses lebendige und zu kritischem Denken anregende Buch neben Recherchen auch Gespräche vor Ort genutzt

Völger, Gisela (Text) und Gabriele Hafermaas (Ill.) 1987: Auf der anderen Seite der Erde. Geschichte und Geschichten der Südsee. Köln: Rautenstrauch-Joest-Museum für Völkerkunde
Ein ethnologisches Kinderbuch mit Illustrationen, die gleichzeitig detailliert und künstlerisch sind; inklusive Glossar und einer Bastelanleitung für ein Auslegerboot

Polargebiete

Hughes, Jill 1978: Wissenswertes über die Eskimos. München: Moewig Verlag (orig. „A Closer Look at the Eskimos". London: The Acton Press, 1977)
Ein einfaches Buch mit kurzen Texten und ebenso künstlerischen wie detaillierten Aquarellen des berühmten britischen Illustrators Maurice Wilson

Schulbücher: Kultur in armen Ländern und Globalisierung

Balzer, Werner, Georg Kahlert & Wilfried Vitz 2002: Seydlitz 1: Erdkunde/Geschichte. Erweiterte Realschule. Hannover: Schroedel (Ausgabe Saarland)
Balzer, Werner, Georg Kahlert & Wilfried Vitz 2003: Seydlitz 2: Erdkunde. Erweiterte Realschule. Hannover: Schroedel (Ausgabe Saarland)
Diese beiden Schulbücher für Unter- und Mittelstufe der Realschule stellen im Kontext des Kapitels „Leben unter schwierigen Bedingungen" Lebensraum und Lebensweise von verschieden Ethnien wie den Inuit oder Yanomami sachlich vor; darüber hinaus zeigen sie die große Vielfalt von in Russland beheimateten Völker auf; trotz des Titels ist der erste Band ein Erdkundebuch (sc)
Balzer, Werner, Helmut Beeger, Sigrun Hallemann, Herbert Kirsch, Wolfgang Nicklaus, Bernhard Robel & Dorothea Werner-Tokarski 1997: Seydlitz 2: Erdkunde. Hannover: Schroedel
Dieses Schulbuch für das Gymnasium bietet auf der einen Seite eine gute Darstellung des Kulturbegriffs, so zum Beispiel eine sich an ethnologischen Gesichtspunkten orientierende Kulturdefinition; auf der anderen Seite werden indigene Völker, in diesem Fall die Yanomami, nach dem evolutionistischen Stufenmodell auf die Höhe (bzw. Tiefe) der Steinzeit eingeordnet (sc)
Böhn, Dieter (Hrsg.) 2001: Mensch und Raum. Geographie. Der asiatisch-pazifische Raum. Berlin: Cornelsen Verlag
Dieses Schulbuch für den Kursunterricht in der Oberstufe beschäftigt sich schwerpunktmäßig mit Japan, China und den asiatischen Tigerstaaten und deren wirtschaftlichen Rahmenbedingungen; die wirtschaftliche Entwicklung wird u. a. auf kulturelle Faktoren zurückgeführt; zwar ist es erfreulich, dass in einem Schulbuch Kulturerteile und Wertsysteme mit einbezogen werden, doch leider beschränkt sich der Autor auf die „Hochkulturen" Asiens und lässt die kulturelle Vielfalt indigener Völker unberücksichtigt; vielmehr ordnet er letztere auf der „Kulturstufe der Steinzeit" ein und vermittelt so den Schülern unterschwellig sozialevolutionistisches Gedankengut (sc)
Büttner, Wilfried 2002: Entwicklungsländer. Berlin: Cornelsen Verlag (Mensch und Raum. Geographie) (inhaltsgleich mit: Böhn, Dieter, Wilfried Büttner, Johann-Bernhard Haversath, Max Huber, Philipp Hümmer, Helmut Ruppert & Hans Schneider 1991: Geographie. Entwicklungsräume in den Tropen. Berlin: Cornelsen Verlag)

Das Buch stellt das Thema sehr differenziert dar, da ebenso wie in den entsprechenden Schulbüchern Büttners und Fraedrichs die große Bandbreite kontroverser Entwicklungs-strategien aufgezeigt werden; leider gibt es trotz des aktuellen Erscheinungsdatums keine Internethinweise (sc)

Engelhard, Karl ²2004: Welt im Wandel. Die gemeinsame Verantwortung von Industrie- und Entwicklungsländern. Ein Informations- und Arbeitsheft für die Sekundarstufe II mit ergänzender CD-ROM. Grevenbroich/Stuttgart: Omnia Verlag (Informationen zur Meinungsbildung, Reihe A: Politik, 7) (¹2000, Informationen zur Meinungsbildung, Reihe A: Politik, 6) (dazu auch „Entwicklungspolitik im Unterricht. Lehrerband zum Schülerheft ‚Welt im Wandel'", Grevenbroich/Stuttgart: Omnia Verlag, ¹2000)

Ein entwicklungsgeographischer Überblick, angereichert mit einer Fülle von Materialien und sehr guten farbigen Graphiken; auf sehr aktuellem Stand; eine Menge der Inhalte der Erstauflage fielen in der neuen Auflage der Kürzung zum Opfer, weshalb die gemeinsa-me Benutzung beider Auflagen sinnvoll ist

Fraedrich, Wolfgang 1999: Dritte Welt – Eine Welt. München: Bayrischer Schulbuch Verlag (bsv Oberstufe Geographie)

Schülern der gymnasialen Oberstufe wird mit diesem Schulbuch ein kritisches Verständ-nis der Entwicklungsproblematik nahe gebracht, da Kontroversen beleuchtet werden; so-zialer Wandel in Entwicklungsländern wird ebenso wie Kulturerdteile berücksichtigt (sc)

Fraedrich, Wolfgang & Michael Lamberty 2001: Der asiatisch-pazifische Raum. München: Bayrischer Schulbuch Verlag (bsv Oberstufe Geographie)

In diesem Schulbuch für die Oberstufe im Gymnasium steht der wirtschaftliche Aspekt der Länder des asiatisch-pazifischen Raumes im Vordergrund. Schwerpunkt sind Länder Ostasiens; die Länder Südostasiens, die ebenfalls zum asiatisch-pazifischen Raum ge-rechnet werden, werden kaum tangiert; der kulturelle Hintergrund beschränkt sich auf die Debatte über ‚asiatische Werte' und des ihnen zugrunde liegenden konfuzianischen Wer-tesystems (sc)

Grosscurth, Christian Helmut, Thomas Labusch, Margarethe Piech, Volker Wilhelmini & Antje Zang 2003: Erdkunde 5/6. Gotha: Justus Perthes Verlag (Terra)

Bei Beschreibungen über Leben im tropischen Regenwald, in der Wüste und in Eis und Schnee werden den Schülern der 5. und 6. Klasse die Yanomami, Tuareg und Inuit vorge-stellt; vor allem die Darstellung über das Leben der Inuit ist gelungen (sc)

Heckl, Franz X., Paul Lindner & Rolf Ziegler 2003: Fundamente Kursthemen. Der asia-tisch-pazifische Raum. Gotha/Stuttgart: Klett-Perthes

Im Mittelpunkt dieses für die Oberstufe vorgesehenen Buches steht die Einbettung Chi-nas, Japans und – als Beispiel für ein Schwellenland – Malaysias im globalen Wirtschafts-system; im Gegensatz zum entsprechenden Buch von Böhn finden kulturelle Faktoren kaum Beachtung und werden nur aufgegriffen, um den Gegensatz zwischen Tradition und Moderne zu betonen; allerdings gibt es eine Karte zur Verbreitung indigener Völker in Ostasien und Südostasien, die das Cornelsen-Lehrbuch vermissen lässt (sc)

Kümmerle, Ulrich & Norbert von der Ruhren 1998: Entwicklungsräume in den Tropen und Subtropen. Gotha: Justus Perthes Verlag (Fundamente Kursthemen)

Das für den Kursunterricht in der Oberstufe konzipierte Schulbuch beschäftigt sich unter anderem mit Entwicklungspolitik, regionalen Disparitäten und Wirtschaftsformen in den Tropen; dabei wird ausführlich auf gegensätzliche Formen von Entwicklungsstrategien eingegangen und Begriffe wie „Dritte Welt" und „Entwicklungsländer" problematisiert; dadurch wird den Schülern ein ausgewogenes Bild über das Thema vermittelt (sc)

Latz, Wolfgang (Hrsg.) 1996: Diercke Erdkunde für Rheinland-Pfalz/Saarland, Band 1 und Band 2. Braunschweig: Westermann Schulbuch Verlag

Beide Bände (Band 1 für 5.–6. Schuljahr, Band 2 für 7.–9. Schuljahr) überzeugen durch eine differenzierte Aufbereitung bekannter Ethnien wie den Tuareg oder Indianer des Amazonas; die Darstellung ist durchweg gut, teilweise werden sogar Stereotype ausgeräumt, beispielsweise wird im ersten Band erklärt, „warum Inuit keine Eskimos sein wollen" (sc)

Löscher, Christel & Petra Röder 2002: Globalisierung. Berlin: Cornelsen Verlag (Kursthemen Sozialwissenschaften)

Ein für die Sekundarstufe II konzipierter Band, der Globalisierung begrifflich erläutert, Varianten der Globalisierung zeigt und besonders die nichtwirtschaftlichen Aspekte beleuchtet (zum Beispiel „kulturelle Globalisierung" und Menschenrechte) das mit vielen Beispiele konkretisiert und mit sehr guten Illustrationen verdeutlicht; dazu ein guter Glossar sowie Arbeitsaufgaben und Anregungen für den Unterricht; insgesamt ein anspruchsvolles und enorm materialreiches Buch

Pädagogisches Werkstattgespräch entwicklungspolitischer Organisationen und Welthaus Bielefeld (Hrsg.) 2003: Eine Welt im Unterricht (Sek. I/II). Materialien, Medien, Adressen. Ausgabe 2003/2004

Ein detailliertes und kommentiertes Verzeichnis mit Publikationen und Internethinweisen für Unterricht und Erwachsenenbildung zu allen Aspekten von Entwicklung, Entwicklungszusammenarbeit und Globalisierung

Gesellschaftsspiele

„Africa" (Reiner Knizia 2001), Goldsieber Spiele; Spieldauer: ca. 60 min; ab 10 Jahren; 2–5 Spieler

Aus Abenteuerlust, Begierde nach Reichtum und Wissensdurst machen sich im 19. Jahrhundert viele Europäer in das noch unberührte Afrika auf; die Forscher treffen auf wilde Tiere und Nomadenvölker, sie entdecken Rohstoffe, Kunstgegenstände und Monumente; wenn ein Forscher auf ein Tier stößt, setzt er es in eine Herde, die Nomaden dagegen sollte er nicht aufeinander treffen lassen, da sie die Einsamkeit lieben. „Africa" spielt mit den Sehnsüchten der Kolonisierenden, einen ganzen Kontinent zu entdecken und zu beherrschen; weniger die Taktik, sondern ein hoher Glücksfaktor entscheidet, wer am Ende der erfolgreichste Forscher ist (sc)

„Bafa Bafa" (Brot für alle, Zürich), Spieldauer: 90 min; ab 16 Jahren; für 12–40 Spieler

Ein im engeren Sinn ethnologisches Spiel, in dem es darum geht, als Mitglied einer von zwei verschiedenen Kulturen etwas über die Lebensform der anderen herauszufinden, und das indirekt über die Beobachtung der Verhaltens der Mitspieler als Mitglieder der anderen Kultur

„Café International" (Rudi Hoffmann 1989), Amigo; Spieldauer: ca. 40 min; ab 10 Jahren; für 2–4 Spieler; auch als Kartenspiel erhältlich; Spiel des Jahres 1989

Im Café International treffen Menschen verschiedener Nationen aufeinander. Die Spieler müssen die internationalen Gäste möglichst geschickt auf die Tische verteilen, wobei aber gewisse Regeln zu beachten sind; so dürfen nie zwei Männer oder zwei Frauen alleine an einem Tisch sitzen. Menschen der gleichen Nation an einem Tisch geben mehr Punkte als ein international besetzter Tisch. Café International ist ein sehr bekanntes Legespiel, das nicht nur von Kindern gern gespielt wird. Alle Nationen werden sehr klischeehaft abgebildet, wodurch das Spiel aber seinen Reiz erhält (sc)

„Colony" (Monimbo e. V.); Spieldauer: 6 Std.; ab Oberstufe; für 5 Spieler oder Gruppen

Ein langes und kompliziertes Gesellschaftsspiel zu Eroberung und Kolonialismus; dazu liegt eine CD-ROM bei, die viele Texte zum Thema in mehreren Sprachen bringt

„Die Völker. Aufbauen, Entdecken, Forschen, Kämpfen" (JoWood Productions; Infogrames Deutschland)
Ein Macht- und Konfliktspiel um Entwicklung: drei Völker streben die Herrschaft über die ganze Erde an; thematisiert werden Ressourcen, Politik, Wirtschaft und diplomatisches Vorgehen

„Dos Rios. Dämme bauen – Flüsse stauen"(Franz-Benno Delonge 2004), Kosmos Verlag; Spieldauer: ca. 60 min; ab 12 Jahren; 2–4 Spieler; aufgenommen in die Empfehlungsliste zum Spiel des Jahres 2004
Der Name Dos Rios – zu deutsch zwei Flüsse – steht für die beiden Flüsse Rio Verde und Rio Moreno, deren Wasser für die Ernte vieler südamerikanischer Bauern, den Campesinos, von Bedeutung ist; anhand des durch die Ernten erwirtschafteten Geldes hat jeder Campesino die Möglichkeit, eine ansehnliche Hazienda am Flusslauf zu bauen; außerdem können die Campesinos Dämme errichten, mit denen sie die beiden Flüsse zu den eigenen Feldern umleiten und somit maßgeblich die Ernte vergrößern können; da beide Flüsse durch Dämme oder Naturereignisse ständig ihren Flusslauf ändern können, ist der Spielplan variabel und erzeugt so eine große Dynamik; bei nur zwei Spielern ist es im Gegensatz zu mehreren Mitspielern für den Einzelnen leichter, durch strategisches Planen den Spielverlauf zu eigenen Gunsten zu beeinflussen (sc)

„Durch die Wüste" (Reiner Knizia 1998), Kosmos Verlag; Spieldauer: ca. 40 min; ab 10 Jahren; 2–4 Spieler; in der Auswahlliste zum Spiel des Jahres 1998
Vor den Spielern bereitet sich eine gewaltige Wüste aus, in der Vertreter verschiedener Beduinenstämme darum streiten, zum erfolgreichsten Karawanenführer gekürt zu werden; dazu müssen sie ihre Karawanen mit neuen Kamelen vergrößern; doch am Wichtigsten in der Wüste ist das Wasser; während aus den zahlreichen Wasserlöchern nur einmal getrunken werden kann, können sich am Wasser einer Oase auch noch andere Karawanen erfrischen; ein unterhaltsames Strategiespiel, das bis zum Schluss spannend bleibt (sc)

„Iglu Pop" (Heinz Meister & Klaus Zoch 2003), Zoch Verlag; Spieldauer: ca. 20 min; ab 7 Jahren; für 2–6 Spieler
Ein Spiel für Kinder ab 7 Jahren, bei dem es auf Schnelligkeit und Intuition ankommt; 12 Iglus, um die herum Zahlenkarten liegen, sind mit einer unterschiedlichen Anzahl von Glaskugeln gefüllt; die Spieler müssen möglichst viele Iglus auf die entsprechenden Karten legen; beim Schütteln eines Iglus erfahren die Spieler, wie viele Eskimokinder darin wohnen. „Insgesamt ein ausgewogenes, schnelles Spiel, das mit gutem Material und viel Spielspaß daherkommt" (Michael Prössel & Tim Meuter). „Iglu-Pop" setzt auf eine extrem populäre Darstellung der „Eskimo" – so wird den Kindern beispielsweise begreiflich gemacht, dass alle „Eskimos" in Iglus wohnen, was de facto nicht zutrifft (sc)

„Kahuna" (Günter Cornett 1998), Kosmos Verlag; Spieldauer: ca. 40 min; ab 10 Jahren; für 2 Spieler; Golden JesWeb als bestes Zweipersonenspiel in Frankreich 2001; in der deutschen Auswahlliste zum Spiel des Jahres 1999; früher im Bambus Spieleverlag unter dem Namen „Arabana Ikibiti" veröffentlicht
Die beiden Spieler versuchen als Priester, Einfluss auf 12 polynesische Inseln auszuüben; dies geschieht durch Inbesitznahme der Verbindungen zwischen den einzelnen Inseln; das Spiel setzt sehr auf exotisierende Elemente; so hat jede Insel einen eigenen Namen mit fremd klingenden Bezeichnungen wie Faaa oder Kahu; ein sehr beliebtes Spiel zwischen Glück und Taktik (sc)

„Maka Bana" (François Haffner 2003), Tilsit Editions; Spieldauer: ca. 45 min; ab 10 Jahren; für 2–5 Spieler
Auf der mitten im Pazifik gelegenen Insel Maka Bana verbringen immer mehr Touristen,

die auf der Suche nach Exotik sind, ihren Urlaub, deshalb müssen die Einwohner der Insel einen Tourismusdirektor ernennen: diese Ehre wird dem Sieger des Spieles zuteil; die Spieler haben die Aufgabe, Strohhütten für die Urlauber nahe den vier Stränden Azzura, Bikini, Diabolo und Coquito zu errichten; steht allerdings schon ein Tiki, ein Totem, auf dem Bauplatz, behindert dieses den Bau von Hütten; ein Spiel mit Exotikfaktor, das viel Spaß bringt (sc)

„Nanuuk!" (Günter Cornett 1998), Bambus Spieleverlag; Spieldauer: ca. 30 min; ab 8 Jahren; für 2–4 Spieler

Thema von „Nanuuk!" ist das traditionelle Leben der Inuit; das Ziel ist, möglichst viele Tiere – Fische, Robben, Walrösser sowie Wale – zu jagen, die in einem Iglu gegen Kajaks, Hunde oder Schlitten eingetauscht werden können; die Besonderheit dieses gelungenen Spieles ist das umfangreiche Begleitmaterial, in dem Günter Cornett über die Lebensweise der Inuit informiert und auch auf die heutige politische Situation der Inuit in Kanada eingeht; darüber hinaus gibt er interessierten Spielern Literaturtipps (sc)

„Papua. Rein ins Boot oder ab in den Kessel" (Thilo Hutzler 1992), Parker; Spieldauer: 45–90 min; ab 10 Jahren; für bis zu 6 Spieler

Die Spieler brodeln im Kochtopf der Papua; wem sein Leben lieb ist, muss sich vor den Kannibalen in das rettende Boot flüchten; die Flucht müssen alle Spieler gemeinsam organisieren, doch sobald das Boot sichtbar ist, kämpft jeder gegen jeden, denn das Kanu hat nur Platz für einen. Bei Kindern wird mit diesem Spiel der Eindruck erweckt, dass alle Menschen auf Papua-Neuguinea nicht nur Wilde, sondern sogar gefährliche Kannibalen seien, vor denen man sich hüten müsse. Diese Darstellungsweise veranlasste die Botschaft von Papua-Neuguinea in Deutschland dazu, sich bei den Herausgebern des Spieles zu beschweren; das Spiel ist inzwischen nicht mehr im Handel erhältlich und somit nur noch gebraucht zu erwerben (sc)

„Oase" (Alan R. Moon & Aaron Weissblum 2004), Schmidt; Spieldauer: ca. 60 min; ab 10 Jahren; für 3–5 Spieler

Die mongolische Wüste Gobi zeichnet sich durch hohe Berge, weite Steppen und zahlreiche Oasen aus; die Spieler erkunden die Steppe auf Pferden, bauen Brunnen in den Oasen, errichten Ovoos – heilige Steinhaufen – und müssen ihre Kamele mit Wasser versorgen; „Oase" spielt vor einem recht exotischen Hintergrund, was aber leider übertrieben wirkt; obwohl die Spieler um Kamele etc. bieten, ist der Glücksfaktor ausschlaggebend (sc)

„Targui" (Dijkstra, Van Dijk 1988), Jumbo Spiele; Spieldauer: 60–90 min; ab 12 Jahren; für 2–4 Spieler; in der Auswahlliste zum Spiel des Jahres 1988

Die Spieler schlüpfen in die Rolle eines Targui, der einen ganzen ‚Wüstenstamm' befehligt und mit anderen ‚Stämmen' im Clinch liegt; jeder Führer möchte seine eigene Gruppe zur einflussreichsten in der Sahara machen, indem er seine Kamele geschickt platziert, neue Kamele kauft und seine Gegner bekämpft; außerdem ist eine gründliche Wüstenkenntnis von Vorteil (sc)

„Xenophilia. Das interkulturelle Spiel über dich und andere" (Bayrischer Forschungsverbund AREA-Studien, Sonja Hoch), FORAREA; CD-ROM und Lehrerheft; Spieldauer unterschiedlich; ab 13–17 Jahren (Sekundarstufe II); Spieler: verschiedene Anzahl möglich; Auszeichnungen: „Giga-Maus" 2002, „Comenius-Siegel" 2002 und 2003 u. a.

Eine animierte unterhaltsame Lernhilfe in Form eines Quiz mit 100 Fragen über eigene und fremde Lebensformen, das zum Nachdenken einlädt: „Fremdsein in Deutschland – Fremdsein im Ausland"; im Mittelpunkt des Spiels, das realistisch für 11- bis höchstens 15-Jährige anregend ist, stehen Verhaltensweisen; mit einem Lexikon; es gibt eine Schulversion und eine „Game-Version"

3.8 Sachthemen von A bis Z

Arbeit und Wirtschaft

Eylert, Sabine, Ursula Bertels & Ursula Tewes (Hrsg.) 2000: Von Arbeit und Menschen – Überraschende Einblicke in das Arbeitsleben fremder Kulturen. Münster etc.: Waxmann Verlag (Gegenbilder, 3)
Ein Sachbuch mit Fallbeispielen zu Vorstellungen, Idealen und Handlungen im Bereich Arbeit; die zumeist kurzen Texte sind in fünf Teile gegliedert: zum Wert der Arbeit, zu Arbeit in der Geschichte, zu Arbeitsteilung, Hierarchien, Arbeit im Tourismus und zu Veränderungen der Arbeitswelt; die Autorinnen wenden sich an Lehrer, Dozenten in der Bildungsarbeit und Laien und bieten popularisierte Forschung im besten Sinn

Greifenstein, Ute I. (1992) o. J.: Fremdes Geld. Tauschmittel und Wertmesser außereuropäischer Gesellschaften. Frankfurt: Commerzbank und Museum für Völkerkunde
Ein Ausstellungsbegleitheft zu Geld, insbesondere zu speziellen Geldformen; mit kurzen und informativen Texten, vielen farbigen Abbildungen und ausführlichen Literaturhinweisen

Neuberger, Oswald & Ain Kompa 1993: Wir, die Firma. Der Kult um die Unternehmenskultur. München: Heyne Verlag (zuerst Weinheim/Basel: Beltz, Psychologie heute – Buchprogramm, 1993)
Ein verständliches und gleichzeitig äußerst differenziertes Sachbuch zu Theorie und Methoden der Unternehmenskulturforschung; mit einem Glossar

Bedrohte Völker, indigene Gruppen, Völkermord

Hughes, Lotte 2003: The No-Nonsense Guide to Indigenous Peoples. Oxford: New Internationalist Publications; London: Verso
Ein faktendichtes, aktuelles und engagiertes Sachbuch mit vielen Beispielen, das handlich und bestens zur Einführung geeignet ist; mit informativen Tabellen und guten Abbildungen

Iten, Oswald 1995: Zwischen allen Welten. Völker am Rande der Zivilisation. Zürich: Verlag Neue Zürcher Zeitung
Lebendige Reportagen aus der Feder eines Journalisten, der seit langer Zeit ethnische Fragen verfolgt; gut als erste Einführung geeignet

Jarnuszak, Martina & Frank Kressing (Hrsg.) (1994) o. J.: Zusammenhänge. Ureinwohner und Industrienationen. Mönchengladbach: Infoe Verlag (infoestudien, 9)
Eine Sammlung kurzer und engagiert geschriebener Aufsätze zu Beispielen der Abhängigkeit von indigenen Gruppen von Industrieländern und auch umgekehrt; dazu Artikel über die europäische Wahrnehmung von „Eingeborenen" und die Folgen für diese

Ludwig, Klemens (Hrsg.) 1998: Lebenslieder, Todesklagen. Lesebuch vergessener Völker. Wuppertal: Peter Hammer Verlag
Kurze Texte von Angehörigen indigener Gruppen aus allen Teilen der Welt, herausgegeben von einem der publizistisch aktivsten Mitarbeiter der Gesellschaft für Bedrohte Völker (GfBV)

Maybury-Lewis, David [2]2002: Indigenous Peoples, Ethnic Groups, and the State. Boston etc.: Allyn & Bacon (The Cultural Survival Studies in Ethnicity and Change, [1]1997)
Über indigene Gruppen, ethnische Gruppen in multiethnischen Staaten, Bedrohung, Eth-

nozid, Genozid und ethnische Säuberung und die Rolle der Staaten für bedrohte Völker; mit vielen Überblicken zur Situation in Ländern und Regionen (Indien, Südostasien, Afrika) und aktuellen Fallbeispielen „ethnischer Säuberung" (Rwanda, Ex-Jugoslawien); ein kurzes und gut verständlich geschriebenes Buch

Bildbände

Bökemeier, Rolf & Michael Friedel [2]1990: Naturvölker. Begegnungen mit Menschen, die es morgen nicht mehr gibt. Hamburg: Geo im Gruner + Jahr Verlag (zuerst mit dem Haupttitel „Verlorene Menschen", [1]1984)
Hier wird anhand von acht Beispielen aus allen fünf Kontinenten engagiert über bedrohte indigene Gruppen berichtet; teils etwas idealisierend bis exotisierend und mit einem aus ethnologischer Sicht abzulehnendem Titel, aber mit 280 Fotos, darunter zum Teil exzellentem Bildmaterial

Davidson, Art 1993: Endangered Peoples. San Francisco: Sierra Club Books
Eindrucksvolle (und auch hervorragend gedruckte) Farbaufnahmen von Art Wolfe und John Isaac und engagierte Texte zu 21 Gruppen oder Gebieten, die nach Kontinenten in fünf Großkapitel gegliedert sind; die Aufnahmen zeigen besonders viele Portraits einzelner Personen

Davis, Wade 2001: Light at the Edge of the World. A Journey Through the Realm of Vanishing Cultures. London: Bloomsbury (auch Vancouver: Douglas and Mc Intyre, 2001 sowie Philadelphia: University of Pennsylvania Press)
Ein im angloamerikanischen Raum als Schriftsteller (vor allem zu Voodoo) sehr bekannter Ethnobotaniker bietet hier Fotos von seinen Reisen nach Kanada, den Anden, Haiti, Borneo, Kenia und Tibet aus 25 Jahren; dazu beschreibt er seine Erlebnisse; ein Band, dem man in Bild und Text anmerkt, dass er von einem Ethnologen stammt; die Texte sind interessant, weil sie aus verschiedenen Zeiten stammen, und die Bilder sind oft schön, ohne idealisierend zu sein

Maybury-Lewis, David 1992: Millennium. Tribal Wisdom and the Modern World. London/ New York: Viking Penguin
Ein opulenter Band zur Bedeutung bedrohter Völker für die Menschheit mit einem Schwerpunkt auf lokalem Wissen; ein stark illustrierter Text wird ergänzt durch Fotoessays zu zehn indigenen Gruppen; der Band entstand im Zusammenhang mit einer zehnstündigen Dokumentarfilmserie und in Zusammenarbeit mit der Organisation Cultural Survival; der Text stammt aus der Feder einer der wenigen weltweit politisch aktiven und gleichzeitig populär schreibenden Ethnologen; das Buch ist informativ und zugleich engagiert, wenn auch zuweilen reichlich romantisierend und idealisierend

National Geographic 2004: Faszinierende Völker der Welt. National Geographic Special: Best of National Geographic, 1/2004, National Geographic Society
Eine vom Appell des Schutzes bedrohter Völker geleitete Sammlung von elf wiederabgedruckten Reportagen aus den 1970er Jahren bis heute, die von vielen Farbaufnahmen begleitet sind; schön und eine Fundgrube für Images und positive Stereotype; zur Darstellung indigener Völker im „National Geographic" vgl. Prior 2003

Pfannmüller, Günter (Fotos) & Wilhelm Klein (Text) 2002: Unantastbar. Von der Würde des Menschen. Frankfurt: Zweitausendeins (orig. „In Search of Dignity". New York: Aperture Foundation, 2002)
Aufnahmen von Menschen aus sechs Regionen der Welt (u. a. Äthiopien, afrikanisches Rift, Kenia, Thar-Wüste in Indien, Goldenes Dreieck in Festlandsüdostasien); die Photos entstanden in einem transportablen Studio auf Reisen des Fotografen; es sind Farbbilder

9. Modegeschäft in „Little India", Georgetown, Malaysia, 2004 (Foto: M. B.)

10. Ethnomedizinische Bücher in Privatwohnung, Trier, 2004 (Foto: C. A.)

einzelner oder weniger Personen, die zum Teil in Festtagskleidung gekleidet aufgenommen wurden; die Personen sind vor zumeist schwarzem Hintergrund positioniert; die Bilder sind gestochen scharf und wurden digital bearbeitet; sie zeigen die Menschen tatsächlich würdevoll, sind aber gleichzeitig auch etwas idealisierend; entsprechend wird für den Band geworben: „[…] letzte Menschen abseits der materialistischen Welt"; mit einem Vorwort des bekannten Ethnobotanikers und Popularisators ethnologischer Themen Wade Davis; vgl. Davis 2001

Prior, Colin 2003: Urvölker. Vom Überleben einzigartiger Kulturen. Hamburg: National Geographic Deutschland (orig. „Living Tribes". Toronto: A Firefly Book, 2002; London: Constable 2001)

Ein Bildband mit größtenteils hervorragenden Farbphotos; war der Originaltitel schon etwas exotisierend, so verstärkt der deutsche Titel dies leider noch um die altevolutionistische Gleichsetzung heutiger Ethnien mit Vorstufen heutiger Kulturen

Singer, Andre & Leslie Woodhead 1988: Disappearing World. Television and Anthropology. London: Boxtree/Granada Television

Dieser Bildband stellt in neun Kapiteln 33 bedrohte ethnische Gruppen mit kurzen Texten und farbigen Bildern vor; das Buch ging aus einer über viele Jahre sehr erfolgreichen englischen Fernsehserie hervor, die von einem kleinen nordenglischen Sender initiiert wurde; entgegen exotisierenden Filmen sollten Menschen aus kleinen Völkern der Dritten Welt (und in Nachfolgeserien auch aus europäischen Gruppen) in ihrem Alltagsleben vorgestellt werden und durch untertitelte statt übersprochene Rede selbst zu Wort kommen

Filme

Ein Volk zieht um – die Karawane der Tuwiner (Hans Hausmann, Rainer Kling, Birgit Köster, Wolfgang Luck, Robert T. Pütz & Heidrun Seeger, Deutschland 1995); Dauer: 60 min; Farbe; Produktion von WDR/Arte; zu beziehen beim Landesfilmdienst Rheinland-Pfalz e. V. oder beim BMZ

In der planwirtschaftlich gelenkten Mongolei verlernten die Tuwiner viele ihrer nomadischen Lebensformen. Um zu beweisen, dass traditionelles Nomadenleben auch heute noch Chancen hat, begeben sie sich auf einen über 2000 km langen Weg zurück in die Heimat in der mongolischen Steppe. Auf diese Weise wollen sie ihren Kindern die nomadischen Sitten und Gebräuche weitergeben; vor allem aber möchten sie mit Hilfe der filmischen Dokumentation ihrer Reise durch ein deutsches Kamerateam auch international auf die Bedrohung ihrer Existenz aufmerksam machen. Den Filmern gelingt es, den Kampf der Tuwiner gegen den Untergang ihres Volkes zu dokumentieren, ohne dabei übertrieben zu wirken (sc)

Brasiliens Indianer. 500 Jahre Macht und Ohnmacht (Conrad Berning, Brasilien/Deutschland 2000); Dauer: 28 min; Farbe; Produktion: Verbo-Filmes; Video zu beziehen bei: Evangelisches Zentrum für entwicklungsbezogene Filmarbeit (EZEF); Begleitmaterial im Internet unter: http://www.gep.de/ezef/index_276.htm

Als am 22. April 1500 die Portugiesen in Brasilien landeten, gab es noch etwa sechs Millionen Indianer, heute dagegen schätzt man die Zahl der Indigenen Brasiliens auf etwa 300 000 Menschen; während sich die brasilianische Regierung im Jahr 2000 auf die 500-Jahrfeier der „Entdeckung" Brasiliens vorbereitete, reflektieren die Indianer diese 500 Jahre als Zeit der Ohnmacht und der brutalen Oberherrschaft der Europäer; die Dokumentation spiegelt, unterlegt mit Bilddokumenten und Ausschnitten aus einem Spielfilm, die Unterdrückung der Indianer wieder; dabei wird gezeigt, dass die Indianer

*dies nicht passiv erduldet haben, sondern bis heute aktiv um ihre Rechte kämpfen, so
gelang es ihnen beispielsweise, auf die Ausarbeitung der Verfassung von 1987/1988 Einfluss zu nehmen (sc)*

Bergvölker

Messner, Reinhold 2001: Bergvölker. Bilder und Begegnungen. München etc.: BLV Verlagsgesellschaft
*Nach Kontinenten gegliedert und in erzählendem Stil informiert der Medienstar über
Berge und ihre Bewohner und vergleicht sie, unterstützt von guten Farbbildern; mit einen
einfachen Lexikon der Bergvölker*
Ortner, Sherry B. 2002: Die Welt der Sherpas. Leben und Sterben am Mount Everest. Bergisch Gladbach: Bastei Lübbe Verlag (zuerst 2000)
*Über die Sherpa, Bergbauern im hohen Himalaja, die als Bergsteiger und durch Touris-
mus zu einer der bekanntesten Ethnien der Welt wurden; aus der Feder einer führenden
amerikanischen Ethnologin, die sich vorwiegend für Symbole, Geschlechterverhältnisse
(gender) und Denkstrukturen interessiert*

Deutscher Kolonialismus

Gründer, Horst [5]2004: Geschichte der deutschen Kolonien. Paderborn: Ferdinand
Schöningh (Uni-Taschenbücher)
Ein geraffter und sachlich geschriebener Überblick mit ausführlicher Bibliographie
Honold, Alexander & Klaus R. Scherpe (Hrsg.) 2004: Mit Deutschland um die Welt. Eine
Kulturgeschichte des Fremden in der Kolonialzeit. Stuttgart/Weimar: J. B. Metzler Ver-
lag
*Ein umfangreiches Buch mit 54 kurzen Beiträgen zu Lokalitäten deutscher kolonialer
Aktivitäten und vor allem zu literarischen und bildlichen Ideen und Motiven; ein materi-
alreicher Band, dessen knapp 150 historische Abbildungen an sich schon eine Fundgrube
sind*
Möhle, Heiko (Hrsg.) 1999: Branntwein, Bibeln und Bananen. Der deutsche Kolonialismus
in Afrika – Eine Spurensuche. Hamburg: Verlag Libertäre Assoziation
*Eine Sammlung kurzer Kapitel zu allgemeinen Themen des deutschen Kolonialismus,
besonders seinen Schattenseiten und zu Themen, Ereignissen, Personen und Institutionen
in Hamburg als dem Heimathafen der deutschen Kolonial- und Afrikaschifffahrt, zum
Beispiel Völkerscheuen der Hamburger Afrikanistik; ein gut illustrierter Band, der in
Zusammenhang mit einer Ausstellung entstand*
Van der Heyden, Ulrich & Joachim Zeller (Hrsg.) 2002: Kolonialmetropole Berlin. Eine
Spurensuche. Berlin: Berlin Edition
*Eine Mischung aus Sammelband und Katalog mit 50 sehr unterschiedlich langen Beiträ-
gen zur Geschichte und heutigen Spuren des deutschen Kolonialismus in Berlin; von
ersten Versuchen Ende des 17. Jahrhunderts über die Kernphase des wilhelminischen Kolonialismus von 1884 bis 1914 und revisionistische Versuche in der Weimarer Republik
bis zum Nationalsozialismus; mit vielen Beispielen, detaillierten Quellenangaben und
zahlreichen, zum Teil sonst selten zu findenden Abbildungen; eine Fundgrube!*
Westphal, Wilfried 2004: Ein Weltreich für den Kaiser. Geschichte der deutschen Kolonien.
Köln: Parkland Verlag (dt. zuerst unter dem Titel „Geschichte der deutschen Koloni-
en". Bindlach: Gondrom Verlag, 1992)

Ein dichtes, dabei aber verständlich bleibendes Sachbuch aus der Feder eines Ethnologen und Archäologen, der schon viele gute Sachbücher zu ethnologienahen Themen verfasst hat (zum Beispiel zu Inka, Maya und zum Kongo)

Film

Wir hatten eine Dora in Südwest (Tink Diaz, Deutschland 1991); Dauer: 70 min; Farbe/SW; deutsch; Diaz-Filmproduktion mit WDR und Filmpool Köln; Erstaufführung 1992 (Kino); weitere Ausstrahlungen: Südwest 3 (1992), 11. internationales Dokumentarfilmfestival München (1996); Bezugsquelle: Landesmediendienste Bayern e. V.
Die Dokumentation fördert interessante Aspekte der deutschen Kolonialgeschichte zu Tage. Das Patchwork aus Interviews, nationalsozialistischen Propagandamaterialien, Fotos und Kulturproduktionen wie Lieder zeigt die Rolle des deutschen Frauenbundes in der „Erhaltung des Deutschtums" in Namibia; die Ausbildung, Entsendung und Verheiratung junger abenteuerlustiger und ausreisewilliger Frauen diente dem Ziel der „Rassenhygiene" und der Sicherung der deutschen Kolonie. Die Verbindung von Archivrecherche mit den Ansichten der heute dort noch lebenden deutschen Frauen sowie Einheimischer macht diesen Film so interessant; er vermittelt einen kritischen Einblick in das damalige Rassen- und Deutschlandbild sowie in den heute weiter bestehenden Rassismus (jj)

Entdeckung, früher Kulturkontakt und Kolonialzeit

Bitterli, Urs [3]2004: Die „Wilden" und die „Zivilisierten". Grundzüge einer Geistes- und Kulturgeschichte der europäisch-überseeischen Begegnung. München: C. H. Beck'sche Verlagsbuchhandlung ([1]1976, [2]1991)
Ein enorm materialreicher und faszinierender Text, der in manchen Details von der Forschung überholt, aber noch nützlich ist
Crosby, Alfred W. 1991: Die Früchte des weißen Mannes. Ökologischer Imperialismus 900–1900. Frankfurt/New York: Campus Verlag (orig. „Ecological Imperialism. The Biological Expansion of Europe, 900 – 1900". Cambridge etc.: Cambridge University Press, 1986)
Auswirkungen der Ausbreitung europäischer Siedler und der kolonialen Herrschaft auf Landschaft, Lebewelt und Krankheiten in außereuropäischen Gebieten, detailliert dargestellt zum Beispiel anhand der Veränderungen der Flora, der Fauna und der Folgen durch eingeschleppte Krankheitserreger
Ducks, Thomas 2003: Von weißen Wilden und wilden Weißen. Facetten der europäisch-überseeischen Begegnung. Frankfurt: IKO-Verlag (Edition Zeitreise)
Ein schmaler Band eines als Ethnologen und Journalisten tätigen Autors; informativ und gleichzeitig meinungsfreudig und deshalb herausfordernd; ausgestattet mit vielen Illustrationen
Gewecke, Frauke 1992: Wie die neue Welt in die alte kam. München: Deutscher Taschenbuch Verlag (zuerst Stuttgart: Klett-Cotta Verlag, 1986)
Eine detaillierte, aber gut lesbare Darstellung der Geschichte der Wahrnehmung der neuen Welt durch die Europäer und die Rolle von Stereotypen und (meist) negativen Vorurteilen
Greenblatt, Stephen 1997: Wunderbare Besitztümer. Die Erfindung des Fremden: Reisende und Entdecker. Berlin: Klaus Wagenbach Verlag (Wagenbach Taschenbücher, 296;

dt. zuerst 1994; orig. „Marvelous Possessions. The Wonder of the New World". Oxford etc.: Oxford University Press, [2]1991)

Ein Klassiker zur europäisch-überseeischen Begegnung, der Faszination der frühen Reiseberichte und über die folgenreiche Rolle, die Wahrnehmungen, Konzepte und Symbole für so unterschiedliche Haltungen wie Entdeckerfreude, Staunen, Austausch, aber auch Abwehr und Vernichtungswille, spielten; der Autor, als Historiker ein Vertreter des New Historicism, schrieb mit diesem Buch eines der meistdiskutierten Werke der letzten Jahre

Gründer, Horst (2003) o. J.: Eine Geschichte der europäischen Expansion. Von Entdeckern und Eroberern zum Kolonialismus. Darmstadt: Wissenschaftliche Buchgesellschaft (Theiss Illustrierte Weltgeschichte) (zuerst als Teil in: Brockhaus Bibliothek. Die Weltgeschichte, Mannheim/Leipzig: F. A. Brockhaus, 1998/1999)

Ein Sachbuch, in dem ein Kenner einen kurzen Überblick zur Entdeckungsgeschichte mit einem Schwerpunkt auf Afrika bietet; unterstützt durch viele farbige, allerdings kleinformatige Abbildungen und gute Karten; ausgestattet mit einer ausführlichen, regional gegliederten Bibliographie

Hanken, Caroline 2003: Sebalds Reisen. Die ferne Welt der Seefahrer. Darmstadt: Primus Verlag (orig. „Sebalds Reizen". Amsterdam: J. M. Meulenhoff, 2001)

Eine Mischung aus einer fiktiven Erzählung um den Entdeckungsreisenden Sebald und dichte Fakten aus der Zeit der frühen Seefahrt, die zusammen ein lebendiges und informatives Buch ergibt; ausgestattet mit vielen historischen Abbildungen

Hochschild, Adam 2002: Schatten über dem Kongo. Die Geschichte eines fast vergessenen Verbrechens. Reinbek bei Hamburg: Rowohlt Verlag (dt. zuerst Stuttgart: Klett-Cotta Verlag; orig. 1988)

Ein erzählendes Sachbuch zu den europäischen Interessen am vorkolonialen Kongo und zu den Härten der zum Teil brutalen belgischen Kolonialherrschaft und den menschenrechtlichen Gegenbewegungen

Milton, Giles 2001: Muskatnuß und Musketen. Europas Wettlauf nach Ostindien. Wien: Paul Zsolnay Verlag (orig. „Nathaniel's Nutmeg. How One Mans Courage Changed the Course of History". London: Hodder & Stroughton, 1999)

Eine erzählerische Geschichtsdarstellung, aus der man am Fall der Etablierung des Seeweges nach Run, einer der Banda-Inseln in Indonesien, viel über europäisch-überseeische Begegnungen und interkulturellen Umgang in der Geschichte lernen kann; ein Beispiel guter populärer Geschichtsschreibung

Mintz, Sydney W. 1996: Die süße Macht. Kulturgeschichte des Zuckers. Frankfurt/New York: Campus Verlag (dt. zuerst 1987; orig. „Sweetness and Power. The Place of Sugar in Modern History". London/New York: Viking Penguin, 1985)

Eine lebendige Darstellung der wirtschaftlichen Verknüpfungen zwischen verschiedenen Teilen der Welt, insbesondere beiderseits des Atlantiks, seit der Kolonialzeit, exemplarisch dargestellt anhand der Umstände des Handels und Konsums von Zucker

Osterhammel, Jürgen [4]2003: Kolonialismus. Geschichte, Formen, Folgen. München: C. H. Beck (Beck'sche Reihe, C. H. Beck Wissen, bsr 2002)

Eine sehr empfehlenswerte Einführung eines Historikers, weil sie kurz und trotzdem sehr differenziert ist

Wolf, Eric Robert 1986: Die Völker ohne Geschichte. Europa und die andere Welt seit 1400. Frankfurt/New York: Campus Verlag (orig. „Europe and the People Without History". Berkeley etc.: University of California Press, [1]1982, [2]1997 mit neuem Vorwort)

Ein umfangreicher, aber gut lesbarer Gesamtüberblick des Zustands und auch der Dynamik der Kulturen in den verschiedenen Regionen der Welt am Vorabend der Expansion Europas; ein Klassiker

Wood, Michael 2003: Auf den Spuren der Konquistadoren. Stuttgart: Reclam Verlag
Ein Buch mit flüssigem Text und guter Bebilderung zu Mittelamerika, den Azteken, dem Andenraum und der Eroberung des Inkareichs, das aus einer englischen Fernsehserie hervorgegangen ist; ein gutes Beispiel der Art von Büchern, die sich an ein fernsehgewohntes Publikum wenden

Entwicklung

Bliss, Frank 2000: Die Praxis der deutschen Entwicklungszusammenarbeit. Bonn: Politischer Arbeitskreis Schulen, PAS, (Materialien zur politischen Weiterbildung und für den Schulunterricht, 2)
Ein informativer und gleichzeitig kritischer Überblick der Strukturen, Ziele und Maßnahmen der deutschen Entwicklungszusammenarbeit, kombiniert mit Beispielen von Entwicklungsprojekten sowie ausführlichen Hinweisen und Materialien für die entwicklungspolitische Bildungsarbeit; dazu ein guter Glossar und sehr viele schwarzweiße Fotos; insgesamt ein sehr solides Buch, das eine ethnologische Sicht auf Entwicklungshilfe wirft, konkrete Beispiele bringt und dazu noch sprachlich leicht zugänglich ist
Faschingeder, Gerald 2001: Kultur und Entwicklung. Zur Relevanz soziokultureller Faktoren in Hundert Jahren Entwicklungstheorie. Frankfurt: Brandes & Apsel/Südwind (Geschichte, Entwicklung, Globalisierung, 1)
Eine knappe Übersicht, die zwar lückenhaft ist, aber dafür eine kurze und jargonfreie Übersicht bietet und für Ethnologen besonders deshalb interessant ist, da sie von einem Historiker und Germanisten verfasst wurde, der einen breiten Kulturbegriff vertritt
Prochnow, Martina 1996: Entwicklungsethnologie. Ansätze und Probleme einer Verknüpfung von Ethnologie und Entwicklungshilfe. Zur Diskussion der deutschsprachigen Ethnologie. Münster etc.: Lit Verlag (Interethnische Beziehungen und Kulturwandel, 24)
Ein kurzer Überblick und eine kritische Diskussion der deutschsprachigen Entwicklungsdiskussion und besonders der Entwicklungsethnologie

Erziehung, Lebenslauf, Alter

Jackson, Andrew [2]2003: Das Buch des Lebens. Eine Reise zu den Ältesten der Welt. Frankfurt: National Geographic Taschenbuch (National Geographic Adventure Presss; zuerst München: Frederking & Thaler, 2000; orig. „The Book of Life". London: Victor Gollancz, 1999)
Begegnungen mit alten Menschen in verschiedenen Weltgegenden; detailliert und gut journalistisch aufbereitet und mit einigen Farbaufnahmen ausgestattet
Liedloff, Jean 1999: Auf der Suche nach dem verlorenen Glück. Gegen die Zerstörung unserer Glücksfähigkeit in der frühen Kindheit. München: C. H. Beck (Beck'sche Reihe, 224) (orig. „The Continuum Concept". New York: Alfred A. Knopf, 1977)
Die Autorin entwickelt anhand der Kindererziehung bei den Yequana-Indianern am Orinoko die These einer angeborenen Disposition des Menschen zu Ausgeglichenheit, Gefühlskontrolle, Selbstdisziplin und Glück; im Zentrum steht die kontinuierliche Verknüpfung von genetischen Vorgaben mit Umweltdispositionen. Das Buch propagiert das Tragen von Säuglingen; das hat sehr viele junge Eltern in westlichen Ländern angespro-

chen, und das Buch wurde so nicht nur ein Best-, sondern auch ein Longseller (bislang fast eine halbe Million verkaufte Exemplare allein in Deutschland!)

Mead, Margaret 1971: Jugend und Sexualität in primitiven Gesellschaften. Band 1: Kindheit und Jugend in Samoa. München: Deutscher Taschenbuch Verlag (orig. „Coming of Age in Samoa. A Psychological Study of Primitive Youth for Western Civilization". New York: William Morrow & Co., 1928)
Eines der erfolgreichsten populärethnologischen Bücher aller Zeiten; gleichzeitig fachlich ein umstrittenes Werk; vgl. die Mead-Freeman-Kontroverse

Mead, Margaret 2000: Der Konflikt der Generationen. Jugend ohne Vorbild. Eschborn: D. Klotz (dt. zuerst Olten/Freiburg: Walter-Verlag, 1971, München: Deutscher Taschenbuch Verlag 1974; orig. „Culture and Commitment". Garden City, N. Y.: Natural History Press, Doubleday for the American Museum of Natural History)
Der pessimistische deutsche Titel trifft den Inhalt nicht: In diesem lebendig geschriebenen Buch untersucht Mead Lernprozesse zwischen Generationen und zeigt, dass in modernen Gesellschaften Eltern viel von ihren Kindern lernen

Müller, Klaus E. & Alfred K. Treml (Hrsg.) [2]1996: Ethnopädagogik. Sozialisation und Erziehung in traditionalen Gesellschaften. Berlin: Dietrich Reimer Verlag (Ethnologische Paperbacks)
Der Schwerpunkt des Bandes liegt bei Erziehung in anderen Gesellschaften mehr als bei der Arbeit in hiesigen Erziehungsinstitutionen

Müller, Klaus E. & Alfred K. Treml (Hrsg.) 2002: Wie man zum Wilden wird. Ethnopädagogische Quellentexte aus vier Jahrhunderten. Berlin: Dietrich Reimer Verlag (Ethnologische Paperbacks)
Eine Sammlung bekannter und wenig bekannter Texte zu Kinderversorgung, Sozialisation und Erziehung in nichtindustriellen Gesellschaften

Renner, Erich 2001: Andere Völker – andere Erziehung. Eine pädagogische Weltreise. Wuppertal: Peter Hammer Verlag (Edition Trickster im Peter Hammer Verlag)
Ein Sachbuch und Nachschlagewerk über Erziehungsideale und Sozialisationspraktiken in der ganzen Welt; einfach geschrieben und gegliedert nach Stichworten von A–Z; jeweils mit einer Einführung, Beispielen, Äußerungen aus den jeweiligen Gesellschaften, erläuterndem und einordnendem Kommentar sowie Literaturhinweisen

Van Dongen, Paul L. F, Theodoor J. J. Leyenaar & Ken Vos (eds.) 1987: The Seasons of Humankind: Leiden: Rijksmuseum voor Volkenkunde
Eine Museumspublikation mit Kapiteln zu Übergangsriten (rites de passage), die anhand vieler Beispiele zu Geburt, Initiation, Heirat und Tod dargestellt werden; mit Bibliographie und dazu reichhaltig ausgestattet mit hervorragendem Bildmaterial von Ethnografika sowie Feldaufnahmen und historischen Fotografien von Ritualen

Film

Mutprobe für Männer – Der Sinn des Springens (Karin Gerber, Deutschland 2003); Dauer: 8 min.; Farbe; Beitrag zum Völkerspezial der Sendung „Welt der Wunder" auf Pro Sieben am 20. 07. 2003; Inhalt und weitere Infos unter http://wdw.prosieben.de/wdw/ Mensch/Mythos/ Turmspringer/
Damit die Jungen der Südseeinsel Pentecost zu Männern werden, müssen sie ihren Mut beweisen und mit Lianen an ihren Füßen kopfüber von einem Turm springen; Nagol, das Turmspringen, ist nicht nur ein Initiationsritual, sondern auch Ausdruck des Fruchtbarkeitskultes der Inselbewohner. Eine knappe Dokumentation, die meist an der Oberfläche bleibt (jj)

Ethnische Religionen („Animismus")

Kellner, Manuel 1997: Das Anderssein der Anderen. Aspekte zu Religion, Magie und Schamanismus in Stammesgesellschaften. Eine praxisorientierte Darstellung mit einer Unterrichtseinheit. Frankfurt etc.: Peter Lang (Europäische Hochschulschriften, Reihe XXXIII, Religionspädagogik, 17)

Eine Dissertation, die materialreich ist und viele Hintergrundinformationen und nützliche Unterrichtsideen enthält und deren ethnologische Informationen weitgehend, aber nicht immer fachlich zutreffend sind

Quack, Anton 2004: Heiler, Hexer und Schamanen. Die Religionen der Stammeskulturen. Darmstadt: Wissenschaftliche Buchgesellschaft/Darmstadt: Primus Verlag

Unter einem Titel, der drei Themen der Religionsethnologie anspricht, die unter Laien besonders populär sind (und einem Untertitel, über den man aus fachlicher Sicht streiten könnte), bietet einer der Herausgeber der Zeitschrift „Anthropos" ein lebendig geschriebenes Sachbuch zu den kleinen Religionen außerhalb Europas; einer Erläuterung der Themen und Grundbegriffe der Ethnologie und der Religionsethnologie folgen Kapitel, welche die religiöse Bandbreite anhand von Fallbeispielen aus Afrika, Asien, Ozeanien und den beiden Amerikas zeigen; die gute Idee des Autors ist es, wenige ausgewählte Beispiele detailliert und nach ähnlicher Gliederung darzustellen, wobei der lokale ethnographische Hintergrund jeweils zu Beginn erläutert wird; ein populärethnologisches Buch in bestem Sinn, das mit einem sehr ausführlichem und klarem Glossar ausgestattet ist

Seger, Imogen 1982: Wenn die Geister wiederkehren. Weltdeutung und religiöses Bewusstsein in primitiven Kulturen. München etc.: Piper Verlag (auch als Taschenbuch: Berlin: Ullstein Verlag, 1994)

Ein vorbildlich informatives und anregendes Sachbuch, das in die Religionsethnologie einführt und viele Beispiele bespricht; mit ausführlichem Literaturverzeichnis und Glossar

Wernhart, Karl 2004: Ethnische Religionen. Universale Elemente des Religiösen. Kevelaer: Verlagsgemeinschaft Topos Plus (Grundwissen Religion, Topos Plus Taschenbücher, 545)

Eine Einführung, die entsprechend dem Untertitel ein besonderes Augenmerk auf Ähnlichkeiten zwischen Glaubensformen bis hin zu weltweiten Strukturgleichheiten (Universalien) legt; mit einer ausführlichen Bibliographie

Ethnozentrismus, Fremdbilder, Vorurteile

Böckelmann, Frank 1988: Die Gelben, die Schwarzen, die Weißen. Frankfurt: Eichborn Verlag (Die andere Bibliothek, 159)

Ein sehr plastischer Text zu gegenseitigem Interesse an Fremdem sowie Wahrnehmungen und Emotionen zu Fremdheit und der historischen Bedeutung kultureller Grenzen; ein informatives und dazu meinungsfreudiges Buch mit einem politisch unkorrekten Lob der Fremdheit; mit vielen Beispielen und Bildern: sehr anregend und empfehlenswert

Brauen, Martin (Hrsg.) 1982: Fremden-Bilder. Eine Publikation zu den Ausstellungen „Frühe ethnographische Fotografie", „Fotografien vom Royal Anthropological Institute" und „Die exotische Bilderflut". Zürich: Völkerkundemuseum der Universität Zürich (Ethnologische Schriften Zürich ESZ, 1)

Eine Sammlung sehr gut bebilderter Kapitel zu verschiedenen Genres und Verwendungs-

formen von Fotografien, u. a. frühen Fotos, Typen von Fotografen, Bildbänden und Verwendung von Bildern in der Werbung, in Missionszeitschriften und zu den Nuba als einer von verschiedenen Fotografen dargestellten Ethnie, sowie zur Beziehung zwischen Aufgenommenen und Fotografen

Fohrbeck, Karla & Andreas Johannes Wiesand 1983: „Wir Eingeborenen". Zivilisierte Wilde und exotische Europäer. Magie und Aufklärung im Kulturvergleich. Reinbek bei Hamburg: Rowohlt Taschenbuch Verlag (zuerst Leverkusen: Leske Verlag/Budrich, 1981)
Ein wechselseitiger Kulturvergleich in kritischer Absicht, aufgezogen an der Behandlung von 13 Vorurteilen; ein Buch, das gleichermaßen informativ ist, Stereotype konkret behandelt und zum Reflektieren anregt und dabei zum Teil recht amüsant ist; mit einer Menge an Bildmaterial

Girtler, Roland 2004: Über die Grenzen. Ein Kulturwissenschaftler auf dem Fahrrad. Münster etc.: Lit Verlag (zuerst Frankfurt/New York: Campus Verlag; Linz: Veritas Verlag, 1991)
Eine Erzählung von einer 16-tägigen Fahrradtour durch die österreichischen Alpen, die mehrmals politische Grenzen berührt; hieran zieht der Autor sein Hauptthema in diesem Band auf: symbolische und ritualisierte Kulturgrenzen zwischen Wir-Gruppen; ein humorvolles, zuweilen drastisches Buch aus der Feder des streitbaren Wiener Soziologen, der schon viele ethnographische Bücher für die breite Leserschaft schrieb

Harris, Marvin 1997: Fauler Zauber. Wie der Mensch sich täuschen läßt. München: Klett-Cotta Verlag im Deutschen Taschenbuch Verlag (dt. zuerst als „Fauler Zauber. Unsere Sehnsucht nach der anderen Welt". Stuttgart: Klett-Cotta Verlag, 1993)
Ein typisches Harris-Buch: eine Sammlung kurzer, prägnant informierender und dazu sehr meinungsfreudiger Texte, die Kultur aus materialistischer Sicht darstellen

Huber, Markus & Robert Treichler 2002: Keiner ist so toll wie wir. Heidelberg: Ueberreuther Verlag
Zwei Österreicher lassen die „Satire-Sau" raus: jede Menge Vorurteile über andere und Stereotype über sich selbst, wobei die Autoren unterhalten wollen und völlig ohne Rücksicht auf „political correctness" schreiben

Lorbeer, Marie & Beate Wild (Hrsg.) 1991: Menschenfresser – Negerküsse. Das Bild vom Fremden im deutschen Alltag. BilderLeseBuch. Berlin: Elefanten Press
Eine Materialsammlung über Stereotype, Vorurteile und unbedachte Klischees; kurze Texte auch zu Themen, die sonst kaum thematisiert werden, zum Beispiel Exotik im Theater, in kirchlichen Hilfsprogrammen und Exotismus in der Ausstattung von Kinderzimmern; und 125 schwarzweiße Abbildungen, die schon allein eine Fundgrube darstellen

Lütkes, Christiana & Monika Klüter 1995: Der Blick auf fremde Kulturen – Ein Plädoyer für völkerkundliche Themen im Schulunterricht. Münster etc.: Waxmann Verlag (Gegenbilder, 1)
Einer der ersten ethnologischen deutschsprachigen Beiträge, der sich ausdrücklich an Lehrer und in der Jugend- und Ausländerarbeit Tätige wendet; ohne dass der Titel das sagt, geht es thematisch vorwiegend um Vorurteile und Ethnozentrismus, weshalb der Titel hier noch einmal angeführt wird

Riepe, Gerd & Regina Riepe 2001: Fremd ist der Fremde nur in der Fremde. Argumente gegen Rassismus. Köln: Lamuv Verlag

Sader, Manfred 2002: Toleranz und Fremdsein. Weinheim: Beltz Verlag (Beltz Taschenbuch, 116, BT-Essay)
Ein Psychologe fasst unter 16 Stichwörtern sozialwissenschaftliches Grundwissen zum

Thema des Umgangs mit Fremden und Fremdheit zusammen und er leitet daraus Lösungshinweise für interkulturelle Probleme ab

Wagner, Wolf 1997: Fremde Kulturen wahrnehmen. Erfurt: Landeszentrale für politische Bildung Thüringen
Ein kurzes Büchlein, das verständlich in allgemeine Erkenntnisse zur Wahrnehmung fremder Menschen und der dabei auftretenden Verzerrungen und psychischen Probleme einführt und dies am Beispiel eigener Erfahrungen in den USA und in Indien erläutert; vom Autor gibt es auch ein sehr gutes Buch „Kulturschock Deutschland" (unter 3.2)

Bildband

Morrison, Philip & Phylis Morrison ^{2}1991: Zehn^{hoch}. Dimensionen zwischen Quarks und Galaxien. Heidelberg: Spektrum Akademischer Verlag (^{1}1984)
Die Größenverhältnisse dieser Welt vom Makrokosmos bis zum Mikrokosmos werden in einem gigantischen Zoom in Bildern durchschritten; der Band ist hier angeführt, obwohl nur ein Mensch abgebildet ist, denn gerade das macht die begrenzte Bedeutung des menschlichen Mesokosmos schön deutlich und könnte so Anthropozentrik relativieren; das Buch basiert auf dem Film „Powers of Ten" von Charles und Ray Eames, der auch als Videokassette zum Buch erhältlich ist

Filme

Die Götter müssen verrückt sein I + II (The Gods must be crazy I–II; Jamie Uys, USA 1980/ 1989); Columbia Tristar; Dauer: 103 bzw. 93 min; Farbe; deutsch oder englisch; im Handel auf DVD oder Video erhältlich
Eine Ethnokomödie über Erlebnisse und Missverständnisse beim Kontakt zwischen Buschleuten in der Kalahari und Produkten und Menschen der modernen Welt; Begegnungen und Wirrungen zwischen Bleichgesichtern mit Kalahari-Bewohnern. In der Welt der Buschmänner sind Hass, Neid, Gewalt und Eigentumsbewusstsein Fremdwörter; stattdessen ist ihre Existenz von Harmonie mit der Natur und untereinander geprägt. Die Buschmänner ahnen nicht, dass nur wenige hundert Kilometer entfernt „zivilisierte" Menschen in der Hektik von Großstädten leben. Im ersten Teil wird das Gleichgewicht unter den Buschmänner durch eine Colaflasche gestört, die eines Tages vom Himmel fällt und von ihnen als Geschenk der Götter verstanden wird. Da die Colaflasche aber nur Zwietracht und Streit sät, wird beschlossen, dass der Buschmann Xi sie ans Ende der Welt bringt. Dabei trifft er zum ersten Mal auf weiße Menschen, unter ihnen auch Guerilleros, die Kinder als Geisel genommen haben. Durch seine im Busch erlernten Fähigkeiten schafft es Xi, die Geiseln zu befreien. In der Fortsetzung treffen die Kinder von Buschmann Xixo auf Wilderer und verirren sich. Auf der Suche nach seinen Kindern begegnet dieser einem Soldaten, der einen Kubaner mit dem Gewehr verfolgt, und einer weißen Frau, die nach einer Bruchlandung mit einem Hubschrauber in der Wüste umherirrt – in Xixos Auffassung alles merkwürdige Verhaltensweisen. Vor allem der erste Teil von „Die Götter müssen verrückt sein" gehört zu den in der Öffentlichkeit bekanntesten populärethnologischen Filmen. In beiden Filmen werden gängige Stereotype aufgegriffen – so leben die Buschmänner beispielsweise in völligem Einklang mit der Natur; ihr Alltag wandelt sich zum ersten Mal nach 20.000 Jahren – durch den zufälligen Kontakt mit der Zivilisation durch die Colaflasche. Doch gerade diese Verfremdung führt dazu, dass die Filme lustig und sehenswert sind. Zusätzlich zu diesen beiden vorgestellten Komödien existiert noch eine dritte Folge (sc)

Suzie Washington (Florian Flicker, Österreich 1997); Dauer 85 min; „Großer Diagonale-preis", Graz, 1998
Die Geschichte einer Lehrerin, die den unzumutbaren Lebensumständen im Ostblock entfliehen will („Mein Land begeht Selbstmord") und in die Vereinigten Staaten als Land der unbegrenzten Möglichkeiten will, aber nur bis ins ländliche Österreich gelangt, wo sie sich ohne Pass durchschlägt und dabei verschiedenen Personen begegnet, die teilweise selbst auf der Flucht sind; eine Art Road Movie, der als Parabel auf das Erleben von Fremde, aber auch die Möglichkeiten des Verstehens einander fremd bleibender Personen gesehen werden kann; der Film unterstützt dies durch eine besondere Kameraführung

Evolution des Menschen

Engeln, Henning 2004: Wir Menschen. Woher wir kommen, wer wir sind, wohin wir gehen. Frankfurt: Eichborn Verlag
Ein Sachbuch zur Evolution des Menschen, in dem ein Wissenschaftsjournalist die Wirk-kräfte und die großen Entwicklungslinien in anschaulicher Weise darstellt und das The-ma dabei wissenschaftlich fundiert und gut dokumentiert bearbeitet; ein vorbildliches Sachbuch

Foley, Robert 2000: Menschen vor Homo sapiens. Wie und warum sich unsere Art durch-setzte. Stuttgart: Thorbecke Verlag; Darmstadt: Wissenschaftliche Buchgesellschaft (orig. „Humans before Humanity", [2]1997)
Überblick aus der Feder eines weltweit führenden Paläoanthropologen, ausgestattet mit sehr guten einfachen Graphiken und Fotos

Henke, Winfried & Hartmut Rothe 2003: Menschwerdung. Frankfurt: Fischer Taschenbuch Verlag (Fischer kompakt)
Eine sehr verständliche Übersicht, die entsprechend dem Konzept der Reihe in einen Teil zu Grundlagen und einen zweiten zu Vertiefungsthemen gegliedert ist; mit sehr guten Abbildungen; inklusive Glossar und weiterführenden Literaturhinweisen; ein informa-tives, verständliches und zum Denken anregendes Buch auf aktuellem Forschungsstand: vorbildlich

Schrenk, Friedemann [4]2003: Die Frühzeit des Menschen. München: C. H. Beck (Beck'sche Reihe, Beck Wissen, 2059)
Geschichte der Menschwerdung und Methoden der Paläoanthropologie sehr kompakt und trotzdem verständlich erläutert von einem der wenigen führenden deutschen Fach-vertreter der Paläoanthropologie.

Bild- und Bild-Text-Bände

Fiedler, Teja, Peter Sandmeyer (Text) & Matthias Ziegler (Fotos) 2002: Abenteuer Mensch-heit. Wie unsere Vorfahren die Erde eroberten. München: C. Bertelsmann (Stern-Buch)
Hervorragende Fotos und spannende Reportagen; entgegen dem Untertitel nicht nur über langfristigen Wandel und Migrationen, sondern auch zur heutigen Vielfalt und Einheit der Menschheit

Geo Wissen 1998: Die Evolution des Menschen. Hamburg: Geo im Gruner + Jahr Verlag, September 1998 (Geo Wissen)
Perfekte Fotos, gute Graphiken und sehr aktuelle Texte, die zur Einstimmung ins Thema und ersten Information sehr geeignet sind

Johanson, Donald & Blake Edgar (Text) & David Brill (Fotos) 1998: Lucy und ihre Kinder.

Heidelberg/Berlin: Spektrum Akademischer Verlag (orig. „From Lucy to Language". London etc.: Weidenfeld & Nicolson, 1996)

Brillante Bilder der „Gesichter" der Vormenschen und aktuelle Texte in einem so schönen wie informativen Band, der von einem Paläoanthropologen, einem Wissenschaftsjournalisten und einem Wissenschaftsfotografen gemacht wurde

Wieczorek, Alfried & Wilfried Rosendahl (Hrsg.) 2003: MenschenZeit. Geschichten vom Aufbruch des frühen Menschen. Mannheim: Reiss-Engelhorn-Museen/Mainz: Verlag Philipp von Zabern (Publikationen der Reiss-Engelhorn-Museen, 7)

Ein Museum im Taschenbuchformat: ein aktueller Überblick aus der Feder von Fachleuten, die verständlich schreiben können; hervorragend ausgestattet und dazu in handlichem Format, so dass man das Buch zu Fundstellen oder in Museen mitnehmen kann

Exotisierung und Orientalisierung

Buruma, Ian & Avishai Margalit 2005: Okzidentalismus. Der Westen in den Augen seiner Feinde. München: Hanser Verlag (orig. „Occidentalism. The West in the Eyes of Its Enemies". Harmondsworth: Penguin Books, 2005; „Occidentalism. A Short History of Antiwesternism". Atlantic Books, 2004)

Ein Sachbuch über Menschen, die argumentieren, „der Westen" schätze nur die Rationalität, westliche Menschen seien rein diesseitig bzw. ungläubig und westliche Gesellschaften huldigten nur dem Mammon; die Autoren, ein bekannter Publizist und ein Philosoph, präsentieren Prominente und Intellektuelle aus nichtwestlichen Ländern, die solche Haltungen – oft als Gegenstrategie gegen „Orientalismus" – vertreten, aber zeigen, dass es ähnliche Haltungen auch in westlichen Ländern quer durch verschiedene ideologische Lager gibt

Kabbani, Rana 1993: Mythos Morgenland. Wie Vorurteile und Klischees unser Bild vom Orient bis heute prägen. München: Droemer Knaur (orig. „Europe's Myths of Orient. Devise and Rule". Houndmills/London: Macmillan, 1986)

Ein verständlich geschriebener Überblick und dabei ein engagiertes, zur Meinungsbildung herausforderndes Buch; vgl. Sardar 2002

Said, Edward 2002: Am falschen Ort. Autobiographie. Berlin: Berliner Taschenbuchverlag

Lebensbericht des durch sein Buch zum „Orientalismus" berühmt gewordenen amerikanischen Orientalisten palästinensischer Identität

Sandall, Roger 2000: The Culture Cult. Designer Tribalism and Other Essays. Boulder, Col.: Westview Press

Geschichte der dichotomen Konzeptualisierungen von Kultur versus Zivilisation; Kritik der romantisierenden Zivilisationskritik und anderer Funktionalisierungen, bei denen auch Ethnologen beteiligt sind

Sardar, Zainuddin 2002: Der fremde Orient. Geschichte eines Vorurteils. Berlin: Klaus Wagenbach Verlag (Wagenbachs andere Taschenbücher, 451) (orig. „Orientalism". Buckingham/Philadelphia, Pa.: Open University Press, 1999; Concepts in the Social Sciences)

Ein kurzer Überblick zu orientalistischen Zerrbildern über das Morgenland in Literatur und Wissenschaft in Europa und ähnliche Repräsentationen im Orient selbst; untersucht werden nicht nur klassische orientalistische Texte sondern auch moderne Medienprodukte; vgl. Kabbani 1993

Todorova, Maria 1999: Die Erfindung des Balkans. Europas bequemes Vorurteil. Darmstadt: Primus Verlag/Wissenschaftliche Buchgesellschaft (orig. „Imagining the Balkans", New York etc.: Oxford University Press, 1997; und auch in zahlreichen Sprachen übersetzt)

Über die Wahrnehmung des Balkans in Literatur und Wissenschaft als eines einerseits europäisch geprägten Kulturraums und einer andererseits in mancher Hinsicht als orientalisch zu charakterisierender Lebenswelt; eine informative und kritische Studie zu Stereotypen, Bildern und Metaphern, in denen Kulturräume gesehen werden und außerdem ein anregendes und streckenweise sogar unterhaltsam geschriebenes Buch

Traber, Bodo & Hans J. Wulff 2004: Filmgenres: Abenteuerfilm. Stuttgart: Philipp Reclam Jun.

Ein materialreiches Büchlein zum Abenteuerfilm mit vielen Beispielen, an denen deutlich wird, wie wichtig fremdkulturelle Exotik – neben exotischen Landschaften und gefährlichen Erlebnissen – für das Abenteuergenre ist

Bildbände

Alloula, Malek 1994: Haremsphantasien. Aus dem Postkartenalbum der Kolonialzeit. Freiburg: Beck & Glückler Verlag (orig. «Le Harem Colonial», 1981)

Eine Sammlung von sehr gur reproduzierten Postkarten-Bildern aus dem Maghreb und dazu ein Text mit genauen Interpretationen der Ikonographie und einer Kritik der Bilder als Teil des kolonialen Diskurses, wobei der Autor, ein algerischer Schriftsteller, schön herausarbeitet, wie andere Kulturen und Länder in kolonialen Bildern metaphorisch oft als Frau dargestellt werden, in diesem Fall Algerien; mit einem erläuternden Nachwort von Regina Keil

Coco, Carla 2002: Harem. Sinnbild orientalischer Erotik. München: Orbis Verlag (dt. zuerst Stuttgart/Zürich: Belser Verlag; orig. „Harem. Il sogno esotico degli occidentali". Venezia: Arsenale Editrice, 1997)

Ein Bildband, der einerseits über Harems (vorwiegend in der osmanischen Kultur) informiert und detailliert die Rolle von Haremsdamen und Odalisken darstellt, dabei selbst das Thema streckenweise orientalisiert und dazu durch seine vielen Bildreproduktionen europäischer Malereien eine Fundgrube für Orientalismus in der Kunst ist

Lemaire, Gérard-Georges 2000: Orientalismus. Das Bild des Morgenlandes in der Malerei. Köln: Könemann Verlag (orig. «L'univers des Orientalistes». Paris: Éditions Mengès)

Ein Bildband mit durchgehend farbigen und oft großformatigen prächtigen Bildern, die gut erläutert werden

Film

Das Fest des Huhns. Das unberührte und rätselhafte Oberösterreich (Walter Wippersberg, Österreich 1992); ORF; Dauer: 55 min; Farbe/SW; veröffentlicht 1996 bei BMG Video (Bertelsmann/BMG Ariola Austria); ausgezeichnet u. a. mit dem Fernsehpreis der österreichischen Volksbildung

Afrikanische ForscherInnen wissen von ihrer Expedition nach Österreich Spannendes zu berichten: „Die oberösterreichischen Stämme haben einige ihrer ursprünglichen Traditionen bewahrt, zum Beispiel den Nomadismus. In ihrer heutigen Welt scheinen jedoch einige ihrer Bräuche sinnentleert. Die Oberösterreicher sind vorwiegend Mischlinge und neigen zur Xenophobie, ihre Männer leben in dislozierter Polygamie. Die Eingeborenen halten in Zelten Kultfeste ab und folgen dabei fest vorgeschriebenen Ritualen. Ihr Wohlbefinden scheint von der konsumierten Menge des bitteren, gelben und stark schäumenden Getränkes abzuhängen, welches auch bei uns in Afrika unter dem Namen Bier be-

kannt ist […]." Das „Fest des Huhns" ist eine halbdokumentarische Satire für alle, die gerne mal das Eigene mit fremden Blicken betrachten und exotisieren – Lacher garantiert. Dabei werden nicht nur wichtige ethnologische Themen und Begriffe aufgegriffen, sondern auch die beschriebene Kultur kritisch beleuchtet, wovon Vieles auch auf andere europäische Kulturen übertragbar ist und häufig (auch überraschende) Vergleiche zu afrikanischen Kulturen bemüht werden. Ein rundum gelungener Film, der – gipfelnd in der Interpretation der Bierfeste und des Hähnchenkonsums der Oberösterreicher – auch einen kritischen Metablick auf das ethnologische Filmen und die Ethnographie allgemein darstellt; mit dem vielleicht einzigen Manko, dass der Film das Produkt von Europäern ist (jj)

Familie, Verwandtschaft, Heirat

Bertels, Ursula, Sabine Eylert & Christiana Lütkes (Hrsg.) 1997: Mutterbruder und Kreuzcousine. Einblicke in das Familienleben fremder Kulturen. Münster etc.: Waxmann Verlag (Gegenbilder, 2)
Kurze und verständlich geschriebene Texte zur Ethnologie von Familie und Verwandtschaft, die, wie der Titel andeutet, Konzepte, Regeln und Verhaltensweisen erläutern, die zunächst Befremden hervorrufen; fünf Teile zu Heirat, Ehe, Kinder, Familie und Alter; die Autorinnen, fast alle Frauen, wenden sich an Laien, Lehrer und in der interkulturellen Pädagogik Tätige; ein seltener Fall von verständlicher Wissenschaft
Stockard, Janice E. 2002: Marriage in Culture. Practice and Meaning Across Diverse Societies. Belmont, Cal. etc: Wadsworth Publishing
Eine ganz kurze kulturvergleichende Einführung in Heiratsformen anhand weniger, aber ausführlich dargestellter Beispiele: den Kung in Südafrika, den Irokesen in Nordamerika, den Nyinba in Nepal sowie Beispielen aus China
Wagner, Wolf 2003: Familienkultur. Hamburg: Europäische Verlagsanstalt (Wissen 3000)
Ein Büchlein zur Vielfalt der Heiratsformen und Familienformen quer durch die Kulturen; einzelne Kapitel behandeln zum Beispiel Familien in islamischen Gruppen, in Indien, in Japan und bei den Toraja auf Sulawesi; das Büchlein stammt aus der Feder des Rostocker Soziologen, der durch „Kulturschock Deutschland" bekannt wurde, und es bietet populäre Ethnologie im besten Sinne: interessant, nicht exotisierend und mit Bezügen zur Eigenerfahrung der Leser

Bildband

Ommer, Uwe 2000: 1000 Families. Das Familienalbum des Planeten Erde. The Family Album of Planet Earth. L'album de famille de la planète Terre. Köln: Taschen Verlag
Ein dicker Band mit 1000 Fotos von Familien aus allen Kontinenten; die Aufnahmen zeigen die Familien zumeist vor ihrem Wohnplatz in der Weise, wie sie sich präsentieren wollten, besonders prägnant sind die Fotos dadurch, dass die meisten der Familien vor einer weißen Leinwand gezeigt wind, die der Autor vor Ort aufbaute; anregend und gut zur Illustration der Unterschiede, aber auch der universalen Muster und Probleme

Filme

Monsoon Wedding (Mira Nair, Indien 2001); Dauer: 114 min; Farbe; deutsch oder englisch/ Hindi/Punjabi/Urdu mit Untertitel; im regulären Handel erhältlich

216

Eine wohlhabende indische Familie mitten in den turbulenten Vorbereitungen einer ar-
rangierten Hochzeit; während aus der ganzen Welt die Verwandtschaft anreist, hat die
Braut mehr ihren Liebhaber im Kopf; die preisgekrönte spritzige, romantische und zu-
gleich dramatische Komödie zeigt ein Indien inmitten von Modernität und Tradition; ein
absolut sehenswerter Streifen aus der indischen Traumfabrik Bollywood. (jj)

Seine sechste Frau/Liebe, Sex und Ananas (Bal Poussière & Henri Duparc, Frankreich
1988); Fokale 13; Dauer: 87 min; Farbe; ausgezeichnet auf dem 14. Festival International du film d'humour de Chamrousse; Ausstrahlung: Arte Themenabend „Polygamie",
05. 09. 2002

Der Spielfilm, 2002 in „Liebe, Sex und Ananas" umbenannt, zeigt das polygame Leben
eines älteren und reichen Ananashändlers in einem Dorf der Elfenbeinküste; als „Halb-
gott" – so wird er genannt – die junge, emanzipierte und selbstbewusste Binta, die gerade
von der Schule in der Großstadt Abidjan zurückgekehrt ist, heiratet, verändert sich so
einiges in seinem Leben und in dem seiner Frauen. Mit viel ironischem Witz gibt diese
schöne und spritzige Komödie einen guten Eindruck von einer Mehrfrauen-Ehe und ver-
mittelt dabei noch so einiges über das Verhältnis von Männern und Frauen, Tradition und
Moderne sowie dem alltäglichen Leben in Afrika (jj)

Paschas Erben (Une Vie de Pacha & Sylvie Banuls, Frankreich 2001); Filmkraft Peter Heller Filmproduktion/ZDF/Arte; Dauer: 55 min; Farbe; Ausstrahlung: Arte Themenabend
„Polygamie" 05. 09. 2002

Frauen und Männer in Marokko, Mali, Kamerun und Italien berichten von ihrer Sicht
auf die Mehrfrauen-Ehe bzw. über ihr eigenes polygames Leben; dabei treffen Frauen-
und Männerbilder sowie Traditionen und veränderte Lebensentwürfe, insbesondere der
Frauen aufeinander; die Dokumentation über Polygamie in Afrika zeigt die vielfältigen
Formen der Mehrfrauen-Ehe sowie ihre kulturelle Verankerung, ihre Vorzüge und Pro-
bleme (jj)

Geburt und Mutterschaft

Kneuper, Elsbeth 2004: Mutterwerden in Deutschland. Eine ethnologische Studie. Münster
etc.: Lit Verlag (Forum Europäische Ethnologie, 6)

Eine dichte Darstellung deutscher Verhaltensweisen vor, während und nach der Geburt
und vor allem der Vorstellungen über „normale" Mutterschaft, die zur Begründung ver-
schiedener Normen und technischer Eingriffe benutzt werden; die Autorin arbeitet die
dahinter stehenden, teils recht spezifischen Weltbilder und leitenden westlichen kosmolo-
gischen Ideen heraus

Kroeber-Wolf, Gerda (Hrsg.) 1990: Der Weg ins Leben. Mutter und Kind im Kulturvergleich. Vortragszyklus 1987/1988. Frankfurt: Museum der Weltkulturen (Interim, 6)

Beiträge zum kulturspezifischen Umgang mit der Geburt von der Zeit vor der Geburt bis
hin zu nachgeburtlichen Riten; dargestellt mittels verständlicher Texte und sehr gut ausge-
stattet mit Abbildungen

Filme

Die frechen Frauen von Gambia (Ulla Fels, Deutschland 1994); Südwestfunk Baden-Ba-
den/Arte; Dauer: 42 min; Farbe

Tanze, singe und lache, so dass die Seelen der Verstorbenen angezogen und wiedergebo-
ren werden. Sei frech und halte dir die bösen Geister fern ... Der Dokumentarfilm aus der

Reihe Länder–Menschen–Abenteuer stellt die Kanyalang vor – eine Selbsthilfegruppe im afrikanischen Gambia, die kinderlose Frauen aufnimmt und ihnen zu neuer Hoffnung verhilft; sie ist dabei so erfolgreich, dass ihr Konzept vom Dorf Darsilame in die Stadt exportiert wird; dieser optimistische Film geht dabei nicht nur auf die Situation der betroffenen Frauen ein, sondern vermittelt gleichsam einen Einblick in das Weltbild und das allgemeine Leben in Gambia (jj)

Gewaltkonflikte, Krieg

Verbeek, Bernhard 2004: Die Wurzeln der Kriege. Zur Evolution ethnischer und religiöser Konflikte. Stuttgart und Leipzig: S. Hirzel Verlag
Über die komplexen Hintergründe von Kriegen, darunter die komplexen Motive und auch die evolutionären Funktionen; der Autor ist Ökologe und Schulbuchautor und vermeidet platte Biologismen ebenso wie überzogenen Kulturalismus
Volkan, Vamik D. 1999: Blutsgrenzen. Die historischen Wurzeln und psychologischen Mechanismen ethnischer Konflikte und ihre Bedeutung bei Friedensverhandlungen. Bern etc.: Scherz Verlag (orig. „Blood Lines". New York: Farrar, Straus & Giroux, 1997)
Das im Untertitel angegebene Thema ethnischer bzw. vermeintlich ethnischer Konflikte wird in diesem materialreichen, aber verständlich geschriebenen Sachbuch anhand von Fallstudien beleuchtet und vorwiegend aus psychologischer Sicht beleuchtet

Bildband

Feest, Christian 1980: The Art of War. London: Thames & Hudson
Ein schmaler Bildband mit schwarzweißen und farbigen Abbildungen und kurzen Texten; im Mittelpunkt stehen Konflikt und Krieg, aber auch Frieden in Stammesgesellschaften und die diesbezügliche materielle Kultur und Kunst

Globalisierung, insbesondere kulturelle Globalisierung

Breidenbach, Joana & Ina Zukrigl 2000: Tanz der Kulturen. Kulturelle Identität in einer globalisierten Welt. Reinbek bei Hamburg: Rowohlt Taschenbuch Verlag (zuerst München: Verlag Antje Kunstmann, 1988) (auch ital. „Danza delle culture. L'identita culturale in un mondo globalizzato". Turin: Bollati Boringhieri, 2000, Saggi, Storia, filosofia e scienze sociali)
Darstellung von Lokalisierungsprozessen innerhalb der Globalisierung: Begegnung und Austausch von Kulturen und neue authentische Kulturen statt der viel beschworenen „Kulturschmelze"; sehr lesenswert, auch wenn man weniger optimistisch als die Autorinnen ist; das Buch bietet popularisierte Ethnologie im besten Sinn, wie man sie hierzulande nur ganz selten findet: von Fachkennerinnen, aber lebendig geschrieben und mit vielen Fallbeispielen, vereinfachend, aber trotzdem nicht undifferenziert und dabei noch gut durch Literatur dokumentiert
Friedman, Thomas 1999: The Lexus and the Olive Tree. Understanding Globalization. New York: Farrar, Straus & Giroux
Ein Sachbuch zur Integration von Technologie, Information und Markt über politische Grenzen hinweg und Auswirkungen auf von Ethnologen untersuchte Kulturen
Osterhammel, Jürgen & Niels P. Peterson 2003: Geschichte der Globalisierung. Dimensio-

nen, Prozesse, Epochen. München: C. H. Beck (Beck'sche Reihe, Beck Wissen, 2320)
Eine knappe, aber verständliche Darstellung der schon über lange Zeiträume bestehenden Verknüpfung verschiedener Teile der Welt miteinander

Heilpflanzen, Drogen

Balick, Michael J. & Paul Alan Cox 1997: Drogen, Kräuter und Kulturen. Pflanzen und die Geschichte des Menschen. Heidelberg: Spektrum Akademischer Verlag (Spektrum Bibliothek) (auch Darmstadt: Wissenschaftliche Buchgeselleschaft, 1997) (orig. „Plants, People and Culture". New York: W. H. Freeman & Company, 1996)
Ein gut geschriebenes und hervorragend illustriertes Sachbuch zur Interaktion von Pflanzen und Gesellschaften, wobei das Thema quer durch die Geschichte bis hin zu aktuellen Fragen verfolgt wird, wie der Diskussion um Heilpflanzenwissen und den Schutz lokalen Wissens als geistiges Eigentum (zum Beispiel durch intellectual property rights); aus einer Reihe, in der etliche andere hervorragende Sachbücher erschienen sind

Frohn, Birgit, Heiner Uber & Xokonoschtletl 1996: Medizin der Mutter Erde. Die alten Heilweisen der Indianer. Frankfurt: Orbis Verlag
Heilpflanzen und ihre Nutzung vor allem aus Mexiko; detaillierte Informationen und viele gute Abbildungen; mit einem Verzeichnis der Krankheiten und ihrer indianischen Therapien; aus der Feder einer Biologin und weniger esoterisch, als der Titel befürchten lassen mag

Graichen, Gisela 2004: Heilwissen versunkener Kulturen. Düsseldorf: Econ Verlag
Ergebnisse der Archäologie, Pharmakologie und Linguistik über medizinisches Wissen prähistorischer Völker, verbunden mit ethnobotanischen Erkenntnissen zu heutigen Gruppen; ein gut illustrierter Band, der ein charakteristisches Beispiel derzeit erfolgreicher Bücher darstellt, die in Zusammenhang mit Fernsehsendungen oder TV-Serien (hier „Im Bann der grünen Götter") produziert werden und Wissenschaft mediengerecht im Sinne von Edutainment aufbereiten

Heinrich, Michael 2001: Ethnopharmazie und Ethnobotanik. Eine Einführung. Stuttgart: Wissenschaftliche Verlagsgesellschaft
Die erste deutschsprachige Einführung; der Autor präsentiert die Forschungsgeschichte, die Gegenstandsfelder und Untersuchungsmethoden systematisch gegliedert und in sehr knapper Darstellung; im Unterschied zu englischsprachigen Bänden zur Ethnobotanik wird das Gebiet hier weniger in Bezug zur Kulturökologie bzw. zur Landwirtschaft gesehen als vielmehr eng mit der Ethnopharmakologie verknüpft; ein inhaltlich ausgewogenes und didaktisch sehr gut gemachtes Buch mit guten Beispielen in eingeschalteten Kästen, kommentierten Literaturhinweisen pro Kapitel, ausführlicher Bibliographie und einem Glossar, das sowohl kultur- als auch naturwissenschaftliche Termini erläutert

Isaacs, Jennifer 2000: Bush Food. Nahrung und Pflanzenmedizin der Aborigines. Köln: Könemann Verlag (orig. „The Rocks". New South Wales: Landsdowne Publishing, 1987)
Ein ernsthaftes und detailliertes Buch über Nahrung, Zubereitungsweisen, Ernährungsverhalten und Heilpflanzen und das damit verbundene Wissen bei Aborigines in Australien; bestens ausgestattet mit Fotos und ausführlichen Listen der zur Ernährung genutzten Pflanzen und der Heilpflanzen

Janzing, Gereon 2000: Psychoaktive Drogen weltweit. Zur Ethnologie und Kulturgeschichte, Schamanismus und Hexerei. Löhrbach: Werner Pieper & The Grüne Kraft Verlag
Ein breiter Überblick über alle bekannten Drogen, ihre natürliche Erscheinung, Weiterverarbeitung, Herstellung, Anwendung und Wirkungsweise sowie ihre Risiken mit einem

Schwerpunkt auf Lateinamerika; „Jeglicher Kampf gegen Drogen ist ein Kampf von ei-
ner Kultur gegen eine andere" sagt Janzing, und manches Mal endet dieser Kampf mit
der Vernichtung einer Kultur; Drogen und ihr Gebrauch müssen im gesamtkulturellen
Kontext gesehen werden, in der diese oft eine wichtige und unverzichtbare Rolle einneh-
men; das Buch besteht in einer Mischung aus informativem Text und teilweise skurrilen
Thesen

Lipp, Frank J. 2002: Kräuterheilkunde. Heilung und Harmonie. Symbolik, Rituale und Folklore. Östliche und westliche Traditionen. Köln: Evergreen, Taschen Verlag (Glaube &
Rituale) (dt. zuerst München: Droemer Knaur, 1998; orig. „Herbalism". Basingstoke:
Macmillan; London: Duncan Baird Publishers, 1996; Living Wisdom)
Ein extrem gut illustriertes und informatives Buch im Taschenformat, welches das Thema
vergleichsweise sachlich behandelt und nur selten ins Esoterische abdriftet; mit ausführ-
licher Literaturliste und detaillierten Registern

Plotkin, Mark J. 1997: Heilung aus dem Regenwald. Das geheime Wissen der Amazonas-
Schamanen. München: Droemer Knaur (orig. „Tales of A Shaman's Apprentice. An
Ethnobotanist Seeks for New Medicine in the Rainforest". New York: Viking Penguin,
1973)

Plotkin, Mark J. 2002: Der Schatz der Wayana. Die Lehren der Schamanen im Amazonas-
Regenwald (Ganzheitlich heilen). München Goldman Verlag (zuerst Bern: Scherz Verlag, 1964)

Bildband

Swerdlow, Joel (Text) & Lynn Johnson (Fotos) 2000: Nature's Medicine. Plants That Heal.
A Chronicle of Mankind's Search For Healing Plants Through the Ages. Washington,
D. C.: National Geographic Society
Ein Bildsachbuch zur Botanik, Geschichte und Nutzungsformen von Pflanzen in tradi-
tionellen nichtwestlichen Heilkunden und moderner Medizin; mit 300 Abbildungen und
einer Liste der Merkmale und Nutzungen von 100 Heilpflanzen

Heimat

Greverus, Ina-Maria 1979: Auf der Suche nach Heimat. München: C. H. Beck, Beck'sche
Schwarze Reihe, 189)
Essays einer bekannten Volkskundlerin, die das Phänomen Heimat nicht in deutschnatio-
naler Art oder volkstümelnder Weise behandelt, sondern in modernen Zusammenhängen
studiert, wie zum Beispiel bei Umweltinitiativen, Alternativgruppen, Minderheiten, Mu-
sikgruppen und Protestgemeinschaften innerhalb der modernen Industriegesellschaft

Hexen, Hexerei, Hexenverfolgung

Staschen, Heidi & Thomas Hauschild 2001: Hexen. Hamburg: Königsfurt
Eine gute und umfassende, dabei aber doch verständlich geschriebene Übersicht, hervor-
gegangen aus einer Ausstellung; blendend illustriert

Köpke, Wulf, Donate Pahnke, Roland Mischung & Bernd Schmelz (Hrsg.) 2004: Hexerei im
Museum, Hexen heute, Hexen weltweit. Hamburg: Museum für Völkerkunde Hamburg

Eine Zusammenstellung von zumeist verständlich geschriebenen Artikeln zu vielen Aspekten von Hexen, Hexerei und Hexenverfolgung

Signer, David 2004: Die Ökonomie der Hexerei oder warum es in Afrika keine Wolkenkratzer gibt. Wuppertal: Peter Hammer Verlag
Ein Züricher Ethnologe deutet Hexerei gegen den Strich, nämlich nicht als religiöses Phänomen, sondern als wirtschaftlich motiviertes Verhalten; in vielem einseitig, aber anregend und unterhaltsam

Indigenes Wissen, lokales Wissen

Honerla, Susan & Peter Schröder (Hrsg.) 1995: Lokales Wissen und Entwicklung (Sonderband der Zeitschrift „Entwicklungsethnologie"). Saarbrücken: Verlag für Entwicklungspolitik
Ein Sammelband mit Übersichtsartikeln und vielen Fallbeispielen zu lokalem Wissen und seinem Nutzen für Entwicklungsmaßnahmen zu verschiedenen Themen (Umwelt, Wasser, Technik, Soziales) und auch aus verschiedenen Regionen der Welt

Levinson, David & David Sherwood (Text) & Marylou Fich (Ill.) [2]1993: The Tribal Living Book. Boulder, Col.: Johnson Books ([1]1984)
Auf dem Umschlag steht: „150 Things To Do and Make From Traditional Cultures" – so bietet der Band kurze Texte und hunderte einfache Strichzeichnungen vorwiegend zu Gegenständen und ihrer Herstellung aus „tribalen Gruppen", also sog. traditionellen nichtwestlichen Gesellschaften, gegliedert in sechs Teile zu Wohnweisen, grundlegenden Fähigkeiten und Materialien, Kunsthandwerk, Nahrungsmitteln und Rezepten, Freizeitgestaltung sowie zu verschiedenen „sozialen" Themen; ein Anhang bringt eine Karte und Steckbriefe der 111 Gesellschaften, aus denen die Beispiele ausgewählt wurden; dazu eine ausführliche Bibliographie, die besonders dadurch besticht, dass die sonst nur umständlich aufzufindenden Quellen der Originalbeschreibungen der Techniken und Gegenstände angeführt sind; Levinson ist der weltweit führende Herausgeber ethnologischer Nachschlagewerke, besonders einer zehnbändigen Regionalenzyklopädie der Ethnologie

Pasquale, Sigrid, Peter Schröder & Uta Schulze (Hrsg.) 1998: Lokales Wissen für nachhaltige Entwicklung: Ein Praxisführer. Saarbrücken: Verlag für Entwicklungspolitik (Entwicklungsethnologie)
Eine nützliche Kombination aus Einführung, kommentierter Literaturliste und Verzeichnis von Adressen und anderen Ressourcen

Turnbull, David 2000: Masons, Tricksters and Cartographers. London/New York: Routledge
Ein Sachbuch, in dem technische Kenntnisse und Fähigkeiten sowie handlungsbezogenes lokales Wissen aus verschiedenen Weltgegenden miteinander verglichen werden, wobei das Spektrum von der Navigation ohne Kompass im Pazifik bis hin zum Bau von Kathedralen reicht; ein spannendes und ausgiebig illustriertes Buch

Interkulturelles Lernen

Binder, Susanne 2004: Interkulturelles Lernen aus ethnologischer Perspektive. Konzepte, Ansichten und Praxisbeispiele aus Österreich und den Niederlanden. Münster etc.: Lit Verlag (Interkulturelle Pädagogik, 1)
Eine Wiener Ethnologin berichtet zu Erfahrungen mit interkulturellem Umgang im Schulalltag aus Wien, Oberösterreich und den Niederlanden

Heringer, Hans Jürgen 2004: Interkulturelle Kommunikation. Tübingen und Basel: A. Franke Verlag (Uni-Taschenbücher, UTB, 2550)
Ein kurzer anregender Überblick; ausgestattet mit vielen anschaulichen Materialien und Abbildungen, aber wegen einiger Oberflächlichkeiten nur begrenzt empfehlenswert

Jäger und Sammler

Coon, Carleton S. 1976: The Hunting Peoples. Harmondsworth: Penguin Books (zuerst Boston: Little, Brown, 1971; London: Jonathan Cape, 1972)
Eine detailliertes Sachbuch über die Kultur in jagenden und sammelnden Gesellschaften, in dem deren Vielfalt, angeordnet nach Sachgebieten und unterstützt durch viele instruktive Zeichnungen, verständlich dargestellt wird
Feest, Christian (Red.) 1986: Jäger- und Sammlervölker in aller Welt. Eine Ausstellung des Museum für Völkerkunde, Wien im Niederösterreichischen Landesjagdmuseum Schloß Marchegg. Wien: Museum für Völkerkunde und Marchegg: Niederösterreichisches Landesjagdmuseum (Kat. des Niederösterreichischen Landesmuseums, N. F., 172)
Ausstellungskatalog mit neun Aufsätzen zu Jägern und Sammlern allgemein und in verschiedenen Regionen; mit vielen historischen Fotos; gut zur ersten Einführung geeignet

Kannibalismus

Arens, William 1978: The Man-Eating Myth. Anthropology and Anthropophagy. Oxford etc.: Oxford University Press
Die klassische Kritik an Kannibalismusbehauptungen: Arens demaskiert die Berichte über Kannibalismus fast sämtlich als Erfindungen bzw. Missverständnisse; die fast völlige Leugnung von außerrituellem Kannibalismus ist aber nach heutiger Kenntnis wahrscheinlich doch etwas überzogen
Frank, Erwin H. 1987: „Sie fressen Menschen, wie ihr scheußliches Aussehen beweist …" Kritische Überlegungen zu Zeugen und Quellen der Menschenfresserei. In: Hans Peter Duerr (Hrsg.): Authentizität und Betrug in der Ethnologie: 199–224. Frankfurt: Suhrkamp Verlag
Peter-Röcher, Heidi 1998: Mythos Menschenfresser. Ein Blick in die Kochtöpfe der Kannibalen. München: C. H. Beck
Eine kritische Untersuchung der Indizien für kannibalische Praktiken von der Frühzeit des Menschen bis in die Gegenwart; Prüfung der Augenzeugenberichte auf ihre Glaubwürdigkeit (wie Arens 1978); die Autorin fragt, was wäre, wenn die zahllosen Geschichten von Menschenfressern, die zu allen Zeiten und überall auf der Welt erzählt wurden, nur ein liebgewordener Bestandteil alter wie neuer Mythen wären; nach neuerem Diskussionsstand ist allerdings an manchen Befunden aus der Frühgeschichte und Berichten aus der Ethnologie doch mehr dran, als Peter-Röcher und Arens glauben wollen

Kinder

DeLoache, Judy & Alma Gottlieb (eds.) 2000: A World of Babies. Imagined Childcare Guides for Seven Societies. Cambridge etc.: Cambridge University Press

222

Ein Buch zu emischen Modellen verschiedener, regional breit gestreuter Kulturen über Kleinkinder, Natur und Kultur sowie ihren grundlegenden Werten, dargestellt quasi in Form eines Elternratgebers à la Dr. Spock; fiktive Personen berichten aus ihren Kulturen; tatsächlich stammen die Kapitel aus der Feder von Ethnologinnen und Ethnologen und basieren auf eigener Feldforschung und Literaturstudium; ein leicht zu lesendes Sachbuch, aber mit sehr detaillierten Verweisen auf das ethnologische Schrifttum; im Ergebnis ein faszinierendes Buch, das sowohl Grundmuster als auch die Vielfalt von Kindheit und Ideen zu Kindheit zeigt; eine brillante Buchidee und meines Erachtens eines der besten populärwissenschaftlichen Bücher überhaupt

Alt, Kurt W. & Ariane W. Klemkes-Grottenthaler (Hrsg.) 2002: Kinderwelten. Anthropologie – Geschichte – Kulturvergleich. Köln etc.: Böhlau Verlag
Beiträge zu Kindern und ihrer Lebenswelt sowie Sozialisationsformen im Vergleich heutiger Kulturen als auch im historischen Vergleich

Roberts-Davis, Tanya 2002: Kinder Nepals. Die Stimmen der Rugmark-Kinder. Freiburg: Blauburg Verlag
Ein Buch mit viel O-Ton von arbeitenden Kindern, die in Teppichfabriken Nepals arbeiten; ein informatives und dazu noch schön gemachtes Buch, das nicht nur von Kindern handelt und nicht nur für Kinder erhellend ist

Van de Loo, Marie-José & Margarete Reinhart (Hrsg.) 1993: Kinder. Ethnologische Forschungen auf fünf Kontinenten. München: Trickster Verlag
14 Beschreibungen des Lebens von Kindern in anderen Gesellschaften und von Felderfahrungen mit eigenen Kindern; der Band bietet ein vielfältiges Themenspektrum und ist dazu auch noch liebevoll gemacht und mit guten Illustrationen ausgestattet

Bildbände

Kling, Kevin 2003: Faraway Childhoods. Paris: Hachette Illustrated (orig. «Enfaces Lointaines». Paris: Hazan, 2001)
Die Lebensweise von Kindern wird anhand von Bildern und kurzen Texten vorgestellt, wobei universelle Zusammenhänge und Probleme herausgestellt werden; regional gegliedert, wobei auch Europa mit einbezogen ist

Laffon, Martine & Caroline Laffon 2003: Kinder in den Kulturen der Welt. Hildesheim: Gerstenberg Verlag (orig. «Enfants d'ailleurs». Paris: Groupe de la Martinière, 2002)
Ein sehr gut gemachter Bildband, der Kinder in guten und zum Teil schönen, aber nicht beschönigenden oder idealisierenden Aufnahmen zeigt und dazu kurze erklärende Texte bringt; mit guter Bibliographie, vor allem zu Bildbänden über Menschen, sowie einer Filmografie von Spiel- und Dokumentarfilmen

Schermann, Karl (Text) & Franz Schallner (Fotos) 2004: Der Junge, den die Zeit vergaß. Köln: VGS Verlagsgesellschaft
Eine Sammlung von 31 Geschichten über Kinder aus allen Teilen der Welt; die Geschichten, die sich an Kinder und Erwachsene wenden, werden durch 300 für diesen Band aufgenommene Farbbilder ergänzt

Thoma, Ilse (Hrsg.) in Zusammenarbeit mit Claude Jansen (Text) & Tanja Székessy (Gestaltung) 2003: Erzähl mir vom Leben. Vier Generationen in verschiedenen Kulturen. Bern/Wabern: Benteli Verlag
Hier wird in einfühlsamen Texten aus dem Leben von Frauen aus neun verschiedenen Gesellschaften erzählt, wobei die Texte durch sehr gute Schwarzweißfotos unterstützt werden; aus jeder der neun Gesellschaften werden Teile der Lebensgeschichten von jeweils mehreren Personen vorgestellt

Salgado, Sebastiao 2000: Kinder der Migranten. Frankfurt: Zweitausendeins

Faszinierende, in Duoton gedruckte Bilder des brasilianischen Foto-Dokumentaristen von Kindern aus mehreren Ländern der Welt, deren Eltern freiwillig oder unter Zwang migriert sind; die Aufnahmen sind engagiert, im Grundton düster und nicht romantisierend oder exotisierend; vom selben Autor gibt es auch einen ähnlichen Band zu erwachsenen Migranten

Wieland, Johanna u. a. 2001: Menschenkinder. Drei Lebensläufe, drei Welten. Geschichten von unserer Zukunft auf dem Planeten Erde. Hamburg: Geo im Gruner + Jahr Verlag

Anhand des Lebens von drei Kindern, die aus Kenia, Vietnam und Deutschland stammen, stellen Texte und Fotos von drei Autoren der Zeitschrift „Geo" kulturelle Unterschiede heraus; sie stellen aber auch aufschlussreiche Gemeinsamkeiten der Menschen und ihre Lebensprobleme dar

Kleidung, Textilien, Schmuck

Collingwood, Peter (Text) & David Cripps (Fotos) 1988: Textile Strukturen. Eine Systematik der Techniken aus aller Welt. Bern/Stuttgart: Verlag Paul Haupt (orig. „Textile and Weaving Structures. A Source Book For Makers and Designers". London: B. T. Batsford Ltd., 1987)

Detailreiche Fotos zum Zusammenwirken von verschiedenen Materialien und diversen Techniken; mit erläuternden Zeichnungen und Texten; nicht regional gegliedert, sondern systematisch nach strukturellen Elementen geordnet

Harris, Jennifer (ed.) 2004: 5000 Years of Textiles. London: British Museum Press in Association with The Whitworth Art Gallery and the Victoria and Albert Museum (zuerst 1993)

Ein umfassendes Werk, das zunächst in die wichtigsten Herstellungstechiken einführt und dann die Textilien nach großen Regionen angeordnet darstellt und mit vielen hervorragenden Abbildungen ausgestattet ist

Hecht, Ann 1991: Webkunst aus verschiedenen Kulturen. Färben, Spinnen, Weben – ein Querschnitt durch Techniken, Geräte und Material. Bern/Stuttgart: Verlag Paul Haupt (orig. „The Art of the Loom". London: British Museum Publications, 1989)

Ein nach großen Kulturregionen gegliederter Überblick, der verständlich geschrieben und sehr gut mit Fotos und Strichzeichnungen illustriert ist

Huse, Birgitta (Hrsg.) 2004: Von Kopf bis Fuß. Ein Handbuch rund um Körper, Kleidung und Schmuck für die interkulturelle Unterrichtspraxis. Münster etc.: Waxmann Verlag (Gegenbilder, 4)

Eine Zusammenstellung gut verständlicher Beiträge vor allem zu Kleidung im Alltag und bei Festen, ein Thema, anhand dessen sich interkultureller Umgang auch hierzulande besonders fruchtbar darstellen und diskutieren lässt

Bildbände

Gillow, John & Bryan Sentance 1999: Atlas der Textilien. Ein illustrierter Führer durch die Welt der traditionellen Textilien. Bern etc.: Verlag Paul Haupt (orig. „World Textiles". London: Thames & Hudson, 1999)

Ein Bildband zu Stoffen aus aller Welt; die Kapitel sind systematisch geordnet und behandeln Materialien, Webstuhltextilien, bemalte und bedruckte Stoffe, Farbstoffe, Nähen, Stickerei und Verzierungen; dazu enorm viele farbige Abbildungen, ergänzt um einige

historische Fotos, welche die Stoffe am Körper zeigen und kurze Texte; mit Glossar, systematisch und regional gegliederter Bibliographie und einem Verzeichnis der Sammlungen in der ganzen Welt: vgl. den ähnlichen Band von Sentance 2000 zur Flechtkunst

Paine, Sheila 1991: Bestickte Textilien aus fünf Kontinenten. Erkennungsmerkmale, traditionelle Muster und ihre Symbolik. Bern/Stuttgart: Verlag Paul Haupt (orig. „Embroidered Textiles. Traditional Patterns from Five Continents. With a Worldwide Guide For Identification". London: Thames & Hudson, 1990)
Ein dichter Überblick; ein erster Teil mit Erkennungsmerkmalen der Textilien verschiedener Regionen wird ergänzt von Kapiteln zur Rolle von Textilien im Kontext verbreiteter Kulte (Muttergöttin, Lebensbaum, Jagd und Sonne), zu Textilien im Rahmen großer Religionen und zu magischen Aspekten; dazu eine nach Themen geordnete Bibliographie, ein Glossar und eine Liste von Sammlungen; insgesamt ein liebevoll gemachtes Buch, das mit 279 Strichzeichnungen und zumeist farbigen Fotos ausgestattet ist

Scott, Philippa 2001: The Book of Silk. London: Thames & Hudson (zuerst 1993)
Ein nach Regionen gegliederter Überblick über kulturelle Aspekte von Seide; ein Anhang bringt u. a. einen sehr ausführlichen Glossar, Hinweise zum Sammeln und Konservieren von Seide, Angaben zu Sammlungen und Museen; ausgestattet mit 274, größtenteils blendenden Farbabbildungen

Stone, Peter F. 2004: Tribal and Village Rugs. The Definitive Guide to Design, Pattern and Motif. London: Thames & Hudson
Ein opulenter Überblick der Teppichkunst ländlicher Gebiete in allen Teilen der Welt; der Text wird durch hunderte hervorragender Farbskizzen zu den Teppichmustern ergänzt

Körper des Menschen, Entwicklung, Behinderung

Baldizzone, Tiziana & Gianni Baldizzone: Hände. München: Knesebeck
Bilder über die Vielfalt der nützlichen Funktionen und der bedeutungstragenden Rollen der Hände in verschiedensten Kulturen der Welt

Bates, Brian & John Cleese 2001: Gesichter. Das Geheimnis unserer Identität. Köln: VGS Verlagsgesellschaft (orig. „The Human Face". London, BBC Worldwide, 2001)
Aufschlussreiche, zum Teil großformatige Bilder und Texte zu Mimik, Schönheitskonzepten, Eitelkeit, zur sozialen Bedeutung von Gesichtern sowie zur Frage, warum Gesichter jede/n faszinieren; die Anmerkungen im Anhang dieses gut geschriebenen Bildsachbuchs erschließen auch die aktuelle wissenschaftliche Literatur zum Thema; ergänzt sich gut mit Landau 1993

Ewing, William A. [2]1998: Faszination Körper. Meisterphotographien der menschlichen Gestalt. Berlin: Edition Leipzig in der Dornier Medienholding ([1]1994; orig. „The Body. Photoworks of the Human Form". London: Thames & Hudson, 1994)
Eine Zusammenstellung von über 400 fast sämtlich schwarzweißen Aufnahmen, ausgewählt von einem berühmten Ausstellungsmacher, die zeitlich vom 19. Jahrhundert bis heute reicht und thematisch die ganze Bandbreite von frühen dokumentarischen Aufnahmen des Gesichts über erotische Fotos, Skurriles und Monströsitäten bis hin zu vergeistigter, weitgehend abstrakter Körperfotografie zeigt, wobei nur der Bereich Werbung zu kurz kommt

Hall, Edward Twitchell 1973: The Silent Language. An Anthropologist Reveals How We Communicate by Our Manners and Behaviour. New York: Anchor Books (zuerst Garden City, N. Y.: Doubleday, 1959)
Ein international enorm erfolgreiches Buch zu Körpersprache im Bereich Gestik, Mimik

225

und Abstände beim Kommunizieren; der Autor schrieb etliche populäre Bücher und ist
weltweit in Industrie und Management bekannt und beeinflusste besonders interkulturel-
le Trainings

Landau, Terry 1995: Von Angesicht zu Angesicht. Was Gesichter verraten und was sie verbergen. Reinbek bei Hamburg: Rowohlt Taschenbuch Verlag (rororo science) (dt. zuerst Heidelberg etc.: Spektrum Akademischer Verlag, 1993; orig. „About Faces". Garden City, N. Y.: Doubleday, 1989)
Ein absolut faszinierendes Sachbuch zum Thema Gesicht in jeder Hinsicht; mit sehr vie-
len und sehr aufschlussreichen Schwarzweißbildern; ergänzt sich gut mit den Farbbildern
in dem vom Text her einfacheren Band von Bates & Cleese 2001

Müller, Klaus E. 1996: Der Krüppel. Ethnologia passionis humanae. München: C. H. Beck
Zum Umgang mit Abweichungen von körperlichen Normen und zur Zuschreibung kör-
perlicher Andersartigkeit an Mitglieder fremder Gruppen; ein Sachbuch mit vielen Bei-
spielen aus vielen Kulturen

Neubert, Dieter & Günther Cloerkes [3]2001: Behinderung und Behinderte in verschiedenen
Kulturen. Eine vergleichende Untersuchung ethnologischer Studien. Heidelberg: Winter, Edition Schindele ([1]1997)
Ein schmaler, aber sehr gehaltreicher Band zu einem Thema; hier genannt, obwohl es
kein populärwissenschaftliches Buch ist, da es in der Ethnologie bislang zum Thema
wenig zu Behinderung gibt, vor allem wenig Vergleichendes

Tsiaras, Alexander 2003: Wunder des Lebens. Wie ein Kind entsteht. München: Droemer
Knaur (Geo-Buch)
Text und 400 Farbaufnahmen zu Schwangerschaft und Embryologie, die zum Teil mit
neuen Phototechniken gemacht wurden; zum Teil leider auch recht unscharfe Aufnahmen
oder in ihrer Wirkung durch das Layout beeinträchtigte Fotos

Koloniale Ethnologie

Schupp, Sabine 1997: Die Ethnologie und ihr koloniales Erbe. Ältere und neuere Debatten
um die Entkolonialisierung einer Wissenschaft. Münster etc.: Lit Verlag (Interethnische
Beziehungen und Kulturwandel, 26)
Eine kurze Studie, die sehr viel Literatur aufeinander bezieht und für den Unterricht
hilfreich ist, u. a. dadurch, dass sie zur Bildung einer eigenen Position anregt

Kritik westlicher Kultur

Deloria, Vine 1995: Nur Stämme werden überleben. Göttingen: Lamuv Verlag (Lamuv Taschenbuch, 187; zuerst München: Goldmann Verlag, 1987)
Ein berühmtes Plädoyer für die Indianer und gleichzeitig eine eisenharte Kritik westli-
chen Lebensstils; ein für die weltweite Bewegung für Indigene und auch für Umweltbewe-
gung in westlichen Ländern wichtiges Werk

Paasche, Hans 1988: Lukanga Mukara. Die Forschungsreise eines Afrikaners ins innerste
Deutschland. Frankfurt: Goldmann Verlag (auch Bremen: Donat Verlag, 1988; zuerst
1919)
Eine beißende Kritik am Wilhelminischen Deutschland, verpackt in Form von neun Brie-
fen eines Afrikaners an seinen König; in ironischem Ton und voller Spott abgefasst von
Hans Paasche (1881–1920), einem Vertreter der Lebensformbewegung; das Buch diente

wahrscheinlich als Vorlage für Emil Scheurmanns „Papalagi" (Scheurmann 1991/1920), das sehr viel bekannter wurde, in seiner Kritik aber harmloser ist

Scheurmann, Erich (Hrsg. und Übers.) 1991: Der Papalagi. Die Reden des Südsee-Häuptlings Tuiavii aus Tiavea. Zürich: Verlag Tanner & Staehelin (viele andere Ausgaben, orig. Buchenbach/Baden: Felsenverlag, 1920)

Neuedition einer Kulturkritik des Westens, die im Gewand eines Reiseberichts des Südseehäuptlings Tuiavii auftritt; verfasst von Erich Scheurmann in den 1920ern, der als „Herausgeber" auftritt; ein seit der Studentenbewegung Mitte der 1970er Jahre bis heute extrem erfolgreiches Büchlein, das immer wieder von verschiedenen Verlagen aufgelegt wurde; eventuell ein Plagiat von Paasche 1988 (1919); zum Kontext vgl. Stein 1984

Stein, Gerd (Hrsg.) 1984: Exoten durchschauen Europa. Der Blick des Fremden als Stilmittel abendländischer Kulturkritik. Von den persischen Briefen bis zu den Papalagi-Reden des Südseehäuptlings Tuiavii. Frankfurt: Fischer Taschenbuch Verlag

Eine sehr gut zusammengestellte Anthologie von vielen Texten, die abgesehen von Papalagi sonst zumeist nur schwer greifbar sind

Kultur

Baecker, Dirk [2]2001: Wozu Kultur? Berlin: Kulturverlag Kadmos ([1]2000)

Ein Soziologe und Managementspezialist untersucht in Essays den Sinn der Verwendung des Kulturbegriffs in Organisationen, Betrieben und anderen Feldern und die Gefahren, die bei gedankenloser Nutzung des Begriffs lauern, zum Beispiel die Vergangenheitsorientierung; Baecker betont in seinen Ausführungen durchgehend, dass eine jede Kultur sich dadurch auszeichnet, dass mit ihren Normen und Werten immer auch deren Kritik und Negation mitschwingt und dass kulturelle Identität notwendigerweise den Vergleich mit anderen Identitäten impliziert; die zweite Auflage dieses Bändchens ist um ein Kapitel zu Kunst und Moral erweitert

Henscheid, Eckard 2001: Alle 756 Kulturen. Eine Bilanz. Frankfurt: Zweitausendeins

Der bekannte Sprachkritiker analysiert den inflationären Gebrauch des Worts „Kultur", insbesondere die Epidemie der Komposita mit dem Bestandteil „Kultur", zum Beispiel in der Politik („Kultur des Sich-Vermittelns", „Entfeindungskultur", „Hinschaukultur", „deutsche Leitkultur"); im Sport („Laufkultur"), Industrie („Fahrkultur"), Wirtschaft („Zapfkultur"), Werbung („Rauchkultur"), Militär („Befehlskultur") und Bestattungsgewerbe („Aufbahrkultur"); die amüsant zu lesenden, aber realsatirischen Texte entstanden als Kolumne unter dem Titel „Das Jahrhundert der Kultur" in der Zeitschrift „Titanic"

Meyer, Thomas [2]1998: Identitäts-Wahn. Die Politisierung des kulturellen Unterschieds. Berlin: Aufbau Taschenbuch Verlag (Aufbau-Thema) ([1]1997)

Ein kurzes und sehr pointiertes Buch zur aktuellen Funktionalisierung kultureller Grenzen in Politik und Minderheitendiskussion

Müller, Reimar 2003: Die Entdeckung der Kultur. Antike Theorien über Ursprung und Entwicklung der Kultur von Homer bis Seneca. Düsseldorf/Zürich: Patmos, Artemis & Winkler

Ein Sachbuch, in dem der Autor frühe Vorstellungen und begriffliche Konzepte von Kultur detailliert und differenziert, aber dennoch verständlich darstellt

Kunst und Kunsthandwerk

Corbin, George A. 1998: Native Arts of North America, Africa, and the South Pacific. An Introduction. Boulder, Col.: Westview Press (Icon Editions)
Eine Übersicht der wichtigen Kunstregionen (mit Ausnahme Asiens) in einem Band, der ausgiebig mit 370 Abbildungen bebildert ist; als Ergänzung kann Geoffroy-Schneiter 2000 herangezogen werden

Damani-Kreide, Ingrid 1992: Kunst-Ethnologie. Zum Verständnis fremder Kunst. Köln: DuMont (DuMont Taschenbücher, 291)
Ein Sachbuch, das einen kurzen und einfachen Überblick der Geschichte des Umgangs mit fremder Kunst bietet und dazu einige wichtige ausgewählte Themen der Kunstethnologie erläutert

Ferne Völker, frühe Zeiten 1985. Kunstwerke aus dem Linden-Museum in Stuttgart. Band 1: Afrika, Ozeanien, Amerika; Band 2: Orient, Südasien, Ostasien. Recklinghausen: Verlag Aurel Bongers/Stuttgart: Linden-Museum
Eine Museumspublikation mit zumeist guten Illustrationen und erläuternden Texten zur Kunst einiger Kultur-Großregionen der Welt

Fraser, Douglas 1962: Die Kunst der Naturvölker. München: Droemer Knaur (orig. „Primitive Art". New York: Doubleday, 1962)
Der einfachste der hier genannten Überblicke; Kapitel zu nichtmoderner Kunst in Afrika, Ozeanien, Indonesien und Amerika; mit gutem Bildmaterial

Leuzinger, Elsy 1978: Kunst der Naturvölker. Berlin: Ullstein Verlag, Propyläen Verlag (Propyläen Kunstgeschichte, Supplementband III)
Ein monumentaler Band zu nichtwestlicher Kunst, der überwiegend aus Fotos besteht und in dem Afrika besonders stark repräsentiert ist; ein Einführungsbeitrag und vier kurze Übersichten der Kunst der Kontinente, dazu 479 zumeist ganzseitige Fotos auf 392 vorwiegend schwarzweißen Tafeln eingeteilt in Afrika, Australien, Ozeanien, Indonesien, Festland-Asien und Amerika; dazu Übersichtsbeiträge zu Stilregionen innerhalb der Kontinente und – sonst selten zu finden – detaillierte Erläuterungen zu jedem Bild, ergänzt durch 48 Strichzeichnungen; mit Beiträgen von 15 Fachgelehrten

Lommel, Andreas 1974: Vorgeschichte und Naturvölker. Höhlenmalereien, Totems, Schmuck, Masken, Keramik, Waffen. Gütersloh: Bertelsmann (Schätze der Weltkunst, 1) (orig. „Prehistoric and Primitive Man". London: Paul Hamlyn 1966)
Angesichts des Mangels an neueren einfachen deutschsprachigen Übersichten zum Thema nenne ich hier einen älteren Band; die Abschnitte zur vorgeschichtlichen Kunst sind nach Wirtschaftsformen, die zur rezenten Kunst „einfacher" Völker nach Regionen gegliedert; problematisch im Titel und in der inhaltlichen Verknüpfung vorgeschichtlicher mit heutigen Künsten als „primitive Kunst", aber ein gut erläuternder Text und gute, zum Teil sonst selten zu findende schwarzweiße und farbige Abbildungen

Mack, John (ed.) 2002: Ethnic Jewellery. London: The British Museum Press (zuerst 1988)
Ein regional gegliederter Überblick von Juwelen aus „traditionellen" Kulturen; ausgestattet mit 170 zumeist farbigen – und oft sonst schwer zu findenden – Abbildungen, guter Bibliographie und einem kombinierten Index und Glossar

O'Riley, Michael Kampen 2001: Art Beyond the West. The Arts of Africa, India and Southeast Asia, China, Japan and Korea, the Pacific and the Americas. London: Laurence King Publishing
Ein geraffter und gut zugänglicher Überblick außereuropäischer Kunst mit 245 Abbildungen; weniger anspruchsvoll als Corbin 1998, Geoffroy-Schneiter 2000 und Werness 2000, aber regional umfassender

Raabe, Eva Ch. (Hrsg.) 1992: Mythos Maske. Ideen, Menschen, Weltbilder. Frankfurt: Museum der Weltkulturen

Ein mit vielen Bildern ausgestatteter Überblick in Form von Aufsätzen zur Herstellung, Bedeutung und sozialen Funktion von Masken

Schaedler, Karl-Ferdinand 1999: Masken der Welt. Sammlerstücke aus fünf Jahrhunderten. München: Heyne Verlag

Masken sind als Sammlerstücke besonders begehrt; Karl-Ferdinand Schaedler gibt einen illustrierten Überblick zu den Maskentraditionen aus aller Welt (ch)

Ströter-Bender, Jutta 1991: Zeitgenössische Kunst der „Dritten Welt". Äthiopien, Australien (Aboriginals), Indien, Indonesien, Jamaica, Kenia, Nigeria, Senegal und Tanzania. Köln: DuMont (DuMont Taschenbücher, 265)

Ein Querschnitt marktgängiger Kunst anhand von Kapiteln zu regionalen Beispielen, die ausführlich dargestellt werden; mit kurzen Biographien wichtiger Künstler, ausführlicher Bibliographie und hervorragend illustriert mit schwarzweißen und farbigen Abbildungen

Bildbände und Kataloge

Butor, Michael (Text) & Pierre-Alain Ferrazzini (Fotos) 1997: Adornment. Jewelry From Africa, Asia and the Pacific. London: Thames & Hudson (zuerst 1994)

Ein opulenter Bildband mit blendendem Fotomaterial und guten Texterklärungen

Geoffroy-Schneider, Bérénice 2000: Primal Arts. Africa, Oceania and the Southeast Asian Islands. London: Thames & Hudson; New York: The Vendome Press (orig. «Arts Premiers». Paris: Éditions Assouline, 1999)

Unter einem problematischen Titel bringt der Band hervorragende und gut gedruckte Objektfotos (vor allem aus der Barbier-Mueller-Sammlung in der Schweiz) mit kurzen Texten; die Amerikas sind nicht berücksichtigt; dazu ist als Ergänzung Corbin 1998 geeignet; eine besondere Stärke sind die vielen historischen und ethnographischen Fotografien, welche die Kunstwerke im Lebenszusammenhang zeigen

Rubin, William (Hrsg.) 1985: Primitivismus in der Kunst des 20. Jahrhunderts. München: Prestel Verlag (orig. „Primitivism in 20th-Century Art. Affinity of the Tribal and the Modern". New York: Museum of Modern Art, 1984; Reprint 1997)

Ein umfassender Band, der alle Facetten des Themas dokumentiert und aus modernistischer Perspektive heraus ausleuchtet; mit über 1000 Abbildungen und Verzeichnissen regionaler Kunststile

Sentance, Bryan 2000: Atlas der Flechtkunst. Bern: Paul Haupt Verlag

Hunderte von farbigen Abbildungen und kurze Texte zu Flechtwerk; vgl. den ähnlichen Band von Gillow & Sentance 2000 zu Textilien

Vitali, Christoph & Hubertus Gaßner (Hrsg.): Kunst über Grenzen. Die Klassische Moderne von Cézanne bis Tinguely und die Weltkunst. München: Prestel Verlag

Ein Bildband zur bekannten Barbier-Mueller-Sammlung zu afrikanischer und ozeanischer Kunst und ihre Bedeutung für die moderne Kunst; über die Begegnung von Kunstformen, -stilen und -strömungen; ausgestattet mit fast 400 Abbildungen

Werness, Hope B. 2000: The Continuum Encyclopedia of Native Art. Worldview, Symbolism, and Culture in Africa, Oceania, and Native North America. New York and London: Continuum International Publishing Group

Ein breiter Überblick in Stichwortform mit 550 Abbildungen (Strichzeichnungen); gut geeignet als Ergänzung zu Corbin 1998 und Geoffroy-Schneiter 2000

Buchreihe

Ikonen der Weltkunst 2002–2004. München: Prestel Verlag
Eine Reihe mit sieben gut ausgestatteten Bänden zur Kunst aller Kontinente, die außereuropäischer Kunst vergleichsweise viel Platz einräumt; mit Bänden zu Afrika, Süd- und Südostasien, Ostasien, zum präkolumbischen Amerika sowie zu Ozeanien und Australien

Matrilineare Gesellschaften, Matriarchat

Göttner-Abendroth, Heide 1988 ff: Das Matriarchat. Geschichte seiner Erforschung. Stuttgart: Kohlhammer (Das Matriarchat, 1) (Bd. 2/1, 1999, Bd. 2/2, 2000)
Der erste Band einer auf vier Bände angelegten Reihe zur Dominanz oder Herrschaft von Frauen in verschiedenen Epochen und Regionen der Welt, dokumentiert durch ethnographische und archäologische Informationen; die Autorin propagiert die Idee des Matriarchats in Deutschland stark bis missionarisch; inhaltlich meines Erachtens in manchem deutlich überzogen; vgl. zum Thema Röder et al. 1996 sowie Husain 2001

Göttner-Abendroth, Heide & Kurt Derungs (Hrsg.) 1997: Matriarchate als herrschaftsfreie Gesellschaften. Bern: Edition Amalia
Beiträge aus verschiedenen Disziplinen zu mutterorientierten Gesellschaften aus verschiedenen Zeiten und Räumen

Heinemann, Evelyn 1995: Die Frauen von Palau. Zur Ethnoanalyse einer mutterrechtlichen Kultur. Frankfurt: Fischer Taschenbuch Verlag
Eine Studie einer psychologisch interessierten und ethnopsychoanalytisch arbeitenden Pädagogin über Beziehungen, Zusammenleben und Familie in einer mutterorientierten Gesellschaft im Pazifik; die Unterschiede zu patriarchalen Strukturen lassen an der Allgemeingültigkeit psychoanalytischer Modelle zweifeln; gut verständlich, in zugänglicher Sprache geschrieben und mit Abbildungen ausgestattet

Husain, Shahrukh 2001: Die Göttin. Das Matriarchat. Mythen und Archetypen, Schöpfung, Fruchtbarkeit und Überfluss. Köln: Evergreen, Taschen Verlag (Glaube & Rituale) (dt. zuerst München: Droemer Knaur, 1998, orig. „The Goddess". Basingstoke: Macmillan; London: Duncan Baird Publishers, 1997; Living Wisdom)
Ein informatives und sehr gut dokumentiertes Buch im Taschenformat, welches das Thema vergleichsweise sachlich behandelt; ein prächtig illustriertes und mit ausführlicher Literaturliste versehenes Buch; vgl. Göttner-Abendroth 1998

Röder, Brigitte, Juliane Hummel & Brigitta Kunz 2001: Göttinnendämmerung. Das Matriarchat aus archäologischer Sicht. Krummwisch: Königsfurt Verlag (zuerst München: Droemer Knaur, 1996)
Ein archäologisches Sachbuch, in dem drei Ur- und Frühgeschichtlerinnen die Thesen zum Matriarchat und zu Matrilinearität, zum Beispiel von Bachofen, Gimbutas und Göttner-Abendroth (siehe dort) sehr kritisch untersuchen; verständlich geschrieben, aber sachlich, mit Glossar und ausführlichen Literaturangaben

Medien, Internet

Turkle, Sherry 1999: Leben im Netz. Identitäten im Zeitalter des Internet. Reinbek bei Hamburg: Rowohlt Taschenbuch Verlag (rororo science) (dt. zuerst Reinbek bei Hamburg: Rowohlt, 1998; orig. „Life on the Screen". New York: Simon & Schuster, 1995)

Eine ethnologisch beschlagene Psychoanalytikerin und Wissenschaftssoziologin unter-
sucht mit humanwissenschaftlichen Methoden (Beobachtung, Teilnahme, Interviews) die
Nutzung des Internets, so wie schon früher in „Die Wunschmaschine" (1984); die Autorin
betont die Vielfalt der Möglichkeiten der Selbsterfahrung im Internet; ein qualitativ dich-
tes und insgesamt faszinierendes Sachbuch

Medizin, Ethnomedizin

Fedigan, Anne 2000: Der Geist packt dich, und du stürzt zu Boden. Ein Hmong-Kind, seine
 Ärzte und der Zusammenprall der Kulturen. Berlin: Berlin Verlag (orig. „The Spirit
 Catches You and You Fall Down. A Hmong Child, Her American Doctors, and the
 Collision of Two Cultures". New York: Farrar and Strauss, 1997)
 Eine lebendige Schilderung der interkulturellen Missverständnisse von Vertretern westli-
 cher Medizin und Sozialhilfe einerseits und Angehörigen der in die USA geflüchteten
 Minderheit der Hmong aus Südostasien andererseits und der dabei benutzten Vorstellun-
 gen über Gesundheit und Krankheit
Gottwald, Franz Theo & Christian Rätsch (Hrsg.) 2000: Rituale des Heilens. Ethnomedizin,
 Naturerkenntnis und Heilkraft. Aarau: AT Verlag
 19 Beiträge zu einem breiten Spektrum um Heiler, Heilen und Heilung, entgegen dem
 Titel nicht etwa nur zu Ritualen; die Beiträge sind teilweise ethnographisch beschreibend,
 teilweise gehen sie stark (meines Erachtens zu stark) in Richtung Esoterik; ein liebevoll
 gemachter und blendend mit Abbildungen ausgestatteter Band
Graichen, Gisela 2004: Heilwissen versunkener Kulturen. Düsseldorf: Econ Verlag
 Ergebnisse der Archäologie, Pharmakologie und Linguistik über medizinisches Wissen
 prähistorischer Völker verbunden mit ethnobotanischen Erkenntnissen zu heutigen
 Gruppen; ein gut illustrierter Band, der ein charakteristisches Beispiel derzeit erfolgrei-
 cher Bücher darstellt, die in Zusammenhang mit Fernsehsendungen oder TV-Serien (hier
 „Im Bann der grünen Götter") produziert werden und Wissenschaft mediengerecht im
 Sinne von Edutainment aufbereiten
Gottschalk-Batschkus, Chistine E. & Joy C. Green (Hrsg.) 2004: Handbuch der Ethno-
 therapien. Norderstedt: Books on Demand, München: Ethnomed, Institut für Ethno-
 medizin
 Ein umfangreicher Wälzer mit über 30 Beiträgen, die das ganze Spektrum von Heilver-
 fahren, die der naturwissenschaftlichen Medizin ähneln, über nichtwestliche Alternativ-
 therapien und psychischen Therapieformen von Heilern und Schamanen bis hin zu ex-
 trem esoterischen Heilformen umfassen; dank einem sehr umfangreichen Register als
 Nachschlagewerk verwendbar
Konner, Melvin 1988: Becoming A Doctor. A Journey of Initiation in Medical School. New
 York etc.: Penguin Books
 Erlebnisbericht eines biokulturell ausgerichteten Anthropologen, der in fortgeschrittenem
 Alter als schon lange etablierter Wissenschaftler und bekannter Fach- und Sachbuchautor
 eine Ausbildung als Arzt machte, um durch quasi teilnehmende Beobachtung eine Sicht
 auf Medizin „von innen" zu bekommen; eine hervorragende Idee und ein lebendiges
 sowie ethnographisch aufschlussreiches Buch zur westlichen Medizin
Mattner, Dieter & Manfred Gerspach 1997: Heilpädagogische Anthropologie. Stuttgart:
 Kohlhammer
 Zu den philosophisch-anthropologischen und (weit weniger) den kulturanthropologi-
 schen Grundlagen heilpädagogischer Arbeit und den sie leitenden Menschenbildern; be-

griffliche Klärungen, zum Beispiel zu „Normalität" und „Behinderung"; die Autoren argumentieren mit einem Plädoyer für das „Verstehen des Anderen im Anderen" gegen technizistische Ansätze

Rosny, Eric de 2001: Die Augen meiner Ziege. Auf den Spuren afrikanischer Hexer und Heiler. Wuppertal: Edition Trickster im Peter Hammer Verlag

Rosny, Eric de 2002: Heilkunst in Afrika. Mythos, Handwerk und Wissenschaft. Wuppertal: Edition Trickster im Peter Hammer Verlag

Ruff, Margarethe 2000: Zauberpraktiken als Lebenshilfe. Magie im Alltag vom Mittelalter bis heute. Frankfurt/New York: Campus Verlag
Margarethe Ruff, promovierte Ethnologin, ist den Spuren magischer Praktiken in Gerichtsakten, Zeitschriften und Literatur vom Mittelalter bis in unsere Zeit gefolgt; die Autorin will zeigen, wie Zauberei der Bewältigung von Krisensituationen und als praktische Lebenshilfe dienen kann (ch)

Schultes, Richard Evans & Albert Hoffmann, 1999: Pflanzen der Götter. Die magischen Kräfte der bewusstseinserweiternden Gewächse. Aarau: AT Verlag
Ein Klassiker in einer Neubearbeitung von Christian Rätsch

Shiva, Vandana 2002: Biopiraterie. Kolonialismus des 21. Jahrhunderts. Eine Einführung. Münster: Unrast-Verlag (orig. „Biopiracy")

Bildband

Laffon, Martine & Caroline Laffon 2004: Alternative Medizin. Die Wurzeln der Naturheilkunde. München: Knesebeck Verlag (orig. «Médicines d'ailleurs». Paris: Éditions La Martinière, 2002)
Ein Band zu tradierten Naturheilmethoden sowohl aus den großen nichtwestlichen Medizinschulen, zum Beispiel Indiens und Chinas, als auch aus indigenen Medizintraditionen; mit einem Schwerpunkt auf ganzheitlicher Grundausrichtung, Ritualen und Symbolen; ein Bild- und Textbuch aus der Feder zweier erfahrener Popularisatorinnen von Ethnothemen aus Frankreich; gut verständliche Texte und teils brillante Bilder, davon 130 in Farbe

Film

Volk des Giftes – Ethno-Trauma und seine Folgen (Karin Gerber, Deutschland 2003); Dauer: 8 min; Farbe; Beitrag zum Völkerspezial der Sendung „Welt der Wunder" auf Pro Sieben am 20. 07. 2003; Inhalt und weitere Infos unter http://wdw.prosieben.de/wdw/Mensch/Mythos/VolkdesGiftes/
Durch den Kautschukboom in ihrer Sozialstruktur und ihrem Weltbild erschüttert, kompensieren die Suruahá-Indianer des brasilianischen Amazonas den Verlust ihrer spirituellen Führer, der Schamanen, durch den Konsum der heiligen Droge Cunahá; mit Hilfe des Wurzelgiftes gelangen die Surahá in das gelobte Reich ihrer Ahnen; es entsteht ein regelrechter Selbstmordkult. Eine kurze, aber interessante und einfühlsam erzählte Dokumentation (jj)

Migration, Einwanderung, Asyl

Baer, Gerhard & Susanne Hammacher 1990: Menschen in Bewegung. Reise – Migration – Flucht. Basel etc.: Birkhäuser Verlag (Mensch – Kultur – Umwelt, 4)

Ein schön gemachter schmaler Band mit gut verständlichen und dazu auch gut bebilderten Aufsätzen zu Ortsveränderungen von Personen und Menschengruppen im globalen Rahmen

Haferkamp, Rose, Annette Holzapfel & Klaus Rummenhöller 1995: Auf der Suche nach dem besseren Leben. Migranten aus Peru. Unkel/Bad Honnef: Horlemann Verlag
Ein Sachbuch, in dem anhand von Wanderern aus Peru und ihren Erfahrungen grundlegende Themen der Migration in armen Ländern in lebensnaher Weise, unterstützt von vielen guten Abbildungen, behandelt werden; ein materialreiches und engagiertes Buch

Lauser, Andrea 2004: „Ein guter Mann ist harte Arbeit". Eine ethnographische Studie zu philippinischen Heiratsmigrantinnen. Bielefeld: Transcript Verlag
Eine Untersuchung zur Arbeitswanderung von Frauen, einem global bedeutsamen Phänomen, am Beispiel von Filipinas; eine konkrete Ethnographie, vorbildlich mit theoretischen Fragen verbunden und dazu die Rolle der Forscherin verständlich macht; detailliert und trotz der Informationsfülle eine ethnographische Arbeit, die sehr gut lesbar ist; der Text ist außerdem durch Textkästen und Bilder aufgelockert

Projekttutorium Abschiebehaft 2002: „Sind Sie mit der Abschiebung einverstanden?". Berlin: Kramer Verlag
Die Autoren wollen einen Beitrag zu einer Ethnologie der Abschiebehaft leisten und dafür die Wissenschaft zur Erkundung der „kulturell Fremden" für eine neue Perspektive auf das politische, rechtliche und gesellschaftliche Problem des Umgang mit Asylbewerbern nutzen, vor allem für die Innensicht der Beteiligten

Wikan, Unni 2002: Generous Betrayal. Ethnic Politics in the New Europe. Chicago: University of Chicago Press
Die Autorin untersucht am Beispiel Norwegens die Effekte für Einwanderer, die eine Konzentration auf „deren Kultur" in europäischen Ländern hat; im Mittelpunkt stehen junge Frauen und ihre Identitätsprobleme zwischen staatlicher und familiärer Ideologie

Bildbände

Eckstein, Kerstin & Alexander Link (Bearb.) 2002: Neu-Kasseler aus dem Mittelmeerraum. Veränderungen einer Stadt durch „Gastarbeiter". Marburg: Jonas Verlag (Schriften des Stadtmuseums Kassel, 10)
Objekte, Lebenserinnerungen und Photodokumente über kulturelle Begegnungen seit den ersten Arbeitsmigranten im Jahre 1955; neben privaten und dokumentarischen Fotografien finden sich auch künstlerische Aufnahmen von heute; ein reichhaltiges Ausstellungsbuch mit sorgfältigen Kommentaren

Salgado, Sebastiao 2000: Migranten. Frankfurt: Zweitausendeins
Faszinierende schwarzweiße Bilder des bekannten brasilianischen Dokumentaristen aus vielen Ländern der Welt; die Aufnahmen zeigen weitgehend arme Menschen, sind engagiert, im Grundton düster und meines Erachtens sehr menschlich

Filme

Sanctuary – Sie ziehen in die Fremde (James Becket, USA 1983); Becket Productions; Dauer: 58 min; Farbe; dt.; Video zu beziehen bei: Evangelisches Zentrum für entwicklungsbezogene Filmarbeit (EZEF)
Anhand von fünf Familien aus unterschiedlichsten Erdteilen wird die Geschichte von Flüchtlingen rekonstruiert – beginnend bei der Flucht vor mordenden Soldaten im Heimatland bis hin zu ihrem Kampf um Anerkennung von Asyl, die Darsteller des doku-

mentarischen Spielfilms sind selbst ehemalige Flüchtlinge; allerdings fehlen weitere Hintergrundinformationen (sc)

Boatpeople (Martin Zawadzki, Deutschland 2003); zzz-Film; Dauer: 104 min; Farbe; dt.; ZDF am 27. 12. 2004

Diese Dokumentation zeichnet ein einfühlsames Porträt von Nguyen Thi Nga, die als achtjähriges Mädchen zusammen mit ihrer Mutter und ihrem Stiefvater vor dem Krieg aus Vietnam flüchtete und schließlich in Freiburg lebte; heute arbeitet sie bei einem großen Tabakkonzern; zu ihrer Schwester und ihrem leiblichen Vater in Vietnam hatte sie über 20 Jahre hinweg keinen Kontakt, bis sie sich schließlich entschloss – begleitet von der Kamera –, nach Vietnam zu reisen und ihrer Vergangenheit zu begegnen; obwohl „Boatpeople" gut veranschaulicht, dass für Nguyen Thi Nga das Leben zwischen deutscher und vietnamesischer Kultur problematisch ist, hat er doch einige Längen (sc)

Moderne Warenwelt, Konsum

Harris, Marvin ²1987: Why Nothing Works. The Anthropology of Daily Life. New York: Simon & Schuster, Touchstone Books (zuerst erschienen als „America Now")

Eine populäre Analyse der Transformationen der modernen Gesellschaft, u. a. anhand der Alltagstechnologie; aus der Feder des bekannten und streitbaren materialistischen Ethnologen

Keim, Gerhard, 1999: Magic Moments. Ethnographische Gänge in die Konsumwelt. Frankfurt/New York: Campus Verlag

„Die eigentlichen Museen unserer Zeit sind die Warenhäuser" – diese Diagnose Andy Warhols hat sich Gerhard Keim zum Wahlspruch erkoren und erkundet einen wichtigen Schauplatz zeitgenössischer Alltagskultur: den Konsumschauplatz Kaufhaus am Fall des Kaufhauses „Breuninger" in Stuttgart; ein qualitatives, dichtes, aber gut lesbares Buch

Bildband

Geo 2000: So lebt der Mensch. Hamburg: Geo im Gruner + Jahr Verlag

Auf 357 Fotos zeigen sich Menschen aus 30 Ländern mit ihrer gesamten Habe, die vor ihren Behausungen ausgebreitet ist; ein aufschlussreicher Band zur derzeitigen materiellen Kultur, insbesondere zu Globalisierung und Lokalisierung im Konsum

Musik, Tanz

Bender, Wolfgang 2000: Sweet Mother. Moderne afrikanische Musik. Wuppertal: Edition Trickster im Peter Hammer Verlag (zuerst 1986)

Zum kulturellen Kontext und zur Geschichte moderner afrikanischer Musikstile mit Vorstellung wichtiger Personen und Beispieltexten

Chernoff, John Miller 2005: Rhythmen der Gemeinschaft. Musik und Sensibilität im afrikanischen Leben. Wuppertal: Edition Trickster im Peter Hammer Verlag (mit CD-ROM, 1999; zuerst 1994)

Ein Sachbuch zur Einbindung von Musik ins Alltagsleben, spirituelle Vorstellungen und religiöse Rituale, dargestellt an Beispielen aus Afrika; inkl. Notenbeispiele

Hegmanns, Dirk ²1998: Capoeira. Die Kultur des Widerstandes. Ein Lese- und Übungsbuch. Stuttgart: Schmetterling Verlag (dazu vom Autor auch eine Audio-Kasette, 1994)

Erläuterung der Hintergründe und praktische Anleitung zu einer südamerikanischen Kombination von Musik und Kampftechniken; ein Beispiel für derzeit in westlichen Ländern populäre Musik- und Performance-Formen

Schnabel, Tom 1998: Rhythm Planet. The Great World Music Makers. New York: Universe Publishing
Ein leicht fasslicher Text zu Weltmusik mit ihren sozialen Kontexten und wirtschaftlichen Hintergründen, wobei der Autor besonders nicht die Vereinheitlichung, sondern die Vielfalt betont

Weidig, Jutta 1984: Tanz-Ethnologie. Einführung in die völkerkundliche Sicht des Tanzes. Ahrensberg bei Hamburg: Verlag Ingrid Czwalina (Budo und transkulturelle Bewegungsforschung, 7)
Gehaltreiches Bändchen vor allem zu den verschiedenen alten und neueren Forschungsansätzen; mit gutem Literaturverzeichnis

Melodie der Elemente 2000; 3 CD-ROM. Frankfurt: Disky
Drei CDs mit 175 Minuten poppig arrangiertem Ethno-Sound aus drei ganz unterschiedlichen Weltgegenden: Indien, dem indianischen Nordamerika und dem subsaharischen Schwarzafrika

Bild-Textband

Rault, Lucie 2000: Vom Klang der Welt. Vom Echo der Vorfahren zu den Musikinstrumenten der Neuzeit. München: Frederking & Thaler (orig. «Instruments de Musique du Monde». Paris: Éditions de la Martinière, 2000)
Ein Bildband mit hervorragenden, zum Teil großformatigen Farbaufnahmen und historischen Fotografien; dazu Texte nicht nur zu Instrumenten und der Musik selbst, sondern auch zu religiösen und sozialen Funktionen von Musik und Tanz, mit kurzem Glossar und Bibliographie; ein Band, der davon profitiert, dass die Autorin museumserfahrene Ethnologin und Sinologin ist

Film

Ravi Shankar, zwischen zwei Welten. (Mark Kidel, Frankreich 2001); AGAT Films & Cie / J. P. Weiner Productions / Arte France; Dauer: 95 min; Farbe/SW
Diese mehrfach gekürte Dokumentation zeichnet ein Portrait des größten lebenden indischen Musikers, des über 80-jährigen Sitar-Virtuosen Ravi Shankar, der Film gibt Einblicke in den Geist der indischen Musik (und des Tanzes) und wie er in der westlichen Welt seit den 1930ern aufgenommen wurde; die Dokumentation ist humorvoll und berührend wie ihr Protagonist (tj)

Nahrung, Nahrungsgebote und -verbote

Barer-Stein, Thelma [2]1999: You Eat What You Are. People, Culture, and Food Traditions. Toronto: Firefly Books (frühere Auflage mit anderem Untertitel: „A Study of Ethnic Food Traditions". [1]1979)
In 55 Sektionen eingeteilt werden für 170 Kulturgruppen (teils einzelne Ethnien, teils regionale Gruppierungen von Ethnien) die jeweilige kulinarische Geschichte, Hauptnahrungsgüter und wichtige Rezepte erläutert; mit Glossar und ausführlichen Indizes

Beck, Charlotte, Ramona Büchel & Michele Galizia (Hrsg.) 2002: Pfefferland. Geschichten aus der Welt der Gewürze. Wuppertal: Edition Trickster im Peter Hammer Verlag
Ausgehend von persönlichen Erfahrungen in Feldforschungen berichten Ethnologen und andere über die symbolische und soziale Bedeutung von Gewürzen

Harms, Florian (Text) & Lutz Jäkel (Fotos) 2004: Kulinarisches Arabien. Marokko, Tunesien, Libyen, Ägypten, Dubai, Jordanien, Syrien, Libanon. Wien: Christian Brandstätter Verlag
Ein detailliertes Bild- und Textbuch zum Nahrungsspektrum, Ablauf von Essen, Formen des Servierens, Rezepturen in arabischen Ländern, in dem der kulturelle Kontext der Einbettung der Nahrung im Mittelpunkt steht und sowohl ländliche als auch städtische Nahrungsweisen behandelt werden; es geht vorwiegend um die heutige Situation, aber die kulturhistorischen Hintergründe werden immer wieder erläutert, oft in separaten Informationskästen; dazu kommen fast 300 Farbabbildungen, die an sich schon eine Fundgrube darstellen; insgesamt ein sehr sorgfältig gemachtes Buch, das in Zusammenarbeit eines Politologen mit einem Islamwissenschaftler entstand

Harris, Marvin 1995: Wohlgeschmack und Widerwillen. Die Rätsel der Nahrungstabus. München: Deutscher Taschenbuch Verlag (dt. zuerst Stuttgart: Klett-Cotta Verlag, 1988; orig. „Good to Eat. Riddles of Food and Culture". New York: Simon & Schuster, 1985, auch Boulder, Col.: Waveland Press 1998)
Traditionen, Vorlieben, Meidung und Tabus zu Nahrung; bekannte Fälle wie Rindfleischmeidung unter Hindus und Schweinefleischvermeidung unter Moslems und Juden, aber auch viele wenig bekannte Beispiele und moderne Themen, wie der Konsum von Hamburgern; mit ausführlichen Literaturhinweisen und detailliertem Register

Hopkins, Jerry (Text) & Michael Freeman (Fotos) 2001: Strange Food. Skurrile Spezialitäten. Köln: Komet Verlag
Der Autor erklärt auch die Bedeutung von Nahrungsmittel und deren Zubereitung im jeweiligen kulturellen Kontext; das Buch befriedigt zwar auch den oberflächlichen Reiz am Skurrilen und schockiert so manchen Mitteleuropäer mit Bildern von zubereiteten Gerichten, die hierzulande niemals auf den Teller geraten würden, doch bleibt es nicht allein beim voyeuristischen Blick; die Anordnung vor allem nach Kategorien von Tieren ist überraschend

Klingler, Maria (Text) & Erika Estler (Ill.) 1987: Das große Buch vom Reis. Ferien in Sarawak. Aachen: Missio Aktuell Verlag; Erlangen: Ev.-Luth. Mission
Eine Geschichte einer Reise nach Sarawak auf der Insel Borneo, die geschickt über Menschen berichtet, die alle in irgendeiner Weise mit Reis zu tun haben; gleichzeitig auch eine Illustration der Verknüpfung von Menschen im Kontext der Globalisierung; im Anhang Basisinformationen und Daten zu Reis und Informationen zu Botanik der Reispflanze, Reisanbau, dazu ein Glossar und ein Quiz; eine Kombination, die die Autoren berechtigterweise als „literarisches Sachbuch" verstehen

Mintz, Sidney W. 1996: Tasting Food, Tasting Freedom. Excursions into Eating, Culture, and the Past. Boston: Beacon Press
Ein Ethnologe nimmt Nahrung und Ernährung seit der Kolonialzeit in den historischen und politökonomischen Blick; er untersucht insbesondere wie Nahrungsmittel und Ernährungsweisen als Reaktion auf politökonomische Verhältnisse und innerhalb ungleicher Beziehungen wie Kolonialismus und Sklavenarbeit mit Bedeutungen belegt wurden und werden

Müller, Klaus E. 2003: Nektar und Ambrosia. Kleine Ethnologie des Essens und Trinkens. München: C. H. Beck
Über Nahrung, Mahlzeiten, ihre soziale Funktion und entsprechende Rituale anhand von

Beispielen vorwiegend aus nichtmodernen Gesellschaften, die vom Autor mundgerecht zubereitet und leicht verdaulich präsentiert werden

Schmidt-Leukel, Perry (Hrsg.) 2000: Die Religionen und das Essen. Kreuzlingen/München: Hugendubel (Diederichs) (Diederichs Gelbe Reihe Weltreligionen, 163)
Kapitel über religiöse Ernährungsgebote, Nahrungsmeidung und Nahrungstabus in den großen Religionen und Regionen

Trebes, Klaus 2003: Wo der Pfeffer wächst. Frankfurt: Insel Verlag
Eine Kulturgeschichte von Gewürzen und Kräutern von der Antike bis heute und der entsprechenden Koch- und Würztraditionen, wobei der Autor, ein bekannter Koch, jedem der Gewürze und Kräuter zwei passende Rezepte beigegeben hat

Visser, Margaret 1998: Mahlzeit. Von den Erfindungen und Mythen, Verlockungen und Obsessionen, Geheimnissen und Tabus, die mit einem ganz gewöhnlichen Abendessen auf unseren Tisch kommen. Frankfurt: Eichborn Verlag (Die andere Bibliothek, 166) (orig. „Much depends on a Dinner". New York: Grove Press, 1986)
Anhand eines Abendessens mit neun Zutaten (Mais, Salz, Butter, Hühnchen, Reis, Salat, Olivenöl, Zitronensaft und Eiscreme) erläutert die Autorin kulturelle Aspekte von Ernährungsweisen und Nahrungszubereitung; gleichermaßen informativ wie unterhaltsam; mit einem ausführlichen, thematisch gegliederten Literaturverzeichnis

Bildbände

Thaller, Josef 1996: Ethnic Food. Küchenportraits aus Südostasien. Singapur, Kuala Lumpur, Bangkok, Hongkong, Bali. Stuttgart: Hugo Matthes Druckerei und Verlag
Ein Bild- und Textband, in dem sechs bekannte Köche Kochkreationen aus Küchen von Luxushotels vorstellen; mit über hundert Rezepten, Detailinformationen und Bildern zu einzelnen Produkten und ca. 130 Stimmungsbildern zur Nahrungsdarbietung; ein Beispiel eines Buchgenres, das derzeit sehr populär ist

Wagner, Christoph & Peter Frese o. J.: Garküchen. Vom Essen auf den Straßen und Märkten zwischen Peking und Hongkong. Köln: Komet Verlag sowie Kreuzlingen/München: Heinrich Hugendubel Verlag
Ein Band mit kurzen Texten und sehr guten, zum Teil großformatigen Farbaufnahmen von Nahrungsgrundstoffen, Märkten und vielfältigen Situationen der Nahrungszunahme sowie von einzelnen Zubereitungsformen im Fernen Osten; mit Rezepten

Wheeler, Tony (Text) & Richard l'Anson (Fotos) 2004: Rice Trails. A Journey Through the Ricelands of Asia & Australia. Footscray, Vict. (Austr.): Lonely Planet Publications
Ein Bild- und Textband der Extraklasse, gute Texte zu allen Aspekten und hervorragende Farbaufnahmen, zum Teil großformatige Bilder von Reislandschaften; aus der Feder des Begründers der berühmten „Lonely-Planet Guides" für Individualreisende; mit einem Glossar

Film

Vietnam à la Carte (Carla Schulze, Deutschland 2000); MDR/Arte Produktion; Dauer: 29 min; Farbe; lief im Arte-Themenabend „Vietnam"
Die Dokumentation entführt in die kulinarische Welt Vietnams. Trotz vielfältiger internationaler Einflüsse hat die vietnamesische Küche ihre distinkte kulturelle Identität bewahrt; besonders zum vietnamesischen Neujahrsfest wird sie zelebriert (jj)

Naturwissenschaftliche Anthropologie und Humansoziobiologie

Ehrlich, Paul R. 2002: Human Natures. Genes, Cultures, and the Human Prospect. Harmondsworth: Penguin Books (zuerst New York: Island Press, 2000)

Eines der ganz wenigen Bücher, die biologische Vielfalt, biologische Einheit und kulturelle Vielfalt zusammenhängend abhandeln; gut geschrieben und trotzdem sehr genau argumentiert und äußerst präzise dokumentiert; insgesamt eine Fundgrube, auch durch detaillierte Anmerkungen sowie mit umfassender und dazu sehr aktueller Bibliographie

Eibl-Eibesfeldt, Irenäus 1976: Menschenforschung auf neuen Wegen. Die naturwissenschaftliche Betrachtung kultureller Verhaltensweisen. Wien/München: Molden Taschenbuch Verlag

Ein Buch des streitbaren wie umstrittenen Vertreters der vergleichenden Verhaltensforschung (Ethologie); anhand von regional gestreuten Beispielen verdeutlicht der Autor universale Verhaltensmuster und dokumentiert sie mit faszinierenden Bildern; der Autor hat sicher mehr Publikationen geschrieben, die im deutschsprachigen Raum wirklich populär waren und sind, als viele Ethnologen zusammen!

Hemminger, Hansjörg 1983: Der Mensch – eine Marionette der Evolution? Eine Kritik an der Soziobiologie. Frankfurt: Fischer Taschenbuch Verlag (Fischer alternativ - Perspektiven)

Ein Sachbuch, das trotz des plakativen Titels eine der hierzulande seltenen kenntnisreichen und begründeten Kritiken einer konsequent darwinistischen Verhaltensforschung am Menschen bietet; deshalb nützlich, auch wenn das Buch in manchem überholt ist

Ridley, Matt 2003: Nature via Nurture. Genes, Experience, and What Makes us Human. New York: Harper Collins

Über die sog. Expression von Genen, das heißt darüber, wie sich Gene (immer!) in Interaktion mit Umwelten ausprägen, und damit ein Plädoyer für eine interaktionistische Sicht; lebendig geschrieben von einem Evolutionsbiologen

Rose, Steven 2000: Darwins gefährliche Erben. Biologie jenseits der egoistischen Gene. München: C. H. Beck

Eine scharfe und dabei lebendig geschriebene Kritik eines britischen Neurobiologen an der Humansoziobiologie (Edward Wilson), der Evolutionspsychologie (John Tooby & Leda Cosmides), der Memetik (Richard Dawkins), der evolutionistischen Philosophie (Daniel Dennett) und weitergehend an allen Varianten des gefräßigen Universaldarwinismus

Schiefenhövel, Wulf, Johanna Uher & Renate Krell 1993: Im Spiegel der Anderen. Aus dem Lebenswerk des Verhaltensforschers Irenäus Eibl-Eibesfeldt. München: Realis Verlag (auch unter dem Titel „Eibl-Eibesfeldt. Sein Schlüssel zur Verhaltensforschung". München: Langen-Müller)

Erkenntnisse und Thesen des umstrittenen Humanethologen, die lebendig aufbereitet sind, wobei der Text durch 550 Abbildungen unterstützt wird

Wuketits, Franz Manfred 2002: Was ist Soziobiologie? München: C. H. Beck (Beck'sche Reihe, Beck Wissen, 2199)

Ein geraffter und verständlicher Überblick der Soziobiologie – unter Berücksichtigung ihrer Anwendung auf den Menschen –, der informativ und kritisch ist

Nomaden

Charmichael, Peter (ed.) 1991: Nomads. London: Collins & Brown
> *Das Herausgeberwerk über Nomaden in Mauretanien (Moors), Kenia (Turkana), Sibirien und in der Mongolei enthält viele wunderschöne Farbfotografien vom Herausgeber. Zum Buch gehören vier Fernsehsendungen und es ist explizit an eine breite Leserschaft gerichtet, die relativ umfassenden und informativen Texte wurden von verschiedenen Ethnologen bzw. Regionalwissenschaftler verfasst, sie geben eine historische Einführung und einen Einblick in das heutige Leben der Nomaden (jj)*

Kunze, Albert (Hrsg.) 1994: Yörük. Nomadenleben in der Türkei. Hechingen: Kultur Publik Gesellschaft
> *Ein extrem guter, aus einer Ausstellung hervorgegangener Band über eine Nomadengruppe in der südlichen Türkei, der exemplarisch sehr viel über nomadisches Leben vermittelt und den Wandel unter Einschluss aktueller Probleme darstellt; sehr gut ausgestattet mit vielen datierten Abbildungen und Karten*

Monbiot, George 1996: Nomadenland. Der Überlebenskampf der Nomaden Ostafrikas, Frankfurt: Marino Verlag; München: Frederking & Thaler
> *Ein anklagendes Buch über die durch Umweltveränderungen, Staatspolitik und Waffenhandel bestimmte bedrohliche Lebenssituation von Turkana, Samburu und anderen indigenen Völkern; aus der Feder eines für soziale Gerechtigkeit im Allgemeinen und die Sache bedrohter Völker im Besonderen engagierten Journalisten, der auch schon Bücher etwa zu indigenen Gruppen in Indonesien geschrieben hat*

Bildbände

Brunenberg, Rainer, Stephan Dömpke, Erich Kasten & Katja Overbeck (Texte) & Alfred Hendrick (Hrsg.) 2003: Unterwegs. Nomaden früher und heute. Gütersloh: Siegbert Linnemann Verlag/Westfälisches Museum für Naturkunde, Westfälisches Landesmuseum
> *Ein Text- und Bildband mit wissenschaftlich anspruchsvollen, aber verständlichen Texten und sehr gutem Bildmaterial aus verschiedenen Weltgegenden; das Buch ging aus einer Ausstellung hervor; dazu ist eine DVD erhältlich*

Swift, Anthony & Ann Perry 2001: Nomaden. Auf den Spuren der Tuareg, Inuit und Aborigines. München: Knesebeck und Helvetas (orig. „Vanishing Footprints". Oxford: New Internationalis Publications, 2001)
> *Charakteristika und Varianten nomadischer Kultur werden exemplarisch dargestellt, wobei die Autoren einen interessanten Aufbau gewählt haben: zunächst stellen drei allgemeine Abschnitte vergleichend die materielle Kultur, Weltbilder, religiöse Vorstellungen und soziale Strukturen vor; dann werden drei Kulturtypen einzeln vorgestellt, unterstützt von jeweils einem Fotoessay; der Anhang bietet einen lexikalischen Überblick der Nomadengruppen der Welt, eine Übersichtskarte der Lebensgebiete und ein Literaturverzeichnis*

Filme

Die Salzmänner von Tibet (Ulrike Koch, Deutschland 1996); Alfi Sinniger / Catpics Coproductions Zürich unds D.U.R.A.N. Film Berlin; Dauer: 108 min; Farbe; erhältlich auf Video und DVD
> *Ulrike Koch dokumentiert in eindrucksvollen Bildern vier Männer der Dropka, die jedes Jahr mit ihren Yaks zu einem Salzsee, der Buddhisten heilig ist, ziehen; die Dropkas sind*

Hirtennomaden aus Tibet, die auf den Hochplateaus des Himalaja leben; und die Reise zum Salzsee dient ihnen zugleich als Initiationsritus (sc)

Die Orang Laut. Menschen des Meeres (Birgit Kannen & Klaus Tümmler, Deutschland, 1989); Dauer: 45 min, SWR 3 am 05. 06. 1989

Ein Film über „Seemenschen", die in Indonesien auf dem Meer und vom Meer leben; ein ethnologischer Film, der enorm erfolgreich war und bis heute immer wieder in den dritten Fernsehprogrammen gezeigt wird; interessant in vergleichender Sicht zusammen mit dem neueren, unten genannten Film der Autorin, denn wegen des Abstands von 15 Jahren zeigen sich Veränderungen der Lebenswirklichkeit der Orang Laut durch Industrialisierung und Tourismus

Der Gesang des Meeres. Bei den Seenomaden in Indonesien (Birgit Kannen, Deutschland 2004); WDR/NDR; Dauer: 45min; Farbe; Ausstrahlung: 3 Sat am 04. 10. 2004

Ein ruhiger Film über das zumeist langsame Leben von Menschen, die an den Küsten im malaiischen Archipel, zum Teil auf dem Meer und teils an Land leben; der Film arbeitet ohne Kommentar und lässt stattdessen einzelne Personen mit ihren leisen Stimmen redend und singend selbst zu Wort kommen; die Bilder zeigen ihre Boote, die einfache Habe, das Fischen mit Netz und Speeren; immer wieder kommen Meer und Mangroven romantisch ins Bild; erst gegen Ende werden moderne Einflüsse und Verbindungen zum Stadtleben gezeigt; für Laien bleibt manches an diesem schönen ruhigen Film nicht verständlich, da keinerlei Zusatzinformationen gegeben werden, zum Beispiel wo der Film genau spielt (Riau-Lingga-Gebiet, zwischen Singapur und Sumatra) und warum viele Seenomaden gegen ihren offensichtlichen Willen an Land leben (Druck der indonesischen Regierung); die Autorin besucht die Orang Laut schon seit 1981 (vgl. Film „Die Orang Laut" oben)

Sibirien, die letzte arktische Reise (John Murray, Irland 2004); Dauer: 43 min; Farbe; dt.; Ausstrahlung auf Arte 27. 12. 04

Die Dokumentation begleitet den 800km langen Weg sibirischer Nenet zu ihren Sommerwohnsitzen am Nordpolarmeer; die Existenzgrundlage der Nomaden sind Rentiere, deren Fleisch ihr Hauptnahrungsmittel darstellen; Erdgasförderung und Geweihhandel bedrohen ihre traditionelle Lebensweise (sc)

Prostitution, Kinderprostitution

Axelsson, Majgull 2002: Rosarios Geschichte. Roman. München: btb Taschenbücher

Eine schwedische Journalistin beschreibt in diesem Tatsachenroman in sehr sachlicher und genauer Weise Sextourismus und Kinderprostitution, verpackt in Form einer Geschichte um den Tod eines Kindes in Manila; in der spannenden, aber differenziert beschriebenen Handlung wird die Hauptfigur Rosario und die Persönlichkeit und Lebenslage mehrerer anderer Kinder genau gezeichnet

Film

Tatort: Manila (Nicki Stein, Deutschland 1998); Colonia Media im Auftrag des WDR; Dauer: 89 min (VHS); dazu Dokumentation: 29 min; VHS; Farbe; interaktive CD-ROM zu bestellen bei: http://www.bmz. de/infothek/bildungsmaterialien/cdrom/90431.html; ein Buch zum Film: Block, M. (Hg.) 1998: Tatort Manila. Entführt, verkauft, missbraucht – Tourismus und Kinderprostitution. Reinbek bei Hamburg: Rowohlt Taschenbuch Verlag

Eine Ringfahndung auf der Kölner Autobahn nach einem Raubmord – die Kommissare Max Ballauf und Freddy Schenk ermitteln; was wie ein üblicher Tatort-Krimi beginnt, entführt den Zuschauer bald in die erschreckende Welt der Kinderprostitution und des Menschenhandels in den Philippinen und Deutschland, der ungewöhnliche Fernsehkrimi mit aufklärender Absicht ist gut recherchiert und teilweise vor Ort in Manila abgedreht; sein Erfolg zeigt sich nicht nur in den hohen Zuschauerzahlen bei der Erstausstrahlung im ARD am 19. 04. 1998 (über 8,6 Mio.), sondern auch in den darauffolgenden vielfältigen Medienbeiträgen zum Thema, die auch für den Unterricht gut geeignet sind (sc)

Rassismus

Combesque, Marie Agnès 1999: Rassismus. Berlin: Elefantenpress (Ich klage an)
Eine kurze Einführung, in der zwei erzählende Texte und ein informierender Sachteil die alltägliche Wirklichkeit von Rassismus erfahrungsnah darstellen
Melber, Henning 1992: Der Weißheit letzter Schluß. Rassismus und kolonialer Blick. Stuttgart: Brandes & Apsel
Ein Buch aus der Feder eines politisch engagierten Wissenschaftlers zu Ethnozentrismus, Eurozentrismus und Rassismus als Formen des kolonialen Blicks von der Kolonialzeit bis in den heutigen Alltag sowie zu Antirassismus und seinen Fallstricken; mit vielen (in beiderlei Sinn!) schwarzweißen Bildbeispielen
Poliakov, Léon, Christian Delacampagne & Patrick Girard 1985: Über den Rassismus. Sechzehn Kapitel zur Anatomie, Geschichte und Deutung des Rassenwahns. Berlin: Ullstein Verlag (Klett-Cotta im Ullstein-Taschenbuch) (orig.: «Le Racisme». Paris: Editions Seghers, 1976)
Ein engagiertes Sachbuch, in dem Rassismus und Fremdenfeindlichkeit systematisch, aber verständlich geschrieben dargelegt wird
Zerger, Johannes 1997: Was ist Rassismus? Eine Einführung. Göttingen: Lamuv Verlag (Lamuv Taschenbuch, 219)
Ein sehr guter, einfacher und kurzer, aber dennoch analytisch genauer und in den Beispielen differenzierter Überblick

Filme

Blue Eyed (Blauäugig; Bertram Verhaag & Jane Elliott, Deutschland 1996); Denkmal-Film/WDR/3Sat/BR; Dauer: 93 min; dt.; Farbe; Film und weitere Materialen erhältlich bei eytoeye: http://www.eyetoeye. org/de/film/index.shtml; Begleitpublikation bei der Bundeszentrale für politische Bildung (BPB) erhältlich
Der Film zeigt die Arbeit einer engagierten Frau, die voller Elan gegen Rassismus und Vorurteile kämpft; mit ihren teilweise harten, vielleicht sogar ethisch fragwürdigen, definitiv aber effektiven Methoden ist sie auch schon in Kritik geraten; ihre Arbeit beruht auf sozialpsychologischen Mechanismen, der Film ist also im strengen Sinne nicht ethnologisch; für das Verständnis des Themas „Rassismus" ist jedoch sehr geeignet; der Dokumentarfilm zeigt die Arbeit der Lehrerin und Trainerin Jane Elliott in den USA; in Selbsterfahrungs-Seminaren lehrt sie die Teilnehmer(inne)n Mechanismen und Auswirkungen von Rassismus und diskriminierenden Verhaltens, indem sie die Menschen in Blauäugige und Braunäugige einteilt; sie „weist den Blauäugigen alle schlechten Eigenschaften zu, die in unseren Gesellschaften Schwarzen, Migrant(inn)en, Behinderten, Schwulen, Lesben und Frauen angehängt werden. Sie erklärt die Braunäugigen für besser und intelli-

genter und stattet sie mit Privilegien aus, die sie den Blauäugigen, die sie als schlecht, minderwertig und dümmer abqualifiziert, nicht gewährt. Viele Weiße (vor allem Männer) erspüren hier zum ersten Mal das Gefühl, zu denen zu gehören, die nie gewinnen können, und so behandelt zu werden, wie die Gesellschaft Frauen behandelt, Farbige behandelt oder Menschen, die körperlich abweichend sind. Innerhalb von 15 Minuten gelingt es Jane Elliott einen Mikrokosmos unserer Gesellschaft zu kreieren mit allen Phänomenen und Gefühlen, die auch in der Realität aufscheinen." (eyetoeye) (jj)

Long walk home (Rabbit-Proof Fence; Phillip Noyce, Australien 2003); HanWay/Australian Film Production; Dauer: 94 min; Farbe; dt. oder engl.; im Handel auf DVD und Video erhältlich; weitere Informationen unter http://www.longwalkhome.de

Bis in die 1970er Jahre regelte in Australien das „Allgemeine Kinderfürsorgegesetz" den Umgang der staatlichen Behörden mit Kindern, deren Mütter Aborigines und deren Väter weiße Landarbeiter waren; im Zuge der staatlichen Umerziehungspolitik wurden sie ihren Müttern entrissen und in Heime gebracht, wo die Kinder zu Hausangestellten und Farmarbeitern ausgebildet werden sollten; Ziel war die Integration der Aborigines in die unterste Stufe der weißen Mehrheitsgesellschaft und ihre kontinuierliche Auslöschung in der australischen Gesellschaft; den Protagonistinnen des Films, den Kindern Molly, Daisy und Gracie, gelingt die Flucht aus einem Umerziehungsheim; zu Fuß versuchen sie, den beschwerlichen und langen Weg nach Hause zurückzulegen; ein sehenswerter Film, der durch seine kraftvolle Bildsprache ein lange Zeit verdrängtes Thema australischer Geschichte sensibel aufgreift (sc)

Reisende Frauen

Morris, Mary & Larry O'Connor (eds.) 1999: The Illustrated Virago Book of Women Travellers. London: Virago (zuerst 1994)

Ein Bild- und Textband über Frauen vorwiegend aus der weißen Oberschicht europäischer Länder und der Vereinigten Staaten, die freiwillig weite Reisen unternahmen; wobei der Zeitraum ab den frühen Reisen im 17. Jahrhundert erfasst ist; jede reisende Frau wird kurz eingeführt, worauf ein längerer Ausschnitt aus einem ihrer Texte abgedruckt ist

Polk, Milby & Mary Tiegreen 2004: Frauen erkunden die Welt. Entdecken, Forschen, Berichten. München: Goldmann Verlag (dt. zuerst München: Frederking & Thaler, 2001; orig. „Women of Discovery. A Celebration of Inteprid Women Who Explored the World". C. L. Porter Publishers, 2001)

Aufsätze über das Leben und die Werke von 84 in Wissenschaft und Forschung aktiven Frauen, u. a. als Reisende, und dazu jede Menge Bildmaterial

Religion, Weltbilder, Magie

Barnes, Trevor 2003: Die großen Religionen der Welt. Ravensburg: Ravensburger Buchverlag Otto Meier

Ein für Laien und auch Jugendliche verständlicher Überblick der Lehren, Symbole und Rituale der großen Glaubensrichtungen; der Band ist reich ausgestattet mit vielen farbigen Fotos

Boyer, Pascal 2004: Und Mensch schuf Gott. Stuttgart: Klett-Cotta Verlag (orig. «Et l'homme crée Dieu». Paris: Éditions Laffont, 2001; „Religion Explained. The Evolutionary Origins of Religious Thought". New York: Basic Books, 2001)

Ein anspruchsvolles Sachbuch zur evolutionären Basis religiösen Denkens aus der Feder eines philosophisch versierten Religions- und Kognitionsethnologen

Maler, Gisela 2000: Gezähmte Angst. Über menschliches Grenzverhalten. Stuttgart: Klett-Cotta Verlag

Eine psychologisch bewanderte Ethnologin behandelt in verständlicher Sprache kulturelle Tabus und die Folgen von Tabubrüchen, wobei sie in der Beschreibung von Fällen oft ins Detail geht; die Autorin deutet Urängste als Folge existentieller Grenzverletzungen, hält sich aber bei den Tabus mit Erklärungen zurück

Schmidt-Leukel, Perry (Hrsg.) 2000: Die Religionen und das Essen. Kreuzlingen/München: Hugendubel (Diederichs) (Diederichs Gelbe Reihe Weltreligionen, 163)

Kapitel über religiöse Ernährungsgebote, Nahrungsmeidung und Nahrungstabus in den großen Religionen und Regionen

Bildbände

Hitchcock, Susan Tyler & John Esposito 2004: Der große National Geographic Atlas der Weltreligionen. Frankfurt: National Geographic Society (orig. „Geography of Religion. Where God Lives, Where Pilgrims Walk". Washington: National Geographic Society, 2004)

Entgegen dem deutschen Titel weniger ein Atlas als ein opulent bebildertes Buch mit anregenden Texten und einigen wenigen Übersichtskarten

Howard, David 2004: Sacred Journey. Heilige Reise. Köln: Könemann Verlag

Ein Bildband mit Fotos zu Religiosität in Südasien, besonders aus Indien und dem Himalaja-Raum; gezeigt werden neben Tempeln vor allem Pilger, Gurus und Saddhus; die Fotos sind durchgängig vor einem schwarzen Hintergrund gestellt, auch Bilder, die einen hellen Hintergrund haben; und auch sonst ist das Layout extrem durchgestylt, wodurch das Buch reichlich exotisierend ist; viele Aufnahmen sind faszinierend und der Autor gibt auch einiges von sich selbst preis, aber viele Aufnahmen sind unscharf und oft lieblos zusammengeschustert

Hunter, Jeremy 2002: Heilige Feste. Eine Reise um die Welt. Berlin: Nicolaische Buchhandlung (orig. „Secret Festivals". London: MQ Publications, 2002)

Eine Sammlung von 250 Fotos und dazu kurze Texte, welche gut die Vielfalt von größeren Ritualen und auch einige Gemeinsamkeiten zeigen; leider sind die erläuternden Texte und die inhaltlichen Einheiten pro Region zu kurz, um ein wirkliches Verständnis zu erzeugen

Paine, Sheila 2004: Amulette. Geheimnisvolle Kräfte, Zauberglaube und Magie. Über 400 Amulette aus aller Welt. Aarau: AT Verlag (orig. „Amulets. A World of Secret Powers, Charms and Magic". London: Thames & Hudson, 2004)

Ein Band mit über 450, fast durchgängig farbigen Abbildungen und Erläuterungen zu Herstellung, leitenden Glaubensvorstellungen und sozialen Funktion von Amuletten

Filme

Little Buddha (Bernardo Bertolucci, Großbritannien/Frankreich 1993); Dauer: 140 min; Farbe; im Handel auf Video/DVD erhältlich

Aus dem fernen Tibet nach Seattle angereist, sucht Lama Norbu nach der Reinkarnation seines Lehrers Lama Dorje; er reist mit dem kleinen Jesse nach Kathmandu und Bhutan, wo er sich zusammen mit zwei anderen Kandidaten einem Test unterziehen muss; auf seiner Reise lernt der Junge die Legende von Siddharta, dem reichen Prinz, der den Weg

zur Erleuchtung fand, kennen; der Spielfilm erzählt neben dem Abenteuer des kleinen
Jungens die Geschichte Buddhas in pompösen Bildern; sein lehrhafter Stil macht ihn
Kindern besonders zugänglich (jj)

Siddhartha (Conrad Rooks, USA 1972); Dauer: 85 min; Farbe; dt. oder engl.; im Handel auf
DVD oder Video erhältlich; Silberner Löwe in Venedig 1972
Die Suche nach Erleuchtung kennzeichnet den Lebensweg des Brahmanensohns Sidd-
hartha; er schließt sich einer Asketenschule an, in der er lernt, Bedürfnisse wie Hunger
und Durst nur durch den eigenen Willen zu überwinden; trotzdem kommt er seinem Ziel
nicht näher; auf seinem weiteren Weg wird er Geliebter der Kurtisane Kamala, die er
jedoch, verloren im Selbstekel, wieder verlässt; erst nach langen Jahren als Fährmann an
einem Fluss erreicht er das Nirwana; der Spielfilm ist eine gelungene Umsetzung des
gleichnamigen Romans von Hermann Hesse. Eindrucksvolle Landschaftsaufnahmen
und nur wenige Dialoge vermitteln eine fast meditative Stimmung; jedoch ist der Film
auch als Spiegel seiner Zeit zu betrachten: Rooks bediente mit Siddhartha die Aussteiger-
wünsche einer Generation, die unter dem Vietnamtrauma litt und projiziert deren Sehn-
süchte in den Film hinein (sc)

Schamanismus

Gottwald, Franz-Theo & Christian Rätsch (Hrsg.) 1998: Schamanische Wissenschaften.
Ökologie, Naturwissenschaft und Kunst. München: Eugen Diederichs Verlag
Eine Sammlung von Aufsätzen, die die Idee verfolgen, Schamanismus sei mit Naturwis-
senschaft zu vereinen und dabei zwischen sachlichen Argumenten und esoterischen
Glaubensaussagen hin- und herschwanken; ein gut illustriertes Werk

Harner, Michael 2004: Der Weg des Schamanen. Das praktische Grundlagenwerk des Schamanismus. Berlin: Ullstein Verlag (dt. zuerst Kreuzlingen/München: Heinrich Hugendubel Verlag, 1994, 1999; orig. „The Way of the Schaman". San Francisco: Harper Collins, 1980, 1990)
Eines der weltweit erfolgreichsten populären Bücher über den Schamanismus, in dem
Schamanismus als universal in Zeit und Raum anwendbar dargestellt wird; im Mittel-
punkt stehen insbesondere Konzepte des Basis-Schamanismus (core shamanism), zum
Beispiel Ideen der Kraft und von Krafttieren, die vor allem anhand des indianischen
Schamanismus in Südamerika dargestellt werden; verfasst von einem bekannten und wis-
senschaftlich umstrittenen amerikanischen Ethnologen; mit ausführlicher Bibliographie

Hoppál, Mihály 2002: Das Buch der Schamanen. Europa und Asien. München: Econ/Ull-
stein/List; Luzern: Motovun Book
Ein blendend illustrierter Überblick über Geschichte und Gegenwart des Schamanismus;
mit einem Lexikon der ethnischen Gruppen; insgesamt ein wirklich hervorragendes po-
puläres Sachbuch; vgl. als Ergänzung den Komplementärband zum Schamanismus in
Nord- und Südamerika von Hultcrantz, Ripinsky-Naxon & Lindberg 2002

Hultcrantz, Åke, Michael Ripinsky-Naxon & Christer Lindberg 2002: Das Buch der Schamanen. Nord- und Südamerika. München: Econ/Ullstein/List; Luzern: Motovun Book
Ein Überblick über Geschichte und Gegenwart des Schamanismus, der in Zusammenar-
beit eines Ethnologen mit einem Religionswissenschaftler und einem Archäologen ent-
stand; blendend illustriert und ausgestattet mit einem Lexikon der Völker; insgesamt ein
populäres Sachbuch im besten Sinn; vgl. als Ergänzung den Komplementärband zum
Schamanismus in Europa und Nordasien von Hoppál 2002

Kalweit, Holger 2004: Die Welt der Schamanen. Traumzeit und innerer Raum. Darmstadt:

Sirner Verlag (auch München: O. W. Barth bei Scherz, 2000; zuerst München: O.W. Barth, 1987, 1990; auch Frankfurt: Fischer Taschenbuch Verlag, 1988; auch engl. „Dreamtime and Inner Space. The World of the Shaman". New York: Random House, 1995)

Ein sehr populär gewordenes Buch, das streckenweise sachlich informiert und teilweise esoterisch ausgerichtet ist; der Autor ist Psychologe und Ethnologe und ein prominenter Verbreiter schamanistischer Ideen

Kehoe, Alice Beck 2000: Shamanism and Religion. An Anthropological Exploration in Critical Thinking. Prospect Heights, Ill.: Waveland Press

Ein kurzer Text, der in religionsethnologisches Denken anhand des Schamanismus als dem in der breiten Bevölkerung wohl bekanntesten fremdreligiösen Phänomen einführt

Müller, Klaus E. [2]2003: Schamanismus. Heiler, Geister, Rituale. München: C. H. Beck (Beck'sche Reihe, Beck Wissen, 2072; [1]1997)

Eine informative Kurzübersicht zu Vorkommen und Weltbild des Schamanismus sowie zu Laufbahn, Ausstattung, Tätigkeiten von Schamanen und Schamaninnen, dazu Ausführungen über psychologische und ethnologische Spekulationen bzw. Erklärungsversuche; ein sachlicher, nicht illustrierter Text, der sich gut mit dem hervorragend illustrierten Band von Vitebsky 2001 ergänzt

Nauwald, Nana 2002: Bärenkult und Jaguarmedizin. Die Bewusstseinstechnik der Schamanen. München: AT Verlag

Berichte zum heutigen Schamanismus, verbunden mit eigenen Erlebnissen der Autorin; eine Mischung aus Sachinformation und Esoterik

Rosenbohm, Alexandra (Hrsg.) 1999: Schamanen zwischen Mythos und Moderne. Leipzig: Militzke Verlag

Zwölf Beiträge zu Schmanismus im klassischen Verbreitungsgebiet Sibiriens und in anderen Regionen der Welt; die Überblicksbeiträge und Fallstudien beleuchten auch modernisierte Formen des Schamanismus im postsozialistischen Russland und neuen Schamanismus als Aspekt der Globalisierung; ein guter und mit teils selten zu findenden Abbildungen ausgestatteter Band

Vitebsky, Piers 2001: Schamanismus. Reisen der Seele, magische Kräfte, Ekstase und Heilung. Köln: Evergreen, Taschen Verlag (Glaube & Rituale) (dt. zuerst München: Droemer Knaur, 1998, orig. „The Shaman". Basingstoke: Macmillan; London: Duncan Baird Publishers, 1995; Living Wisdom)

Ein Buch, das wie ein Coffeetable-Book daherkommt, aber von einem wirklichen Fachmann verfasst wurde; ein äußerst informativer Überblick zu Grundlagen, regionalen Traditionen auch außerhalb Sibiriens, zum Verhältnis von Schamanen und Klienten sowie Problemen der Erklärung und Interpretation, mit Informationen zu neo-schamanistischen Bewegungen und um deutschsprachige Texte ergänzte Bibliographie; dazu so gut illustriert, dass der Band ein Museum im Kleinen bietet; eine gute Ergänzung zu Müller 2003

Walsh, Roger N. 2003: Der Geist des Schamanismus. Geschichte, Heilung, Technik. Düsseldorf/Zürich: Patmos, Artemis & Winkler (auch Frankfurt: Fischer Taschenbuch Verlag, 1998; dt. zuerst Patmos Verlag/Albatros Verlag, 1992; orig. „The Spirit of Shamanism". Los Angeles: Jenny P. Tarcher, 1990; London: Putnam Group, 1991)

Ein detailreiches Buch, das zumeist sachlich geschrieben ist, streckenweise aber auch hart an der Grenze zur Esoterik argumentiert; vgl. Kalweit 2004

Lindsay, Charles 1992: Mentawei Schamane. Wächter des Regenwaldes. Menschen, Natur und Geister im Urwald Indonesiens. Frankfurt: Zweitausendeins (orig. „Mentawei Shaman. Keeper of the Forest". New York: Aperture Foundation, 1992)
Ein sensibel fotografierter Band über Schamanen auf der Insel Mentawei in Indonesien (westlich von Sumatra), konzentriert auf Leben und Arbeit eines Schamanen; mit einem Essay des Ethnologen Raimar Schefold, der den historischen und ethnographischen Kontext erläutert

Film

Schamanen im Blinden Land (Michael Oppitz, 1981); Dauer: 223 min.; SW
Ein monumentaler Film, der in ausführlichen Sequenzen die Person, die natürliche Umwelt, den kulturellen Kontext und die Rituale eines Schamanen im Vorderen Himalaja in Nepal darstellt; ein gleichermaßen dicht beschreibender wie poetischer Film mit ruhigen Kommentaren, für ein breites Publikum sicherlich viel zu lang und zu langsam, aber unter anderem gerade wegen des langsamen Tempos mein persönlicher Lieblingsfilm

Schule

Lütkes, Christiana & Monika Klüter 1995: Der Blick auf fremde Kulturen – Ein Plädoyer für völkerkundliche Themen im Schulunterricht. Münster etc.: Waxmann Verlag (Gegenbilder, 1)
Einer der ersten ethnologischen deutschsprachigen Beiträge, der sich ausdrücklich an Lehrer und in der Jugend- und Ausländerarbeit Tätige wendet; ohne dass der Titel das sagt, geht es thematisch vorwiegend um Vorurteile und Ethnozentrismus

Sexualität, Frauen, Männer, Aids

Amrouche, Fadhma Aith Mansour 1994: Mektoub. Die Lebensgeschichte einer Frau aus der Kabylei. München: Heyne Verlag
Über das Patriarchat und matriarchale Strukturen bei den Berbern in Algerien, exemplarisch dargestellt in Form einer Autobiographie

Bennholdt-Thomsen, Veronika, Mechtild Müser & Cornelia Suhan 2001: Frauen-Wirtschaft. Juchitán. Mexikos Stadt der Frauen. München: Frederking & Thaler
Ein Text- und Bildbuch über eine von Frauen dominierte Wirtschaftsregion in Südmexiko, in dem die Lebensverhältnisse und auf Zusammenarbeit konzentrierten Weltsichten der verschiedenen zapotekischen Frauen in Text und guten Farbbildern mit Sympathie dargestellt und als modellhaft gepriesen werden, jedoch ohne dass dabei allzu sehr idealisiert wird

Gilmore, David D. 1991: Mythos Mann. Rollen, Rituale. Leitbilder. München und Zürich: Artemis & Winckler (auch dt. „Mythos Mann. Wie Männer gemacht werden". München: Deutscher Taschenbuch Verlag 1993; orig. 1990: „Manhood in the Making. Cultural Concepts of Masculinity". New Haven, Conn.: Yale University Press)
Ein anspruchsvolles Sachbuch mit vergleichenden Kapiteln zur kulturellen Konstruktion von Männlichkeit und den daraus resultierenden sozialen und individuellen Problemen

Girtler, Roland 2004: Der Strich. Erotik der Straße. Münster etc.: Lit Verlag (auch Wien: Edition S, 1994 sowie mehrere Ausgaben München: Heyne Verlag, 1985 ff. als „Heyne Report")

Eine dichte, ethnographisch angelegte Reportage des Wiener Rotlichtmilieus, lebendig bis drastisch geschildert vom bekannten auf Randgruppen spezialisierten Soziologen

Kosack, Godula & Ulrike Krasberg 2002: Regel-lose Frauen. Wechseljahre im Kulturvergleich. Königstein/Ts.: Ulrike Helmer Verlag (Aktuelle Frauenforschung)

Fallstudien aus verschiedenen Kulturen zu Altern, Sexualität und Wechseljahren in biomedizinischer und sozialwissenschaftlicher Sicht; die Beiträgerinnen sind Ethnologinnen, Ärztinnen, Apothekerinnen; ein wichtiger Band zu einem in der Ethnologie bislang wenig beackerten Feld

Lightfoot-Klein, Hanny 1993: Das grausame Ritual. Sexuelle Verstümmelung afrikanischer Frauen. Frankfurt: Suhrkamp Verlag (zuerst 1992) (Die Frau in der Gesellschaft) (orig. „Prisoners of Ritual. An Odyssee into Female Genital Circumcision in Africa". New York: Harrington Park Press, 1989)

Eine Dokumentation zur Beschneidung weiblicher Geschlechtsteile im Sudan; umfangreich und detailliert

Mascia-Lees, Frances E. & Nancy Johnson Black 2000: Gender and Anthropology. Prospect Heights, Ill.: Waveland Press

Eine kurze und dabei sehr informative Destillation vor allem der theoretischen Ansätze der letzten 30 Jahre; im Zentrum stehen Erklärungen zu Geschlechtsrollen und zur Ungleichbehandlung von Geschlechtern; die Kapitel geben jeweils eine kurze Orientierung, skizzieren die Hauptargumente und geben Beispiele der Forschung aus der jeweiligen Perspektive; unter den erläuterten Theorierichtungen sind einige vertreten, die in europäischen Einführungen und Sammelbänden zu Gender oft fehlen, wie evolutionistische und historisch-materialistische Theorien; deutlich wird, dass Gender in allen bekannten Gesellschaften eine der wesentlichen sozialen Differenzierungskategorien darstellt

Meissner, Ursula & Heinz Metlitzky 2003: Todestanz. Sex und Aids in Afrika. Frankfurt: Eichborn Verlag

Über Sexualverhalten, seine Ursachen und die derzeitigen Gesundheitsprobleme im subsaharischen Afrika, besonders zu medizinischen und sozialen Folgen der Polygamie; das Buch ist allgemeinverständlich, aber über große Strecken oberflächlich recherchiert und stellt die Lebensumstände und sexuellen Gewohnheiten reißerisch dar und kommt außerdem in der Schreibe teilweise extrem sarkastisch daher; mit Vorsicht zu genießen

Menzel, Peter & Faith d'Aluisio 1997: Frauen dieser Welt. München: Frederking & Thaler (orig. „Women in the Material World". London etc.: Sierra Club Books, 1998; auch Berkeley etc.: University of California Press, 1997; zuerst 1996; dazu 2 Audio-Kasetten, Celestial Arts, 1996)

Ein Bild- und Textband, der das Arbeits- und Familienleben von Frauen in 21 Ländern der Welt menschlich darstellt; der Text bringt informative Essays; prächtig bebildert mit 375 Fotos, dazu Statistiken und 21 Karten

Middleton, DeWight R. 2001: Exotics and Erotics. Human Cultural and Sexual Diversity. Prospect Heights, Ill.: Waveland Press

Ein schmaler Überblick, der die Vielfalt von Sexualität und den Auffassungen zum Thema sowohl im historischen Vergleich als auch im synchronen Kulturvergleich betont; ein Text, der interdisziplinär ausgerichtet und anfängerfreundlich geschrieben ist; eine gute Ergänzung zu Mascia-Lees & Black 2000

Mohr, Robert 1995: Sex-mal um den ganzen Globus. Über das Liebesleben der Völker – ein Ethno-Bericht. Stuttgart: Gatzanis Verlag

Der Autor, Geograph und Ethnologie, schildert, nach Themen gegliedert, in 20 Kapiteln Ideale, Konzepte und sexuelle Praktiken, wobei er vor allem darauf abhebt, dass Praktiken, die in einer Kultur extrem verboten sind, in anderen als „normal" gelten; ein humorvolles und dabei informatives Büchlein

Riedl, Sabina & Barbara Schweder 1997: Der kleine Unterschied. Warum Frauen und Männer anders denken und fühlen. Wien: Franz Deuticke Verlagsgesellschaft
Ein von einer physischen Anthropologin zusammen mit ihrer Schwester, einer Wissenschaftsjournalistin, geschriebenes Buch, das flott formuliert ist, aber inhaltlich sehr sachlich und auf dem Stand der Forschung über die Unterschiede, aber auch die oft unterbelichteten Gleichheiten zwischen den Geschlechtern informiert; vgl. vom selben Autorengespann Riedl & Schweder 2003

Riedl, Sabina & Barbara Schweder 2003: Wie Frauen Männer gegen deren Willen glücklich machen. Wien/Heidelberg: Verlag Carl Ueberreuter
Ein lebendiges Sachbuch darüber, wie Frauen Beziehungen in oft subtiler Weise kontrollieren; aus der Feder einer biologischen Anthropologin zusammen mit ihrer Schwester, einer Wissenschaftsjournalistin; vgl. Riedl & Schweder 1997

Bildband

Menzel, Peter & Faith d'Alusio 1999: Frauen dieser Welt. München: Frederking & Thaler
Ein Bildband mit 375 Fotos und informativen Essays zum Arbeits- und Familienleben von Frauen in 21 Ländern der Welt

Filme

Salaam Bombay (Mira Nair, Indien/Frankreich/England 1988); Atlas Film + AV; Dauer: 113 min; 16mm, Video; Farbe; Vertrieb: Liebig & Posmien, Duisburg
Schicksal eines kleinen Landjungen im Prostituiertenviertel Bombays, ein ergreifender Episodenfilm, ausgezeichnet mit der „Caméra d'or", Cannes, 1988

Samoa Queens (Ilka Franzmann, Deutschland 2003); Arte/Geo; Dauer: 30 min; Farbe
Einem samoanischen Sprichwort zufolge sind die schönsten Frauen der Insel eigentlich Männer: Fa'afafine – Männer, die wie Frauen leben; auf Samoa bezeichnet man mit diesem Ausdruck Menschen, die ein drittes Geschlecht besitzen; häufig sind es die Eltern, die sich eine Tochter wünschen und deshalb ihren Sohn als Mädchen erziehen; eine neue Generation von Fa'afafine entscheidet sich aber auch selbst zu dem Schritt; meist kleiden sie sich wie Frauen, erlernen einen sanften Tonfall und beteiligen sich an der Hausarbeit; während Homosexualität auf der Insel verpönt ist, ist die soziale Umwandlung des Geschlechts gesellschaftlich anerkannt, sogar der örtliche Priester akzeptiert sie als Schöpfung Gottes; Konflikte mit der Gemeinschaft können allerdings dann entstehen, wenn die Fa'afafine ihre Sexualität leben möchten; die Dokumentation überzeugt durch ihre differenzierte Darstellung des Themas; einfühlsam beschreibt sie die Rolle, die den Fa'afafine in der samoanischen Gesellschaft zugewiesen wird und für die unsere Konzepte wie Homosexualität oder Transsexualität nicht greifen (sc)

Spiele, Feste, Freizeit, Humor

Amt für multikulturelle Angelegenheiten der Stadt Frankfurt am Main (Hrsg.), Emmendörfer-Brößler, Claudia 1999: Feste der Völker – ein multikulturelles Lesebuch. 70 Feste aus vielen Ländern spannend beschrieben. Frankfurt: Verlag für akademische Schriften (VAS Verlag)

Ein Buch über Feiern und Festlichkeiten der in Deutschland vertretenen Volksgruppen; zusammen mit dem Bildband von Sommer 1992 verwendbar

Amt für multikulturelle Angelegenheiten der Stadt Frankfurt am Main (Hrsg.), Emmendörfer-Brößler, Claudia u. a. 2002: Feste der Völker – ein pädagogischer Leitfaden. Pädagogische Anregungen und Impulse für eine interkulturelle Arbeit in Kindertagesstätten und Schulen. Frankfurt: Verlag für akademische Schriften (VAS Verlag)

Materialien und Unterrichtsvorschläge zu Feiern und Festlichkeiten von Minderheiten; Ergänzung zum vorgenannten Lesebuch

Angell, Carole S. 1996: Celebrations Around the World. A Multicultural Handbook. Golden, Cal.: Fulcrum Publications (Fulcrum Resources)

Übersicht und Erläuterung der feierlichen Veranstaltungen verschiedener Volksgruppen, vor allem von Minderheiten in den Vereinigten Staaten von Amerika; angeordnet nach Monaten des Jahreslaufs; mit ausführlichen Anhängen zu feiertäglichen Rezepten, Musik und einer langen, nach Themen geordneten und kommentierten Liste zu populären Büchern

Glonnegger, Erwin [3]1999: Das Spiele-Buch. Brett- und Legespiele aus aller Welt. Herkunft, Regeln und Geschichte. Uehlfeld: Drei Magier Verlag (zuerst Ravensburg: Ravensburger Buchverlag Otto Maier, [1]1988)

Eine Übersicht vieler Spiele und ihrer Geschichte in Text und Bild, mit einem umfassenden Lexikon, ausführlichem Literaturverzeichnis, Registern und Firmennachweis; blendend farbig illustriert

Grunveld, Frederic V. 1979: Spiele der Welt. Geschichte, Spielen, Selbermachen. Zürich: Schweizerisches Komitee für Unicef (orig. „Games of the World". New York: Plenary Publications International, 1975)

Erläuterungen zu über hundert Brettspielen, Spielen auf Straßen und Plätzen, in Wald und Feld, Spielen für Feiern sowie Geduldsspielen, Tricks und Kunststücken aus aller Welt; dazu werden jeweils die Regeln erläutert, kulturelle Hintergründe angerissen und Bastelanleitungen für Spielmaterialien gegeben; mit hervorragenden Farbillustrationen

Kindersley, Barnabas & Anabel Kindersley 2002: Das Große Fest. Kinder feiern – rund um die Welt. Starnberg: Dorling Kindersley/Unicef

Kurze Texte und viele Bilder zu Festen auf der Welt, dargestellt als von Kindern erzählt

Uber, Heiner (Text) & Papu Pramod Mondhe (Fotos) 2000: Länder des Lachens. Reisen zu heiteren Menschen. München: Frederking & Thaler

Ein heiteres Büchlein über Lachen, Humor, die sozialen Funktionen dessen und auch über sozialen Bewegungen, die dem Humor mehr Stellenwert einräumen wollen

Scherer, Burkhard 1999: Auf den Inseln des Eigensinns. Eine kleine Ethnologie der Hobbywelt. München: C. H. Beck (Beck'sche Reihe, 1109; zuerst 1995)

Eine Untersuchung über die Interessen und Aktivitäten anhand von 49 Special-Interest-Zeitschriften, wie sie es für die unterschiedlichsten Hobbys gibt; ein anregendes Buch, das Freizeitwelten als Subkulturen mit ihren jeweils besonderen Sprachen und Ästhetiken beschreibt, die wie „Stämme" nebeneinander leben

Bildband

Sommer, Volker 1992: Feste, Mythen, Rituale. Warum die Völker feiern. Hamburg: Geo im Gruner + Jahr Verlag

Ein opulenter Bild- und Textband; größtenteils brillante Fotos quer durch die verschiede-

nen Regionen der Welt; der Autor beleuchtet das Thema aus der Sicht des vergleichenden Verhaltensforschers

Spiritualität und Esoterik

Kusch, Heinrich & Ingrid Kusch 2001: Kulthöhlen in Europa. Köln: VGS Verlagsgesellschaft
Ein prächtig bebilderter Band über Kultplätze, die teilweise seit langer Zeit religiös genutzt werden; ein informatives und gleichzeitig stark esoterisch angehauchtes Buch, das in Zusammenhang mit Fernsehsendungen entstand und auch als Dokument der Tatsache dienen kann, dass Esoterik zu einem Breitenphänomen geworden ist

Möde, Erwin (Hrsg.) 2000: Spiritualität der Weltkulturen. Graz etc.: Styria Verlag
16 Kapitel zu Spiritualität, herausgegeben von einem Professor für christliche Spiritualität; geordnet in 16 Kapitel zu großen Kulturräumen (zum Beispiel „afrikanische Kulturen"), Ländern („japanische Spiritualität"), Religionen („buddhistische Spiritualität") bzw. geschichtlichen Perioden („frühes Christentum"); die „Stammeskulturen" werden insgesamt in einem Kapitel abgehandelt; weitgehend ohne Berücksichtigung ethnologischer Erkenntnisse, aber dennoch sachkundig; nur einige der Kapitel sind mit Literaturverzeichnissen versehen

Greverus, Ina-Maria 1990: Neues Zeitalter oder verkehrte Welt. Anthropologie als Kritik. Darmstadt: Wissenschaftliche Buchgesellschaft
Kritik einer führenden kulturanthropologisch ausgerichteten Volkskundlerin an der Moderne und insbesondere an deren collagenartiger und synkretistischer Aneignung fremder Kulturen; die Autorin beschreibt besonders detailliert Formen der neuen spirituellen bzw. esoterischen Bewegungen, die sie als Fall narzisstischer Sozialmodelle mit Flucht aus der Verantwortung charakterisiert; eloquent geschrieben und mit vielen Zitaten ausgestattet

Possin, Roland 2002: Hüter der Schöpfung. Die Erde heilen mit der Weisheit der Naturvölker. Bergisch Gladbach: Bastei Lübbe Verlag (orig. Kreuzlingen: Atlantis, Heinrich Hugendubel Verlag, 2000)
Unter den vielen Büchern zu indigenem Wissen ein Beispiel für derzeit besonders erfolgreiche esoterische Titel

Schäfer, Martina 2003: Die magischen Stätten der Frauen. Reiseführer durch Europa. München: Heyne Verlag (zuerst Basel: Sphinx Verlag; München: Ariston Verlag)
Beispiel einer zunehmend populären Buchsorte, nämlich spezifischer Reisehilfen für esoterisch Interessierte, die sich zwischen Archäologie, Ethnologie und Spiritismus bewegen

Ulbrich, Björn 2003: Im Tanz der Elemente. Kult und Ritus der naturreligiösen Gemeinschaft. Engerda: Arun Verlag
Ein esoterisches Buch zu Ritualen des Jahresverlaufs und innerhalb des Lebenslaufs sowie über Mondkulte und anderen Riten, wozu Traditionen aus Europa und aus außereuropäischen Gebieten in freier Adaptation herangezogen werden

Sport, insbesondere Fußball

Brändle, Fabian & Christian Koller 2002: Goal! Kultur- und Sozialgeschichte des modernen Fussballs. Zürich: Orell Füssli Verlag
Eine detaillierte sozialgeschichtliche Untersuchung, die trotz der Dichte gut zu lesen und darüber hinaus gut mit historischem Bildmaterial illustriert ist

Fanizadeh, Michael, Gerald Hödl & Wolfram Manzenreiter (Hrsg.) 2002: Global Players. Kultur, Ökonomie und Politik des modernen Fußballs. Frankfurt: Brandes & Apsel, Südwind (HSK Internationale Entwicklung, 20)

Herzog, Markwart (Hrsg.) 2002: Fußball als Kulturphänomen. Kunst – Kultur – Kommerz. Stuttgart: Kohlhammer
Sammelband zu Fußball, der hier weniger als Sport aufgefasst, sondern aus kultur- und sozialwissenschaftlicher Sicht behandelt wird

Kuper, Simon 1998: Football Against the Enemy. London: Phoenix Press (orig. London: Orion, 1994)
Ein populärwissenschaftliches Buch über Fußballstile und Fußballrivalitäten in 22 Ländern der Welt, die der Autor für das Buch aufsuchte; der Autor ist der Sohn des bekannten englisch-südafrikanischen Ethnologen Adam Kuper und nutzt ethnologische Ansätze

Morris, Desmond 1981: Das Spiel. Faszination und Ritual des Fußballs. Zürich: Buchclub Ex Libris (orig. „The Soccer Tribe". London: Jonathan Cape Ltd., 1981)
Ein populäres Buch, in dem Fußball aus der Perspektive der biologischen Verhaltensforschung am Menschen (Human-Ethologie) gesehen wird; kritisch zu lesen, enthält aber enorm viele allgemeine Informationen zu Fußball und gute Fotos und sonstige Illustrationen

Sands, Robert R. 2002: Sport Ethnography. Champaign, Ill: Human Kinetics
Gleichzeitig eine Einführung in die Sportethnologie als auch in die Ethnologie allgemein, denn Grundfragen der Ethnologie wie auch aktuelle Fragen des ethnologischen Forschens und Schreibens sowie ethische Probleme werden an Beispielen ethnologischer Sportforschung dargestellt; ein Schwerpunkt liegt bei Feldforschungsmethoden, die mit vielen Beispielen illustriert werden, u. a. aus der Arbeit des Autors, der selbst aktiver Sportler ist

Taylor, Chris 1998: Samba, Coca und das runde Leder. Streifzüge durch das Lateinamerika des Fußballs. Stuttgart: Schmetterling Verlag
Ein Redakteur des englischen „Guardian" und Fußballfan beschreibt mit soziologischem Blick in diesem Sachbuch anschaulich nicht nur Fußballgeschichte und Fußballstile, sondern auch den ganzen kulturellen Kontext der Fußballszenen der einzelnen Länder Lateinamerikas

Film

Die Bogenschützin von Bhutan (Holger Riedel, Deutschland/Frankreich 2004); Arte; Dauer: 52 min; Farbe; Erstausstrahlung in Arte am 31. 07. 2004 in der Reihe „360", ausgestrahlt auch in der Reihe „Länder, Menschen, Abenteuer"
Die 25-jährige Tshering Chhoden aus Bhutan trainiert hart, um im Sommer 2004 als Bogenschützin bei der Olympiade in Athen teilnehmen zu können; obwohl der Umgang mit Pfeil und Bogen traditionell nur den Männern vorbehalten ist, gehört sie zu den besten Schützen im Lande; trotzdem darf sie bei Besuchen in ihrem Heimatdorf an den traditionellen Wettkämpfen der Bogenschützen nur als Zuschauerin teilnehmen; Kraft für die internationalen Wettkämpfe schöpft Tshering Chhoden im Buddhismus; der Dokumentarfilm porträtiert eine Frau in ihrem Leben zwischen Tradition und Moderne und zeigt, dass dies oft nur aus westlicher Perspektive einen Gegensatz darstellt; gleichzeitig bietet er einen guten Einblick in das lange Zeit von außen abgeschottete Königreich Bhutan (sc)

Sprache und Sprachen

Müller, Klaus E. 2001: Wortzauber. Eine Ethnologie der Eloquenz. Frankfurt: Verlag Otto Lembeck

Haarmann, Harald 2001: Babylonische Welt. Geschichte und Zukunft der Sprachen. Frankfurt/New York: Campus Verlag
Ein umfangreiches, gut ausgestattetes Sachbuch, das eine breite Orientierung über Merkmale, Vielfalt und Grundmuster der Sprachen der Welt gibt; sehr informativ und versehen mit extrem gehaltreichen Tabellen und Karten; als anspruchsvolle Ergänzung zu Störig 2002 gut verwendbar

Mengham, Rod 1995: Im Universum der Worte. Über Ursprung, Funktion und Vielfalt menschlicher Sprache. Stuttgart: Klett-Cotta Verlag (orig. „The Descent of Language. Writing in Praise of Babel". London: Bloomsbury Publishing, 1993)
Ein einfaches Buch mit vielen instruktiven Beispielen aus allen Zeiten und vor allem, aber nicht nur, aus europäischen Sprachen

Störig, Hans Joachim 2002: Abenteuer Sprache. Ein Streifzug durch die Sprachen der Erde. München: Deutscher Taschenbuch Verlag (zuerst Berlin etc.: Langenscheidt, [2]1991)
Gut verständlich und mit vielen Illustrationen werden wichtige Charakteristika von Sprache, bedeutende Sprachfamilien und einzelne Sprachen der Welt erläutert

Zimmer, Dieter E. 1988: So kommt der Mensch zur Sprache. Über Spracherwerb, Sprachentstehung und Sprache & Denken. Zürich: Haffmans Verlag (zuerst 1986)
Kulturwissenschaftlich relevante Ergebnisse der Sprachwissenschaft werden von einem Wissenschaftsjournalisten verständlich dargestellt und diskutiert

Stadtkultur, Urbanität, Megastädte

D'Eramo, Marco 1998: Das Schwein und der Wolkenkratzer. Chicago: Eine Geschichte unserer Zukunft. Reinbek bei Hamburg: Rowohlt Taschenbuch Verlag (dt. zuerst München: Verlag Antje Kunstmann, 1996; orig. „Il maiale e il grattacielo. Chicago. Una storio del nostro futuro". Milano: Giangiacomo Feltrinelli Editore, 1995)
Ein Soziologe stellt die Eigenart und Geschichte des multikulturellen Chicagos als Realmetapher der kapitalistischen Wirtschaftsweise und der städtischen Kultur der Moderne dar; der Autor, ein Italiener, der von Bourdieu beeinflusst wurde, schreibt sehr lebendig und doch teilweise in ethnographischer Dichte, zum Beispiel bei der Beschreibung der Schlachthöfe, und er bietet dazu auch noch viele sozialtheoretische und analytische Aussagen; eines meiner Lieblingssachbücher

Lindner, Rolf 2004: Walks on the Wild Side. Eine Geschichte der Stadtforschung. Frankfurt/New York: Campus Verlag
Der Autor erläutert an exemplarischen Themen, Phasen und herausragenden Untersuchungen die Hauptlinien der Geschichte der sozialwissenschaftlich bzw. ethnographisch ausgerichteten Stadtforschung; als ein Leitthema findet Lindner die Suche der Forscher nach armen, peripheren, furchterregenden oder sonstwie ungewöhnlichen Stadtgebieten; dieses Buch ist besonders für Ethnologen interessant, weil Lindner aus volkskundlicher, soziologischer und historischer Warte schreibt und so vieles bringt, was in stadtethnologischen Büchern fehlt, zum Beispiel eine präzise Darstellung der methodischen Innovationen der „Chicago School"

Malchow, Barbara & Keyumars Tayebi 1986: Menschen in Bombay. Lebensgeschichten einer Stadt. Reinbek bei Hamburg: Rowohlt Taschenbuch Verlag (rororo aktuell)

Kurze Portraits von 24 Frauen und Männern in sozial sehr unterschiedlichen Lebensla-
gen: von der Putzfrau über den Saddhu und die Prostituierte bis zum Collegestudenten;
zu jeder Person auch ein Portraitfoto

Mehta, Suketu 2004: Maximum City: Bombay Lost and Found. New York: Alfred A. Knopf
Ein lebendiger Bericht, zum Teil im tagebuchartigen Stil, eines Inders, der nach 21 Jahren
in New York in das Bombay von heute (zurück-) kommt – mit seinen fast zwanzig Mil-
lionen Einwohnern und den religionspolitischen Konflikten

Bildband

Bialobrzeski, Peter, Florian Hanig & Christoph Ribbat 2004: Neontigers, Frankfurt: Hatje
Cantz Verlag
Ein Bildband mit 41 Bildern aus sechs asiatischen Städten (Kuala Lumpur, Shanghai,
Shenzhen/Südchina, Singapur, Bangkok und Hongkong), der aus der Zeit 2000 bis 2002
sowohl moderne, postmoderne und futuristische Hochhäuser zeigt, als auch Sozialwohn-
blocks und dazu ihre Umgebung; die Bilder fangen sowohl das Chaos der Entwicklung,
etwa in Bangkok und Shenzhen, als auch die Planungsorientierung, zum Beispiel in
Hongkong, ein

Subkulturen, Randkulturen

Girtler, Roland [3]2000: Wilderer. Rebellen in den Bergen. Wien etc.: Böhlau Verlag (früher
mit dem Untertitel: „Soziale Rebellen im Konflikt mit den Jagdherren". Linz: Landes-
verlag, [1]1988, [2]1998)
Eine dichte sozialhistorische, im Stil reportagehaft geschriebene Darstellung aus der Fe-
der des bekannten österreichischen Soziologen, der auf qualitative Studien zu Randgrup-
pen spezialisiert ist – an deren Leben er teilnimmt – und darüber schon viele, zumeist
populär angelegte Titel schrieb (bei Amazon.de waren im Dezember 2004 vom Autor
56 Titel gelistet!)
Girtler, Roland [3]2003: Randkulturen. Theorie der Unanständigkeit. Mit einem kleinen
Wörterbuch der Gaunersprache. Wien etc.: Böhlau Verlag (edition böhlissimo)
Sulak, John & V. Vale 2002: Modern Pagans. An Investigation into Contemporary Pagan
Practices. San Francisco: Re/Search Publications
Eine Übersicht zu Paganismus als alternativer Glaubensorientierung, die sich besonders
in Musik und Performanzformen äußert und die die Autoren als Vertreter des Paganis-
mus bewusst als undogmatisch verstanden wissen wollen

Tätowierung, Körperveränderungen, Maskierung

Brain, Robert 1979: The Decorated Body. New York etc.: Harper & Row Publishers
Ein Sachbuch über Bemalung, Tätowierung und anderen Formen der Veränderung des
Körpers sowie zur sozialen Funktion und rituellen Bedeutung mit Beispielen aus vielen
Kulturen der Welt; ein prächtig mit Farb- und Schwarzweißaufnahmen illustrierter Band
Ebeling, Ingelore 1984: Masken und Maskierung. Kult. Kunst und Kosmetik. Von den Na-
turvölkern bis zur Gegenwart. Köln: DuMont (DuMont Taschenbücher, 153)
Über Masken bei nichtwestlichen Menschengruppen und im Karneval, im Theater, und
Zirkus, im Film, im Alltag und in moderner Kunst; ein gut und verständlich geschriebenes

Bändchen (mit einem unbedacht gewählten zweiten Untertitel), in dem ein breites Pan-
orama vorgestellt wird und das reich mit schwarzweißen und farbigen Abbildungen illu-
striert ist

Rubin, Arnold (ed.) 1995: Marks of Civilization. Artistic Transformations of the Human
    Body. Los Angeles: University of California, Museum of Cultural History (zuerst 1988)
    Ein wissenschaftlicher Sammelband mit 18 teils sehr speziellen Aufsätzen, der aber durch
    seine 350 Abbildungen auch für Laien interessant ist

Vale, Vivian & Andrea Juno 1997: Modern Primitives, Tattoo, Piercing, Scarification. An
    Investigation into Contemporary Adornment & Ritual. San Francisco: Re/Search Pu-
    blications (Re/Search, 12; zuerst 1989)
    Eine Zusammenstellung von Interviews mit Anhängern und maßgeblichen Vertretern der
    Tattoo-Szene und eine Sammlung von repräsentativen Fotos

Warneck, Igor & Björn Ulbrich (Hrsg.) 2001: Tribal Tattoo. The Tribe of the Tribals. Traditio-
    nelle, archaische und moderne Stammestätowierungen. Engerda: Arun-Verlag
    Zu Tätowierungen, die nach alten europäischen oder außereuropäischen „ethnischen"
    Vorlagen gefertigt wurden; dazu Texte zur Herkunft und Bedeutung von einzelnen Moti-
    ven, Hinweise und praktische Anleitungen zum Tätowieren und zu Bodypainting; ein
    liebevoll gemachtes und perfekt gelayoutetes Buch mit vielen sehr guten Abbildungen

Bildbände

Camphausen, Rufius C. 1997: Return of the Tribal. A Celebration of Body Adornment.
    Piercing, Tattooing, Body Painting, Scarification. Vermont: Park Street Press
    Ein durchgängig mit Farbaufnahmen ausgestatteter Band mit einer vergleichsweise recht
    esoterischen Ausrichtung

Ebin, Victoria 1979: Corps décorées. Paris: Chêne (orig. London: Blacker Calmann Cooper,
    1979)
    Ein schmaler Bildband mit schwarzweißen und farbigen Abbildungen und kurzen Tex-
    ten; im Mittelpunkt stehen die Themen Status, Ritual und Tatauierung

Ferguson, Henry & Lynn Procter 1998: Tattoo. Ritual, Kunst, Mode. Rastatt: VPM Verlags-
    gruppe Pabel Moewig (orig. „The Art of the Tattoo". Godalming: Quadrillion Publi-
    shing, 1998)
    Ein großformatiger Band mit 200 Farbaufnahmen von Tätowierungen, der neben tradi-
    tionellen Tätowierungen vor allem Tattoos aus den 1970er und 1980er Jahren zeigt, so
    dass man den enormen Wandel zu den derzeit populären Tattoos (zum Beispiel van Din-
    ter 2000) gut verfolgen kann

Gröning, Karl 1997: Geschmückte Haut. Eine Geschichte der Körperkunst. München: Fre-
    derking & Thaler (parallel auch London: Thames & Hudson; Paris: Éditions Flamma-
    rion)
    Ein großformatiger Bildband mit vielen historischen und modernen, vorwiegend far-
    bigen Bildern von Körpern und Gesichtern; nach Kulturregionen gegliedert; unter den
    14 Autoren der kurzen erläuternden Texte sind etliche Ethnologen

Robinson, Julian 1998: The Quest for Human Beauty. An Illustrated History. New York: W.
    W. Norton
    Ein Band mit besonders umfangreichem (750 Bilder) und vielfältigem Bildmaterial zu
    sämtlichen Aspekten der Kleidung und der Verschönerung des Körpers

Van Dinter, Maarten Hesselt 2000: Tribal Tattoo Design. Ethnische Tattoos. Tattoos aus
    aller Welt. Amsterdam and Singapore: The Pepin Press
    Ein Band mit hunderten einfacher Abbildungen von Tätowierungen; eine Art Muster-

buch, das als Vorlage für Verwendung oder als Ideenquelle für eigene Entwürfe gedacht ist

Wolfe, Art (Fotos) & Deirde Skillman (Texte) 1999: Völker, Farben, Rituale. München: Frederking & Thaler

Schmuck aus Federn, Perlen und Pflanzen sowie Kopfputz und Körperbemalung, verstanden als Körperkunst; Fotos und erläuternde Texte zur Bedeutung des Schmucks, der Körperbemalung und ihrer rituellen Funktionen

Tod

Barley, Nigel 2000: Tanz ums Grab. München: Deutscher Taschenbuch Verlag (dt. zuerst Stuttgart: Klett-Cotta Verlag, 1998; orig. „Dancing the Grave. Encounters with Death". London: John Murray, 1995)

Anders als in seinen Reiseerzählungen vergleicht der britische Ethnologe hier viele verschiedene Kulturen hinsichtlich ihres Umgangs mit dem Tod, wobei er sich thematisch auf Rituale und in den regionalen Fallbeispielen auf Afrika und Asien konzentriert; mit 24 schwarzweißen Bildern

Cipoletti, Maria Susanna [2]1990: Langsamer Abschied. Tod und Jenseits im Kulturvergleich. Frankfurt: Museum für Völkerkunde (Roter Faden zur Ausstellung, 17) ([1]1989)

Beispiele zum kulturellen Umgang mit Tod aus vielen und räumlich breit gestreuten Kulturen (mit einem Schwerpunkt auf Indonesien); gegliedert nach großen Regionen; mit Literaturangaben pro Region; sehr sorgfältig gemacht und verständlich geschrieben sowie ausgestattet mit über 150, zum Teil hervorragenden Abbildungen

Colman, Penny 1997: Corpses, Coffins, and Crypts. A History of Burial. New York: Henry Holt & Company

Ein Jugendbuch, in dem Konzeptionen zum Tod, Formen des sozialen Umgangs mit Sterbenden und Arten der Organisation der Leichenbestattung ohne Morbidität oder künstlich gesteigerten Grusel und detailliert beschrieben werden; mit 100 Abbildungen und vielen Materialien, einer Zeittafel und einem Glossar im Anhang

Gerner, Manfred 2001: Friedhofskultur. Stuttgart/Leipzig: Hohenheim Verlag

Allgemeine vergleichende Kapitel zum sozialen und kulturspezifischen Umgang mit Tod in verschiedenen Religionen und Regionen der Welt; Geschichte deutscher Trauerformen und detaillierte Porträts von Grabmälern und Friedhöfen aus aller Welt; ausgestattet mit vielen Fotos und einer guten Bibliographie

Ramsland, Katherine 2001: Cemetery Stories. Haunted Graveyards, Embalming Secrets, and the Life of A Corpse After Death. New York: Harper Collins

Eine forensische Psychologin informiert in diesem erzählerisch angelegten Sachbuch über ungewöhnliche Begebenheiten und Praktiken zum Thema des kulturellen Umgangs mit dem Sterben; flott, aber nicht sarkastisch geschrieben und sehr informativ

Film

Die Ballade von Narayama (Narayama Bushi-ko & Shohei Imamura, Japan 1983); Spielfilm/Drama; Dauer: 130 min; SW; OmU; Goldene Palme in Cannes 1983; Der Spielfilm ist eine Neuverfilmung (erste Version von Keisuke Kinoshita 1958) des gleichnamigen Romans; im Handel erhältlich

„Japan, 1860. Wer in der Region Shinshu, einem bergigen, entlegenen Landstrich, das siebzigste Lebensjahr vollendet hat, muss sich auf die Spitze des Eichenbergs Narayama

zurückziehen, um dort auf den Tod zu warten. In der Dorfgemeinschaft hat man nur als produktives Mitglied oder als Neugeborenes ein Daseinsrecht, eine Situation, die für die hier lebenden Menschen, die in der rauhen Gegend nur mühsam mit spärlicher Landwirtschaft ihr karges Leben sichern können, einen unhaltbaren Zustand darstellt. Tatsuhei, Witwer und Vater zweier Kinder, wird klar, dass er in diesem Jahr die Reise nach Narayama antreten muss, um seine Mutter Orin dorthin zu begleiten, die das schicksalhafte Alter erreicht hat" (Julien Welter). Das Drama wirkt fast wie eine Dokumentation; es zeigt das Leben einer japanischen Dorfgemeinschaft, ihre archaischen Riten und Bräuche, in ruhigen und poetischen, zuweilen auch in unverhüllten und brutalen Bildern; filmisch ein Hochgenuss, jedoch nicht leicht verdaulich (jj)

Tourismus, Reisen, Verkehr

Burns, Peter M. 1999: An Introduction to Tourism and Anthropology. London & New York: Routledge
Eine informative Einführung in die wichtigsten Themenfelder und ethnologischen Theorieansätze, die auch sagt, warum sich Ethnologen mit Touristen und Tourismus so schwer tun; der Autor wirft viele kritische Fragen auf und bereitet den Stoff didaktisch gut auf; neben vielen guten Übersichten und Schemata gibt es auch etliche Graphiken, die allzu aufgepeppt sind und so eher verwirren als zur Klärung beitragen

Chambers, Erve 2000: Native Tours. The Anthropology of Travel and Tourism. Prospect Heights, Ill.: Waveland Press
Ein kurzer und sehr aktueller Überblick der Forschungsgeschichte und der derzeit wichtigen Forschungsthemen aus der Feder eines anwendungsorientierten Ethnologen, der sich seit langem mit Tourismus befasst und auch seine eigenen Erlebnisse einflechtet

De Botton, Alain 2003: Kunst des Reisens. Frankfurt: Fischer Taschenbuch Verlag (dt. zuerst Frankfurt: S. Fischer Verlag, 2002, orig. „The Art of Travel". London: Hamish Hamilton, 2002)
Neun Essays zu den psychischen Dimensionen, besonders Motiven und Gefühlen des Reisens; in schöner Schreibweise dargelegt anhand berühmter Reisender und der eigenen Erlebnisse des schweizerischen Autors; schön ausgestattet mit sorgfältig ausgewählten Abbildungen

Heinrichs, Hans-Jürgen 2001: Das Feuerland-Projekt. Über das Reisen. Hamburg: Europäische Verlagsanstalt (zuerst 1997)
Essays, Geschichten und Gedichte über Reisen als Lebensstil, mit vielen Beispielen bekannter Ethnologen wie Lévi-Strauss und Michel Leiris, bekannter Reiseschriftsteller wie Bruce Chatwin und Paul Theroux und Literaten wie Cees Notteboom; aus der Feder eines weitgereisten und schriftstellerisch besonders produktiven deutschsprachigen Ethnologen

Hennig, Christoph 1999: Reiselust. Touristen, Tourismus und Urlaubskultur. Frankfurt: Suhrkamp Verlag (zuerst Frankfurt: Insel Verlag, 1997)
Eine Seltenheit, nämlich ein allgemeinverständliches Sachbuch, das zum Denken anregt und das sogar theoretisch hochkarätig ist; Hennig ist Soziologe und konzentriert sich auf Motive, Bilder im Kopf und Selbstveränderung und er wendet sich gegen die ungeprüfte Annahme, Tourismus würde den Bereisten immer schaden

Köck, Christoph 1990: Sehnsucht Abenteuer. Auf den Spuren der Erlebnisgesellschaft. Berlin: Transit Verlag
Ein gutes Sachbuch zu Abenteuer als Motiv und den dazugehörigen Vorstellungsbildern

bei Reisenden im 19. und 20. Jahrhundert, geschrieben von einem kulturwissenschaftlich ausgerichteten Volkskundler

Löfgren, Orvar 2002: On Holiday. A History of Vacationing. Berkeley etc.: University of California Press (California Studies in Critical Human Geography, 6) (zuerst 1999)
Der bekannte schwedische Ethnologe beleuchtet die Geschichte des Reisens seit dem 18. Jahrhundert, die Bedeutung für westliche Gesellschaften und die Entwicklung des Tourismus zu einem integralen Bestandteil modernen Lebens; er schreibt essayistisch, macht unterwegs aber sehr viele theorierelevante Ausführungen, zum Beispiel zu Touristentypen (Sucher nach pittoresken Aussichten, Robinsonsche Eskapisten u. a.), zu Reisen als Phantasiearbeit, zum sozialen Lernen von Touristenrollen und zur Bildung symbolischen Kapitals durch Reisen; Löfgren betont die Kontinuitäten quer durch die verschiedenen Perioden, Räume und Reisetypen, zum Beispiel die Suche nach Authentizität, den Wunsch, Souvenirs zu erstehen und die Konflikte zwischen Bereisten und Besuchern; ein locker geschriebenes, aber gehaltreiches Buch

Schirrmeister, Claudia 2002: Schein-Welten im Alltagsgrau. Über die soziale Konstruktion von Vergnügungswelten. Wiesbaden: Westdeutscher Verlag
Eine Untersuchung zur gesamten Bandbreite von alltagsfremden Illusionswelten wie Panorama, Zaubertheater, Panoptikum und Center Park und älteren wie neueren „Vergnügungswelten" wie in Fantasy-Rollenspielen, auf Jahrmärkten und in Disney-Parks und Ferienclubs über die „ernste Vergnügungswelt" des „Spielkasinos" bis hin zum „begehbaren Cyberspace"; eine detaillierte wissenschaftliche Studie zur Geschichte und Gegenwart, die dennoch gut lesbar ist und zeigt, dass Tourismus heutzutage nur eine neben anderen Vergnügungswelten darstellt

Bildbände

Gleich, Michael 1998: Mobilität. Warum sich alle Welt bewegt. Frankfurt/Hamburg: Hoffmann & Campe
Ein Sachbuch mit 470 Abbildungen zum Thema Verkehr und der Dynamik von Menschen in Bewegung; mit einem Schwerpunkt auf industrialisierten Ländern

Walter, Marc 2002: Legendäre Reisen. Auf den großen Routen rund um die Welt. München: Frederking & Thaler und Geo Saison
Bilder zu klassischen Themen und Zielen von Fernreisen; ein liebevoll gemachter Band mit schönen Bildern und etlichen faksimilierten Dokumenten wie Fahrkarten, Passagierlisten und Prospekte, die in Originalgröße eingeheftet sind

Filme

Cannibal Tours (Dennis O'Rourke, Australien 1988); O'Rourke & Associates Filmmakers Pty. Limited, Australia/Institute of Papua New Guinea Studies/Channel 4; Dauer: 60 min; Farbe; dt., OmU
Eine internationale Reisegruppe entdeckt Papua Neuguinea auf einer Kreuzfahrt über den Sepik River; Touristen und Einheimische bringen wenig Verständnis füreinander auf: „Was wollen die Touristen bei uns? Sie bringen uns nichts, obwohl sie reich sind", wundern sich die einen, während die anderen auf der Suche nach den Spuren des Kannibalismus sind, Einheimischenschau machen, „alles und jeden" fotografieren sowie „primitive Kunst" erfeilschen, aber niemals wirklichen Kontakt mit den Einheimischen suchen; der unkommentierte Dokumentarfilm des bekannten und kontroversen australischen Filmemachers O'Rourke wirft einen kritischen Blick auf den Drittwelt-Tourismus, er beleuch-

tet die Sicht der Einheimischen auf die Touristen und der Touristen auf „die Primitiven"
und enthüllt so einige ethnozentrische Sichtweisen; der schön geschnittene und mit Mo-
zart-Musik unterlegte Film ist interessant und unterhaltsam und dabei häufig lustig kari-
kierend (jj)

Johanna d'Arc of Mongolia (Ulrike Ottinger, Deutschland 1989); Dauer: 165 min; Farbe;
dt.; Freunde der Deutschen Kinemathek, Berlin
Geschichte der Begegnung mehrerer, einander zunächst fremder Personen, dreier Frauen
und vier Männern, in der Transsibirischen Eisenbahn; die Frauen fahren dann mit der
Transmongolischen Eisenbahn in die Mongolei, werden aber von Reiterinnen angehalten
und ziehen mit einer Karawane mit; eine teilweise märchenhafte Inszenierung des The-
mas kulturellen Kontaktes, seiner Möglichkeiten und Grenzen

Pauschal total. Eine Reise – zwei Ansichten (Imad Karim, Deutschland 1995); WDR; Dauer: 29 min; Farbe; Video zu beziehen bei: Evangelisches Zentrum für entwicklungsbezogene Filmarbeit (EZEF) (mit beiliegender Arbeitshilfe)
Der Traum vom exotischen Orient, aber auch die Flucht vor Stress und Alltag veranlas-
sen viele deutsche Touristen, nach Tunesien zu reisen; der Dokumentarfilm beleuchtet die
Erfahrungen und Erwartungen von vier Urlaubern bei ihrer zweiwöchigen Pauschalrei-
se in Tunesien – während beispielsweise für Christine der Kulturaustausch im Vorder-
grund steht, möchte Jörg vor allem Sport treiben; den Erlebnissen der Urlauber werden
die Erfahrungen von im Pauschaltourismus arbeitenden Tunesiern gegenübergestellt; so
wundert sich ein tunesischer Kellner, dass die deutschen Urlauber „saufaul" seien, da sie
nur essen, schlafen und baden würden; der Film kommt zum Schluss, dass sich im Pau-
schaltourismus Urlauber und Einheimische fremd bleiben – da nur die Masse zählt, sind
Gäste und Gastgeber austauschbar; der Film überzeugt durch seine differenzierte Dar-
stellung beider Seiten der am Pauschaltourismus beteiligten Menschen; obwohl er zu der
klaren Aussage kommt, dass Pauschaltourismus einem Verständnis der anderen Kultur
entgegensteht, ist er gegenüber den gefilmten Pauschalreisenden niemals abwertend (sc)

Umwelt, Tiere, Pflanzen

Euler, Claus (Hrsg.) 1993: „Eingeborene" – ausgebucht. Ökologische Zerstörung durch
Tourismus. Gießen: Focus Verlag (Ökozid, 5)
Eine Sammlung informativer und zumeist sehr kritischer Beiträge zu den Umwelteffek-
ten und auch zu den kulturellen Auswirkungen von Tourismus

Stüben, Peter E. (Hrsg.) 1988: Die neuen „Wilden". Umweltschützer unterstützen Stam-
mesvölker. Theorie und Praxis der Ethnoökologie. Gießen: Focus Verlag (Ökozid, 4)
Ein etwas überzogener Einführungsaufsatz und viele kurze Fallbeispiele für politisch
engagierte und aktionsorientierte Umweltarbeit

Bildband

Cyrulnik, Boris 2003: Tiere und Menschen. Die Geschichte einer besonderen Beziehung.
München: Knesebeck
Bilder zur wechselseitigen Beeinflussung von Tieren, zumeist Haustieren oder Nutztie-
ren, und Menschen in verschiedenen Kulturen

Verhalten und Psyche

Adler, Matthias 1993: Ethnopsychoanalyse. Das Unbewußte in Wissenschaft und Kultur. Stuttgart: F. K. Schattauer Verlagsgesellschaft
Eine umsichtige Einführung in die wichtigsten Konzepte der Ethnopsychoanalyse, die Ideengeschichte und die Theoretiker; mit starkem Bezug zur Kultur- und Persönlichkeits-Forschung, geschrieben von einem Mediziner und Ethnologen; didaktisch gut gemacht mit vielen Hinweisen, Zusammenfassungen und Textauszügen; deshalb gut als Grund-lagenlehrwerk verwendbar, zum Beispiel zur Vertiefung von Reichmayr 1995

Reichmayr, Johannes 1995: Einführung in die Ethnopsychoanalyse. Geschichte, Theorien und Methoden. Frankfurt: Fischer Taschenbuch Verlag (Geist und Psyche)
Eine sehr gute Einführung eines Psychologen in die Forschungsgeschichte und Vorstel-lung der Hauptvertreter(innen), die entgegen dem Titel nicht nur psychoanalytische Rich-tungen behandelt, sondern allgemein als Einführung in die psychologische Anthropolo-gie gelesen werden kann

Schmidbauer, Wolfgang 1998: Vom Umgang mit der Seele. Therapie zwischen Magie und Wissenschaft. München: Nymphenburger Verlagshandlung
Ein Psychologe und Psychotherapeut, der in seinen Schriften immer wieder auf ethnolo-gische Literatur zurückgreift, stellt die magischen Vorformen der gegenwärtigen psycho-therapeutischen Verfahren sowie deren Vielfalt und innere Widersprüche dar

Vielfalt der Kulturen und Einheit der Menschheit

Burland, Cottie A. 1966: Naturvölker – gestern und heute. Das farbige Buch der Ethnolo-gie. Wien: Verlag für Jugend und Volk (Die farbige Sachbuchbibliothek aus Forschung und Wissenschaft) (orig. „Men without Machines". London: Aldus Books, 1963)
Unter einem überkommenem Titel stellt der Autor in verständlicher Form 23 Völker aus allen Weltteilen vor, wobei die Anordnung nach jeweils ähnlichen Lebensumwelten folgt; das Buch lädt zum Vergleich ein, denn die Kapitel sind ähnlich aufgebaut; sehr gut ausge-stattet mit Fotos und zeitgenössischen Abbildungen

Carrithers, Michael 1992: Why Humans Have Cultures. Explaining Anthropology and Hu-man Diversity. Oxford etc.: Oxford University Press (Opus)
Ein anspruchsvolles Sachbuch über die kulturelle Vielfalt in der Einheit der Menschen und über den Beitrag der Ethnologie zum Verständnis dieses Spannungsfeldes

Cavalli-Sforza, Luigi Luca 2003: Gene, Völker und Sprachen. Die biologischen Grundlagen unserer Zivilisation. München: Deutscher Taschenbuch Verlag (zuerst München: Han-ser Verlag, 1999)
Eine fesselnde Übersicht über den heutigen Stand der Humangenetik und die komplexen Zusammenhänge zwischen Genen, Umwelt und handelnden Menschen in der somit als biokulturell zu bezeichnenden Evolution menschlicher Populationen; fesselnd geschrie-ben und zugleich ein Buch, das zeigt, wie man mit harten Informationen gegen Rassismus argumentieren kann

Ekman, Paul 2004: Gefühle lesen. Heidelberg: Spektrum Akademischer Verlag (orig. „Emotions Revealed. Understanding Faces and Feelings". London etc.: Weidenfeld & Nicolson, 2003)
Ein Sachbuch zu den universalen emotionalen Gesichtsausdrücken mit vielen Abbildun-gen, aus der Feder des führenden kulturvergleichend arbeitenden Psychologen; mit einem Anhang zum eigenen Experimentieren mit der Erkennung von Emotionen nach Fotos

Frow, Mayerlene 1996: Roots of the Future. Ethnic Diversity in the Making of Britain. London: Commission for Racial Equality
Ein Buch, das mit kurzen Texten und vielen Bildern zur Vielfalt ethnischer Minderheiten am Beispiel Englands und ihrer Rolle für Toleranz und Anerkennung wirbt und dabei gut informiert, mit Bibliographie

Gould, Richard A. & Natural History Magazine [2]1977: Man's Many Ways. The Natural History Reader in Anthropology. New York etc.: Harper & Row Publishers
Eine Sammlung von kürzeren und auch einigen längeren Aufsätzen aus einer amerikanischen populärwissenschaftlichen Zeitschrift, zum Teil aus der Feder bekannter Ethnologen wie zum Beispiel Georges Condominas; das Buch ist gut mit schwarzweißen Fotos illustriert

Hirschberg, Stuart & Terry Hirschberg [5]2004: One World, Many Cultures. Boston etc.: Allyn & Bacon
Ein enorm umfangreicher Sammelband, der 63 Texte zum Thema Kultur aus 32 Ländern bringt, darunter viele literarische Texte; mit mehreren Registern, u. a. einem „rhethoric index"

Harris, Marvin [2]1997: Menschen. Wie wir wurden, was wir sind. München: Klett-Cotta im Deutscher Taschenbuch Verlag (orig. „Our Kind. Who We Are, Where We Come From, Where We Are Going". New York: Harper & Row Publishers 1977, 1989)
Viele kurze, unterhaltsam verfasste und meinungsfreudige Kapitel zu Themen in frühen Kulturen und heutigen Gesellschaften; Kulturmaterialismus wird von Harris als All-Theorie zur Klärung von wissenschaftlichen wie gleichermaßen auch Alltagsfragen genutzt

Kramer, Dieter (Hrsg.) 1995: Viele Kulturen – eine Welt. Eine Vortragsreihe des Museums für Völkerkunde 1993/1994. Frankfurt: Museum für Völkerkunde (Interim, 15)
Eine Sammlung von zehn meist gut verständlichen Aufsätzen zu kultureller Vielfalt, interkulturellem Umgang, Entwicklung und globalen Beziehungen

Kuper, Adam 1994: The Chosen Primate. Human Nature and Cultural Diversity. Cambridge, Mass./London: Harvard University Press
Eine Synthese naturwissenschaftlicher und ethnologischer Erkenntnisse und Debatten zur Evolution und Eigenart des Menschen, zur Vielfalt der Kulturen, aber auch zu universalen Mustern; eine informative, meinungsfreudige und zum Teil eigenwillige Tour de force, in der Religion und Sprache etwas zu kurz kommen

Lewontin, Richard 1986: Menschen. Genetische, kulturelle und soziale Gemeinsamkeiten. Heidelberg: Spektrum der Wissenschaft Verlagsgesellschaft (Spektrum-Bibliothek, 10) (orig. „Human Diversity". New York: Scientific American Books, 1982)
Der deutsche Untertitel und der amerikanische Titel zusammengenommen zeigen die Grundaussage dieses gut dokumentierten und schön illustrierten Bandes: alle Menschen sind gleich und doch ist jeder anders

Middleton, DeWight R. [2]2003: The Challenge of Human Diversity. Mirrors, Bridges, and Chasms. Prospect Heights, Ill.: Waveland Press ([1]1998)
Ein schmaler anfängerfreundlicher Überblick, in dem der Autor anhand vieler Themenfacetten herausarbeitet, dass es für das Verstehen anderer oder fremder Menschen und Kulturen unabdingbar ist, sich sowohl mit kultureller Vielfalt als auch mit der die Menschen verbindenden Einheit zu befassen; jedes Kapitel schließt mit Fragen, die zu „Critical Thinking" anregen wollen

Rabinow, Paul 2004: Was ist Anthropologie? Frankfurt: Suhrkamp Verlag (stw 1687)
Eine essayhafte Darstellung und Diskussion der Ethnologie als Fach zwischen den Polen

einer universalistischen Anthropologie der Menschheit einerseits und empirischer fallbe-
zogener Lokalforschung andererseits; ein anspruchsvoller, teils schwieriger Text
Todorov, Tzvetan 2001: Abenteuer des Zusammenlebens. Versuch einer allgemeinen Anthropologie. Frankfurt: Fischer Taschenbuch Verlag (dt. zuerst Berlin: Klaus Wagenbach Verlag, 1996; orig. frz.)
Ein kurzer und recht eigenwilliger Ansatz, Grundlinien menschlicher Sozialität in der
beobachtbaren Vielfalt herauszudestillieren

Bildbände

Agence France Press (AFP) 2003: Das Gesicht der Welt. München: Knesebeck
Eine Sammlung von Pressefotos einer der führenden Agenturen, wobei sich der Vergleich
zu anderen, früheren oder heutigen Bänden mit Bildern aus aller Welt anbietet; vgl. zum
Beispiel Steichen 1955 oder Lonely Planet 2003
Arthus-Bertrand, Yann 2000: Die Erde von oben. Ein Jahrhundert-Projekt. Hamburg: Geo
im Gruner + Jahr Verlag; München: Frederking & Thaler
Ein sehr großformatiger Bildband über die Erde aus der Vogelperspektive, in dem die
zum Teil sehr raumgreifenden Spuren menschlicher Aktivität auf vielen Bildern deutlich
werden
Ferreira, Mirella 2003: Völker der Welt. Frankfurt: Karl Müller Verlag (auch Vercelli: White
Star)
Ein Text- und Bildband mit Artikeln zu über 50 Ethnien aller Kontinente, die nach Regio-
nen geordnet sind, mit kurzen historischen Einführungen und Darstellungen von mar-
kanten Kulturmerkmalen; in den Texten liegt der Schwerpunkt auf Kulturelementen, die
im Zusammenhang mit Anpassung an die (materielle) Umwelt zu interpretieren sind; das
Bildmaterial, 340 durchgehend farbige Abbildungen, dieses besonders großformatigen
Bands bietet eine Mischung aus realistischen, sensiblen und exotisierenden Bildern; die
Bilder sollen die Menschen in Würde zeigen und präsentieren sie vor allem in ihrer tradi-
tionellen Kleidung und zeigen Körperschmuck (jj)
Gaede, Peter-Matthias (Hrsg.), Ruth Eichhorn (Fotoauswahl) & Stefan Schomann (Texte)
2001: Das Universum des Menschen. Hamburg: Geo im Gruner + Jahr Verlag
Ein opulenter und extrem großformatiger (fast DIN A3) Bildband, wie es ihn nur ganz
selten gibt; erschienen zum 25-jährigen Jubiläum der populären Zeitschrift; 200, zumeist
brillante Bilder aus der ganzen Welt angeordnet in elf Themenblöcke; anders als des Öfte-
ren in der Zeitschrift „Geo" werden in diesem Band Extreme weniger stark betont
Lonely Planet (ed.) 2003: One Planet. Images of The World. Berkeley etc.: Lonely Planet
Publications
Ein Bildband von dem Verlag, der die erfolgreichsten Reisehandbücher für Billig- und
Rucksacktouristen herausgibt; mit 250, größtenteils aufschlussreichen Aufnahmen
National Geographic Magazine 2004: Best of National Geographic. Die faszinierendsten
Gesichter der Welt. Hamburg: National Geographic Deutschland (orig. „Through the
Lens. National Geographic Greatest Portraits". Washington, D. C.: National Geogra-
phic Society, 2003)
Ein opulenter Bildband mit 250 ausgewählten Fotografien; in bester NGS-Tradition eine
Mischung aus teils vom Gegenstand her aussagekräftigen, teils emotionalisierenden und
streckenweise auch exotisierenden Bildern
Ommer, Uwe 2000: 1000 Families. Das Familienalbum des Planeten Erde. The Family Al-
bum of Planet Earth. L'album de famille de la planète Terre. Köln: Taschen Verlag
Ein Band, der über das Thema Familie hinaus zu vielen vergleichenden Fragestellungen

anregt: mit 1000 Fotos von Familien aus allen Kontinenten; die Aufnahmen zeigen die
Familien zumeist vor ihrem Wohnplatz in der Weise, wie sie sich präsentieren wollten,
besonders prägnant sind die Fotos dadurch, dass die meisten Aufnahmen die Familien
vor einer weißen Leinwand zeigen, die der Autor vor Ort aufbaute; anregend und gut zur
Illustration der Unterschiede, aber auch der universalen Muster und Probleme innerhalb
der Menschheit

Steichen, Edward 1955: The Family of Man. The Greatest Photographic Exhibition of All
Time – 503 Pictures From 68 Countries. New York: Maco Magazine Corporation, for
the Museum of Modern Art (auch als Reprint 1990)

Das Katalogbuch zur größten Fotoausstellung aller Zeiten, einer legendären Wanderaus-
stellung, die zwischen 1955 und 1961 in 68 Ländern gezeigt wurde und sehr populär war;
es besteht aus 503 Bildern von 268 Fotografinnen und Fotografen – Profis wie Amateu-
ren, angeordnet in 37 Motivblöcke und ergänzt durch kurze eklektizistische Zitate; die
Grundaussage der Ausstellung ist, dass „wir alle" einander ähnlich sind, ähnliche Proble-
me haben und dass die „menschliche Gattung" im Kern gut ist; heute wird die Ausstellung
u. a. wegen der Grundmetapher des Titels, der amerikanischen Familienideologie und
ihrer patriarchalischen Sicht einer „Menschheitsfamilie" kritisiert; dennoch ist der Band
eindrucksvoll und lädt zum Vergleich mit modernen Bildbänden ein, die zumeist kultu-
relle Vielfalt gegenüber der Einheit der Menschheit herausstellen; die Ausstellung wurde
Anfang der neunziger Jahre wiederentdeckt, rekonstruiert und ist seit 1994 im Schloss
Clerveaux in Luxemburg ständig zu sehen

Voodoo

Davis, Wade E. 1988: Schlange und Regenbogen. Die Erforschung der Voodoo-Kultur und
ihrer geheimen Drogen. München: Droemer Knaur (dt. zuerst ebendort, 1986 mit dem
Haupttitel „Die Toten kommen zurück"; orig. „The Serpent and the Rainbow". New
York: Simon & Schuster, 1985)

Fichte, Hubert 1984: Xango. Die afroamerikanischen Religionen. Bahia, Haiti, Trinidad.
Frankfurt: Fischer Taschenbuch Verlag (zuerst Frankfurt: S. Fischer Verlag, 1976)

Für Fichtes umfangreiches Buch braucht man Zeit und Geduld; aber es lohnt sich für
den, der an fremder Kultur interessiert ist; tagebuchartig, in teilweise ethno-poetischer
Form beschreibt Fichte alles um Voodoo in Brasilien, Trinidad und auf Haiti, wo er sich
lange Zeit aufhielt; die Themen sind vielfältig: Riten, Politik, Sexualität, Psychologie und
Medizin, was den Autor auszeichnet, ist dass er alles dieser fremden Kultur ernst nimmt,
eben auch das Materielle; hier zeigt sich der Künstler Fichte; er besticht durch Offenheit
und Neugier; für den Leser eventuell anstrengend, aber befreiend wirkt der Text, weil er
an keiner Stelle das Fremde bewertet oder urteilt (mb)

Gößling, Andreas [2]2004: Voodoo. Götter, Zauber, Rituale. München: Droemer Knaur (zuerst unter dem Pseudonym Pietro Bandini, als „Voodoo. Von Hexen, Zombies und
schwarzer Magie". München: Droemer Knaur, [1]1999)

Eine trotz des fetzigen Untertitels recht sachliche und genaue Darstellung von Fasttod
und ähnlichen Phänomenen

Reuter, Astrid 2003: Voodoo und andere afroamerikanische Religionen. München: C. H.
Beck (Beck'sche Reihe, Beck Wissen)

Eine kompakte Einführung und Übersicht zu afroamerikanischen Religionsformen in
der Karibik und in Südamerika, die die Autorin exemplarisch anhand von Voodoo (Hai-
ti), Santéria (Kuba) und den beiden brasilianischen Strömungen Candomblé und Um-

banda beschreibt, wobei sie auch auf die Geschichte und die jeweilige Forschungslage eingeht; ausgestattet mit Literaturhinweisen und einem Glossar; insgesamt ein informatives und dabei lebendig geschriebenes Bändchen

Bildband

Christoph, Hennig (Fotos) & Hans Oberländer (Text)1995: Voodoo. Geheime Macht in Afrika. Köln: Benedict Taschen Verlag
Ein opulenter Band über Voodoo in Westafrika, vor allem in Benin; kurze journalistische Texte und prächtige, oft großformatig reproduzierte Farbfotografien, und dazu ausführlichen Bildlegenden; mit einer guten Bibliographie

Wildnis, „Wilde" und „Zivilisierte"

Duerr, Hans Peter 1978: Traumzeit. Über die Grenze zwischen Wildnis und Zivilisation. Frankfurt: Syndikat Verlag
Ein komplexes Buch über Grenzerfahrungen, Idealisierung und Dämonisierung des Wilden; trotz seiner zum Teil extrem akademischen Form wurde dieses Buch das bislang im deutschsprachigen Raum meistverkaufte ethnologische Buch überhaupt
Suchanek, Norbert 2001: Mythos Wildnis. Stuttgart: Schmetterling Verlag
Ein schmales, aber gehaltvolles Buch zu Vorstellungen und Idealen zur Wildnis seit der Zeit der Entdeckungen und bis in die heutige Zeit, zum Beispiel in der Werbung, im Ferntourismus und in der Umweltschutzbewegung; mit vielen Zitaten in der Randspalte und sehr vielen Abbildungen
Theye, Thomas (Hrsg.) 1985: Wir und die Wilden. Einblicke in eine kannibalische Beziehung. Reinbek bei Hamburg: Rowohlt Verlag (Kulturen und Ideen)
Abhandlungen und Materialien zur europäischen Wahrnehmung fremder Kulturen von sehnsüchtigen Traumbildern bis zu rassistischen Mustern; mit vielen Quellentexten und sehr vielen sonst schwer erreichbaren Bildbeispielen, vor allem historischen Fotografien; insgesamt eine Fundgrube!

Wohnen, Siedlung, Architektur, Sachkultur

Faegre, Torvald 1979: Tents. Architecture of the Nomads. Garden City, N. Y.: Anchor Press, Doubleday
Ein Buch nicht nur über Zelte, sondern zur materiellen Kultur und Lebensweise von Nomaden, eingeteilt in Kapitel zu Zelten in Arabien, im Vorderen Orient, zu Jurten in Zentralasien, zu zeltartigen Behausungen in Sibirien, Lappland und Grönland, in der Taiga Nordamerikas und zu den Tipis in den amerikanischen Prärien; ein einfaches Buch mit vielen informativen und schön präsentierten Zeichnungen, die zwar keine wissenschaftlichen Genauigkeitsstandards erfüllen, aber einen informativen Eindruck geben
Lindner, Ulrike, Markus Phlippen & Friedemann Borchert 2002: Exoten für Heim und Garten. Königswinter: Heel Verlag
Eine ausgiebig bebilderte Übersicht zu exotischen Pflanzen und tropischen Gartenarrangements für Pflanzenliebhaber; Beispiel eines Buchgenres aus der Populärkultur, in dem die Idee von „Besonderem", „Anderem" und „Exotischem" sehr stark zum Zug kommt
Oliver, Paul 2003: Dwellings. The Vernacular House World Wide. London and New York:

Phaidon Press (frühere Ausgabe: „Dwellings. The House Across the World". Austin: University of Texas Press, 1987)

Eine Neuauflage eines breit angelegten Überblickswerks, in dem Behausungen nicht regional gegliedert, sondern nach allgemeinen Gesichtspunkten vergleichend dargestellt werden: Baumaterialien, Bautechniken, Anpassung ans Klima, Raumbeziehungen, Beziehung zwischen Hausform und kosmologischem Weltbild und Dekoration; ein dichter Text mit hervorragenden Fotos, einem Glossar und ausführlicher Bibliographie

Pearson, David 2002: Zelte, Tipis, Jurten. Aarau: AT Verlag (orig. „Yurts, Tipis, Benders". London: Gaia Books, 2001)

Unter dem Motto: „Die Nomadenseele ist uns allen gewidmet" stellt der Band Rundbauten aus Stoff und Fell aus ihren Herkunftsgebieten sowie Nachbauten und Eigenkonstruktionen dar, die in anderen Teilen der Welt errichtet wurden

Scott, Phillippa 2001: Türkische Inspirationen. Der Reiz des Anderen in Kunst und Kultur. München: Stiebner Verlag (orig. „Turkish Delights". London, Thames & Hudson, 2001)

Ein Buch zur Verwendung türkisch-osmanischer Elemente in westlichem kulturellen Rahmen, insbesondere in Innenarchitektur, Kunst, Mode und Inneneinrichtung, das sich insbesondere an Sammler wendet; der Anhang bietet detaillierte Informationen zu Museen in Europa und der Türkei, Tipps zum Aufbau einer eigenen Sammlung , Kaufhinweise für Sammler und eine gute Auswahlbibliographie, die auch viele Ausstellungskataloge nennt; insgesamt ein sehr informativer und bestens mit Abbildungen ausgestatteter Überblick aus der Feder einer Kunstethnologin; ein besonders gelungenes Beispiel einer seit Jahren populären Gattung von Büchern, die – oft als Coffeetable-Books – Einrichtungsgegenstände und Stoffe aus anderen Kulturen für die Verwendung im modernen Wohnkontext vorschlagen; vgl. Waller & Bradbury 2002

Suhrbier, Mona & Eva Ch. Raabe (Hrsg.) 2001: Menschen und ihre Gegenstände. Amazonien – Ozeanien. Frankfurt: Museum der Weltkulturen

Ein umfangreicher Band mit Beiträgen zur mythischen und symbolischen Bedeutung, mit der Dinge der Sachkultur beladen werden können; das Buch ist besonders dadurch anregend, dass zwei sehr unterschiedliche Kulturregionen beleuchtet werden

Bildbände

Duly, Colin 1979: The Houses of Mankind. London: Thames & Hudson

Ein schmaler Band zur Vielfalt menschlicher Behausungen (und auch Siedlungsformen); mit guten Farb- und Schwarzweißbildern, ergänzt durch kurze Texte, angeordnet nach Großregionen Afrikas, den beiden Amerikas, Ozeanien und Eurasien

Hall, Dinah (Text) & James Merrell (Fotos) 1992: Ethnic Interiors. Decorating With Natural Materials. New York: Rizzoli

Hall, Dinah (Text) & James Merrell (Photos) 2001: Ethnic By Design. London: Mitchell Beazley Octopus Publishing (zuerst 1993, auch 1995, 1997, 2001)

Ein Überblick solcher ethnisch inspirierter Einrichtungsgegenstände und Accessoires, die international käuflich sind; regional gegliedert, wobei Nord- und Mittelamerika und europäische Gebiete den Schwerpunkt bilden; luxuriös präsentiert und durchgängig mit oft großformatigen Farbabbildungen ausgestattet und einem Verzeichnis von Anbietern im Anhang; vgl. zu einem verwandten Thema das Buch derselben Autoren: Hall & Merell 1992

Menzel, Peter [2]2004: So lebt der Mensch. Familien aus aller Welt zeigen, was sie haben. Hamburg: Gruner + Jahr Verlag ([1]2001)

Fotos von Familien, die sich mit ihrer wichtigsten Habe vor ihren Behausungen fotogra-

fieren ließen; ein sehr aufschlussreiches Ergebnis eines Projekts „Material World", in dem die Lebenssituation von Familien in 30 Ländern dokumentiert wurde; deutlich werden die teilweise extremen Unterschiede der Lebenssituation, aber auch weltweite Gemeinsamkeiten; vgl. Wenker 2001

Steen, Bill, Athena Steen & Eiko Komatsu 2003: Built by Hand. Vernacular Buildings Around the World. Salt Lake City: Gibbs Smith Publisher
Ein opulenter und reich bebilderter Band mit Beispielen aus aller Welt zur Architektur ohne Architekten, angeordnet nach Formen, Materialien und Nutzungsweisen

Waller, Martin & Dominic Bradbury 2002: Wohnwelten. Durch die Fremde inspiriert. München: Frederking & Thaler (orig. „Fusion Interiors. The International Design of Andrew Martin". London: Watson-Guptill, Pavillion Press, 2000, 2002, 2004)
Ein kompaktes Bilderbuch über derzeit gängige Ethno-Stile in Farbgebung, im Design, vor allem im Innenausbau von Häusern, im Mobilar und in der Ausstattung mit Textilien; dargestellt in Kapiteln zu Städten oder Regionen, die für die Herkunft besonders bedeutend sind (etwa Indien) oder die heute Zentren des Ethno-Konsums sind, etwa Manhattan

Wenker, Marie-Claude 2001: So leben sie. Familien aus 16 Ländern zeigen, wie sie wohnen (16 Fotos und Begleitheft). Mühlheim: Verlag an der Ruhr
Eine Serie von 16 großformatigen Bildern und dazu eine Broschüre, in der die abgebildeten Menschen vorgestellt und Lebensverhältnisse erläutert werden; in Bezug auf das Buch von Menzel ([2]2004) konzipiert und gut damit zusammen verwendbar

Film

City of God (Cidade de Deus; Fernando Meirelles & Kátia Lund, Brasilien/Frankreich/ USA 2002); Dauer: 130 min; Farbe; FSK 16 Jahre; Premiere am 08.05.2002 auf dem Filmfestival von Cannes; erhältlich im Videofachhandel; offizielle Webseite: http:// cidadededeus.globo.com
Die Cidade de Deus, als Armenwohnviertel in den 1960ern gebaut, hat sich bald zu einem der gefährlichsten Plätze Rio de Janeiros entwickelt, in denen Drogenhandel und brutale Bandenkriege an der Tagesordnung sind; die Favela – das Armenviertel – steht im Fokus dieses außergewöhnlichen Spielfilms, der auf dem gleichnamigen Roman von Paulo Lins basiert und in dem ausschließlich Laienakteure aus den Slums spielen; die Schicksale verschiedener Menschen werden durch die Augen und Kameralinse von Buscapé, einem armen schwarzen Jungen, gezeigt; ein Ghettofilm, der zum Teil arg stilisiert ist, aber dennoch viel über die Lebensverhältnisse in armen Siedlungen sagt (jj)

Zeit-Konzepte und Raum-Vorstellungen

Binder, Wolfgang, Hartmut Fähndrich & Michael Hase (Hrsg.) 2001: Andere Länder – andere Zeiten. Zeit-Geschichten aus aller Welt. München: Frederking & Thaler (zuerst München: Marino Verlag, 1997)
Ein Lesebuch zum interkulturellen Vergleich von Zeitnutzung und Vorstellungen zu Zeit; eine bildende und unterhaltsame Zusammenstellung von kurzen Sachtexten, Gedichten und Auszügen aus Romanen

Clewing, Berthold 2001: Menschenzeit. München: Frederking & Thaler (in Zusammenarbeit mit Helvetas; zuerst 1999)
Bilder, Gedichte, Beschreibungen und Reiseerzählungen zu Zeitverständnis und Zeitnut-

zung in mehreren Kulturen; verfasst von Schriftstellern und Ethnologen in der Absicht,
Nachdenklichkeit zu erzeugen

Coulmas, Florian 2000: Japanische Zeiten. Eine Ethnographie der Vergänglichkeit. Reinbeck bei Hamburg: Rowohlt Verlag
Einblicke in Zeit-Konzeptionen und den praktischen Umgang mit Zeit (und damit auch
Raum) in Japan, anregend dargestellt von einem ethnologisch beschlagenen Sprachwis-
senschaftler, der lange in Japan lebte

Eriksen, Thomas Hylland 2003: Die Tyrannei des Augenblicks. Die Balance finden zwischen
Schnelligkeit und Langsamkeit. Freiburg etc.: Herder Verlag (Herder Spektrum) (auch
engl.: „Tyranny of the Moment. Fast and Slow in the Information Age". London/Ster-
ling, Virg.: Pluto Press, 2001; orig. „Oyeblikkets tyranny". Oslo: H. Aschehoug & Co.,
W. Nygaard, 2000)
Der bekannte norwegische Ethnologe vergleicht anhand von vielen Beispielen Zeitkon-
zepte und unterschiedliche Zeitroutinen sowie die Auswirkungen dieser auf soziales Han-
deln und Sozialstruktur; im Anhang gibt der Autor einen nützlichen bibliographischen
Führer; in der deutschen Ausgabe wurde das sehr gute Register leider weggelassen

Hall, Edward Twitchell 1994: Die Sprache des Raumes. Berlin: Cornelsen Verlag (orig. „The
Hidden Dimension". zuerst New York: Anchor Books, 1990; überarb. Peter Smith
Books , 2003)
Über die soziale Nutzung von Raum, die kulturelle Symbolik und kulturspezifische Ver-
haltensunterschiede, zum Beispiel dem weltweit sehr unterschiedlichen Abstand beim
Grüßen; aus der Feder des weltweit in Industrie und Management und für Konzepte inter-
kulturelle Trainings einflussreichen Ethnologen, der etliche populäre Bücher schrieb

Hall, Edward Twitchell 2003: The Dance of Life. The Other Dimension of Time. New York:
Doubleday (zuerst New York: Anchor Books, 1983)
Ein informatives Sachbuch zu Unterschieden im Umgang mit der Zeit, zum Beispiel ob
Arbeitszeit in der Vorstellung eindeutig in Teile zerlegt wird oder Tätigkeiten als überlap-
pend gedacht werden und den Auswirkungen auf interkulturellen Umgang; vgl. Hall 1994
zu Raumkonzepten

Levine, Robert 2003: Eine Landkarte der Zeit. Wie Kulturen mit Zeit umgehen. München
etc.: Piper Verlag (dt. zuerst ebendort, 1998, auch 1999 als Taschenbuch in der Serie
Piper; orig. „Geography of Time. On Tempo, Culture and the Pace of Life". New York:
Basic Books, 1998)
Ein lebendiges Sachbuch eines Psychologen über das Lebenstempo, den Umgang mit
Zeit, Zeitkonzepte und Zeitideale, die vom Autor in über 31 Ländern verglichen werden;
gut kombinierbar mit Eriksen 2003

Müller, Klaus E. 1999: Die fünfte Dimension. Soziale Raumzeit und Geschichtsverständnis
in primordialen Kulturen. Göttingen: Wallstein
Ein knappes und gut geschriebenes Buch zur Auffassung von Raum und Zeit mit vielen,
zumeist anekdotischen Beispielen aus aller Welt

Schmidt-Lauber, Brigitta 2003: Gemütlichkeit. Eine kulturwissenschaftliche Annäherung.
Frankfurt/New York: Campus Verlag
Ein Buch, das zwar nicht in engerem Sinn die Zeit zum Thema hat, aber durch die Befas-
sung mit Gemütlichkiet und den ihr zugrunde liegenden Konzepten viel zu Vorstellungen
von Zeit und Ideen zur Langsamkeit und Schnelligkeit des Lebens enthält; ein zunächst
trockenes Buch, das zunehmend spannend wird

3.9 Kulturregionen der Welt

Regionalüberblicke und historische Übersichten

„Bild der Völker. Die Brockhaus Völkerkunde in zehn Bänden" (ca. 1976) o. J. Wiesbaden: Brockhaus (orig. „Peoples of the World". Wien: Europa Verlag, 1974)
Jeder Band stellt eine oder zwei große Kulturregionen in Form längerer bebilderter Beiträge über exemplarische Gruppen dar; mit Lexikon der Ethnien; qualitativ sehr unterschiedliche Beiträge; manche der Aufsätze sind mit Vorsicht zu genießen

„Bildatlas der Weltkulturen. Kunst, Geschichte und Lebensformen". Augsburg: Weltbild-Bechtermünz Verlag (zuerst München: Christian Verlag; orig. Oxford: Andromeda Books
Coe, Michael D. (Hrsg.), Dean Snow & Elizabeth Benson 1998: Amerika vor Kolumbus (dt. 1991; orig. 1986)
Murray, Jocelyn (Hrsg.) 1998: Afrika (dt. zuerst 1981; orig. 1981)
Johnson, Gordon 1998: Indien und Pakistan, Nepal, Bhutan, Bangladesh, Sri Lanka (dt. zuerst 1995; orig. 1995)
Enzyklopädien großer Kulturregionen, großer Religionen oder wichtiger Epochen; von Fachleuten verfasste Texte, viele Fotos, Zeichnungen und oft gute Karten; einige Bände sind gegenüber den Originalausgaben überarbeitet, andere kaum, so dass bei aktuellen Themen teilweise überholt; insgesamt sind die Bände zum ersten Einlesen in eine Kulturregion sehr brauchbar

„Illustrierte Geschichte der Menschheit" (Hrsg. Göran Burenhult) o. J. Hamburg: Jahr Verlag (wiederaufgelegt 2000, Augsburg: Weltbild-Bechtermünz Verlag; auch frz.: «Collection Les Berceaux de l'Humanité». Paris: Bordas; orig. „The Illustrated History of Humankind". San Francisco etc.: Weldon Owen/Bra Bröcker AB, 1994), zum Beispiel:
Burenhult, Göran (Hrsg.) (1996) o. J.: Naturvölker heute. Beständigkeit und Wandel in der modernen Welt. Hamburg: Jahr-Verlag
Trotz des Titels eine guter Überblick für Laien und Schüler
Burenhult, Göran (Hrsg.) (1996) o. J.: Kulturen der neuen und pazifischen Welt. Kulturen Amerikas, Asiens und des Pazifiks. Hamburg: Jahr-Verlag
Fünfbändige Reihe mit kurzen, im Allgemeinen guten und gut bebilderten Beiträgen, die deutlich besser als die in „Bild der Völker" sind
Burenhult, Göran (Hrsg.) 2004: Große Zivilisationen von den Anfängen bis zur Gegenwart. Frankfurt: Karl Müller Verlag
Ein einbändiger, aber vollständiger Wiederabdruck mehrerer Bände des oben genannten Werks „Illustrierte Geschichte der Menschheit" in kleinerem Format; alle Regionen werden behandelt und der Zeitraum umfasst ca. 3000 v. u. Z. bis heute

Indianer Nordamerikas: ein weltweiter Dauerbrenner

Vgl. auch die Sachbücher im Regionalteil, Abschnitt zu „Nordamerika: Indianische Kulturen und Eskimo/Inuit"

Spiele und Aktivitäten für Kinder und Jugendliche

Bracke, Julia & Anja Winter (Text) & Michaela Holthausen (Ill.) 2002: Lernwerkstatt Indianer. Kempen: BvK Buchverlag

Carlson, Laurie 2001: Wie die Indianer wirklich lebten. Zum Alltag der Ureinwohner Nordamerikas. Mülheim: Verlag an der Ruhr
Eine Sammlung von Materialien, Spielideen, Bastelanleitungen und Kochrezepten, die ein realistisches Bild des Daseins und der Probleme von Indianern geben will

Mennen, Patricia 2000: Indianer-Rätsel. Ravensburg: Ravensburger Buchverlag Otto Maier

Wickenhäuser, Ruben Philipp 1997: Indianer-Spiele. Spiele der Ureinwohner Amerikas für die Kids von heute. Mülheim: Verlag an der Ruhr
Eine umfangreiche Sammlung von 130 Spielen der nordamerikanischen Indianer, die mit Kindern und Jugendlichen in der Grundschule und der Sekundarstufe I gespielt werden können; zu den Spielen, die oft im Freien gespielt werden können, werden jeweils kulturelle Hintergründe erläutert

Wickenhäuser, Ruben Philipp 2003: Indianerleben. Eine Werkstatt. Mülheim: Verlag an der Ruhr
Material für Spiele und Aktivitäten rund um die Kultur der Indianer, gedacht für Jugendliche ab ca. der 9. Klasse; zu diesem Büchlein gibt es eine zugeordnete Website

Wolk-Gerche, Angelika 1999: Die Indianer. Ihre Kultur spielend kennenlernen. Frankfurt: Verlag Freies Geistesleben
Mit Spielideen, Fotografien und Aquarellen führt die Autorin Kinder in die Lebensweise von Indianern ein, wobei sie nicht nur die Vergangenheit behandelt und Idealisierung weitgehend vermeidet

Bilderbücher und Vorlesebücher für Kinder

Anonymus 2004: Bei den Indianern. Mein allererstes Sachbuch. Frankfurt: Karl Müller Verlag (Paletti)
Ein einfacher Text, angereichert mit lebendigen aquarellierten Strichzeichnungen

Clare, John D. 2001: Die Indianer. München: Ars Edition (Wissen der Welt)
Ein schmales Sachbuch, mit kurzen Texten und sehr vielen farbigen Abbildungen

Fuhr, Ute & Raoul Sautei 1995: Die Indianer. Frankfurt: Meyers Lexikonverlag (orig. «Les Indiens». Paris: Éditions Gallimard)
Ein kleines Büchlein mit ebenso ästhetischen wie informativen Zeichnungen und Überdeckfolien, die dazu anregen, sich das Leben der Indianer konkret vorzustellen

Kock, Hauke 1994: Indianer. Hamburg: Carlsen Verlag (Carlsen Lesemaus)
Detaillierte Zeichnungen und ein engagierter Text; für 3- bis 8-Jährige

Lunkenbein, Marilis, Angelika Stubner (Text) & Matthias Piel (Ill.) 2003: Indianer. Mein erstes Frage- und Antwortbuch. Bindlach: Loewe Verlag

Rautenstrauch-Joest Museum für Völkerkunde o. J.: Taschenmuseum Indianer Nordamerikas und Eskimo. Köln: Rautenstrauch-Joest Museum für Völkerkunde
Ein Materialienpaket mit vielen kleinen Objekten, Informationsblättern, Spielvorschlägen und Anleitungen sowie einem Begleitheft für Lehrer mit Unterrichtsvorschlägen

Richard, Udo & Dorothea Tust 2002: Indianergeschichten. Bindlach: Loewe Verlag (Vorlesebären)
Ein einfacher Text zum Vorlesen mit Kindern ab etwa 4 Jahren; mit Farbzeichnungen

Von Welck, Karin 1991: Bisonjäger und Mäusefreunde. Ravensburger Buchverlag Otto Maier
Ein verständlicher Text und schöne Farbzeichnungen zur Geschichte der Indianer und zu ihrer Lebensweise; das Buch wendet sich an Kinder im Grundschulalter und beleuchtet passenderweise besonders das Leben von Indianerkindern; mit kurzer Literaturliste

11. Kulturpark „Mini Malaysia" in Georgetown, Malaysia, 2004 (Foto: M. B.)

12. Die eigene Kultur im Museum; Museum of History, Hongkong, 2004 (Foto: M. B.)

Weinhold, Angela 2002: Bei den Indianern. Ravensburg: Ravensburger Buchverlag Otto Maier (Wieso? Weshalb? Warum?)
Ein Büchlein mit wenig Text, gedacht fürs erste Lesealter; mit einigen Ausklapptafeln

Sachbücher und Sachbilderbücher für Kinder und Jugendliche

Crummenerl, Rainer (Text) & Peter Klauke (Ill.) 2002: Die Indianer. Ihre Geschichte, ihr Leben, ihre Zukunft. Würzburg: Arena Verlag
Ein Buch für Jugendliche, dass ausdrücklich gegen negative Vorurteile und positive Idealisierungen antritt, wobei die Autoren Text und Bilder gleichberechtigt nebeneinander gestellt haben; der Text ist sachlich, aber lebendig geschrieben, die Abbildungen bestehen aus einer Mischung von einigen historischen Fotos, ausgewählten Kunstwerken zeitgenössischer Künstler und vor allem vielen farbigen Zeichnungen; letztere bringen viele Themen und Details, die in anderen Indianerbüchern fehlen, aber einige sind nicht frei von Romantisierung und esoterischen Anklängen

Jaschok-Kroth, Anngret 1995: Bei Indianern und Eskimo. Forscher auf Entdeckungsreise in Nordamerika. Mit Bildern aus dem Rautenstrauch-Joest Museum, Köln, hrsg. vom Museumsdienst Köln. Köln: Verlag Locher
Eine freie Erzählung der Reisen von Joest, Jacobsen, Bodmer, Prinz zu Wied und Catlin; mit vielen zwischengeschalteten Sachtexten und sehr reichhaltigen Abbildungen; insgesamt ein sehr gut gemachtes Bildsachbuch, vor allem für Jugendliche

Legay, Gilbert 1995: Atlas der Indianer Nordamerikas. Hamburg: Carlsen Verlag
Kein Atlas im wörtlichen Sinn, sondern ein Sachbuch mit kurzen Texten und über hundert farbigen Zeichnungen von Indianern und ihrer Sachkultur; es fällt auf, dass fast sämtliche der dargestellten Personen Männer sind

Roß, Thea 2004: Mein großes Indianerbuch. Münster: Coppenrath Verlag
Ein anregendes Sachbuch, das sich an ca. 8- bis 12-Jährige wendet, und das Leben der Indianer vor allem in der Vergangenheit erläutert; mit sehr informativen Aquarellen

Simpson, Judith (Text) & Helen Haliday et al. (Grafik) 2002: Indianer. Ravensburg: Ravensburger Buchverlag Otto Maier (orig. „Native Americans". San Francisco: Warren Owen, 2002)
Der ungewöhnlicherweise nach Themen gegliederte Band bietet große Bilder, Graphiken und kurze Texte

Seiler, Signe (Text) & Jörn Hennig (Zeichnungen) 1995: Indianer. Nürnberg: Tessloff Verlag (Was ist Was-Bücher, 42)
Ein informativer Text und viele Zeichnungen, Fotos und Bilder zur Lebensweise der verschiedenen Indianerstämme sowie ihren Kontakten und Konflikten mit westlichen Abenteurern, Siedlern, Händlern und Militärs

Wingate, Philipp, Struan Reid (Text) & David Cuzik (Ill.) 2002: Die Indianer. Spannende Geschichte für Kids. Bindlach: Gondolino im Gondrom Verlag (Abenteuer Vergangenheit) (orig. London: Usborne Publishing, 1995)
Ein Buch, das sich an Kinder ab 7 Jahren wendet und mit detaillierten farbigen Zeichnungen und kurzen Texterklärungen in die Lebenswelt der Indianer einführt, wobei sämtliche Überschriften als Fragen formuliert sind und etliche Stereotype aufgegriffen werden

Arens, Werner & Hans-Martin Braun 2004: Die Indianer Nordamerikas. Geschichte, Kultur, Religion. München: C. H. Beck (Beck Wissen, 2330)
Ein kompaktes Büchlein, das einen informativen, sachlichen und kompakten, dabei aber verständlichen Überblick bietet; ein Sachbuch, wie es sein soll

Bolz, Peter & Hans U. Sanner 1999: Indianer Nordamerikas – Kunst und Kulturen. Die Sammlungen des Berliner Museums für Völkerkunde. Berlin: G + H Verlag
Ein ausführlicher Bildband über die Ausstellungsstücke des Museums (ch)

Cushing, Frank Hamilton (Hrsg. Holger Kalweit) 1983: Ein weißer Indianer. Mein Leben mit den Zuni. Olten/Freiburg: Walter Verlag
Eine Anthologie von Texten eines Ethnologen, der bewusst die Lebensweise von Indianern übernehmen wollte und gleichzeitig wissenschaftlich über sie forschen wollte; er wurde als Mitglied in einer Indianergruppe in einem Pueblo in Neu-Mexiko aufgenommen und auch Mitglied eines speziellen Bundes; mit einer Bibliographie der Werke Cushings und von Literatur über ihn und die Zuni

Deloria, Vine 1996: Gott ist rot. Göttingen: Lamuv Verlag (Lamuv Taschenbuch, 201; zuerst 1986)
Ein Traktat über indianische Glaubensformen, mit vielen allgemeinen Aussagen, zum Beispiel das Religion immer ortsgebunden ist; aus der Feder des berühmten politisch aktiven Indianerführers

Die Indianer Nordamerikas 2000: Geo Epoche. Das Magazin für Geschichte, Nr. 4, Oktober 2000
Lebendige Texte und hervorragende Illustrationen sowie ein Informationsteil über Literatur, andere Medien und Adressen von Museen

Fagan, Brian M. 1990: Die ersten Indianer. Das Abenteuer der Besiedlung Amerikas. München: C. H. Beck (orig. „The Great Journey. The Peopling of Ancient America". London: Thames & Hudson, 1987)
Ein gut zugängliches Sachbuch zur Urgeschichte Nordamerikas aus der Feder des wohl bekanntesten Popularisators der Archäologie; hervorragend ausgestattet mit Karten, Strichzeichnungen und schwarzweißen Fotos; leider fehlt in der ansonsten liebevoll gemachten deutschen Ausgabe das Literaturverzeichnis

Farb, Peter [2]1976: Die Indianer. Entwicklung und Vernichtung eines Volks. Wien und München: Molden Taschenbuch Verlag (orig. „Man's Rise to Civilisation". New York: E. P. Dutton, 1968)
Ein lebendig geschriebener Überblick, der nach evolutionären Typen von Gesellschaften und darin auch nach Kulturregionen geordnet ist

Feest, Christian F. 1998: Beseelte Welten. Die Religionen der Indianer Nordamerikas. Freiburg etc.: Herder Verlag (Kleine Bibliothek der Religionen)
Wie der Untertitel durch den Plural schon andeutet, wird hier – anders als in vielen Büchern über „den Indianer" – die Vielfalt der Glaubensvorstellungen und weitergehend überhaupt das breite Spektrum der Indianerkulturen betont; ein anspruchsvolles, aber flüssig geschriebenes Sachbuch

Feest, Christian 1998: Sitting Bull. „Der letzte Indianer". Darmstadt: Hessisches Landesmuseum
Über die Indianer der nordamerikanischen Ebenen (Plains) und ihren berühmten Führer „Sitting Bull"; aus der Feder eines der führenden deutschsprachigen Ethnologen, die auf Indianer spezialisiert sind

Feest, Christian F. (Hrsg.): 2000: Kulturen der nordamerikanischen Indianer. Köln: Könemann Verlag

*Ein großformatiger Band, in dem die Kulturen nach zehn Regionen geordnet vorgestellt
werden, wobei Geschichte und heutige Lebenssituation berücksichtigt werden; enthält
sehr gute Karten und hervorragendes Bildmaterial sowie einen 20-seitigen sehr umfangreichen Glossar und eine 10-seitige detaillierte Übersicht der Ethnien und Sprachen; insgesamt sehr gehaltreich und angesichts des Inhalts und der Ausstattung extrem preiswert*

Feest, Christian u. v. a. (2002) o. J.: Indian Times. Nachrichten aus dem roten Amerika.
Frankfurt/Offenbach: Museum der Weltkulturen, Deutsches Filmmuseum, Deutsches
Ledermuseum (European Review of Native American Studies; ERNAS Monographs,
Extra Series, 1)

*Eine Begleitpublikation zu einer Ausstellung, die eine Sammlung von kurzen Aufsätzen
zu ganz unterschiedlichen Aspekten bringt – von der russischen Zeit Alaskas über Geschlechterrollen bis hin zu heutigem Indianertourismus und Touristenkunst; ausgestattet
mit weitgehend farbigen Abbildungen, oft zu Themen, zu denen man woanders kaum
Bilder findet; insgesamt ein sehr überzeugendes Beispiel popularisierter Wissenschaft*

Ferretti, Christin 2004: Indian Summer. Die indianische Küche. Frankfurt: Mary Hahn Verlag

*Ein illustrierter Band über die Küche der Indianer in Nordamerika mit Informationen
zum kulturellen Kontext der Nahrung und Rezepte*

Frazier, Ian 2001: On the Rez. London: Picador (auch New York: Farrar, Straus & Giroux,
2000)

*Anhand der Geschichte Pine Ridge Reservation in South Dakota und der Beschreibung
der heutigen Lebensverhältnisse nordamerikanischer Indianer, vor allem der Oglala-Na-
tion, werden die Transformation und Deformation von indianischer Kultur dargestellt;
ein meinungsfreudiges, bisweilen drastisches und sarkastisches, dabei aber auch sehr informatives Buch*

Gattuso, John 1993: Hüter der Weisheit. Bilder und Berichte von Indianern heute. München: Frederking & Thaler

*Ein Bild- und Textband, der den Wert indianischen Wissens und Weisheit feiert und dafür
auch liebevoll gestaltet wurde*

Iten, Oswald 1992: Keine Gnade für die Indianer. Überlebenskampf von Alaska bis Bolivien. Frankfurt/New York: Campus Verlag (zuerst Zürich: Verlag Neue Zürcher Zeitung)

*Eine Sammlung von 17 engagierten Reportagen, zumeist entstanden anlässlich der 500-
Jahr-Feiern der Fahrt des Kolumbus nach Amerika; dazu eindrucksvolle schwarzweiße
Aufnahmen; verfasst von einem Schweizer Journalisten, der auch für Berichte über bedrohte Ethnien in Südostasien und wegen seiner Beiträge zur Klärung der Kontroverse
um die Realität der Tasaday in den Philippinen bekannt wurde*

Jacquin, Philippe 2000: Indianer. Bergisch Gladbach: Bastei Lübbe Verlag (BLT Mensch &
Wissen, 42; orig. «Les Indiens d'Amerique». Paris: Flammarion, 1996; Collection Domi-
nos)

*Ein kurzer sachlicher Überblick zu Indianern Nordamerikas aus der Feder eines franzö-
sischen Ethnologen, der bemüht ist, negativen Vorurteilen wie auch Idealisierungen zu
begegnen und die heutige Lebenswirklichkeit darzustellen; mit wenigen Karten und Farbabbildungen sowie für diese Übersetzung zusammengestellten deutschsprachigen Literaturhinweisen, dazu ein detailliertes Register*

Hirschfelder, Arlene 2001: Die Geschichte der Indianer Nordamerikas. Frankfurt: Gerstenberg Verlag

Jeier, Thomas & Christian Heeb 2002: Magisches Indianerland. München: Bruckmann
Texte und Fotos zum Westen der USA und zu den dort lebenden Lakota-Indianern, insbesondere eine Reportage über Ron Hawks, einen modernen Medizinmann, den die Autoren auf einer magischen Reise begleiten; ein Beispiel der verbreiteten, in vielem romantisierenden und esoterisch angehauchten Indianertitel

Krech, Shepard 1999: The Ecological Indian. Myth and History. New York: W. W. Norton
Eine ethnologische und historische Überprüfung der populären Vorstellungen, dass Indianer mit ihrer Umwelt in hegender Weise umgingen; anhand von Fallbeispielen aus verschiedenen Regionen Nordamerikas

La Farge, Oliver 1969: Die große Jagd. Geschichte der nordamerikanischen Indianer. Frankfurt: Fischer Taschenbuch Verlag (orig. „A Pictorial History of the American Indian". New York: Crown Publishers, 1956)

Lindig, Wolfgang [4]1999: Nordamerika: Von der Beringstraße bis zum Isthmus von Tehuantepec. München: Deutscher Taschenbuch Verlag (Lindig, Wolfgang & Mark Münzel; Hrsg.: Die Indianer. Kulturen und Geschichte, Band 1, [3]1985, [1]1978 in einem Band; zuerst München: Fink Verlag, 1976)
Ein sehr kompakter Überblick in Taschenbuchformat mit ethnologischen und archäologischen Informationen

Papen, Helmut v. 2002: Natchez. Das Sonnenkönigreich am Mississippi. Viersen: Edition Vogelsang (Indianerkulturen Nordamerikas, 1)

Pearce, Roy Harvey 1993: Rot und Weiß. Die Erfindung des Indianers durch die Zivilisation. Stuttgart: Klett-Cotta Verlag (Greif-Bücher) (dt. zuerst 1992; orig. „Savagism and Civilization". Berkeley etc.: University of California Press, 1988, zuerst 1953)
Eine Kulturgeschichte der Zeit vom Anfang des 17. bis zur Mitte des 19. Jahrhunderts, insbesondere eine Ideengeschichte der leitenden Konzepte, Vorurteile und Idealisierungen über die Indianer Nordamerikas; aus der Feder eines amerikanischen Literaturwissenschaftlers; ein lebendiges Buch über ein bedrückendes Thema, das zuerst 1953 erschien; ein Vorreiter späterer Arbeiten über koloniale Konstruktion

Renner, Erich 2001: Heilige Berge und großer Nachtgesang. Auf der Suche nach dem Indianerleben. Wuppertal: Peter Hammer Verlag
Ein sehr lebendig geschriebener Band über indianisches Leben im heutigen Nordamerika; der Autor, ein Ethnologe, gibt neben vielen Informationen auch eigene Erlebnisse wieder und stellt die Erfahrungen und Innensichten seiner indianischen Gesprächspartner in den Mittelpunkt, thematisch konzentriert er sich auf die erstaunliche Lebendigkeit und Anpassungsfähigkeit tradierter Vorstellungen und Praktiken; das Buch ist mit Liebe gemacht und mit vielen Bildern ausgestattet

Stammel, Heinz-Josef 2000: Die Apotheke Manitous. Das Heilwissen der Indianer. Reinbek bei Hamburg: Rowohlt Taschenbuch Verlag
Populär geschrieben, aber dennoch recht anspruchsvoll

Trenk, Marin 2000: Die Milch des weißen Mannes. Die Indianer Nordamerikas und der Alkohol. Berlin: Dietrich Reimer Verlag
Eine ethnologische und sozialhistorische Studie zur Frage der verheerenden Folgen von Schnaps auf Indianer im 19. Jahrhundert; im Mittelpunkt stehen die rituellen Funktionen des Alkoholkonsums bei Indianern; exemplarisch für die möglichen Folgen von extrem ungleichem Kulturkontakt

Turner, Geoffrey 1983: Indianer. Zur Kultur und Geschichte der Indianer Nordamerikas. Hanau: Verlag Werner Dausien (Leipzig etc.: Urania-Verlag) (orig. „Indians of North America". Poole: Blanford Press, 1979)
Regional gegliederter Überblick mit sehr guten Farbzeichnungen

Wilson, James 2001: Und die Erde wird weinen. Die Indianer Nordamerikas. Frankfurt: Suhrkamp Verlag (dt. zuerst Wien: Franz Deuticke Verlag)
Ein guter und in zugänglicher Sprache geschriebener Überblick zur Geschichte, Lebensform und den Problemen nordamerikanischer Indianer; ein Buch, das besonders stark Indianern selbst das Wort ergreifen lässt

Opulente Bild-Sachbücher

Josephy, Alvin M. (Hrsg.) 1992: Amerika 1492. Die Indianervölker vor der Entdeckung. Frankfurt: S. Fischer Verlag (orig. „America in 1492. The World of the Indian Peoples Before the Arrival of Columbus". New York: Vantage Books, Alfred A. Knopf; The Newberry Library, 1991)
Eine allgemeinverständliche und weitgehend verlässliche Darstellung des Zustandes der Kulturen zur Zeit des ersten Kontakts mit Europäern, erschienen 500 Jahre nach der „Entdeckung" (aus europäischer Sicht); eingeteilt in Kapitel zu einzelnen Regionen bzw. Kulturtypen einerseits und bestimmten Themen wie Sprache und Religion andererseits; mit vielen historischen Bilddokumenten und einem nützlichen Literaturführer
Josephy, Alvin M. 2004: 500 Nations. Die illustrierte Geschichte der nordamerikanischen Indianer. Augsburg: Weltbild Verlag (zuerst als „500 Nations. Die illustrierte Geschichte der Indianer Nordamerikas". München: Frederking & Thaler, 1996; orig. „500 Nations. An Illustrated History of North American Indians". New York: Pathway Productions, 1995)
Geschichte der Indianer als erzählte Geschichte, größtenteils aus der Sicht von Indianern; ein aus einer TV-Serie entstandener und vor allem wegen seines Bildmaterials nützlicher Band: 485 Malereien, Holzschnitte, Zeichnungen und Fotos
Moore, Robert J. 1997: Die Indianer. Die verlorene Welt der Ureinwohner Nordamerikas. Erlangen: Karl Müller Verlag
Eine kommentierte Sammlung von Bildern dreier berühmter Indianermaler, die zwischen 1820 und 1840 enorm viele Bilder malten: Karl Bodmer, Charles Big King und George Catlin
Thomas, David Hurst, Jay Miller, Richard White, Peter Nabokov & Philip J. Deloria 1994: Die Welt der Indianer. Geschichte, Kunst, Kultur von den Anfängen bis zur Gegenwart. München: Frederking & Thaler (orig. „The Native Americans". Atlanta: Turner Publishing, 1993)
Entwicklung von Sozialordnung, Wirtschaft und Interaktion mit weißen Siedlern; reich illustriert mit hunderten von Zeichnungen und Fotos, davon viele Bilder heutiger indianischer Künstler sowie 21 Karten; einige der Illustrationen sind Geschmacksache
Zimmerman, Larry J. 2002: Indianer. Geschichte und Stämme, Häuptlinge, Geister und Medizinmänner, spirituelles Leben und Schöpfungsmythen. Köln: Evergreen, Taschen Verlag (Glaube & Rituale) (dt. zuerst München: Droemer Knaur, 1998; orig. „Native North America". Basingstoke: Macmillan; London: Duncan Baird Publishers, 1995; Living Wisdom)
Entgegen den esoterischen Erwartungen, die der Untertitel befürchten lässt, ein informatives Buch über nordamerikanische Indianer aus der Feder eines echten Kenners; kleinformatig, aber extrem reichhaltig illustriert, so dass das Buch quasi ein Museum im Taschenformat darstellt

Nachschlagewerke

Anonymus 1994: Der große Bildatlas der Indianer. Die Ureinwohner Nordamerikas. Geschichte, Kulturen, Völker und Stämme. München: Orbis Verlag (zuerst Gütersloh: Bertelsmann Lexikon Institut; orig. „The Native Americans". London: Salamander Books, 1991)
Ein nach neun Kulturregionen angeordneter Überblick mit informativen Texten, guten Orientierungskarten und vor allem hervorragendem Bildmaterial: historische Fotos, genaue farbige Zeichnungen und Fotos der materiellen Kultur, die quasi ein Museum im Buch darstellen; mit ausgiebiger Bibliographie
Mauer, Kuno 1994: Das neue Indianerlexikon. Macht und Größe der Indianer bis zu ihrem Untergang. München: Langen Müller Verlag
Ein Lexikon vor allem zu Personen und ethnologischen Bezeichnungen; leider lieblos gemacht, voller Fehler in der ethnologischen Terminologie, fast ohne Querverweise und insgesamt kein seriöses Buch
Oth, René 1986: Das große Indianer-Lexikon. Alles über Kultur und Geschichte eines großen Volkes. Würzburg: Arena Verlag
Ein umfangreiches Nachschlagewerk, das sich in erster Linie an Jugendliche wendet
Stammel, Heinz-Josef 1992: Indianer. Legende und Wirklichkeit von A bis Z. Leben – Kampf – Untergang. München: Orbis Verlag (zuerst München: C. Bertelsmann, 1982, 1989)
Ein Sachbuch mit einem Lexikonteil, das auf Persönlichkeiten und kriegerische Auseinandersetzungen konzentriert ist; tendenziell etwas sensationalistisch
Thiel, Hans Peter 2002: Meyers großes Indianerlexikon. München: Meyers Bibliographisches Institut; Meyers Lexikonverlag
Ein umfangreiches Werk, das sich an Kinder und Jugendliche wendet; 650 Stichwörter mit größtenteils farbigen 400 Abbildungen, die neben ethnologischen Themen auch prähistorische Themen behandeln
Van der Heyden, Ulrich (Hrsg.) 2000: Indianer-Lexikon. Zur Geschichte und Gegenwart der Ureinwohner Nordamerikas. Göttingen: Lamuv Verlag (frühere Auflagen Berlin: Dietz Verlag, 1992; Wiesbaden: VMA Verlag, 1996)
Ein besonders umfangreiches Lexikon mit über 200 Stichwörtern und über 200 Abbildungen; deutlich weniger romantisierend und kritischer zu der Rolle von westlichen Kulturen als viele andere Jugendindianerbücher; im Vergleich zu den anderen Lexika das eindeutig beste deutschsprachige Nachschlagewerk zu Indianern

Krimis

Hillermann, Tony 2001: Das Tabu der Totengeister. Reinbek bei Hamburg: Rowohlt Taschenbuch Verlag (auch München: Goldmann Verlag, 1992)
Ein „Ethno-Krimi", in dem der Autor aktuelle Kulturkonflikte innerhalb von Indianergruppen, hier der Navaho, darstellt, insbesondere anhand der Gedanken und Erlebnisse eines Polizisten, der zwischen tradierten indianischen Normen, modernen Gesetzen und der harten Realitäten steht
Hillermann, Tony 2001: Die sprechende Maske. Reinbek bei Hamburg: Rowohlt Taschenbuch Verlag
Ein weiterer Band aus der populären Reihe der „Canyon-Krimis" des beliebten Autors, der Elemente von Thrillern mit Mythologie mischt und immer wieder einen Polizisten der „Navaho Tribal Police" in den Mittelpunkt stellt

Der Mann, den sie Pferd nannten (A Man Called Horse; Elliot Silverstein, USA 1970); Dauer: 114 min; Farbe; erhältlich auf Video/DVD; (Paramount Home Video); online-Reviews unter www.rottentoma toes.com

In der Mitte des 19. Jahrhunderts in Dakota nehmen Sioux-Indianer den englischen Adligen John Morgan gefangen; er lernt, ihre Lebensweise zu verstehen und sich ihr anzupassen; als er sich im Kampf für den Stamm der Sioux einsetzt, gewinnt er ihren Respekt und wird in die Gemeinschaft initiiert; das erfolgreiche Western-Drama, von dem gar ein zweiter Teil gedreht wurde, versucht das Alltagsleben der Sioux-Indianer authentisch nachzuzeichnen und nimmt hierfür auch einige Längen in Kauf; letztlich geschieht die Beschreibung aber aus der Sicht des europäischen Außenseiters, der auch der Held des Films ist und am Ende für das Wohl des Stammes einsteht (jj)

Amerika

Beide Amerika insgesamt

Baer, Gerhard, Susanne Hammacher & Annemarie Seiler-Baldinger (Hrsg.) 1993: Die Neue Welt. Indianer zwischen Unterdrückung und Widerstand. Basel: Birkhäuser Verlag
Einige Übersichtsaufsätze und viele Fallstudien zur Entdeckung, Kolonialisierung, Widerstand und heutigem Leben von Indianern vorwiegend in Mittelamerika, Karibik und Südamerika und zum Kulturtransfer von den Amerikas nach Europa

Feest, Christian F. & Peter Kann, Museum für Völkerkunde Wien (Hrsg.) 1992: Das Altertum der Neuen Welt. Voreuropäische Kulturen Amerikas. Berlin: Dietrich Reimer Verlag
Eine Übersicht zur Kulturentwicklung zwischen 9000 v. u. Z bis 1600 durch einen kompakten, aber verständlichen Text sowie einen Katalog mit Beschreibungen von Funden aus paläoindianischen Kulturen in Nordamerika sowie von den Olmeken, Tolteken, Maya, Inka und Azteken; mit Übersichtskarten und insgesamt fast 200 mehrheitlich farbigen Aufnahmen

Gewecke, Frauke 1986: Wie die neue Welt in die alte kam. Stuttgart: Klett-Cotta Verlag
Geschichte der Wahrnehmung der neuen Welt durch die Europäer und die Rolle von Stereotype und (meist) negativen Vorurteilen

Josephy, Alvin M. (Hrsg.) 1992: Amerika 1492. Die Indianervölker vor der Entdeckung. Frankfurt: S. Fischer Verlag (orig. „America in 1492. The World of the Indian Peoples Before the Arrival of Cloumbus". New York: Vantage Books, Alfred A. Knopf; The Newberry Library, 1991)
Eine allgemeinverständliche und weitgehend verlässliche Darstellung des Zustandes der Kulturen zur Zeit des ersten Kontakts mit Europäern, erschienen 500 Jahre nach der „Entdeckung" (aus europäischer Sicht); eingeteilt in Kapitel zu einzelnen Regionen bzw. Kulturtypen einerseits und bestimmten Themen wie Sprache und Religion andererseits; mit vielen historischen Bilddokumenten und einem nützlichen Literaturführer

Schley, Gernot 2002: Indianer. Der Traum vom Jahrtausend der indigenen Völker. Unkel/Bad Honnef: Horlemann Verlag
Texte, die über die Inuit und neun südamerikanische Indianervölker informieren und für die Sache der Indianer und darüber hinaus für Indigene Völker allgemein eintreten, mit vielen farbigen Abbildungen

Stoll, Günther & Rüdiger Vaas 2001: Spurensuche im Indianerland. Exkursionen in die Neue Welt. Stuttgart: S. Hirzel Verlag

Ein sehr gutes Sachbuch über Theorien und Methoden verschiedenster Wissenschaften wie Molekulargenetik, Ethnobotanik, physische Anthropologie, Archäoastronomie und vergleichende Linguistik bei der Erforschung der Geschichte präkolumbianischer Kulturen beider Amerika; sehr gut ausgestattet mit Abbildungen und kommentierten Literaturhinweisen sowie detaillierten Reisehinweisen

Weatherford, Jack McIver 2004: Das Erbe der Indianer. Wie die neue Welt Europa verändert hat. Köln: Komet Verlag (dt. zuerst München: Eugen Diederichs Verlag, 1995; orig. „Indian Givers". New York: Crown Publishers, 1988)

Ein gut recherchiertes Sachbuch zum Beitrag der Indianer Nord- und Südamerikas zur Weltwirtschaft, zu Nutzpflanzen und Heilwissen, aber auch in anderen Bereichen wie zum Beispiel Stadtplanung; mit ausführlichem Literaturverzeichnis und detailliertem Register

Nordamerika: Indianische Kulturen und Eskimo/Inuit
(vgl. auch den obigen ausführlichen Abschnitt zu IndianernNordamerikas)

Anonymus 1994: Der große Bildatlas der Indianer. Die Ureinwohner Nordamerikas. Geschichte, Kulturen, Völker und Stämme. München: Orbis Verlag (zuerst Gütersloh: Bertelsmann Lexikon Institut; orig.: „The Native Americans". London: Salamander Books, 1991)

Ein nach neun Kulturregionen angeordneter Überblick mit informativen Texten, guten Orientierungskarten und vor allem hervorragendem Bildmaterial: historische Fotos, genaue farbige Zeichnungen und hervorragende Fotos der materiellen Kultur, die quasi ein Museum im Buch darstellen; mit einer ausgiebigen Bibliographie

Geo Epoche. Das Magazin für Geschichte: Die Indianer Nordamerikas. Nr. 4, Oktober 2000

Lebendige Texte und hervorragende Illustrationen und Karten sowie ein Informationsteil über Literatur, andere Medien und Adressen von Museen

Feest, Christian F. 1991: Eskimo – am Nordrand der Welt. Wien: Museum für Völkerkunde

Ein liebevoll ausgestatteter Band zu einer Ausstellung mit informativen und verständlichen Texten zu prähistorischen, historischen Kulturen und zum heutigen Leben in Grönland

Jacquin, Philippe 2002: Indianer. Bergisch Gladbach: Bastei Lübbe Verlag (BLT)

Ein kurzer sachlicher Überblick

Pearce, Roy Harvey 1993: Rot und Weiß. Die Erfindung des Indianers durch die Zivilisation. Stuttgart: Klett-Cotta Verlag (Greif-Bücher) (dt. zuerst 1992; orig. „Savagism and Civilization". Berkeley etc.: University of California Press, 1988, zuerst 1953)

Eine Kulturgeschichte der Zeit vom Anfang des 17. bis zur Mitte des 19. Jahrhunderts, insbesondere eine Ideengeschichte der leitenden Konzepte, Vorurteile und Idealisierungen über die Indianer Nordamerikas; aus der Feder eines amerikanischen Literaturwissenschaftlers; ein lebendiges Buch über ein bedrückendes Thema, das zuerst 1953 erschien; ein Vorreiter späterer Arbeiten über koloniale Konstruktion

Wilson, James 2001: Und die Erde wird weinen. Die Indianer Nordamerikas. Frankfurt: Suhrkamp Verlag

Ein guter und in zugänglicher Sprache geschriebener Überblick zur Geschichte, Lebensform und den Problemen nordamerikanischer Indianer

Zimmerman, Larry J. 2002: Indianer. Geschichte und Stämme, Häuptlinge, Geister und Medizinmänner, spirituelles Leben und Schöpfungsmythen. Köln: Evergreen, Taschen

Verlag (Glaube & Rituale) (dt. zuerst München: Droemer Knaur, 1998, orig. „Native North America". Basingstoke: Macmillan; London: Duncan Baird Publishers, 1995; Living Wisdom)
Entgegen den esoterischen Erwartungen, die der Untertitel befürchten lässt, ein informatives und extrem gut illustriertes Buch im Taschenformat

Nordamerika: Multikulturelle Gesellschaft

Brednich, Rolf Wilhelm 1988: Die Hutterer. Eine alternative Kultur in der modernen Welt. Freiburg etc.: Herder Verlag (Herder Spektrum)
Eine verständliche Darstellung der kommunitären Lebensform der Hutterer auf ihren Höfen in den Vereinigten Staaten; aus der Feder eines Volkskundlers, der auch schon viele, enorm erfolgreiche satirische Bücher, zum Beispiel zu populären Märchen, veröffentlicht hat; vgl. Holzach 1986 für einen journalistischen Bericht

Fedigan, Anne 2000: Der Geist packt dich, und du stürzt zu Boden. Ein Hmong-Kind, seine Ärzte und der Zusammenprall der Kulturen. Berlin: Berlin Verlag (orig. „The Spirit Catches You and You Fall Down. A Hmong Child, Her American Doctors, and the Collision of Two Cultures". New York: Farrar & Strauss, 1997)
Eine beispielhafte Darstellung von Erfahrungen von Einwanderern, interkulturellen Missverständnissen und resultierenden Konflikten in den USA

Harris, Marvin 1981: America Now. The Anthropology of A Changing Culture. New York: Simon & Schuster (A Touchstone Book)
Der Kulturmaterialist Harris stellt das moderne Nordamerika als kulturelles System dar, wofür er den holistischen Kulturbegriff nutzt; und er tut dies auf anregende, unterhaltsame und zum Teil provozierende Weise

Holzach, Michael [7]1986: Das vergessene Volk. Ein Jahr bei den deutschen Hutterern in Kanada. München: Deutscher Taschenbuch Verlag (zuerst Hamburg: Hoffmann und Campe Verlag, 1980)
Der Bericht über einen langen Aufenthalt eines Journalisten bei bibeltreuen, pazifistisch orientierten und bewusst traditionell lebenden Menschen, deren Vorfahren aus Deutschland über Russland und ab 1874 nach Nordamerika wanderten und die heute in der nordamerikanischen Prärie leben; detailliert und spannend geschrieben und streckenweise etwas idealisierend; mit schwarzweißen Fotos; vgl. Brednich 1988

Kittler, Pamela Goyan & Kathryn P. Sucher 2000: Cultural Foods. Belmont, Cal.: Wadsworth Thomson Learning
Eine lebendige Einführung in die kulturelle Vielfalt der Vereinigten Staaten anhand der Nahrung und der Ernährungsgewohnheiten

Kottak, Conrad Phillip & Kathryn A. Kozaitis [2]2003: On Being Different. Diversity and Multiculturalism in the North American Mainstream. Boston etc.: McGraw-Hill College ([1]1999)
Eine didaktisch perfekte Einführung in die vielfältigen Kulturen Nordamerikas und gleichzeitig eine Einführung in die Kulturanthropologie

Raban, Jonathan 1999: Bad Land. Ein amerikanisches Abenteuer. Frankfurt/Leipzig: Insel Verlag (orig. „Bad Land. An American Romance". London: Picador, 1996)
Ein Bericht über Siedler, ihre Herkunft aus Europa, ihre Lebensweise in den kargen Prärien und ihre Träume, erarbeitet aufgrund von Tagebüchern, anderen schriftlichen Dokumenten und Gesprächen des Autors mit Menschen in Montana; ein informatives und atmosphärisch dichtes Buch über den Way of Life in der amerikanischen Provinz

Bouke, Andreas 2002: Kaleidoskop Mittelamerika. Reportagen und Informationen. Unkel/ Bad Honnef: Horlemann Verlag

Lewis, Oscar 1963: Die Kinder von Sánchez. Selbstporträt einer mexikanischen Familie. Frankfurt: Fischer Taschenbuch Verlag (dt. zuerst Düsseldorf: Econ Verlag, 1963; Frankfurt: Büchergilde Gutenberg, 1965; orig. „The Children of Sánchez. Autobiography of a Mexican Family". New York: Random House, 1961)
Zur Lebenssituation und Armut von ländlichen Migranten in Mexico City; mit der populären wie umstrittenen Theorie einer eigenen „Kultur der Armut" (culture of poverty); ein altes, aber wegen seiner lebendigen und existenziell dichten Beschreibungen nach wie vor lesenswertes Buch

Raddatz, Corinna, Hamburgisches Museum für Völkerkunde (Hrsg.) 1992: Afrika in Amerika. Ein Lesebuch zum Thema Sklaverei und ihren Folgen. Hamburg: Hamburgisches Museum für Völkerkunde
Ein sehr reichhaltiges Ausstellungshandbuch mit informativen Texten zu geschichtlichen Hintergründen und heutigem Leben; reichhaltig ausgestattet, modern im Layout und bibliophil gemacht

Stingl, Miloslav 1996: Die Götter der Karibik. Die Geschichte der afroamerikanischen Kultur. Düsseldorf: Econ Taschenbuch Verlag (früher als „Die schwarzen Götter Amerikas". Düsseldorf etc.: Econ Verlag, 1990)
Eine gut zugängliche Darstellung afroamerikanischer Kulturen und ihrer oft unterschätzten Rolle in der heutigen Karibik und Teilen Südamerikas; ein Buch aus der Feder des für viele populärwissenschaftliche Titel bekannten tschechischen Ethnologen; mit markanten Graphiken, Auswahlbibliographie und detailliertem Register

Film

Amores Perros (Alejandro González Iñárritu, Mexiko 2000); AltaVista/Zeta Produktion; Dauer: 147 min; Farbe; deutsch und lateinamerikanisches spanisch; auf DVD und Video im Handel erhältlich
Octavio möchte seine Schwägerin bewegen, mit ihm aus Mexiko Stadt abzuhauen, um mit ihr ein neues Leben zu beginnen, das Geld dafür gewinnt er bei Hundekämpfen; das Topmodell Valeria, deren Geliebter für sie Frau und Kinder verlassen hat, sitzt seit einem Unfall im Rollstuhl; eine Welt bricht für sie zusammen, als ihr Schoßhündchen in ein Loch im Parkett unter der Wohnung stürzt und nicht wieder hervorkommt; der obdachlose El Chivo dagegen schlägt sich als Auftragsmörder durch. Er beobachtet heimlich seine Tochter, die er vor vielen Jahren verlassen hatte, um bei der Guerilla zu kämpfen; sie hält ihn für tot; nur seine Hunde helfen ihm über diesen Verlust hinweg; diese drei Handlungsstränge sind genial miteinander verknüpft; Ausgangspunkt ist ein Unfall, in dem alle Protagonisten und ihre Hunde verwickelt sind; darauf bauen alle drei parallel verlaufenden Geschichten auf, wobei gleichermaßen Vergangenheit und Zukunft beleuchtet werden; die kontrastreichen Seiten des Lebens in Mexiko werden porträtiert, Brutalität und Gewalt ebenso wie Schönes; im Schicksal der Hunde reflektieren sich die Zustände der Protagonisten; der auch durch seine kraftvolle Bildersprache überzeugende Film erhielt gleich mehrere Auszeichnungen; u. a.: Oscar-Nominierung für den besten ausländischen Film 2001; Grand Prix de la Semaine de la Critique, Cannes; Best New Director, Edinburgh Film Festival; Bester Film, Moskau International Film Festival (sc)

Südamerika insgesamt und altamerikanische Kulturen
(Maya, Azteken, Inka)

Clare, John D. 2001: Die Azteken. München: Ars Edition (Wissen der Welt)
Ein kurzes Sachbuch mit kurzen Texten und sehr vielen farbigen Abbildungen; vom selben Autor gibt es auch einen gleichartigen Band über Indianer
Deimel, Claus & Elke Ruhnau 2000: Jaguar und Schlange. Der Kosmos der Indianer in Mittel- und Südamerika. Berlin: Dietrich Reimer Verlag
Texte und hervorragende Fotos zu Vorstellungen über die Natur
Galeano, Eduardo 2004: Erinnerung an das Feuer. Gesamtausgabe. Wuppertal: Peter Hammer Verlag
Eine bewusst aus persönlicher Erfahrung geschriebenes, durch soziales Engagement angetriebenes und teils in epischer Breite formuliertes Werk über die Geschichte Lateinamerikas auf weit über tausend Seiten
Geo-Epoche. Maya. Inka, Azteken 2004. Die altamerikanischen Reiche 2600 v. Chr. bis 1600 n. Chr. Geo Epoche. Das Magazin für Geschichte Nr. 15
Gute Texte und hervorragende Bilder zu präkolumbischen Kulturen und ihre Begegnung mit Europäern, wobei auch die heutigen Nachfahren kurz berücksichtigt werden; der Anhang bietet eine detaillierte Chronologie und historische Karten
Keifenheim, Barbara 2000: Wege der Sinne. Frankfurt/New York: Campus Verlag
Anhand des Zusammenhangs zwischen der kulturell geprägten Wahrnehmung der Indianer und ihrer Kunst in Form von Mustern von Webarbeiten oder Gesichtsmalereien skizziert die Autorin eine kunstanthropologische Theorie zur Sinnes- und Wahrnehmungswelt, die nicht dem für Europa bezeichnenden Primat des Visuellen folgt
Iten, Oswald 1992: Keine Gnade für die Indianer. Überlebenskampf von Alaska bis Bolivien. Frankfurt/New York: Campus Verlag (zuerst Zürich: Verlag Neue Zürcher Zeitung)
Eine Sammlung von 17 engagierten Reportagen, zumeist entstanden anlässlich des 500-Jahr-Jubiläums der Fahrt des Kolumbus nach Amerika; dazu eindrucksvolle schwarzweiße Aufnahmen; verfasst von einem Schweizer Journalisten
Münzel, Mark [4]1999: Die Indianer. Mittel- und Südamerika: Von Yucatán bis Feuerland. München: Deutscher Taschenbuch Verlag (Lindig, Wolfgang & Mark Münzel: Die Indianer. Kulturen und Geschichte, Band 2; [3]1985, [1]1978 in einem Band; zuerst München: Fink Verlag, 1976)
Ein knapper und extrem informativer Überblick in dichtem Stil, der einen Teil zu Mittelamerika enthält; mit außergewöhnlich ausführlichen Literaturangaben, die nach Subregionen geordnet sind
Oth, René 2002: Inkas, Mayas und Azteken. Die wahre Geschichte der Indianer Mittel- und Südamerikas. München: Battenberg Verlag
Eine engagierte Darstellung mit vielen Bildern, deren Qualität oft nicht enorm ist, die man aber sonst kaum findet, sowie historischen Bilddokumenten
Pörtner, Rudolf & Nigel Davies (Hrsg.) 1980: Alte Kulturen der Neuen Welt. Neue Erkenntnisse der Archäologie. Düsseldorf/Wien: Econ Verlag (auch 1982 als Taschenbuch)
Ein Sammelband mit gut zugänglichen Beiträgen; ein Sachbuch mit guten verständlichen Texten zur Frühgeschichte beider Amerika auf dem Erkenntnisstand Ende der 1970er Jahre; mit Glossar, ausführlichen Literaturhinweisen und detailliertem Register; das Buch bietet dazu wegen seiner Ausstattung mit sehr guten schematischen Karten und guten Farbabbildungen eine Art Museum im Buch

Prem, Hans ³2004: Die Azteken. Geschichte, Kultur und Gesellschaft. München: C. H. Beck (Beck'sche Reihe, Beck Wissen, 2035)
Kurzer dichter Überblick; ähnlich Riese 2003

Riese, Berthold ⁵ 2004: Die Maya. Geschichte, Kultur und Gesellschaft. München: C. H. Beck (Beck'sche Reihe, Beck Wissen, 2026) (³2003, ²1997, ¹1995)
Ein kurzer, chronologisch angeordneter Überblick zu gesicherten Erkenntnissen der Mayaforschung durch mehrere Disziplinen; dazu ausführliche Darstellung der konkurrierenden Hypothesen zu Entstehung und Untergang der Maya und zu offenen Fragen, ähnlich Prem 2004

Riese, Berthold ⁵2004: Machu Picchu. Die geheimnisvolle Stadt der Inka. München: C. H. Beck (Beck'sche Reihe, Beck Wissen, 2341)
Ein informatives und trotz des Untertitels sehr sachliches Buch über die Ruinenstadt, die eines der Hauptziele von Touristen in den Anden ist, und die Geschichte ihrer Entdeckung

Sabloff, Jeremy A. 1991: Die Maya. Archäologie einer Hochkultur. Heidelberg: Spektrum Wissenschaft Verlagsgesellschaft (Spektrum Bibliothek, 29) (orig. „The New Archaeology and the Ancient Maya". New York: W. H. Freeman, HPHLP; Scientific American Library)
Ein verständliches Sachbuch zu den klassischen Maya ca. 300 bis 900 n. Chr., aber auch zur nach- und postklassischen Phase (ca. 900–1450 n. Chr.); ein sehr informatives und extrem gut ausgestattetes Buch; der Band ist nicht nur inhaltlich überzeugend, sondern wegen der Ausstattung und des Layouts meines Erachtens auch unter bibliophilem Gesichtspunkt ein Leckerbissen

Schindler, Helmut (mit einem Beitrag von Heiko Prümers) 1990: Bauern und Reiterkrieger. Die Mapuche-Indianer im Süden Amerikas. München: Hirmer Verlag/Staatliches Museum für Völkerkunde
Ein sehr gut gemachtes Sachbuch über die Geschichte und heutige Lebensweise der araukanischen Indianer, die heute in Mittelchile leben; die Mapuche sind wegen ihrer frühen und intensiven Beziehungen zu Europäern, ihres umfassenden Wandels in ihren Wirtschaftsweisen und ihren Wanderungen besonders interessant; sehr gut ausgestattet mit schwarzweißen Aufnahmen, Farbtafeln und Karten

Spahni, Jean-Christian, Rudolf Moser, Maximilian Bruggmann & Peter Frey 1986: Indianer Südamerikas. Zürich: Silva-Verlag
Sachkundige und gut verständliche Texte und großformatige Farbaufnahmen zu den Indianern der Anden-Hochländer und des Tieflandes; mit einer guten Ethnienkarte im Vor- und Nachsatz

Weber, Hartwig 1982: Die Opfer des Kolumbus: 500 Jahre Gewalt und Hoffnung. Geschichte und Gegenwart Südamerikas – historische Berichte, Kommentare, Bilder. Reinbek bei Hamburg: Rowohlt Taschenbuch Verlag
Ein engagiertes politisches Sachbuch zu Entdeckung, Conquista und nachkolonialer Geschichte Lateinamerikas; mit vielen Dokumenten sowie historischen Abbildungen und Bildern heutigen Lebens ... und Leidens

Westphal, Wilfried 1991: Die Maya. Volk im Schatten seiner Väter. Bindlach: Gondrom Verlag (auch Pawlak, 1991; dt. zuerst Stuttgart: Europäische Bildungsgemeinschaft, 1977)
Ein lebendig und dabei inhaltlich dichtes Sachbuch mit schwarzweißen und farbigen Abbildungen sowie Karten; der Autor schrieb etliche Sachbücher, die Archäologie und Kulturgeschichte mit Ethnologie verbinden; vgl. Westphal 1985

Westphal, Wilfried 1985: Unter den Schwingen des Kondor. Das Reich der Inka. München: C. Bertelsmann (auch als Sonderausgabe im Weltbild Verlag)

Ein lebendig erzählendes und dabei inhaltlich detailliertes Sachbuch mit schwarzweißen und farbigen Abbildungen sowie Karten; der Autor schrieb etliche Sachbücher, die Archäologie und Kulturgeschichte mit Ethnologie verbinden; als Ergänzung zu den Mayas vgl. Westphal 1977

Westphal, Wilfried 2001: Rätselhafte Inka. Bindlach: Gondrom Verlag

Ein dem früheren Band des Autors zu den Inka (Westphal 1985) ähnliches Buch

Westphal, Wilfried 2003: Montezumas Erben. Die Geschichte der Azteken von den Anfängen bis heute. Essen: Magnus Verlag (zuerst 1990)

Bild-Atlanten

Bancroft-Hunt, Norman 2002: Atlas der indianischen Hochkulturen. Olmeken, Tolteken, Maya, Azteken. Frankfurt: Tosa Verlag

Kein Atlas im engen Sinn, sondern eine Mischung aus Text, vielen Fotos und einigen Karten, der wesentlich einfacher gehalten ist als das Werk von Coe et al. 1998

Coe, Michael D. (Hrsg.), Dean Snow & Elizabeth Benson 1998: Amerika vor Kolumbus. Augsburg: Weltbild-Bechtermünz Verlag (Bildatlas der Weltkulturen. Kunst, Geschichte und Lebensformen; dt. zuerst München: Christian Verlag, 1986; orig. „Atlas of Ancient America". Oxford: Andromeda Books, [1]1986, [2]1991; New York: Facts on File, 1986)

Einer der wenigen Bände zu präkolumbischer Kultur des gesamten Amerika; gegliedert in einen kurzen Teil mit thematischen Abschnitten zu Bevölkerung, Lebensräumen, Entdeckung, Forschungsgeschichte und Besiedlung sowie einen Hauptteil mit regionalen Kapiteln zu Nordamerika, Mesoamerika und Südamerika und einem kurzen Kapitel zu den heutigen Nachfahren; das Buch bietet einfache Texte, gute Farbbilder, Kästen zu Fundorten, Graphiken und Karten; die physischen und thematischen Karten zu den Ländern und Regionen sind zum Teil sehr detailliert; mit einer gegliederten Literaturliste und zwei detaillierten Registern, einem geographischer Namen und Sachen

Südamerika: Hochland

Gade, Daniel W. 1999: Nature and Culture in the Andes. Madison: University of Wisconsin Press

Kulturgeographischer und ökologischer Überblick über den Andenraum in Form von Essays und unter besonderer Berücksichtigung des Wechselspiels von Naturdeterminanten und kulturellen Landschaftsfaktoren, im Mittelpunkt stehen die „zentralen Anden", die als über das Hochland hinausgehend aufgefasst werden

Kelm, Antje & Helga Rammow 1988: Was geht uns ihre Armut an? Indianerschicksale im Hochland von Bolivien. Hamburg: Museumspädagogischer Dienst

Eine einfühlsame Beschreibung der Umwelt und der Probleme, die als Einführung in die Grundlagen der Kultur in den Anden geeignet ist

Kelm, H. & Mark Münzel 1974: Herrscher und Untertanen. Indianer in Perú, 100 v. Chr. – heute. Frankfurt: Museum für Völkerkunde (Roter Faden zur Ausstellung, 1)

Ein Querschnitt und Längsschnitt einer regional bedeutenden Kultur; über die Vor-Inka-Zeit, zum Imperium der Inka und zur Kolonialherrschaft; blendend illustriert mit fast 400 schwarzweißen Karten und Fotos; insgesamt ein Museum im Taschenformat

Brose, Markus, Clarita Müller-Plantenburg, Eije Pabst & Heinrich Seul 1988: Amazonien – eine indianische Kulturlandschaft: Traditionen naturverbundenen Lebens und Wirtschaftens im tropischen Regenwald. Kassel: Gesamthochschule Kassel

Chagnon, Napoleon Alphonseau 1994: Yanomamö. Leben und Sterben der Indianer am Orinoko. Berlin: Byblos (auch München: Deutscher Taschenbuch Verlag, 1996)

Chagnon, Napoleon Alphonseau [4]1992: The Yanomamö. The Last Days of Eden. San Diego etc.: Harcourt, Brace & Company (A Harvest Original)
Eine lebendige, zum Teil persönliche und gut bebilderte Darstellung der Lebensweise und des Umgangs von Chagnon mit Yanomami; vgl. Lizot 1982 als alternative Darstellung und Tierney 2000 als extreme Kritik an Chagnon

Descola, Philippe 1996: Leben und Sterben in Amazonien. Bei den Jivaro-Indianern. Stuttgart: Klett-Cotta Verlag
Ein umfangreiches Buch aus der Feder eines bekannten französischen Ethnologen und Schülers von Claude Lévi-Strauss

Garve, Roland, Miriam Garve & Carola Kasburg 2002: Unter Amazonas-Indianern. München: Herbig Verlag
Ein opulent mit Fotos ausgestatteter Band zu den Indianern des Tieflands, dessen Texte größtenteils aus der Feder eines erfolgreichen TV-Popularisators ethnologischer Themen, der zum Beispiel des Öfteren im Wissensmagazin „Galileo" (Sat 1) auftritt und sich als „Völkerforscher" bezeichnet; während die Fernsehbeiträge des Autors oft extrem exotisierend sind, ist dieser Band trotz allen Abenteuerjargons und teils paternalistischen Engagements für die Indianer weitgehend sachlich verfasst, blendend mit Abbildungen ausgestattet und insgesamt mit viel Liebe gemacht

Kottak, Conrad Phillip [3]1999: Assault on Paradise. Social Change in a Brazilian Village. New York: McGraw-Hill ([2]1992, zuerst New York: Random House, [1]1983)
Eine Beschreibung des Umgangs einer brasilianischen Siedlung in Bahia mit dem Wirtschaftswandel; basierend auf einer Feldforschung 1962 und Wiederbesuchen bis heute; ein Buch, das laut Autor ursprünglich nicht als „trade book" gedacht war, sich aber wegen der Verständlichkeit und guten Illustrationen gut verkaufte

Kurella, Doris & Dietmar Neitzke (Hrsg.) 2002: Amazonas-Indianer. LebensRäume – LebensRituale – LebensRechte. Stuttgart: Linden Museum/Berlin: Dietrich Reimer Verlag
Exemplarische Darstellung von drei Indianergruppen in Brasilien und Kolumbien eingerahmt von Beiträgen zur Geographie Amazoniens, zur Entdeckung und Eroberung, zur heutigen Lebenssituation und zu Problemfeldern, vor allem der indianischen Gruppen, darunter einiger relativ isolierter Gruppen; mit ca. 230 Abbildungen, darunter vielen historischen Fotos sowie größtenteils sehr guten Farbbildern zu Landschaft und Lebensweise in Amazonien und von Museumsstücken, klare Graphiken und gute thematische Karten, mit Literaturhinweisen; ein Buch, das informativ ist und dabei auch noch im Layout mit Liebe gemacht wurde

Lizot, Jacques 1982: Im Kreis der Feuer. Aus dem Leben der Yanomami-Indianer. Frankfurt: Syndikat Verlag (orig. «Le cercle de feux». Paris: Editions du Seuil, 1976
Ein lebendiges Buch eines Autors, der sehr lange bei Yanomami lebte und ein im Vergleich zu Chagnon weniger hartes Kulturbild zeichnet; vgl. Chagnon 1992

MacEwan, Colin, Luis A. Borrero & Alfred Prieto (eds.) 1997: Patagonia. Natural History, Prehistory, and Ethnography at the Uttermost End of the Earth. London: British Museum Press (for the Trustees of the British Museum)

Ein Überblicksband in Form von Aufsätzen, der aus einer Ausstellung hervorging; blendend illustriert mit historischen Fotografien und Bildern vom heutigen Feuerland

Magnaguagno, Guido & Martin Schaub (Konzept) 1992: Brasilien. Entdeckung und Selbstentdeckung. Bern: Benteli Verlag

Ein Magnum Opus zur Geschichte und zu Varianten der heutigen Kultur Brasiliens; mit Beiträgen aus vielerlei Disziplinen neben der Ethnologie; ausgestattet mit hervorragendem Bildmaterial

Müller, Wolfgang 1995: Die Indianer Amazoniens. Völker und Kulturen im Regenwald. München: C. H. Beck

Ein herausragendes Sachbuch, in dem ein sachlicher und sehr konzentrierter, aber dennoch verständlich geschriebener Überblick der Kulturen Amazoniens gegeben wird; ein außerdem mit sehr guten Illustrationen ausgestatteter Band

Münzel, Mark 1977: Schrumpfkopf-Macher? Jibaro-Indianer in Südamerika. Frankfurt: Museum für Völkerkunde (Roter Faden zur Ausstellung, 4)

Eine exemplarische Darstellung einer Indianergruppe im nordwestlichen Südamerika; blendend illustriert mit über 450 schwarzweißen Karten und Fotos

Seiler-Baldinger, Annemarie 1987: Indianer im Tiefland Südamerikas. Basel: Museum für Völkerkunde

Begleitbuch zur einer Ausstellung, die den Titel „Indianisches Amerika" trug

Thierney, Patrick 2000: Verrat am Paradies. München etc.: Piper Verlag (orig. „Darkness in El Dorado. How Scientists and Journalists Devastated the Amazon". New York: W. W. Norton, 2000)

Eine Kritik, die vorwiegend ethische Vorwürfe gegen Napoleon Chagnon erhebt und schon vor der Veröffentlichung durch ein E-Mail weithin bekannt wurde; sie führte im Herbst 2000 zu einer heftigen Debatte im Internet, bei der einige der heftigen Animositäten gegen die Soziobiologie wieder hochkamen, und zu einem Skandal in der AAA

Film

Kopfjäger Amazoniens. Der Mythos der Jivaros (Jivaros, la légende des réducteurs de tête; Yves de Peretti, Frankreich 2002); Arte France/Gedeon Programmes/RAI; Dauer: 60 min; dt., OmU; Farbe/SW; Ausstrahlung auf Arte-Themenabend „Auf den Spuren fremder Völker"

Angeregt durch den Kauf eines Schrumpfkopfes auf einer Auktion macht sich der Dokumentarfilmer auf den Weg zu den sog. Jivaros-Indianern (Shuar) in Ecuador, um das Geheimnis des Tsantsa-Rituals (Schrumpfung von Köpfen) zu lüften; er begegnet dort vielen alten und neuen Mythen und Missinterpretationen in der Begegnung der „Weißen" mit den Shuar; dieser spannend erzählte Bericht zeigt auch interessante Ausschnitte aus alten Dokumentationen und vollzieht streckenweise einen filmischen Perspektivwechsel, indem das Filmteam seinen Gastgebern die Kamera überläßt (jj)

Afrika

Afrika insgesamt

Beier, Uli 1999: Auf dem Auge Gottes wächst kein Gras. Im Austausch mit westafrikanischer Kultur und Politik, Kunst und Religion. Wuppertal: Edition Trickster im Peter Hammer Verlag

Uli Beier vermittelt Eindrücke seiner jahrzehntelangen Tätigkeit als Förderer westafrikanischer Kunst mit dem Ziel interkultureller Begegnung; ein anregender und mit Liebe gemachter Band

Broszinsky-Schwabe, Edith 1988: Kultur in Schwarzafrika. Geschichte – Tradition – Umbruch – Identität. Köln: Pahl-Rugenstein Verlag (orig. Leipzig etc.: Urania Verlag)
Ein Sachbuch zu Geschichte, heutigem Leben und kulturellem Umbruch im subsaharischen Afrika aus der leider untergegangenen Tradition von Sachbüchern aus der ehemaligen DDR; hervorragend mit Vignetten, historischen Fotos und modernen Abbildungen illustriert

Denyer, Susan 1978: African Traditional Architecture. An Historical and Geographical Perspective. London etc.: Heinemann Educational Books
Eine kompakte Übersicht, die, anders als der Untertitel erwarten lässt, thematisch gegliedert ist: ländliche Siedlungen, Städte, religiöse Gebäude, Verteidigungsbauten, Dekoration, Stile, Modernisierung; ausgestattet mit über 300 schwarzweißen Abbildungen

Fage, John D. & Roland Oliver 2002: Kurze Geschichte Afrikas. Wuppertal: Edition Trickster im Peter Hammer Verlag (orig. „A Short History of Africa". London: Penguin Books, [1]1962, [6]1995)
Eine gut lesbare Übersicht, die bis 2000 reicht, aus der Feder erfahrener britischer Afrikahistoriker; seit ihrem Erscheinen ein Klassiker; mit einer bewussten Betonung nichteurozentrischer Perspektiven; mit einfachen Karten und ausführlichen Literaturhinweisen; für eine detailliertere Geschichte vgl. Iliffe 2000

Faik-Nzuji, Clémentine 1993: Die Macht des Sakralen. Mensch, Natur und Kunst in Afrika. Eine Reise nach Innen. Solothurn/Düsseldorf: Walter Verlag (orig. «La Puissance du Sacré. L'homme, la nature et l'art en Afrique noire». Bruxelles: La Renaissance du Livre, 1993)

Jestel, Rüdiger (Hrsg.) 1982: Das Afrika der Afrikaner. Gesellschaft und Kultur Afrikas. Frankfurt: Suhrkamp Verlag
Ein Band mit Texten von Wissenschaftlern und Intellektuellen aus verschiedensten Ländern des Kontinents, der die Vielfalt Afrikas zeigt

Kossodo, Blandena Lee 1980: Die Frau in Afrika. Zwischen Tradition und Befreiung. Berlin: Ullstein Verlag (zuerst München: List Verlag, 1978; orig. „Women in Africa")
Ein lebendiges Sachbuch über Lebensweise und Probleme anhand der Phasen des Lebenszyklus und der Probleme und Konflikte in ländlichen Gebieten und in Städten; mit Literaturhinweisen und gutem Register

Mabe, Jacob Emmanuel (Hrsg.) 2004: Das Afrika-Lexikon. Ein Kontinent in Tausend Stichwörtern. Wuppertal: Peter Hammer Verlag; Stuttgart: Verlag J. B. Metzler (Sonderausgabe; zuerst 2001)
Ein zeitgeschichtlich orientiertes Kompendium zu Landeskunde, Geschichte und Entwicklung, an dem 200 Wissenschaftlerinnen und Wissenschaftler mitgearbeitet haben, die zum großen Teil über ausgiebige eigene Erfahrungen verfügen; sehr informativ, anregend und mit vielen Karten und Abbildungen ausgestattet; ein hierzulande konkurrenzloses Werk

Maquet, Jacques & Herbert Ganslmayer 1978: Die Afrikaner. Völker und Kulturen des Schwarzen Kontinents. München: Heyne Verlag (orig. Paris: Horizons de France, 1962)
Ein einfach geschriebener Überblick, der die Gesellschaften nach kulturökologischen Gesichtspunkten regional gegliedert darstellt; mit sehr guten Karten und ausführlichen regional gegliederten Literaturhinweisen

Marx, Christoph 2004: Geschichte Afrikas. Von 1800 bis zur Gegenwart. Paderborn: Ferdinand Schöningh Verlag

Ein Überblick zum gesamten Afrika mit einem Schwergewicht auf dem Kolonialismus und seinen erheblichen Folgen; ein anspruchsvolles und umfangreiches Buch, das aber verständlich geschrieben und dazu gut illustriert ist, so dass das Buch auch für Laien nützlich ist

Messner, Ursula & Heinz Merlitzky 2003: Todestanz. Sex und Aids in Afrika. Frankfurt: Eichborn Verlag

Über Sexualverhalten, seine Ursachen, medizinische und soziale Folgen der Polygamie und die derzeitigen Gesundheitsprobleme im subsaharischen Afrika

Murray, Jocelyn (Hrsg.) 1998: Afrika. Augsburg: Weltbild-Bechtermünz Verlag (Bildatlas der Weltkulturen. Kunst, Geschichte und Lebensformen; dt. zuerst München: Christian Verlag, 1981; orig. „Cultural Atlas of Africa". Oxford: Andromeda Books, 1981)

Einfache Texte, gute Farbbilder und Karten zu Geschichte, wichtigen Regionen und Orten sowie heutigen Lebensformen; der Band ist gegliedert in thematische Abschnitte und Kapitel zu den Staaten Afrikas; die physischen und thematischen Karten zu den Ländern und Regionen sind zum Teil sehr detailliert; mit einer ausführlichen und genau gegliederten Literaturliste sowie einem detaillierten Register geographischer Namen

Raunig, Walter (Hrsg.) 1987: Schwarz-Afrikaner. Lebensraum und Weltbild. Gütersloh: Prisma Verlag (zuerst Innsbruck: Pinguin Verlag, 1980)

Ein Sachbuch mit 19 Kapiteln zumeist aus der Feder von Ethnologen, die Überblicke geben wollen und dafür einzelne Themen und einzelne ethnische Gruppen kurz und anschaulich beschreiben

Riepe, Regina & Gerd Riepe (2001) o. J.: Afrika Kultur. Zur Kunst, Architektur und Literatur eines Kontinents. Aachen: Misereor Verlag (Misereor Materialien für die Schule, 33)

Eine Mappe mit Informationen, Arbeitsmaterialien und kopierfähigen Arbeitsblättern sowie einer Bildkartei, gedacht für die Sekundarstufe II und die Erwachsenenbildung; thematisiert werden nicht nur afrikanische Themen, sondern auch allgemeine Fragen von Kultur (Kulturbegriffe), Weltbild und Entwicklung; eine inhaltlich sehr durchdachte Zusammenstellung, die auch in den vielen Zeichnungen und Fotos extrem gut gemacht ist; die Mappe überzeugt auch vom Layout her!

Turnbull, Colin M. 1978: Man in Africa. Harmondsworth: Penguin (zuerst David & Charles, 1976)

Ein einfacher Einstieg anhand der großen Teilregionen des Kontinents, die im Überblick und anhand jeweiliger exemplarischer Ethnien behandelt werden, entstanden in Zusammenhang mit der Konzeption einer großen Dauerausstellung; mit einfachen und oft erhellenden Schemata sowie schönen Zeichnungen

Van Dijk, Lutz 2004: Die Geschichte Afrikas. Frankfurt/New York: Campus Verlag

Ein holländischer Autor erläutert ausgewählte Aspekte der Geschichte des Kontinents in einem informativen und zu kritischer Auseinandersetzung anregenden Buch, das sich an Jugendliche wendet und deshalb stark vereinfacht und manches Mal idealisiert; dennoch sehr empfehlenswert

Bildbände

Giansanti, Gianni & Paolo Novaresi 2004: Völker des Morgens. Vom Verschwinden der traditionellen Kulturen Afrikas. München: Frederking & Thaler

Eine umfangreiche und opulent gemachte Bildreportage zu ethnischen Gruppen im ostafrikanischen Rift Valley und Südäthiopien; mit faszinierenden Aufnahmen, auch wenn sie manches idealisieren und musealisieren, und guten Texten

Guérivière, Jean de la 2004: Die Entdeckung Afrikas. Erforschung und Eroberung des schwarzen Kontinents. Frankfurt: Knesebeck Verlag

Ein großformatiger Band über die späte Entdeckung und schleppender Erschließung Afrikas, insbesondere die abenteuerliche Phase im 18. und 19. Jahrhundert; der Autor, ein französischer Afrikanist, schildert berühmte Figuren wie Mungo Park, David Livingstone, Heinrich Barth und auch weniger bekannte Expeditionen; viele zeitgenössische historische Abbildungen unterstützen die Darstellung

Kreder, Katja (Fotos), Friedrich Köthe & Daniela Schetar (Text) 2002: Afrika. Zwischen Traum und Wirklichkeit. München: Bruckmann Verlag

Ein Bildband mit 300 Farbabbildungen, in dem die Menschen im Mittelpunkt stehen und in dessen kurzen Texten es in erster Linie um die Problematik von Beharrung und modernen Wandel geht; in den Text sind Originalzitate afrikanischer Autoren und auch normaler Bürger eingewoben

Wuerfel, Joe 2002: Sensual Africa. Stuttgart: Edition Stemmle

Ein Bildband, der mittels schwarzweißen Aufnahmen aus verschiedenen ausgewählten Gegenden den „Geist Afrikas" beschwören will; schöne Aufnahmen, die aber auch teilweise sexualisierend, essentialisierend und romantisierend sind

Afrika südlich der Sahara

Atmore, Anthony, Gillian Stacey & Werner Forman 1988: Schwarze Königreiche. Das Kulturerbe Westafrikas. Luzern und Herrsching: Atlantis Verlag (Atlantis – Alte Kulturen; orig. „Black Kingdoms – Black Peoples". London: Orbis Publishing)

Ein verständliches Sachbuch, in dem die zwei englischen Textautoren westafrikanische Lebensweisen, grob gegliedert nach Großregionen und sozialer Komplexität, darstellen und dies mit vielen Farbaufnahmen des bekannten tschechischen Ethnophotographen illustrieren

Beuchelt, Eno & Wilhelm Ziehr 1985: Schwarze Königreiche. Völker und Kulturen Westafrikas. Berlin: Ullstein Verlag (zuerst Frankfurt: Wolfgang Krüger Verlag, 1979)

Ein anschauliches und gut bebildertes Sachbuch aus der Feder eines Ethnopsychologen und eines Wissenschaftsjournalisten; gegliedert nach Lebensräumen

Christoph, Henning (Fotos), Klaus E. Müller & Ute Ritz-Müller (Text) 1999: Soul of Africa. Magie eines Kontinents. Köln: Könemann Verlag

Hinter dem plakativen und zudem regional nicht zutreffenden Titel sowie einem sehr exotisierenden Schutzumschlag verbirgt sich ein äußerst reichhaltiger Band über Westafrika mit informativen und verständlichen, dabei aber wissenschaftlich korrekten Texten von Ethnologinnen und Ethnologen und hunderten Fotos, die zum Teil faszinierend sind; sehr empfehlenswert!

Fabian, Johannes 2001: Im Tropenfieber. Wissenschaft und Wahn in der Erforschung Zentralafrikas. München: C. H. Beck (orig. „Out of Our Minds. Reason and Madness in the Exploration of Central Africa". Cambridge etc.: Cambridge University Press 2001)

Begegnungen zwischen Reisenden, Forschern und Bewohnern in Gebieten des zentralen Afrikas im späten 19. Jahrhundert; der Autor zeigt anhand belgischer und deutscher Reiseberichte zwischen 1878 und dem Beginn des Ersten Weltkriegs die nichtrationalen Motive, die oft außergewöhnlichen Umstände der Begegnungen und den Tatbestand, dass die Ethnographen oft übermüdet, alkoholisiert, krank, aggressiv und sexuell frustriert waren

Gillow, John 2003: Afrika. Stoffe und Farben eines Kontinents. München etc.: Prestel Verlag (orig. London: Thames & Hudson, 2003)

Ein opulenter Band, der Stoffe sowie ihre Herstellung und Nutzung nach Großregionen

Afrikas geordnet darstellt, mit 570 durchgehend farbigen und oft großformatigen Abbildungen; ein informatives Buch und ein Augenschmaus zugleich

Goebel, Christian 1999: Am Ende des Regenbogens. Einordnung, Fremdenfeindlichkeit und Nation-Building in Südafrika. Frankfurt: IKO-Verlag für Interkulturelle Kommunikation

Heymer, Arnim 1995: Die Pygmäen. Menschenforschung im afrikanischen Regenwald. Geschichte, Evolution, Soziologie, Ökologie, Ethologie, Akkulturation, Zukunft. München: List Verlag

Ein informatives Sachbuch eines Verhaltensforschers über die Pygmäen des afrikanischen Regenwaldes, deren angestammte Lebensweise durch die Zerstörung des äquatorialen Regenwaldes und das Vordringen von Brandrodung und Wanderfeldbau betreibende Hackbauer-Kulturen bedroht ist; das Buch bringt Informationen über vielfältigste Aspekte von Pygmäen, ihrer Lebensweise und ihrem Lebensraum; der Band ist sehr gut ausgestattet; in der Wortwahl ist der Autor allerdings oft sehr unbedacht; er verwendet zum Teil die Sprache überkommener Rassenforschung; trotzdem ist das Buch des Humanethnologen insgesamt nützlich

Rüde, Walter 1979: Abenteuer Afrika. Bericht über eine Fernsehreise zu Kultur und Menschen des schwarzen Kontinents. Pfüllingen: Verlag Günther Neske

Hinter dem etwas unbedacht gewählten Titel verbergen sich gute Farbbilder zu Alltag und Fest vor allem in Westafrika und kurze Erlebnisberichte

Monbiot, George 1996: Nomadenland. Der Überlebenskampf der Nomaden Ostafrikas. Frankfurt: Marino Verlag; München: Frederking & Thaler

Ein anklagendes Buch über die durch Umweltveränderungen, Staatspolitik und Waffenhandel bestimmte bedrohliche Lebenssituation von Turkana, Samburu und anderen indigenen Völkern; aus der Feder eines für soziale Gerechtigkeit im Allgemeinen und die Sache bedrohter Völker im Besonderen engagierten Journalisten, der auch schon Bücher etwa zu indigenen Gruppen in Indonesien geschrieben hat

Turnbull, Colin M. 1963: Molimo. Drei Jahre bei den Pygmäen. Köln (orig. „The Forest People. A Study of the Pygmies of the Congo". New York: Simon & Schuster, 1961)

Ein nach wie vor lesenswerter Klassiker populärer Ethnologie aus der Feder einer der wenigen bekannten Ethnologen, die öfters Populäres geschrieben haben

Westphal, Wilfried 2004: Trommeln am Kongo. Der Fluch des schwarzen Kontinents. Essen: Magnus Verlag

Hinter dem plakativen Titel verbirgt sich ein sachliches und enorm informatives Buch über das zentrale Afrika; der Autor, ein erfahrener Sachbuchschreiber mit ethnologischer und archäologischer Ausbildung, will Vorurteilen gegenüber Afrika, aber auch Idealisierungen entgegentreten

Bildbände

Beckwith, Carol & Angela Fisher [3]2000: Afrika. Kulte, Feste, Rituale (2 Bände). München: C. J. Bucher Verlag ([1]1999; orig. „African Ceremonies". New York: Henry N. Abrams, 1999)

Zwei opulente großformatige Bände mit durchgehend farbigen, oft faszinierenden, aber manches Mal auch exotisierenden Aufnahmen, die sparsam kommentiert sind

Christoph, Henning (Fotos), Klaus E. Müller & Ute Ritz-Müller (Text) 1999: Soul of Africa. Magie eines Kontinents. Köln: Könemann Verlag

Ein Band, der wegen seiner vielen Fotos hier als Bildband erscheint, aber dennoch auch viel sehr guten Text enthält, verständlich geschrieben von Ethnologen

Filme

Die Grille mit dem Maulkorb (Peter Heller & Sylvie Banuls, Deutschland 1996); Filmkraft Produktion; Dauer: 41 min; Farbe; dt.; VHS; Video zu beziehen bei: Evangelisches Zentrum für entwicklungsbezogene Filmarbeit (EZEF)
Die Geschichte des Staates Mali ist eng verknüpft mit dem Aufkommen des Radios in Mali; der erste Präsident Modibo Keita nutzte das Radio zur Volkserziehung; während das Fernsehen dem Diktator Traoré als Mittel zur Herrschaftssicherung diente, nutzte Ende der 1980er Jahre die demokratische Oppositionsbewegung das Radio mithilfe von Piratensendern und konnte so die Massen erreichen; eine informative Dokumentation über die Geschichte Malis (sc)

Im Rhythmus der Straße (Street Wise; Mats Godée, Mosambik 2000); NorthSouth Productions; Dauer: 15 min; Farbe; dt.; Video zu beziehen bei: Evangelisches Zentrum für entwicklungsbezogene Filmarbeit (EZEF); Begleitmaterial: EZEF-Arbeitsheft Nr. 156
Der 12-jährige Adolfo lebt in Inhambane in Mosambik, das noch immer unter den Folgen des Bürgerkriegs (1976–1992) leidet; Adolfo verbringt seine Freizeit mit seinem Freund Anassio, mit dem er Kokosnüsse pflückt, die sie als Spielgerät nutzen, zur Schule kann er nur abends gehen, da Adolfo tagsüber zum Einkommen seiner Familie beisteuert, indem er als „Fremdenführer" oder am Hafen arbeitet; obwohl Adolfo in Armut lebt, zeichnet die Dokumentation kein pessimistisches und trostloses Bild, sondern gibt Einblicke in das Leben eines selbstbewussten Jungen; sie eignet sich für Kinder ab 10 Jahren (sc)

Nafoun – oder es gibt kein Feuer (Paul Schlecht, Deutschland 1992); Südwestfunk Baden-Baden; Dauer: 90 min; Farbe; wissenschaftliche Beratung: Till Förster; Ausstrahlung im SDR am 19.04.1992
Der Dokumentarfilm gibt einen Einblick in das Leben und die Traditionen der Ethnie Senufo in ihrem Dorf Nafoun, gelegen im Feuchtsavannengürtel der Elfenbeinküste; das Alltagsleben der Dorfbewohner, ihre Arbeit und ihr magisches Weltbild stehen im Mittelpunkt des Films; die Bedeutung ihrer Rituale und Regeln, des Geisterglaubens und der Wahrsagerei, sowie die Rollen der männlichen und weiblichen Geheimbunde für das Gemeinschaftsleben werden insbesondere anhand eines Totenfestes und einer Maskenfertigung dargestellt; dieser populärethnologische Film richtet sich an eine breite kulturinteressierte Öffentlichkeit; er zeigt in spannender Form viele Aspekte der Senufo-Kultur sowie ihrer Veränderungen durch Außeneinflüsse (jj)

The Great Dance (Craig und Damon Foster, Südafrika/Deutschland 2000); Dauer: 75 min; Farbe; dt., teilweise englische Untertitel; 35 mm; auch auf Video und DVD erhältlich; „WWF Golden Panda Award" und Publikumspreis „Delegates Choice" beim Naturfestival Wildscreen 2000; weitere Informationen unter: http://www.senseafrica.com
Im Mittelpunkt dieser Dokumentation stehen die San, eine in der Kalahariwüste beheimatete Ethnie; aus der Sicht von !Nqate wird ein Ausschnitt aus dem Leben der San – Männer bei der Jagd – beleuchtet; !Nqate und seine Freunde besitzen die Fähigkeit, Tierspuren zu lesen und die Tiere über eine weite Strecke zu verfolgen. Die Jagd versinnbildlicht für sie einen Tanz; „The Great Dance" besticht vor allem durch die sehr beeindruckende Kameraführung; im Gegensatz zu anderen Dokumentationen, in denen oft das Filmteam im Vordergrund steht und die Handlungen kommentiert, bestimmt die Perspektive der San diesen faszinierenden Film; wünschenswert wären weitere Hintergrundinformationen (sc)

Nordafrika

Fuchs, Peter 1991: Menschen der Wüste. Braunschweig: Westermann Verlag
Ein verständliches Sachbuch aus der Feder eines Ethnologen über Kulturen der Sahara und im Sahel, zum Beispiel Tuareg, Tubu und Mozabiten; illustriert mit guten Farbfotos

Göttler, Gerhard 1989: Die Tuareg. Kulturelle Einheit und regionale Vielfalt eines Volkes. Kultur. Köln: DuMont (DuMont Dokumente)
Eine sehr sachliche, gut gegliederte Beschreibung des Lebensraums der Sahara und des Sahels und der Lebensweise der Bewohner; sehr gut ausgestattet mit vielen Bildern, Graphiken und Karten

Göttler, Gerhard (Hrsg.) 1984: Die Sahara. Mensch und Natur in der größten Wüste der Erde. Köln: DuMont (DuMont Kultur-Reiseführer)
Ein umfassendes Reisehandbuch, das unüblich gute ethnologische Abschnitte enthält; etliche der regionalen Kapitel und Sonderbeiträge stammen von Ethnologen, mit sehr zahlreichen Abbildungen ausgestattet

Hermann, Alfred [2]1969: Die Welt der Fellachen. Hamburg: Hamburgisches Museum für Völkerkunde und Vorgeschichte (Wegweiser zur Völkerkunde, 2)
Ein einfaches Heftchen vor allem zur Sachkultur im ländlichen Niltal; mit sehr guten Strichzeichnungen, einigen Fotos, Glossar und Literaturhinweisen

Krings, Thomas 1982: Sahel. Senegal, Mauretanien, Mali, Niger. Islamische und traditionelle schwarzafrikanische Kultur zwischen Atlantik und Tschadsee. Köln: DuMont (DuMont Kultur-Reiseführer)
Ein Reisehandbuch mit detaillierten Texten zur Kulturgeographie und Lebensform in Sahelkulturen; ausgestattet mit sehr zahlreichen Abbildungen

Neumann, Wolfgang 1983: Die Berber. Vielfalt und Einheit einer alten nordafrikanischen Kultur. Köln: DuMont (DuMont Dokumente)
Eine sehr sachliche, detaillierte und gut gegliederte Beschreibung, die mit vielen sehr guten Schwarzweißbildern ausgestattet ist

Wrage, Werner [2]1971: Jenseits des Atlas. Unter den Berbern Südmarokkos. Radebeul: Neumann
Dieses als Reisebericht explizit für Fachkundige und Laien geschriebene Buch schildert in einer teilweise exotisierenden Weise, aber mit vielen Details, verschiedene Lebensbereiche und kulturell bedeutsame Themen in Südmarokko, es enthält viele Fotografien und Zeichnungen von Menschen, Architektur und Gegenständen; das Buch soll „in bestimmte landschaftskundliche, biologische und vor allem auch ethnologisch-kulturgeschichtliche Probleme einführen", versteht sich aber weniger als wissenschaftliche Abhandlung als eine „Erzählung […] über eine Feldarbeit"; teilweise ist der Text etwas reißerisch geschrieben, aber gut lesbar und anregend; der Autor bleibt dabei nicht ohne kritische Selbstreflexion; die Bilder und Beschreibungen fokussieren allerdings meist auf „das traditionelle Marokko"; zudem ist das Buch relativ alt und damit nicht mehr aktuell; weitere Bücher des Autors sind: „Frühlingsfahrt in die Sahara" sowie „Die Straße der Kasbahs", der erste Band, dessen Fortsetzung das vorliegende Buch darstellt (jj)

Bild-Textbände

Keohane, Alan 1991: The Berbers of Morocco. London: Hamish Hamilton Ltd
Der Fotoband über „die Berber des Atlas" wird eingeleitet mit einem Text von Nicholas Shakespeare; die Fotos sind teils farbig, teils schwarzweiß und geben einen patchworkartigen, keinen umfassenden Einblick in die Lebenswelt „der Berber"; Teile des Buches

sind thematisch gegliedert: „A Berber festival", „Irrigation", „The harvest", „Preparing meat" und „The nomads", den Bildern sind jeweils Erläuterungen beigefügt (jj)

Mauger, Thierry 1991: The Ark of the Desert. Paris: Interpublications

Dieser Band zeigt sehr schön, wie das oberflächlich besehen traditionelle Leben der Beduinen in der Wüste Saudi Arabiens „modernisiert" ist und wird und spricht die Melancholie an, die einen Ethnographen, der diese Kultur liebt, dabei befällt; das Buch enthält sehr schöne Fotografien und dazu Zeichnungen und Gebrauchsgegenstände, die allerdings die „Moderne" fast ganz ausklammern: bei aller Selbstkritik fallen manche kulturessentialisierende Ausdrücke des Autors auf, zum Beispiel wenn er von „the very essence of Beduin life" spricht (jj)

Völger, Gisela 1979: Markt in der Sahel. Offenbach am Main: Deutsches Ledermuseum

Eine sehr reichhaltig illustrierte Publikation, die als Ergebnis einer Sammlungsreise für das Ledermuseum entstand

Von Trotta, Desirée [2]2002: Heiße Sonne, Kalter Mond. Tuaregnomaden in der Sahara. München: Frederking & Thaler (Edition Villa Arceno) ([1]2001)

Ein Band mit Bildern, die nicht nur die Schönheit von Landschaft und Menschen, sondern auch viele Alltagssituationen zeigen (auch wenn sie teilweise unscharf sind) und dazu Texte, die leicht romantisierend, aber dennoch informativ sind

Film

Wenn mein Sohn weggeht, zittert mein Herz … (Beate Müller-Blattau, Deutschland 1994); GTZ/Bayrischer Rundfunk; Dauer: 28 min; Farbe; zu beziehen beim Landesfilmdienst Rheinland-Pfalz e. V.

Eine Oase in Marokko ist vom Vorrücken der Wüste bedroht; der Wassermangel zwingt die Berberfamilien zur Flucht, nur die Alten bleiben zurück; Endstation sind die Slums von Städten wie Marrakesch, die selten eine bessere Zukunft verheißen, und trotzdem gibt es Lichtblicke: so erzählt ein nach Marrakesch ausgewanderter Jugendlicher von seiner Ausbildung zum Bauleiter; außerdem wird das Engagement der GTZ bei Maßnahmen zur Strom- und Wasserversorgung und der staatlichen Familienplanung gezeigt; eine sehenswerte Dokumentation, die die Problematik der zunehmenden Verwüstung nicht nur auf das reine Überleben beschränkt, sondern auch gleichzeitig kulturspezifische Symboliken wie die Bedeutung von Wasser für die Berber beleuchtet (sc)

Orient

Naher Osten, Vorderasien, Arabien

Ghosh, Amitav 1995: In einem anderen Land. Eine Reise in die Vergangenheit des Orients. Reinbek bei Hamburg: Rowohlt Verlag (orig. „In An Antique Land". London: Granta Books, 1992)

Ein Buch, dass Genregrenzen sprengt: eine faszinierende Verknüpfung von Geschichtsschreibung zu interkulturellen Begegnungen in frühen Zeiten mit Erfahrungen bei einer Reise des Autors nach Ägypten; gleichzeitig Darstellung des Prozesses der Erforschung von Geschichte, geschrieben von einem global agierenden indischen Autor, der Schriftsteller ist, aber eine Ausbildung als Ethnologe absolviert hat

Halm, Heinz 2004: Die Araber. Von der vorislamischen Zeit bis zur Gegenwart. München: C. H. Beck (Beck Wissen, 2343)

Ein kompakter Überblick der politischen und der Wirtschaftsgeschichte mit Schwerpunkt auf die Herausbildung der Staaten im 20. Jahrhundert; in seiner Konzentration auf Ökonomie und Weltpolitik ist das Buch ein gutes Gegengewicht gegen allzustark kulturalisierende Darstellungen der arabischen Region; für Kurse, die mit wenig Literatur arbeiten wollen, gut zusammen mit Rodinson 1981 verwendbar

Perthes, Volker 2002: Geheime Gärten. Die neue arabische Welt. München: Siedler Verlag
Ein aktuelles und journalistisch geschriebenes, dabei aber inhaltlich enorm reichhaltiges und nuanciertes Sachbuch

Rodinson, Maxime 1981: Die Araber. Frankfurt: Suhrkamp Verlag (orig. «Les Arabes». Paris: Presses Universitaires de France, 1979)
Ein kurzer Überblick zu Arabien als Kulturregion, Geschichte der Araber und Herausbildung des Arabismus als Bewegung und Ideologie

Film

Viele Völker – eine Nation (Heike Mundzeck, Deutschland 1995); Luzi-Film; Dauer: 10 min; Farbe; erschienen in der Reihe „Apropos – Videos und Texte zur politischen Bildung der Bundeszentrale für politischen Bildung", Bonn; erhältlich auch beim Landesfilmdienst Rheinland-Pfalz e. V.
Im multikulturellen Staat Israel leben Menschen aus mehr als 30 Nationen; Jugendliche werden gebeten, ihre Einschätzungen zum Vielvölkerstaat zu äußern; die knappe Dokumentation mit einem etwas belehrendem Unterton richtet sich vor allem an Jugendliche (sc)

Islamische Kulturen weltweit

Breuer, Rita 1998: Familienleben im Islam. Traditionen, Konflikte, Vorurteile. Freiburg etc.: Herder Verlag (Herder Spektrum)
Eine Überblick zu Normen, Werten und Verhaltensweisen im Familienleben islamischer Menschen, wobei die Autorin die Unterschiede und Vielfalt zwischen verschiedenen islamischen Regionen verdeutlicht

Eiger, Ralf 2002: Islam. Frankfurt: Fischer Taschenbuch Verlag (Fischer Kompakt)
Eine Einführung im engeren Sinne, kompakt, aber verständlich, mit Abbildungen, mit Glossar und weiterführenden Literaturhinweisen

Esposito, John L. 2004: Von Kopftuch bis Scharia. Was man über den Islam wissen sollte. Leipzig: Reclam Leipzig (RBL, 20105) (orig. „What Everyone Needs to Know About Islam". Oxford etc.: Oxford University Press, 2003)
Knappe und klare Informationen über islamisches Leben und Denken, die Unterschiede und Gemeinsamkeiten mit dem Christentum und das Demokratiepotential islamischer Gesellschaften

Heine, Peter [2]2001: Kulturknigge für Nichtmuslime. Ein Ratgeber für alle Bereiche des Alltags. Freiburg etc.: Herder Verlag (Herder Spektrum, 5144) ([1]1994)
Ein Islamwissenschaftler wendet sich an Menschen, die im Ausland oder hierzulande Umgang mit Islamgläubigen haben; er erläutert Umgangsformen, Grußverhalten, Rollen von Gast und Gastgeber, Wirtschaftsverhalten, Weltsicht, Körperhaltung sowie Gestik und Kleidung

Hottinger, Arnold [4]2004: Islamische Welt. Der Nahe Osten. Erfahrungen, Begegnungen, Analysen. Zürich: Verlag Neue Zürcher Zeitung; Paderborn: Verlag Ferdinand Schöningh

Informationen, Einblicke und Einschätzungen eines beschlagenen Journalisten, der durch Reportagen in der „Neuen Zürcher Zeitung" bekannt ist

Michaud, Roland & Sabina Michaud 2004: Der Zauber des Orients. Die islamische Welt im Spiegel von Vergangenheit und Gegenwart. München: Belser Verlag
Ein Bildband mit Fotos des auf Fotobände zu West- und Zentralasien spezialisierten weltbekannten Fotografenpaars aus Frankreich

Morris, Neil u. a. 2002: Der große Xenos-Atlas des Islam. Hamburg: Xenos Verlagsgesellschaft
Kein Atlas im engeren Sinne, sondern ein Buch mit vielen Bildern, Karten und kurzen Texten; gedacht für Jugendliche, aber auch für Erwachsene ein nützliches Buch

Robinson, Francis (Hrsg.) 1997: Islamische Welt. Eine illustrierte Geschichte, Frankfurt/ New York: Campus Verlag (orig. „The Cambridge Illustrated History of the Islamic World". Cambridge etc.: Cambridge University Press, 1996, Cambridge Illustrated Histories)

Trojanow, Ilija 2004: Zu den heiligen Quellen des Islam. Als Pilger nach Mekka und Medina. Frankfurt: Malik Verlag
Ein Reisejournalist mit Asienerfahrung folgt den Pilgerwegen und Ritualen der Hadsch, die er im Jahr 2003 ausgehend von Bombay in drei Wochen durchführte und versucht dazu, eine Innensicht zu geben

Bildbände

Laurence, Robin (Fotos) 2002: Portrait of Islam. A Journey Through the Muslim World. London: Thames & Hudson
Ein Coffeetable-Book mit guten – nicht exotisierenden – Farbaufnahmen aus verschiedenen Ländern mit islamischer Bevölkerung

Weiss, Walter M. (Text) & Kurt-Michael Westermann (Fotos) 2000: Der Basar. Mittelpunkt des Lebens in der islamischen Welt. München: Deutscher Taschenbuch Verlag (dt. zuerst mit dem Untertitel: „Geschichte und Gegenwart einens menschengerechten Stadtmodells", Wien: Edition Christian Brandstätter, 1994; engl.: „The Bazaar. Markets and Merchants of the Islamic World". London: Thames & Hudson, 1998)
Bilder und kurze Texte zu dem guten Dutzend noch teilweise erhaltener Basare zwischen Marrakesch und Isfahan, besonders zu ihrer Architektur und Wirtschaft; ein empfehlenswerter Band, wenn man dabei etliche Romantisierungen und orientalistische Essentialismen, besonders in den Bildern, kritisch im Auge behält

Film

Reise nach Kandahar (Safar e Ghandehar; Mohsen Makhmalbaf, Iran/Frankreich 2001); Dauer: 85 min; Farbe; dt.; FSK ab 6; Preis der Ökumenischen Jury Cannes 2001, UNESCO Filmpreis in Gold; auf Video/DVD (Movienet); Website: http://jfilm.org/rtk/; ausführliche Rezensionen unter http://www.programmkino.de/QRST/Traffic Reise_ nach _Kandahar/reise_nach_kandahar.html
Als Kind ist sie mit ihrer Familie aus Afghanistan geflüchtet; heute ist Nafas Journalistin und kehrt in ihr Land zurück, um ihre durch Landminen verkrüppelte und in dem Land zurückgebliebene Schwester vor ihrem angekündigten Selbstmord abzuhalten; dieser ungewöhnliche Roadmovie, halb Dokumentar-, halb Spielfilm, zeichnet ein düsteres Bild des durch die Kriegsjahre und Taliban-Herrschaft gebeutelten Afghanistans; er wurde zu einer Zeit gedreht, als das Land für viele noch ein blinder Fleck auf der Landkarte war

und kam in die Kinos, als Afghanistan eine traurige Berühmtheit erlangt hatte; erschüt-
ternd und informativ zugleich zeigt er in manchmal surrealistisch schönen Bildern Dinge,
die in Sprache allein nur schwer zu vermitteln wären; absolut empfehlenswert (jj)

Russland und Sibirien

Doeker-Mach, Günther (Hrsg.) 1993: Vergessene Völker in wilden Osten Sibiriens. Zürich
etc.: Scalo Verlag
Gute Texte und faszinierende Bilder über die Lebensweisen, klimatische und wirtschaftli-
che Probleme im „fernen Osten Russlands"
Fitzhugh, William W. & Aron Crowell 1988: Crossroads of Continents. Cultures of Siberia
and Alaska. Washington, D. C./London: Smithsonian Institution
Sehr informative und blendend illustrierte Aufsätze zu historischen und Gegenwarts-
themen, die in Zusammenarbeit westlicher und russischer Wissenschaftler entstanden
Gorbatcheva, Valentina & Marina Federova, mit Marine Le Berre Semenov 2000: Die Völker des Hohen Nordens. Kunst und Kultur Sibiriens. New York: Parkstone Press
Verständliche Texte russischer Ethnologinnen und Bilder einer Kulturregion, zu der es im
deutschsprachigen Schrifttum für Laien wenig gibt; mit hervorragenden, zum Teil groß-
formatigen Bildern der Umwelt, der heutigen Lebensweise, der materiellen Kultur sowie
von Exponaten zumeist aus dem Ethnographischen Museum in Sankt Petersburg und
vielen historischen Fotos

Film

Uzala, der Kirgise (Derzu Uzala; Akira Kurosawa, UDSSR 1975); Dauer: 141 min; Farbe;
OmU; FSK ab 6
Der Epos des japanischen Starregisseurs erzählt von der ungewöhnlichen Freundschaft
über Kulturen hinweg zwischen Uzala, einem mongolischen Nomaden und Jäger, und
dem studierten russischen Offizier Wladimir Arseniew, die sich während einer For-
schungsexpedition im Jahre 1902 in Sibirien kennen lernen; dieses vielgepriesene Werk
des „großen Humanisten des Weltkinos" ist eine „Hymne an die Natur und an ein unver-
fälschtes Leben"; er wurde 1976 mit dem Oscar für den besten ausländischen Film ausge-
zeichnet (jj)

Asien

Asien insgesamt

Buruma, Ian 1992: Der Staub Gottes. Asiatische Nachforschungen. Frankfurt: Eichborn
Verlag (Die andere Bibliothek, 87) (orig. „God's Dust. A Modern Asian Journey". New
York: Farrar, Straus & Giroux, 1989)
Sehr sensible und auf jahrelangen Aufenthalten basierende Essays eines niederländi-
schen Reiseschriftstellers und Journalisten
Osterhammel, Jürgen 1998: Die Entzauberung Asiens. Europa und die asiatischen Reiche
im 18. Jahrhundert. München: C. H. Beck (Beck Kulturwissenschaft)
Der Titel benennt den Inhalt präzise; ein absolut faszinierendes, detailliertes und trotz-
dem lebendig geschriebenes Werk, in dem viele Themen und Facetten erörtert werden,
über die sonst kaum etwas zu finden ist

Schwepke, Barbara 1998: Töchter Asiens. Frauen zwischen Herrschaft und Anpassung. Wien: Europa Verlag

Lebensgeschichten von heutigen politischen Führerinnen in Süd- und Südostasien, die – zum Teil auf der Basis von längeren Interviews – im landespolitischen und kulturellen Kontext und Herausarbeitung der Beziehung zu ihren politisch wichtigen Vätern vorgestellt werden

Weggel, Oskar 1997: Die Asiaten. München: Deutscher Taschenbuch Verlag (auch 1994; zuerst München: C. H. Beck, 1989)

Lebendig geschriebene, für ein Sachbuch extrem dichte, gedankenreiche und zum Teil eigenwillige Studie eines echten Kenners, deren Titel meines Erachtens besser weniger essentialisierend einfach „Asiaten" hieße; der Schwerpunkt liegt auf der Kultur in Ost- und Südostasien

Zentralasien und Nordasien (außer Sibirien)

Brauen, Martin 2001. Traumwelt Tibet – westliche Trugbilder. Zürich: Verlag Paul Haupt

Eine genaue und kritische Untersuchung der verschiedensten Varianten der Idealisierung Tibets, der Tibeter, der Himalayakulturen und des Lamaismus, die auch wohlmeinende aktuelle Unterstützer nicht ungeschont lässt; gut illustriert

Brentjes, Burchard & R. S. Vasilievsky 1989: Schamanenkrone und Weltenbaum. Kunst der Nomaden Nordasiens. Leipzig: VEB E. A. Seemann (Seemann-Beiträge zur Kunstwissenschaft)

Ein guter Überblick über Weltbilder und Kunst der nichtrussischen Völker im fernen Osten Russlands, die stark vom Glauben an Zauber und Dämonen geprägt sind; mit vielen Illustrationen und ausführlicher Bibliographie

Goldstein, Melvyn C. & Cynthia M. Beall 1990: Die Nomaden Westtibets. Der Überlebenskampf der tibetischen Hirtennomaden. Nürnberg: DA Verlag Das Andere (orig. „Nomads of Western Tibet. The Survival of A Way of Life". Berkeley etc.: University of California Press, 1990)

Goldstein, Melvyn C. & Cynthia M. Beall 1994: Die Nomaden der Mongolei. Eine Hirtenkultur zwischen Tradition und Moderne. Nürnberg: DA Verlag Das Andere (orig. „The Changing World of Mongolia's Nomads". Hong Kong: The Guidebook Company, 1994)

Zwei Bild- und Textbände, die von Ethnologen verfasst wurden und deren Texte und Bilder gleichermaßen überzeugen

Heissig, Walther & Claudius C. Müller (Hrsg.) 1989: Die Mongolen. Bd. 1 (Katalog), Bd. 2 (Begleitband). Innsbruck: Pinguin Verlag; Frankfurt: Umschau Verlag

Umfangreiche Ausstellungsbände; der Begleitband bietet kurze Aufsätze zu einem breiten Themenspektrum der Geographie, Archäologie und Ethnographie der Mongolen und eine gut differenzierte Bibliographie; beide Bände sind außergewöhnlich gut bebildert, zum Teil mit großformatigen Farbbildern

Höllmann, Thomas 2004: Die Seidenstraße. München: C. H. Beck (Beck' sche Reihe, Beck Wissen, 2354)

Ein kompaktes Bändchen zu dem Transportweg, der über Jahrhunderte hinweg und bis heute Menschen aus verschiedenen Kulturen – nicht nur Zentralasiens – miteinander in Kontakt brachte und den Austausch von Handelsgütern, aber auch von Ideen vorantrieb

Pander, Klaus Peter [5]2004: Zentralasien. Usbekistan, Kirgistan, Tadschikistan, Turkmenistan, Kasachstan. Köln: DuMont (DuMont Kunstreiseführer, früher unter dem Titel „Sowjetischer Orient. Kunst und Kultur, Geschichte und Gegenwart der Völker Mittelasiens", [2]1998, [1]1982)

Ein Kunstreiseführer, der ungewöhnlich reichhaltige Informationen zur Lebensweise in einem wenig bekannten Kulturraum bringt und so gut als regionale Einführung dienen kann; hervorragend farbig illustriert; leider sind die Neuauflagen in Teilen gegenüber der Erstauflage gekürzt

Peissel, Michel 2004: Land ohne Horizont. Frankfurt: Malik Verlag
Der durch etwa 15 Bücher über Nepal, Ladakh und andere Gebiete des Himalaya seit langem bekannte und erfolgreiche Filmer und Populärethnologe zeigt die Hochebene von Tibet als von der Moderne abgeschiedenes Land

Taube, Erika & Manfred Taube 1983: Schamanen und Rhapsoden. Die geistige Kultur der alten Mongolei. Leipzig: Koehler & Amelang
Kulturgeschichte mongolischer Gruppen mit einem Schwerpunkt auf Religion; ein Beispiel der früheren DDR-Sachbücher, die liebevoll gestaltet mit vielen informativen Strichzeichnungen und Fotos ausgestattet ... und im eigenen Land schwer erhältlich waren

Uhlig, Helmut 1999: Die Seidenstraße. Antike Weltkultur zwischen China und Rom. Bergisch Gladbach: Bastei Lübbe Verlag
Sachbuch eines erfahrenen Autors, der schon etliche unterhaltsame und trotzdem sachliche Bücher schrieb

Filme

Die Geschichte vom weinenden Kamel (The Weeping Camel; Bayambasuren Davaa & Luigi Falorni, Deutschland 2003); HFF München/Bayrischer Rundfunk/FFF Bayern; Dauer: 90 min; Farbe; OmU; http://www.theweepingcamel.com
In der mongolischen Wüste Gobi kommt ein kleines Kamel zur Welt; von seiner Mutter verstoßen, ist es dem Tod geweiht; da erinnern sich die Hirtennomaden eines uralten Rituals und bringen einen Musiker aus der Stadt, der die Kamelmutter zum Weinen bringen und so das Junge retten soll; der unkommentierte Dokumentarfilm über ein mongolisches Ritual ist gleichzeitig auch ein schön inszeniertes Märchen und entführt den Zuschauer in die exotische Welt der Mongolei; das Werk der beiden Münchner Filmstudierenden wurde mehrfach ausgezeichnet (u. a. Filmfest Toronto 2003) (jj)

Urga (Ypra/Close to Eden; Nikita Michalkov, Russland/Frankreich 1991); Dauer: 118 min; Farbe
Der Schäfer Gomba und seine Familie leben ein einfaches Leben in der mongolischen Steppe; als der Russe Sergej nach einer Autopanne bei ihnen Unterschlupf findet und die chinesische Regierung auch noch die Geburtenkontrolle forciert und sich Gomba so Präservative in der Stadt kaufen muss, treffen zwei kulturelle Welten aufeinander; der humorvolle, schön fotografierte und poetische Film wurde in Venedig mit dem Goldenen Löwen ausgezeichnet (jj)

Südasien (indischer Kulturraum) inklusive Himalaya

Frater, Alexander 1994: Regen-Raga. Eine Reise mit dem Monsun. Stuttgart: Klett-Cotta Verlag (orig. „Chasing the Monsoon". London/New York: Viking Penguin, 1990)
Poetische und doch sehr informative Schilderung des indischen Monsun, in der kaleidoskopartig selbst erlebte Gegenwart, indische Geschichte und eigene Lebenserinnerungen verwoben werden

Hülsewiede, Brigitte 1986: Indiens heilige Kühe in religiöser, ökologischer und entwicklungspolitischer Perspektive. Ergebnisse einer aktuellen ethnologischen Kontroverse. Münster etc.: Lit Verlag (Ethnologische Studien, 1)

Eine übersichtliche Literaturstudie zu einer bekannten Kontroverse zwischen Marvin Harris und anderen, verfasst von einer deutschen Ethnologin

Michaels, Axel 1998: Der Hinduismus. Geschichte und Gegenwart. München: C. H. Beck
Hinduismus aus religionsethnologischer und indologischer Sicht; in fast handbuchartiger Systematik, gut illustriert und mit umfangreicher Bibliographie, Glossar sowie einem detaillierten Register; ein Buch, in dem man monatelang lesen kann

Johnson, Gordon 1998: Indien und Pakistan, Nepal, Bhutan, Bangladesh, Sri Lanka. Augsburg: Weltbild-Bechtermünz Verlag (Bildatlas der Weltkulturen. Kunst, Geschichte und Lebensformen; dt. zuerst 1995, orig. „Cultural Atlas of India. India, Pakistan, Nepal, Bhutan, Bangladesh & Sri Lanka". Oxford: Andromeda Books, [2]1996)
Einfache Texte und sehr gute Farbbilder zu Geschichte, wichtigen Regionen und Orten sowie heutigen Lebensformen; mit informativen Übersichtskarten und einer sehr guten Literaturliste

Ortner, Sherry B. 2002: Die Welt der Sherpas. Leben und Sterben am Mount Everest. Bergisch Gladbach: Bastei Lübbe Verlag (zuerst 2000)
Über die Sherpa, Bergbauern im hohen Himalaja, die als Bergsteiger und durch Tourismus zu einer der bekanntesten Ethnien der Welt wurden; aus der Feder einer führenden amerikanischen Ethnologin, die sich vorwiegend für Symbole, Gender und Denkstrukturen interessiert

Schweizer, Gerhard 1995: Indien. Ein Kontinent im Umbruch. Stuttgart: Klett-Cotta Verlag
Ein sehr gutes, in vielem immer noch aktuelles Sachbuch von einem Religionskenner; gleichzeitig extrem informativ und aus eigenen Erfahrungen des Verfassers schöpfend; ein vorbildliches Sachbuch!

Srinivas, Mysore N. 1988: The Remembered Village. New Delhi: Oxford University Press (Oxford India Paperbacks) (zuerst 1976)
Ein detaillierter Bericht über ein Dorf mit vielen Kasten in Südindien aus der Feder des bekanntesten indischen Ethnologen; lebendig geschrieben und aus dem Gedächtnis verfasst, nachdem die Feldaufzeichnungen des Autors bei einem Feuer in Berkeley 1970 verbrannt waren

Bildbände

Ichihara, Motoi 2000: Monsun. Zürich etc.: Edition Stemmle (auch engl. „Monsoon". Zürich: Edition Stemmle)
Ein großformatiger, regional gegliederter Bildband zu den Wechselklimaten in den Ländern Südasiens, Südostasiens und Ostasiens; im Gegensatz zu McCurry 1998 stehen Landschaften und Stimmungen im Mittelpunkt

McCurry, Steve 1998: Monsoon. New Delhi: Timeless Books (orig. London: Thames & Hudson, 1988, 1995)
Ein kleinformatiger Band mit Farbaufnahmen des berühmten Fotoreporters vor allem zu Mensachen in Südasien, Südostasien und Nordaustralien und dazu sein Erlebnisbericht über die sechs Monate dieses Auftrags sowie Grundinformationen zum Monsun

Olschak, Blanche Christine, Augusto Gansser & Andreas Gruschke 1987: Himalaya. Wachsende Berge, lebendige Mythen, wandernde Menschen. Köln: VGS Verlagsgesellschaft
Ein umfangreicher Band zu Regionen des Himalaya, Formen des Glaubens, Architektur und Kunst; mit einem Anhang zu den Ländern; ein Bildband, der im Rahmen einer Fernsehproduktion entstand und neben gutem Bildmaterial (u. a. mit etlichen Satelliten- und vielen Luftbildern) auch gute Texte enthält

Ricard, Mathieu, Olivier Föllmi & Danielle Föllmi 2002: Buddhismus im Himalaya. Frankfurt: Knesebeck Verlag

Ein opulenter Bildband mit hervorragenden Fotos zur Glaubenspraxis, zur religiösen Architektur und besonders zur Symbolik aus allen Regionen des Himalaya

Valli, Éric (Fotos) & Anne de Sales (Text) 2002: Himalaya. Frankfurt: Knesebeck Verlag

Ein prächtiger Bildband aus der Produktion des erfahrenen Himalayafotografen Eric Valli, der besonders zu Umwelt und Kultur im nepalesischen Himalaya viel bietet

Südostasien

Appel, Michaela, Rose Schubert, Florian Siegert, Gabriele Siegert, Sri Kuhnt-Saptodewo (Texte) o. J.: Borneo. Leben im Regenwald. Oettingen: Bernhard Kusche Verlag

Ein Buch zu einer Ausstellung mit hervorragenden Fotos und informativen Texten zur Ökologie von Regenwäldern, der Bedrohung und zu Regenwaldbewohnern am Beispiel Borneo (vgl. als Kinderbuch dazu Siegert et al. 1995)

Burling, Robbins 1992: Hill Farms and Padi Fields. Life in Mainland Southeast Asia. Arizona State University Press, Program for Southeast Asian Studies (Reprint; zuerst Englewood Cliffs: Prentice Hall, 1995)

Eine kurze Einführung in die Kultur der Gesellschaften im festländischen Teil Südostasiens, wobei besonders das ländliche Leben und ländliche Entwicklungsprobleme behandelt werden

Kubitscheck, Hans-Dieter 1994: Südostasien – Völker und Kulturen. Berlin: Akademie Verlag

Teilweise veraltet, aber immer noch äußerst nützlich, da das Buch einen echten Überblick versucht sowohl zur Geschichte als auch zu den rezenten Kulturen; mit einer großen, separat beiliegenden Sprachenkarte

Leigh-Theisen, Heide 1985: Der südostasiatische Archipel. Völker und Kulturen. Wien: Museum für Völkerkunde

Ein kurzes und informatives Ausstellungsbegleitbuch, in dem die Kulturen exemplarisch und gut illustriert vorgestellt werden

Nance, John 1979: Tasaday. Steinzeitmenschen im philippinischen Regenwald. Frankfurt: Fischer Taschenbuch Verlag (Fischer Expedition) (dt. zuerst Berlin: List Verlag; orig. „The Gentle Tasaday. A Stone Age People in the Philippine Rainforest". New York: Harcourt Brace Jovanovic; London: Victor Gollancz, [1]1975, [2]1988 mit neuem Vorwort)

Ong Choo Suat (comp.) 1986: Southeast Asian Cultural Heritage. Images of Traditional Communities. Singapore: Institute of Southeast Asian Studies (ISEAS), Program of the Cultural Heritage of Southeast Asia

Eine Auswahl von historischen Fotos aus einer berühmten Sammlung von Dorothy Pelzer; in Sepiafarbe gedruckt

Weggel, Oskar [2]1990: Indochina. Vietnam, Kambodscha, Laos. München: C. H. Beck (Beck'sche Reihe, Aktuelle Länderkunden)

Ein kurzer und prägnant geschriebener Überblick zu Geschichte und Gegenwart der drei Länder, wobei immer wieder Vergleiche angestellt werden

Filme

Cyclo (Xich Lo; Tran Anh Hung, Vietnam 1995); Les Productions Lazennec u. a.; Dauer: 124 min; Farbe; Original mit englischem Untertitel; auf Video/DVD erhältlich

Ho-Chi-Minh-City, ehemals Saigon; der junge „Cyclo" kommt aus einer armen Familie

und verdient als Fahrrad-Taxi-Fahrer in harter Arbeit sein Leben; als er in Geldnot kommt, landet er in den Fängen einer Bande und wird in das Leben der Kriminalität initiiert; indessen lässt sich seine Schwester mit dem „Poeten", dem Gangsterboss, ein; das auf dem Filmfestival von Venedig ausgezeichnete und u. a. mit Werken von Tarantino verglichene Drama zeichnet sich durch seine atmosphärische Wirkung und durch eine exzellente Kameraführung aus; der Film, in Vietnam zensiert, erscheint streckenweise brutal und ekelerregend, manchmal auch verwirrend. Und doch zeichnet er ein poetisches Bild des etwas anderen „Saigon" (jj)

Die verborgene Welt der Naga – Kopfjäger in Myanmar (Friedhelm Brückner, Deutschland 2003); ZDF; Dauer: 43 min; Farbe; Erstausstrahlung auf Arte am 05.05.2004; Online-Filmbeschreibung: http://www.arte.de/de/woche/244,year=2004,week=19,day=5, broadcasting Num=402943.html

Die Dokumentation beschreibt das Leben der Naga-Volksgruppe im Dschungel Südostasiens; im Zentrum ihrer auf Gleichheit angelegten Kultur stehen die Traditionen eines heroischen Weltbildes und Fruchtbarkeitsrituale; dem Kriegerethos zufolge beziehen ihre Krieger ihre Kraft aus enthaupteten Köpfen; die Bilder geben schöne bis blutige Einblicke in die Traditionen der doch sehr unbekannten Naga; leider werden die Themen, darunter Schamanismus, Magieglaube und Fischfang, etwas durcheinander präsentiert; trotzdem sehenswert (jj)

Tatort: Manila (Nicki Stein, Deutschland 1998); Colonia Media im Auftrag des WDR; Dauer: 89 min (VHS); dazu Dokumentation: 29 min; VHS; Farbe; interaktive CD-ROM zu bestellen bei: http://www.bmz. de/infothek/bildungsmaterialien/cdrom/90431.html; ein Buch zum Film: Block, M. (Hrsg.) 1998: Tatort Manila. Entführt, verkauft, missbraucht – Tourismus und Kinderprostitution. Reinbek bei Hamburg: Rowohlt Taschenbuch Verlag

Eine Ringfahndung auf der Kölner Autobahn nach einem Raubmord – die Kommissare Max Ballauf und Freddy Schenk ermitteln; was wie ein üblicher Tatort-Krimi beginnt, entführt den Zuschauer bald in die erschreckende Welt der Kinderprostitution und des Menschenhandels in den Philippinen und Deutschland; der ungewöhnliche Fernsehkrimi mit aufklärerischer Absicht ist gut recherchiert und teilweise vor Ort in Manila abgedreht; sein Erfolg zeigt sich nicht nur in den hohen Zuschauerzahlen bei der Erstausstrahlung im ARD am 19.04.1998 (über 8,6 Mio.), sondern auch in den darauffolgenden vielfältigen Medienbeiträgen zum Thema, die auch für den Unterricht gut geeignet sind (jj)

Batak – Vergessene Jäger auf Palawan. Expedition in den philippinischen Dschungel (Peter Weinert, Deutschland 1995); Hessischer Rundfunk; Dauer: 45 min; Farbe; ausgestrahlt in der Reihe „Länder, Menschen, Abenteuer"

Das Filmteam besucht die Batak auf der philippinischen Insel Palawan und dokumentiert ihr tägliches Leben; im Mittelpunkt stehen die traditionellen Techniken der Batak bei der Nahrungsgewinnung; die Dokumentation beschreibt die Batak recht einseitig als ein traditionelles „Naturvolk", das fernab jeglicher Zivilisation lebt und bis heute nur äußerst selten mit ihr in Berührung kommt; der Film erinnert stark an eine Abenteuerexpedition, in der den Batak die Rolle des exotischen Volkes zukommt; die Batak scheinen dem Filmteam während der gesamten Dreharbeiten fremd zu bleiben; leider wird dieses Bild auch dem Zuschauer vermittelt (sc)

Ostasien

Cai, Hua, 2001: A Society Without Fathers or Husbands. The Na of China. New York: Zone Books

Über eine einzigartige Kultur im Südwesten Chinas nahe der burmesischen Grenze, das Volk der Na, eine der wenigen bekannten Ethnien mit einer matrilinearen Sozialordnung; die Männer der Gruppe werden nur als gelegentliche Liebhaber geduldet, haben aber sonst keinerlei Einfluss auf die Familie oder Erziehung der Nachkommenschaft

Coulmas, Florian 2000: Japanische Zeiten. Eine Ethnographie der Vergänglichkeit. Reinbeck bei Hamburg: Rowohlt Verlag (zuerst München: Kindler Verlag, 2000)

Einblicke in Zeit-Konzeptionen und den praktischen Umgang mit Zeit (und damit auch Raum) in Japan, anregend dargestellt von einem ethnologisch beschlagenen Sprachwissenschaftler, der lange in Japan lebte; im Vergleich zum neueren Übersichtswerk zu japanischer Kultur des Autors (Coulmas 2004) weniger systematisch, aber dafür auf eine spezielle Kulturdimension konzentriert, so dass sich die Bücher gut ergänzen

Coulmas, Florian 2003: Die Kultur Japans. Tradition und Moderne. München: C. H. Beck (Taschenbuchausgabe angekündigt für 2005)

Ein Kulturwissenschaftler und Linguist beschreibt Verhalten, soziale Strukturen, Normen, Werte sowie die materielle Kultur und Ästhetik, mit einem Schwerpunkt auf dem Alltag; er relativiert damit etliche Stereotype, zum Beispiel zum Arbeitsleben und zu Geschlechtsrollen; Coulmas verwendet einen klassischen ethnologischen Kulturbegriff und beleuchtet dementsprechend Medien, Informationstechnologie und Formen modernen Konsums deutlich weniger, aber darüber kann man in vielen anderen Japan-Büchern etwas lesen

Dalby, Liza Crihfield 2004: Geisha. Reinbek bei Hamburg: Wunderlich Taschenbuch (dt. zuerst Reinbek bei Hamburg: Rowohlt Taschenbuch Verlag, Neue Frau, [1]1985, [2]2000; orig. „Geisha". Berkeley etc.: University of California Press, [1]1983, [2]1998)

Lebensformen japanischer Geishas und der kulturelle Kontext werden anhand von Literatur und teilnehmender Beobachtungen der amerikanischen Autorin, die sich in Kyoto zur Geisha ausbilden ließ, dargestellt; ein hervorragendes Beispiel verständlicher Wissenschaft und ein Buch, das auch schön gestaltet ist; vgl. das spätere Buch Dalbys zum Kimono (Dalby 2001)

Dalby, Liza Crihfield 2001: Kimono. Fashioning Culture. Seattle/London: Washington University Press (zuerst: London etc.: Vintage, Random House, 1993)

Ein detailliertes Buch zu Geschichte, Material, Herstellung sowie zur sozialen und sonstigen kulturellen Bedeutung des national wichtigen japanischen Kleidungsstücks, ausgiebig illustriert mit historischen Fotos, Holzschnitten und Strichzeichnungen; vgl. das Buch von Dalby zu Geishas (Dalby 2004)

Doi, Takeo 1982: „Amae". Freiheit in Geborgenheit. Zur Struktur japanischer Psyche. Frankfurt: Suhrkamp Verlag (engl. „The Anatomy of Dependence". Tokyo: Kodansha, 1976; jap. zuerst 1971)

Ein viel diskutiertes Buch eines japanischen Psychoanalytikers über Prinzipien von „amae", einer Art narzisstisch genossener emotionaler Abhängigkeit, die mit Milde und Nachsicht verbunden ist, sowie ihrer Folgen für die Sozialorganisation in Japan

Ebrey, Patricia Buckley 1996: China. Eine illustrierte Geschichte, Frankfurt/New York: Campus Verlag (orig. „The Cambridge Illustrated History of China". Cambridge etc.: Cambridge University Press, 1996, Cambridge Illustrated Histories)

Gut bebilderte historische Überblicke jeweils einer Kulturregion oder historischen Epoche, die von einem oder mehreren bekannten Historikern verfasst sind

Heberer, Thomas 1988: Wenn der Drache sich erhebt. China zwischen Gestern und Heute. Baden-Baden: Signal Verlag

Ein einführendes, lebendiges und gleichzeitig ernsthaftes Sachbuch; verständlich geschrieben und gleichzeitig sehr informativ; im Gegensatz zu den meisten Sachbüchern zu

China liegt der Schwerpunkt auf dem Alltagsleben und auf der Innensicht der Menschen; reichhaltig ausgestattet mit Materialien in separaten Kästen, Graphiken, Karten und Fotos zum Alltagsleben

Hierzenberge, Gottfried 2003: Der Glaube der Chinesen und Japaner. Kevelaer: Verlagsgemeinschaft Topos Plus (Topos Plus Taschenbücher; Grundwissen Religion)
Eine faktenreiche Übersicht der Glaubensinhalte und der religiösen Praktiken in Japan und China; der Band enthät aber auch ein Kapitel zur Religion in Korea, so dass insgesamt ein Überblick zum Glauben in ganz Ostasien geboten wird

Herbert, Wolfgang [2]2004: Japan nach Sonnenuntergang. Unter Gangstern, Illegalen und Tagelöhnern. Berlin: Dietrich Reimer Verlag ([1]2003)
Schilderungen der kulturellen Vielfalt japanischer Sub- und Randkulturen, lebendig geschrieben, teils tagebuchartig, teils als Reportage, teils als Sachtext; dabei sehr informativ und mit ethnologischem Tiefgang; ausgestattet mit einigen Schwarzweißfotos, Bibliographie und ausführlichem Glossar

Hinton, William 1972: Fanshen. Dokumentation über die Revolution in einem chinesischen Dorf (2 Bände). Frankfurt: Suhrkamp Verlag
Ein sehr detaillierter, über 800 Seiten umfassender Bericht über ein Dorf in Nordchina zur Zeit der Kulturrevolution, wobei die Bodenreform und die komplexen Beziehungen, Netzwerke und politischen Ergebnisse im Zentrum stehen; eine exemplarische Erzählung zur erlebten Wirklichkeit der Kulturrevolution im ländlichen China

Matsumoto, David Ricky 2002: The New Japan. Debunking Seven Cultural Stereotypes. Yarmouth, Mass.: Intercultural Press
Ein kulturvergleichender Psychologe, der aus Japan stammt und in den USA arbeitet, argumentiert theoretisch und empirisch gegen nationale Stereotype

Schmidt-Glintzer, Helwig 1997: China. Vielvölkerreich und Einheitsstaat. München: C. H. Beck
Der Autor ist Historiker und stellt die vielen Volksgruppen der chinesischen Bevölkerung, ihre Dynamik und zeitweiligen Konflikte in den Mittelpunkt seiner Übersichtsdarstellung

Shigeru, Kayano (Text) & Iijima Shunichi (Ill.) 2004: The Ainu. A Story of Japan's Original People. Boston etc.: Tuttle Publishing (orig. Tokyo: Fukuinkan Shoten, 1989)
Eine für Kinder und Jugendliche gedachte, aber auch für Erwachsene nützliche Einführung in die Kultur der schwindenden Minderheit; mit vielen schönen wie informativen bunten Strichzeichnungen

Sosnoski, Daniel (ed.) 1996: Introduction to Japanese Culture. Boston etc.: Tuttle Publishing
Auf den ersten Blick nur ein Coffeetable-Book über „Everything Japanese"; tatsächlich aber ein sehr gut informierendes Buch zur traditionellen und modernen Kultur Japans, ausgestattet mit hervorragenden Fotos und detaillierten Graphiken

Warthol, Walter 1990: Kulturen Ostasiens. China, Korea, Japan. Wien: Museum für Völkerkunde
Einer der vergleichsweise wenigen Titel, welche die großen Kulturen Ostasiens über das Thema Kunst hinausgehend zusammen darstellen; ein kurzes, informatives und gut illustriertes Ausstellungsbegleitbuch, in dem die Kulturen nach einheitlicher Gliederung vorgestellt werden

Filme

Balzac und die kleine chinesische Schneiderin (Balzac et la petite tailleuse chinoise; Dai Sijie, Frankreich/China 2002); Dauer: 116 min; Farbe; dt.; DVD im Handel erhältlich
Der Film spielt vor dem Hintergrund der Kulturrevolution in China; 1971 werden zwei

junge Städter zur Umerziehung in ein abgelegenes Bergdorf geschickt, in dem sie harte körperliche Arbeit leisten sollen; beide verlieben sich in eine hübsche Schneiderin, der sie Bücher verbotener europäischer Schriftsteller vorlesen und so dem Alltag entfliehen können; dieser poetische Spielfilm ist eine Liebeserklärung an die Literatur (sc)

Keiner weniger (Not One Less/Yi ge dou bu neng shao; Yimou Zhang, China 1999); Columbia Pictures; Dauer: 102 min; Farbe; OmU (Mandarin); auf Video/DVD im Handel erhältlich

Die eigenwillige 13-jährige Wei Minzhi wird in ein Bergdorf geschickt, um dort für einen Monat den Lehrer zu vertreten; dieser verspricht ihr 10 Yuan zusätzlich zu ihrem Gehalt, wenn kein Schüler fehlt, bis er wieder zurückkommt; völlig überfordert mit der Situation tanzen ihr die Schüler zunächst auf dem Kopf herum; als der Störenfried der Klasse Zhang Huike in die Stadt geht, um dort Geld für seine verschuldete und kranke Mutter zu verdienen, sucht die Lehrerin mit ihren Schülern nach einem Weg, ihn zurückzuholen; dies ist ein sehr rührender Film, der wegen seiner Realitätsnähe schon fast dokumentarisch wirkt; der Film des Starregisseurs Yimou Zhang (u. a. „Rote Laterne") wurde auf dem Filmfestival von Venedig 1999 mit dem Goldenen Löwen ausgezeichnet (jj)

Heimweg (The Road Home/Wo de fou qin mu qin; Yimou Zhang, China 1999); Columbia Pictures; Dauer: 85 min; Farbe; dt./fr. oder Mandarin; auf Video/DVD im Handel erhältlich; basierend auf den Roman „Remembrance" von Bao Shi

Zur Beerdigung seines Vaters kehrt Changyu aus der Stadt in sein Heimatdorf in den Bergen zurück; seine Mutter Zhao Di besteht auf der alten Tradition, den Leichnam nach Hause zu tragen; die tiefe Bedeutung dieses Heimwegs wurzelt in der Liebesgeschichte der Eltern; obwohl im ländlichen China um die Zeit der Kulturrevolution eine Verheiratung üblich war, waren Zhao Di und ihr Mann die ersten im Dorf, die aus Liebe heirateten; dieser Film ist einer der wenigen Liebesgeschichten, die ganz ohne Kitsch auskommen; der Kontrast zwischen der in schwarzweiß gehaltenen Rahmenhandlung und der in Farbe erzählten Liebesgeschichte verstärken seinen fast schon poetischen Charakter; politische Kontroversen werden im Gegensatz zu Yimou Zhangs anderen Filmen nur angedeutet. Bei der Berlinale 2000 erhielt Heimweg den „Silbernen Bär" (sc)

Polargebiet

Boden, Jürgen & Günter Myrell (Hrsg.) 1999: Im Bannkreis des Nordens. Auf den Spuren der Entdecker in die faszinierenden Welten des Polarkreises. Oststeinbeck: Alouette Verlag
Sehr informative Kapitel und gute Bilder zur Entdeckungsgeschichte der polaren Regionen und den heutigen Lebensverhältnissen zirkumpolarer Völker, im Zusammenhang mit einer Fernsehserie entstanden

Brody, Hugh 1990: Jäger des Nordens. Menschen in der kanadischen Arktis. Wuppertal: Edition Trickster im Peter Hammer Verlag (orig. „Living Arctic". London: Skeil Land Ass.)
Ein informatives, aktuelles und dazu schön gemachtes Sachbuch, ausgestattet mit (leider schlecht gedruckten) schwarzweißen Bildern und einigen Farbaufnahmen; mit einer guten Bibliographie

Feest, Christian 1991: Eskimo – am Nordrand der Welt. Wien: Museum für Völkerkunde
Ein liebevoll ausgestatteter Band zu einer Ausstellung mit informativen und verständlichen Texten zu vorgeschichtlichen und historischen Kulturen sowie zum heutigen Leben in Grönland

Fitzhugh, William W. & Aron Crowell 1988: Crossroads of Continents. Cultures of Siberia and Alaska. Washington, D. C./London: Smithsonian Institution
Sehr informative und blendend illustrierte Aufsätze zu historischen und Gegenwartsthemen, die in Zusammenarbeit westlicher und russischer Wissenschaftler entstanden

Morrison, David & Georges-Hébert Germain 1996: Eskimo. Geschichte, Kultur und Leben in der Arktis. München: Frederking & Thaler
Sachbuch über die Inuit, dessen thematische Kapitel durch Episoden aus dem Leben eines Inuitpaares angereichert sind; hervorragend illustriert mit über 200 Fotos, farbigen Zeichnungen und Karten; sehr empfehlenswert!

Gorbatcheva, Valentina & Marina Federova, mit Marine Le Berre Semenov 2000: Die Völker des Hohen Nordens. Kunst und Kultur Sibiriens. New York: Parkstone Press
Verständliche Texte russischer Ethnologinnen und Bilder einer Kulturregion, zu der es im deutschsprachigen Schrifttum wenig Einführendes gibt; mit zum Teil großformatigen Bildern der Umwelt, der heutigen Lebensweise, der materiellen Kultur sowie von Exponaten, zumeist aus dem Ethnographischen Museum in Sankt Petersburg und vielen historischen Fotos

Bildband

Malaurie, Jean 2001: Der Ruf des Nordens. Auf den Spuren der Inuit. München: C. J. Bucher (orig. «L'appel du Nord». Paris: Éditions de la Martinière)
Ein schwergewichtiger und opulent ausgestatteter Bildband, mit sehr vielen Textzitaten aus klassischen Werken, einigen künstlerischen Werken und vielen großformatigen Bildern

Film

Atanarjuat. Die Legende vom schnellen Läufer (Atanarjuat, the Fast Runner; Zacharias Kunuk, Kanada 2000); Dauer: 172 min; 35 mm; Farbe; OmU; u. a. auf DVD erhältlich; Arselan Filmverleih; http://www.atanarjuat.com/ mit vielen Hintergrundinformationen; Buch: Angilirq, Paul Apak (2002). The Fast Runner: Inspired by a Traditional Inuit Legend of Igloolik. Toronto: Coach House Books
Der Fluch eines fremden Schamanen beherrscht den vormals friedlichen Inuit-Nomadenstamm der Igloolik in der Arktis; nach einem Mordversuch an ihm flieht Atanarjuat, der schnelle Läufer, über das ewige Eis; im Exil wartet er darauf, sich seiner Bestimmung zu stellen und den Fluch zu durchbrechen. „Der Inuit-Regisseur Zacharias Kunuk erweckt mit seinem Debüt – dem ersten in der Inuitsprache gedrehten Film – eine Legende seiner Ahnen zum Leben. Mit gewaltiger Bildkraft erzählt er die uralte Geschichte von Machtgier, Eifersucht, Hass und Rache." Das Drama wurde neben anderen Krönungen 2001 mit der Goldenen Kamera von Cannes ausgezeichnet und erhielt auch sonst himmlische Kritiken; dieses Meisterwerk wurde unter schwierigen Bedingungen und fast ausschließlich mit Laiendarstellern gedreht; der Spielfilm ist kulturell sehr bedeutsam, denn er überträgt zum ersten Mal eine mündliche Erzähltradition der Nomaden auf das moderne Medium des Films und verewigt so nicht nur ihre Legende, sondern macht sie auch weltweit zugänglich (jj)

Ozeanien mit Australien

Ozeanien, Pazifik insgesamt

Kaufmann, Christian 1992: Ozeanien. Menschen in ihrer Umwelt. Begleitschrift zur Ausstellung Ozeanien: Geschichte, Mensch und Umwelt. Basel: Museum für Völkerkunde/ Schweizerisches Museum für Volkskunde
Prägnante und informative Texte, hervorragende Bilder und Karten; der Band bietet zusammengenommen einen echten Regionalüberblick, wie er in der deutschsprachigen Ethnologie auch zu anderen Regionen selten zu finden ist; das Buch ist nicht nur inhaltlich blendend, sondern auch vom Layout und den Bildern her ein Genuss

Nile, Richard & Christian Clerk 1998: Australien, Neuseeland und der Südpazifik. Augsburg: Weltbild-Bechtermünz Verlag (Bildatlas der Weltkulturen. Kunst, Geschichte und Lebensformen; dt. zuerst München: Christian Verlag, 1995; orig. Oxford: Andromeda Books, 1995)
Ein Band zu Kulturen aller Teile des Pazifiks, wobei die moderne weiße Kultur Australiens einbezogen wird; einfache Texte zu Geschichte, wichtigen Regionen und Orten sowie zu heutigen Lebensformen, gute historische Fotos und Farbbilder heutigen Lebens, Graphiken und Karten; der Band ist grob historisch und darin dann geographisch gegliedert; die historischen, physischen und thematischen Karten sind zum Teil derart detailliert, wie kaum sonst zu finden; mit einer ausführlichen gegliederten Literaturliste sowie einem detaillierten Ortsregister; insgesamt ein enorm anregendes und reichhaltiges Buch zum ersten Einstieg

Schindlbeck, Markus (Hrsg.) 1995: Von Kokos zu Plastik. Südseekulturen im Wandel. Berlin: Dietrich Reimer Verlag
Ein informativer Band zum Kulturwandel im Pazifik während der letzten 200 Jahre, dargestellt vor allem anhand der materiellen Kultur dreier ausführlich behandelter Beispiele; blendend illustriert; vgl. Wilpert 1985 und 1987

Wilpert, Clara B. 1985: Südsee Souvenirs. Hamburg: Hamburgisches Museum für Völkerkunde (Wegweiser zur Völkerkunde, 32)
Verständliche und sehr gut illustrierte Beiträge zu Mitbringsel im Kontext von Tourismus und Paradiesvorstellungen

Wilpert, Clara B. 1987: Südsee. Inseln, Völker und Kulturen. Hamburg: Hans Christians Verlag/Hamburgisches Museum für Völkerkunde (Wegweiser zur Völkerkunde, 34)
Beiträge zu Naturraum, Vorgeschichte, Wirtschaft, materieller Kultur, Sozialleben, Religion und Geschichte der Kulturen im Pazifik; verständlich geschrieben, sehr gut illustriert und mit einem Verzeichnis ausgewählter Literatur

Polynesien (inklusive Madagaskar)

Bahn, Paul G. & John Flenley 1992: Easter Island, Earth Island. London: Thames & Hudson
Ein Archäologe und ein Geograph geben einen lebendigen Überblick zur Frühgeschichte, Entdeckung und heutigem Leben auf der Osterinsel (Rapa Nui); mit einem Literaturführer und reichhaltig mit Abbildungen ausgestattet

Esen-Baur, Heide-Margaret 1989: 1500 Jahre Kultur der Osterinsel. Schätze aus dem Land des Hoto Matua. Mainz: Verlag Philipp von Zabern
Beiträge zur Naturgeschichte, Besiedlung, Ur- und Frühgeschichte, Entdeckung und heutigem Leben; hervorragend ausgestattet mit über 330 Abbildungen

Lewis, David (Text) & Werner Forman (Fotos): Die Maori. Die Erben Tanes. Luzern/Herr-

sching: Atlantis Verlag (Atlantis – Alte Kulturen; orig. „The Maori. Heirs of Tane". London: Orbis Publishing)
Ein verständliches Sachbuch zur tradierten Kultur Neuseelands aus der Feder eines polynesischen Autors, der für seine Untersuchungen zur Navigationskenntnis der Polynesier und durch seine experimentellen Fahrten mit nachgebauten traditionellen Doppelrumpfbooten bekannt wurde; mit vielen Farbaufnahmen von Landschaften und Ethnographika des bekannten tschechischen Ethnologiefotografen; mit kleinem Glossar und Register, aber ohne Literaturhinweise

Mack, John 1986: Madagascar. Island of the Ancestors. London: British Museum Publications
Kurzer, gut bebilderter Überblick zu einer Kulturregion, die aufgrund der kulturhistorischen Beziehungen und der Sprachen auch unter Südostasien bzw. Ozeanien eingeordnet werden könnte; mit guter Bibliographie

Mückler, Hermann 2001: Fidschi – Das Ende eines Südsee-Paradieses. Wien: Promedia Druck- und Verlagsgesellschaft
Ein verständliches Sachbuch, vor allem zu den Konflikten und gesellschaftlichen Problemen Fidschis, die nicht einfach auf die Gegensätze zwischen indischen und nichtindischen Fidschianern zurückgeführt werden können; der Autor ist österreichischer Ethnologe und bietet eine historisch angelegte Darstellung vorwiegend der vorkolonialen und kolonialen Zeit bis zur Unabhängigkeit; er legt verschiedene Konfliktursachen dar wie die unterwürfige Haltung der Bevölkerung gegenüber Führerfiguren einerseits und den Bedeutungsverlust der Häuptlinge andererseits sowie Korruption und Nepotismus und er zeigt die derzeit zu lösenden Probleme: Neuregelung der Landbesitzverhältnisse, Ausgleich zwischen regionalen Machtungleichgewichten, Umgang mit Rivalitäten zwischen Häuptlingen und Konkurrenzen zwischen Familien und Klans; mit ausführlichem, nach Themen gegliedertem Literaturverzeichnis

Peter, Hanns o. J.: Polynesier. Vikinger der Südsee. Katalog zur gleichnamigen Ausstellung des Museums für Völkerkunde Wien. Wien: Museum für Völkerkunde
Beiträge zur Kulturgeschichte Polynesiens, zur Seefahrt, zum heutigen Wandel und zur Geschichte der Sammlung sowie ein Verzeichnis der Objekte; gute Illustrationen, teils farbig und großformatig

Roth, Rolf B. 1994: Madagaskar – Land zwischen den Kontinenten. Stuttgart: Linden-Museum
Ein Ausstellungskatalog; ausgestattet mit vielen Graphiken und Fotos

Stingl, Miloslav 1986: Das letzte Paradies. Eine Kulturgeschichte Polynesiens. Leipzig: Prisma-Verlag Zenner & Gürchott
Der populär schreibende tschechische Kollege erläutert die wichtigsten Themen und regionalen Ausformungen polynesischer Kultur unter Berücksichtigung des gesamtozeanischen Kontexts; ein gut ausgestattetes Sachbuch aus der ausgestorbenen DDR-Sachbuchkultur

Bildband

Heermann, Ingrid (mit Beitr. von Matthias Mersch & Hilke Thode-Arora) 1987: Mythos Tahiti. Südsee – Traum und Realität. Berlin: Dietrich Reimer Verlag/Stuttgart: Linden-Museum Stuttgart (Exotische Welten. Europäische Phantasien)
Ein Drittel des Bands widmet sich dem Südseemythos von Meer, Palmen, Blüten, der sanften Menschen, der barbusigen Mädchen und der freien Sexualität; der Rest der Beiträge behandelt die Lebenswirklichkeit auf pazifischen Inseln in Geschichte und Gegen-

wart; ein großformatiger und reichhaltig mit vorwiegend historischen Aufnahmen ausge-
statteter Band, der im Rahmen eines großen Projektes mit mehreren Ausstellungen unter
dem Rahmentitel „Exotische Welten. Europäische Phantasien" erschien

Mikronesien

Treide, Barbara 1997: In den Weiten des Pazifik. Mikronesien. Ausgewählte Objekte aus
  den Sammlungen der Museen für Völkerkunde zu Leipzig und Dresden. Leipzig: Museum für Völkerkunde
Weiss, Gabriele & Carmen Petrosian-Husa 1996: Strahlende Südsee. Inselwelt Mikronesi-
  en. Wien: Museum für Völkerkunde
  Eine Museumspublikation mit 17 verständlich geschriebenen und gut illustrierten Beiträ-
  gen zu Themen und einzelnen Regionen; auch aktuelle Probleme finden Berücksich-
  tigung

Melanesien

Harrer, Heinrich (Hrsg.) ²1979: Unter Papuas. Mensch und Kultur seit ihrer Steinzeit.
  Frankfurt: Fischer Taschenbuch Verlag (Fischer Expedition) (zuerst Innsbruck: Pinguin
  Verlag, 1976)
  Trotz etwas dubiosem Untertitel eine gute Sammlung informativer kurzer Aufsätze zu-
  meist aus der Feder von Ethnologen; im Anhang Abriss der Geschichte Neuguineas, ge-
  ordnete Literaturhinweise und ein detailliertes Register
Mückler, Hermann 2001: Brennpunkt Melanesien. Historische Rahmenbedingungen, aktu-
  elle Konflikte und Zukunftsperspektiven. Frankfurt: IKO – Verlag für interkulturelle
  Kommunikation
  Eine Regionalübersicht eines Ethnologen, der sich ausdrücklich an ein breites Publikum
  wendet; ein immer noch ziemlich aktuelles Buch
Münzel, Mark (Hrsg.) 1987: Neuguinea. Nutzung und Deutung der Umwelt. 2 Bände.
  Frankfurt: Museum für Völkerkunde (Roter Faden zur Ausstellung, 12 und 13)
  Übersichtsaufsätze sowie beispielhafte Artikel zur Umwelt, ihrer einheimischen Deutung,
  Nutzung und Veränderung; blendend illustriert mit vielen schwarzweißen Karten und
  Fotos sowie einigen farbigen Abbildungen; wie etliche der „roten Fäden" ein Museum in
  Taschenbuchformat
O'Hanlon, Michael 1993: Paradise. Portraying the New Guinea Highlands. London: British
  Museum Press
  Buch zur Ausstellung „Continuity and Change in the New Guinea Highlands", in der
  diese gut dargestellt wird und etliche problematische Fragen heutiger Museumspräsenta-
  tion und der Beziehung zwischen Museum und Leihgebern bzw. Produzenten der Ge-
  genstände diskutiert werden; gut bebildert

Australien

Erckenbrecht, Corinna 1998: Traumzeit. Die Religion der Ureinwohner Australiens. Frei-
  burg etc.: Herder Verlag (Kleine Bibliothek der Religionen, 1)
  Ein verständlicher, aber differenzierter Überblick mit allzu populärem Titel; Teil einer
  Reihe mit einfachen Einführungen in Religionen
Lawlor, Robert 1993: Am Anfang war der Traum. Die Kulturgeschichte der Aborigines.
  München: Droemer Knaur (orig.: „Voices of the First Day". Rochester: Inner Tradi-
  tions International, 1991)

Ein Bildsachbuch mit einem engagierten und informativen Text, der allerdings zum Teil auch stark idealisiert und deutlich esoterisch angehaucht ist; reichhaltig ausgestattet mit sehr vielen Vignetten und Fotos

Lommel, Andreas 1981: Fortschritt ins Nichts. Die Modernisierung der Primitiven. Berlin: Ullstein Verlag (Safari bei Ullstein) (zuerst Zürich: Atlantis Verlag, 1969)
Alltagsleben und heutige Probleme der Aborigines in der australischen Gesellschaft; präsentiert als exemplarischer Fall der Probleme indigener Gruppen in der modernen Welt; ein in vielem veraltetes, aber dennoch nützliches Buch

Lüthi, Bernhard (Hrsg.) 1993: Aratjara. Kunst der ersten Australier. Traditionelle und zeitgenössische Werke der Aborigines und Torres Strait Islanders. Köln: DuMont

Simpfendörfer, Tove 2001: Der Teufel geht auf die Jagd. Das Leben des Aboriginals Ernie Holden. Wuppertal: Peter Hammer Verlag
Über die Lebensverhältnisse und Probleme heutiger Aborigines, dargestellt anhand einer nacherzählten Biographie eines australischen Aborigines; ein Buch, das lebensnah geschrieben ist und einige Vorurteile, zum Beispiel platte Aussagen über den Alkoholismus, direkt angeht

Wilpert, Clara B. (Hrsg.) [2]1988: Der Flug des Bumerang. 40000 Jahre Australier. Hamburg: Hans Christians Verlag/Hamburgisches Museum für Völkerkunde (Wegweiser zur Völkerkunde, 35)
Fünf verständliche Beiträge zur Besiedlung, Kolonialisierung, frühere und heutige Kultur der Aborigines Australiens und Tasmaniens; mit einem Verzeichnis ausgewählter Literatur und gut illustriert mit schwarzweißen Abbildungen

Europa

Europa insgesamt

Armesto, Felipe Fernández 1998: Who is Who. Land und Leute in Europa. München: Bettendorf'sche Verlagsanstalt (orig. „Guide to the Peoples of Europe". London: Times Books, 1997)
Der englische Titel trifft den Inhalt besser: es handelt sich um ein von einem Historiker verfasstes Nachschlagewerk mit verständlichen kurzen Darstellungen der größeren Völker und der Minderheiten Europas

Collett, Peter 1994: Der Europäer als solcher … ist unterschiedlich. Verhalten, Körpersprache, Etikette. Hamburg: Ernst Kabel Verlag (orig. „Foreign Bodies. A Guide to European Mannerisms". London: Simon & Schuster, 1993)
Ein detailliertes Sachbuch aus der Feder eines englischen Sozialpsychologen, der besonders Verhaltensweisen und kommunikative Missverständnisse beleuchtet

Crone, Patricia 1992: Die vorindustrielle Gesellschaft. Eine Strukturanalyse. München: Deutscher Taschenbuch Verlag (Kap. 8: „Die Sonderstellung Europas", 165–196)

Gronemeyer, Reimer & Georgia A. Rakelmann 1988: Die Zigeuner. Reisende in Europa. Roma, Sinti, Manouches, Gitanos, Gypsies, Kalderasch, Vlach und andere. Köln: DuMont (DuMont Dokumente)
Eine lebendig geschriebene und hervorragend illustrierte Einführung nicht nur zu den großen Gruppen, sondern auch zu weniger bekannten Gruppen

Heinz, Marco & Stefan Neumann (Hrsg.) 1996: Ethnische Minderheiten in Westeuropa. Bonn: PAS (Beiträge zur Kulturkunde, 17)

Eine Sammlung verständlicher Beiträge zu kulturellen und sprachlichen Minderheiten in verschiedenen Ländern vor allem Westeuropas

Maks, Geert 1999: Wie Gott verschwand aus Jorverd. Der Untergang des Dorfes in Europa. Berlin: Siedler Verlag
  Ein faszinierendes, erzählerisch angelegtes, sozialgeschichtliches Sachbuch aus der Feder eines niederländischen Sozialgeschichtlers, der eine wunderbare Schreibweise hat

Stein, Gerd (Hrsg.) 1984: Exoten durchschauen Europa. Der Blick des Fremden als Stilmittel abendländischer Kulturkritik. Von den persischen Briefen bis zu den Papalagi-Reden des Südseehäuptlings Tuivaii. Frankfurt: Fischer Taschenbuch Verlag
  Eine Anthologie von Texten, die abgesehen von Papalagi sonst zumeist nur schwer greifbar sind

Van Roon, Ger 1978: Europa und die Dritte Welt. Die Geschichte ihrer Beziehungen von Beginn der Kolonialzeit bis zur Gegenwart. München: C. H. Beck (Beck'sche Reihe, 171)

Deutschland

Bausinger, Hermann 2000: Typisch deutsch. Wie deutsch sind die Deutschen? München: C. H. Beck (Beck'sche Reihe, 1348)
  Kulturgeschichtliche Hintergründe zu vermeintlichen und tatsächlichen nationalen deutschen Charakteristika, wobei regionale Unterschiede innerhalb Deutschlands betont werden; die Kulturgeschichte der Leitvorstellungen und die Bedeutung von Symbolen bilden Themenschwerpunkte; insgesamt eine kurze und verständlich geschriebene, zum Teil assoziative, aber inhaltlich genaue Abhandlung eines bekannten Volkskundlers mit kritischer Analyse von Vorurteilen und der Problematik von Typisierungen; mit ausführlicher Bibliographie

Chielino, Carmine (Hrsg.) 2000: Interkulturelle Literatur in Deutschland. Ein Handbuch. Stuttgart/Weimar: Verlag J. B. Metzler
  Ein Kompendium zur Bilanz der Literatur von Autorinnen und Autoren nichtdeutscher Herkunft zwischen 1955 und 2000; im Anhang Medien, Institutionen, Forschungszentren und Bibliographie zu Primär- und Sekundärwerken über interkulturelle Lebensläufe; die erste systematische Bestandsaufnahme zum Thema

Coulmas, Florian [3]2002: Die Deutschen schreien. Beobachtungen von einem, der aus dem Land des Lächelns kam. Reinbek bei Hamburg: Rowohlt Verlag ([1]2001)
  Ein bekannter Sprachwissenschaftler hat zwanzig Jahre in Japan gelebt und gelehrt und berichtet hier humorvoll und teilweise drastisch von seinen Erlebnissen unmittelbar nach der Rückkehr nach Deutschland; im Mittelpunkt steht die Kontrasterfahrung mit deutscher Unordnung (!), Muffigkeit, Rüpelhaftigkeit, Fäkalsprache, Egoismus und allgemeiner Rücksichtslosigkeit im sozialen Umgang; ein Dokument eines Kulturschocks andersherum

Hartmann, Andreas & Sabine Künsting [2]1990: Grenzgeschichten. Berichte aus dem deutschen Niemandsland. Frankfurt: S. Fischer Verlag ([1]1990)
  Eine Sammlung von Erlebnisberichten von beiden Seiten entlang der ehemaligen innerdeutschen Grenze aus der Zeit kurz vor und kurz nach der Wiedervereinigung; gesammelt von modernen Volkskundlern

Hauschild, Thomas & Bernd Jürgen Warneken (Hrsg.) 2002: Inspecting Germany. Internationale Deutschland-Ethnographie der Gegenwart. Münster etc.: Lit Verlag (Forum Europäische Ethnologie, 1)
  Das eigene Heimatland als Untersuchungsobjekt der Ethnologie – internationale Ethno-

logen tragen in diesem Sammelband ihre Erkenntnisse über Mensch und Gesellschaft in Deutschland zusammen; dabei wird uns schonungslos das Spiegelbild vorgehalten; für Mitteleuropäer sicherlich eine befremdlich anmutende Erfahrung, dass das von uns als selbstverständlich Angesehene, Alltägliche zum Untersuchungsgegenstand von Wissenschaftlern wird; 26 Beiträge zur Erforschung deutscher Gegenwartskultur aus der Warte zumeist ausländischer Beobachter mit mehrheitlich sozialanthropologischem Hintergrund; einige der Beiträge sind in für Laien zugänglicher Form geschrieben (ch)

McCormack, Richard W. B. 1996: Unter Deutschen. Porträt eines rätselhaften Volkes. München: Goldmann Verlag (zuerst Frankfurt: Eichborn Verlag, 1994)

Eine satirische und sarkastische Annäherung; enthält im Nachwort eine Antwort an die Kritiker von „Tief in Bayern" (siehe unten), in dem der Autor u. a. die geäußerten Zweifel an der Echtheit seiner Autorschaft in herrlicher Weise „entkräftet"; vgl. als informativere, wenn auch nicht so lustige Sachbücher zu Deutschen Wagner 1997 und Bausinger 2000

McCormack, Richard W. B. [5]2000: Tief in Bayern. Eine Ethnographie. Frankfurt: Eichborn Verlag ([1]1991)

Eine populäre und unterhaltsame Ethnographie, die Informationen gut mit dem humorvollen Einsatz von Stereotypen kombiniert; der Autorenname ist ein Pseudonym und die angegebene Vita (amerikanischer Professor) wahrscheinlich erfunden

Oji, Chima 2001: Unter die Deutschen gefallen. Erfahrungen eines Afrikaners. Berlin: Ullstein Verlag (zuerst Wuppertal: Peter Hammer Verlag, 2000)

Der autobiographische Bericht eines Arztes aus Nigeria, der seine guten und weniger guten Erfahrungen im Zusammenleben mit Deutschen schildert, u. a. mit subtiler oder auch krasser Fremdenfeindlichkeit; ein erfolgreiches Buch, das lebendig und humorvoll geschrieben ist, bei dem einem allerdings manchmal das Lachen im Halse stecken bleibt

Schneider, Jens 2001: Deutsch sein. Das Eigene, das Fremde, und die Vergangenheit im Selbstbild des vereinten Deutschland. Frankfurt/New York: Campus Verlag

Eine umfangreiche Studie, die einerseits bekannte Studien von nichtdeutschen Ethnologen zu Deutschland (Lowie, Forsythe, Borneman) behandelt und dabei deren unterschiedliche kulturelle Nähe zu Deutschland thematisiert und außerdem eine empirische Studie dokumentiert; insgesamt eine der bislang noch wenigen Studien zum Alltagsleben in Deutschland nach der Wende; vgl. Hartmann & Künsting 1990 sowie Wagner 1992, Wagner 1997

Straube, Hanne 2001: Der kandierte Apfel. Türkische Deutschlandbilder. Berlin: Dietrich Reimer Verlag

Eine Studie der Bilder von Deutschen und von Deutschland bei Türken und Türkinnen hierzulande und in der Türkei sowie des Wandels bzw. der Stabilität stereotyper Vorstellungen

Wagner, Wolf [3]1997: Kulturschock Deutschland. Hamburg: Rotbuch Verlag (Rotbuch-Sachbuch)

Vergleich der psychischen Situation und der Sozialstruktur in Ost- und Westdeutschland, der ethnologische Modelle zu Kulturschock mit Beobachtungen zusammenbringt; ein gut recherchiertes Sachbuch in pointiertem Stil

Wagner, Wolf 1999: Kulturschock Deutschland. Der zweite Blick. Hamburg: Rotbuch Verlag (Rotbuch Zeitgeschehen)

Eine Fortführung des früheren Buchs des Autors (Wagner [3]1997), in dem der Autor, ein Sozialwissenschaftler, mehr konkrete Daten zu seiner Diagnose eines Kulturkonflikts zwischen Menschen in West- und Ostdeutschland vorbringt

Länderübergreifende Gruppen und Netzwerke

Augé, Marc 1999: Orte und Nicht-Orte. Vorüberlegungen zu einer Ethnologie der Einsamkeit: Frankfurt/New York: Campus Verlag
Ein Essay über Lebensweisen und Begegnungsformen in sozialen Zwischenräumen wie Bahnhöfen, Flughäfen, Parkhäusern als Transitzonen, in denen manche Zeitgenossen sich dauerhaft aufhalten und „zu Hause" fühlen

Gronemeyer, Reimer & Georgia A. Rakelmann 1988: Die Zigeuner. Reisende in Europa. Roma, Sinti, Manouches, Gitanos, Gypsies, Kalderasch, Vlach und andere. Köln: DuMont (DuMont Dokumente)
Eine lebendig geschriebene und hervorragend illustrierte Einführung nicht nur zu den großen, sondern auch zu weniger bekannten Gruppen

Höllmann, Thomas 2004: Die Seidenstraße. München: C. H. Beck (Beck' sche Reihe, Beck Wissen, 2354)
Ein kompaktes Bändchen zu dem Transportweg, der über Jahrhunderte hinweg und bis heute Menschen aus verschiedenen Kulturen – nicht nur Zentralasiens – miteinander in Kontakt brachte und den Austausch von Handelsgütern, aber auch von Ideen vorantrieb

Konner, Melvin J. 2004: Unsettled. An Anthropology of the Jews. Harmondsworth: Viking Penguin (zuerst New York: Viking Penguin, 2003)
Ein umfangreiches Sachbuch; einerseits mit Kapiteln zu Epochen der Geschichte der Juden und andererseits Kapiteln zum Leben in einzelnen wichtigen Regionen, in denen Juden siedeln und siedelten; ein lebendig geschriebenes Buch aus der Feder eines amerikanischen Ethnologen und Anthropologen, der jüdisch erzogen wurde

Kotkin, Joel 1996: Stämme der Macht. Der Erfolg weltweiter Clans in Wirtschaft und Politik. Reinbek bei Hamburg: Rowohlt Verlag (orig. „Tribes. How Race, Religion and Identity Determine Success in the New Global Economy". New York: Random House, 1993)
Trotz irreführend exotisierendem Titel und Untertitel ein gut recherchiertes Sachbuch über historisch bedeutsame und über heute wichtige Gruppen bzw. Netzwerke, insbesondere am Beispiel von Briten, Juden, Chinesen, Japanern und Indern

Pan, Lynn 1990: Sons of the Yellow Emperor. The Story of the Overseas Chinese. London: Mandarin Paperback (auch Tokyo: Kodansha1990; New York, 1994)
Ein leicht zugängliches Sachbuch, das informiert und viele Geschichten und Beispiele bringt; aus der Feder einer weltweit bekannten überseechinesischen Sozialwissenschaftlerin, vgl. Seagrave 1995

Seagrave, Sterling 1995: Die Herren des Pazifik. Das unsichtbare Wirtschaftsimperium der Auslandschinesen. München: Limes Verlag (orig. New York: G. P. Putnam's & Sons, 1995)
Eine sehr informative Schilderung der Geschichte und Gegenwart der Überseechinesen, anders als der deutsche Untertitel nicht sensationalistisch

Whitfield, Susan 2004: Life along the Silk Road. London: John Murray (zuerst Berkeley etc.: University of California Press, 2001)
Eine erzählende Darstellung der Geschichte der Seidenstraße als Verbindungsschiene zwischen Kulturräumen; vgl. den Ausstellungsbegleitband Whitfield 2004

Whitfield, Susan (ed.) 2004: The Silk Road. Trade, Travel, War and Faith. London: British Library Publication Division
Ein umfangreiches Ausstellungsbegleitbuch, das gute Texte mit hervorragenden Bildern verbindet und erstmals die berühmte Sammlung des Forschungsreisenden Aurel Stein dokumentiert

13. Junger deutscher „Laote" in indischem Filmstudio, Chennai, Südindien, 2002 (Foto: M. B.)

14. Europa in Indien; Studioaufnahme aus Tamilnadu, Indien, um 1994 (Foto: J. Christani)

15. Der Autor als Japaner im Kölner Karneval, 1982 (Foto: M. B.)

C. A. = Christoph Antweiler
M. B. = Maria Blechmann-Antweiler

Der Autor

Christoph Antweiler, Professor für Ethnologie am FB IV-Ethnologie der Universität Trier; Promotion mit einer theoretischen Arbeit zur internen Kritik neuerer kulturevolutionistischer Theorien langfristigen Kulturwandels (1987), Habilitation zu urbaner Rationalität in Indonesien (Urbane Rationalität, erschienen 2000 im Dietrich Reimer Verlag). Forschungsthemen: Stadtethnologie, Kognitionsethnologie, Kulturuniversalien, Lokales Wissen, Soziale Evolution, Entwicklungsethnologie. Regionale Forschungsgebiete: Südostasien, insbesondere Indonesien, daneben Südasien (Nepal). Neueste Buchpublikation: Ethnologie lesen. Ein Führer durch den Bücher-Dschungel, Münster etc.: Lit Verlag (^{3}2003) und Handbook of Evolution (ed., zusammen mit Franz Wuketits, Weinheim: Wiley, 2004). Derzeit Arbeit an einem umfangreichen Buch zu Kulturuniversalien. Hobbys: Fußball, Reisen, Lesen nichtethnologischer Sach- und Fachbücher und das Sammeln verschiedenster Dinge. Kritik und sonstige Kommentare gerne an: antweile@uni-trier.de.